Agatha Christie

UMA BIOGRAFIA

Agatha Christie

UMA BIOGRAFIA

Janet Morgan

Tradução
Patricia Azeredo

1ª edição

BestSeller

Rio de Janeiro | 2018

CIP-BRASIL. CATALOGAÇÃO NA PUBLICAÇÃO
SINDICATO NACIONAL DOS EDITORES DE LIVROS, RJ

M846a

Morgan, Janet
Agatha Christie: uma biografia / Janet Morgan; tradução: Patricia Azeredo. – 1. ed. – Rio de Janeiro: Best*Seller*, 2018.
il.

Tradução de: Agatha Christie: A biography
ISBN 978-85-465-0115-1

1. Christie, Agatha, 1890-1976. 2. Escritoras inglesas - Biografia. I. Azeredo, Patricia. II. Título.

18-48633 CDD: 928.21
CDU: 929:821.111

Meri Gleice Rodrigues de Souza – Bibliotecária CRB-7/6439

Texto revisado segundo o novo Acordo Ortográfico da Língua Portuguesa.

Título original
AGATHA CHRISTIE: A BIOGRAPHY

Design de capa: Renata Vidal
Foto de capa: Getty Images/ Popperfoto / Contributor
Editoração eletrônica de miolo: Abreu's System

Impresso no Brasil

ISBN 978-85-465-0115-1

Prefácio da nova edição

Não foi uma combinação previsível.

Em 1981, Rosalind, filha de Agatha Christie e esposa de Anthony Hicks, foi enfim convencida a permitir que a Collins, editora dos livros da mãe, encomendasse uma biografia e sua autora tivesse acesso irrestrito aos arquivos da família. Por vários anos, a Sra. Hicks resistiu a isso. Tal qual a mãe, ela acreditava que a obra de um escritor deveria se sustentar por si, portanto, o contexto e os motivos que levaram à sua produção seriam irrelevantes para a apreciação dos leitores. Rosalind pensava como a mãe, acreditando que a vida particular era preciosa: uma vez invadida a privacidade, tudo o que ela mais valorizava acabaria virando propriedade pública.

No caso de uma autora tão conhecida mundialmente como Agatha Christie, a ponto de ter se tornado (para horror de Rosalind) uma *marca,* definitivamente, não era realista esperar que essa barreira caísse. Afinal, Agatha Christie era uma autora tão famosa que o primeiro livro para a Collins, *O assassinato de Roger Ackroyd,* foi escolhido, em 1934, junto com os *Evangelhos* e a peça *Como gostais,* de Shakespeare, como os primeiros audiolivros para cegos produzidos na Grã-Bretanha. Em algum momento um espião precisaria ganhar acesso ao acervo dela, mas essa decisão caberia à Sra. Hicks, ou seria herdada pelo filho dela, Mathew Prichard, o único neto de Agatha?

A Sra. Hicks entendeu o contrato entre Agatha Christie e seus leitores. Aproveitando o conforto obtido com a segurança financeira, ela assumiu a função de proteger a integridade da obra materna e passou horas trocando correspondências com agentes e editores, verificando textos, avaliando capas, roteiros para cinema, TV e rádio, além de corrigir erros em revisões. Direitos trazem responsabilidades. Ela fez questão de não se envolver em formas mais grosseiras de exploração comercial, como convites para aprovar a fabricação de xícaras de chá com o bigode de Poirot, mas permitiu uma exceção: um marcante selo comemorativo da Nicarágua mostrava pequenas células cinzentas saindo da cabeça de Hercule Poirot. Contudo, a invasão derradeira, uma biografia autorizada, foi veementemente afastada.

O que levou a Sra. Hicks a mudar de ideia? Em 1979, uma bomba atingiu as defesas dela. O trabalho de fuçar a vida de Agatha Christie já estava sendo feito havia anos por meio de biografias duvidosas e especulativas, com foco no episódio de dezembro de 1926, quando a Sra. Christie sumiu de casa em Surrey. Como Agatha escreveu anos depois em sua *Autobiografia*, ela estava exausta após a morte da mãe e a subsequente limpeza da casa, além de angustiada pela confissão do marido, Archie, de que amava outra pessoa. O desaparecimento, do qual ela não fala, foi uma fuga. Treze dias depois, Agatha foi identificada pelo marido no Hydropathic Hotel em Harrogate, North Yorkshire.

A história acabou transformada em um roteiro de filme inteligente, embora de mau gosto: *O mistério de Agatha*, escrito por Kathleen Tynan. A trama, derivada de matérias sensacionalistas publicadas nos jornais em 1926, dizia que a Sra. Christie tinha forjado o desaparecimento a fim de gerar uma acusação de assassinato. Segundo o filme, Agatha pretendia se matar de tal forma a fazer da Srta. Neele, a mulher que Archie amava e com quem se casaria depois, a principal suspeita do assassinato. Naquela época, a Srta. Neele teria sido enforcada caso fosse condenada. Essa trama envolvendo terras enevoadas, policiais britânicos de capacete, motores a vapor, um grandioso spa, colares de pérolas, chapéus clochê, repórteres gritando telegramas, além Vanessa Redgrave triunfante no papel de Agatha e Dustin Hoffman como seu salvador, resultaram em um entretenimento bem-sucedido. Tão bem-sucedido que a família temia que as pessoas acabassem acreditando nessa versão.[1] E a objeção de Rosalind ia além. Ela acreditava em tratar todos de forma justa e tinha raiva desse deboche feito por pessoas rudes e sem cuidado com a mãe dela, que, evidentemente, estava em sua fase mais vulnerável. Rosalind entrou com um processo para impedir a produção do filme, mas perdeu. Como Agatha Christie morreu em 1976 e o filme é de 1979, a família foi lembrada de que é impossível difamar os mortos.

O desafio, agora, consistia em defender a reputação de Agatha não como escritora, e sim como ser humano. Mas o que aconteceu em dezembro de 1926, afinal? Em sua *Autobiografia,* escrita nas décadas de 1950 e 1960, a própria Agatha escolheu não revelar a história (na verdade, ela não conseguiu fazê-lo, mesmo após receber ajuda psiquiátrica), então, Rosalind precisaria investigar por conta própria. Isso seria uma tarefa hercúlea, especialmente porque muito tempo já havia se passado. Rosalind tinha 7 anos quando a mãe saiu de casa naquela noite de inverno, quando a casa ficou cheia de policiais, o jardim repleto de repórteres e a multidão de curiosos se espremia nos portões, deixando os empregados apavorados e o pai, assombrado. Passaram-se 50 anos sem qualquer explicação. Rosalind queria e não queria saber. Os vivos são tão vulneráveis quanto os mortos.

Rosalind não podia fazer isso sozinha. Ela precisava de alguém de fora, com distanciamento. Não sei quem sugeriu o meu nome. Suspeito que tenha sido o marido de Rosalind, o gentil, erudito e divertido Anthony Hicks. Ele conhecia meu estilo, pois viu os textos que eu havia escrito no suplemento literário do *Times* e, mais importante, entendeu meu trabalho quando me pediram para editar os diários do ex-ministro de Gabinete, Richard Crossman, observador voraz e jornalista incisivo. Os diários de extensão labiríntica foram originalmente transcritos e o próprio Crossman separou e organizou o primeiro volume para publicação enquanto viveu. Além

---

[1] Uma carta de Ted Hughes sobre Sylvia Plath, publicada no suplemento literário *Times* em 24 de abril de 1992 e reimpressa em 6 de janeiro de 2017, descreve uma angústia semelhante e a frustração dele com o fato de um acadêmico sequer imaginar as consequências dessas teorias extravagantes.

de fornecer o aparato editorial necessário, minha tarefa consistia em avaliar a veracidade da versão editada dele, não tanto em relação aos eventos e às pessoas descritas e sim às impressões que ele tinha registrado desorganizadamente na época. Para os volumes subsequentes, preparados para publicação após a morte de Crossman, as duas responsabilidades couberam a mim.

Uma combinação inesperada. Houve surpresa (e em alguns círculos, irritação) por essa missão tão desejada ter sido confiada a uma escritora sem qualquer experiência com biografias ou ficção detetivesca. Em retrospecto, creio que a família de Agatha esperava simplesmente encontrar alguém disposto a reunir e avaliar evidências para julgá-las, como um paciente ou litigante apreensivo levando seu caso a um médico ou advogado especializado.

Eu me interessei, pois imaginei que escrever uma biografia seria difícil. Tentar absorver e refletir uma vida. Entender não só o que me fosse dito como também os motivos para isso. Definir um curso entre fortes correntezas. Eu me lembrei das palavras ameaçadoras de Philip Williams, biógrafo de Hugh Gaitskell: "Espere até a viúva morrer." Neste caso havia uma filha bastante viva. Poderiam ser estipuladas condições de não interferência no que eu iria publicar, mas a inclinação a moldar determinadas passagens certamente seria irresistível. É significativo que Rosalind tenha aceitado esta biografia autorizada com a mesma idade que a mãe tinha quando decidiu escrever sua autobiografia. Esta seria a vida de Agatha como ela a via, antecipando versões com as quais ela pudesse não concordar ou achar ridículas.

O que eu não havia percebido era a obsessão generalizada que um grande número de pessoas tinha com a questão do desaparecimento de Agatha Christie. Quando criança, eu havia lido as famosas histórias de detetive escritas nos livros de capa verde e branca da Penguin Crime (e tinha preferido Michael Innes), e antes de conhecer a família dela em Greenway, Devon, para falar sobre a proposta de biografia, eu havia lido às pressas alguns de seus romances e a *Autobiografia*, mas não fazia ideia de que precisaria enfrentar esse problema chamado O desaparecimento a cada etapa do processo. Comecei este texto aludindo a ele não para aumentar sua importância, e sim visando explicar, em primeiro lugar, o que levou a Sra. Hicks a autorizar e a Collins a encomendar uma biografia e, em segundo lugar, para sugerir que na extensa vida de Agatha Christie essa parte foi relativamente insignificante.

Esta biografia descreve o que aconteceu em dezembro de 1926 e suas consequências, na reconstrução mais meticulosa que consegui obter. Os amigos e a família de Rosalind recomendaram não explorar o assunto com ela até ter todas as perguntas que gostaria de fazer: "Ela vai falar disso apenas uma vez." Não foi o caso. Em minha segunda visita (e a primeira de longo prazo a Greenway), Rosalind puxou da bolsa de mão um relato desses eventos escrito como uma carta pela secretária e confidente da mãe, Carlo. Havia chá na mesa. Atrás dela, o fogo da lareira brilhava de maneira preocupante. Ansiosa por não saber se veria aquela carta de novo, eu li o texto com o que imaginava ser a mistura adequada de interesse e indiferença, e o coloquei no bolso.

Meses depois, eu estava pronta para abordar esse período da vida de Agatha, seguindo a escritora entre Surrey e Yorkshire e colocando o que acontecera no contexto do que veio antes e depois. Como esta biografia descreve, algumas pessoas que estavam presentes na época (incluindo no Hydropathic Hotel em Harrogate) agora se sentiam capazes de falar sobre suas lembranças. Alguns mitos persistentes foram derrubados, especialmente a suposta afirmação da Sra. Christie a um repórter que a teria interpelado na escada: "A senhora é Agatha Christie?" "Sim, mas perdi a memória." Quando estava escrevendo esta biografia, tive acesso a um rascunho sem cortes da biografia desse repórter, no qual ele admitia ter inventado a conversa.

Um furo de reportagem falso, que fazia toda a aventura de Agatha parecer falsa. Hoje, estranhamente, a suposta afirmação de Agatha parece mais sincera. Nos últimos 50 anos, graças ao desenvolvimento da neurociência, com o apoio de tecnologias avançadas de imagem, nós aprendemos mais sobre o funcionamento da memória e do cérebro. A condição de Agatha parece ter sido amnésia global transitória, um episódio isolado no qual a pessoa afetada fica desorientada, mas continua alerta, capaz de compreensão geral e de realizar tarefas como pegar um trem e reservar um hotel. Não há qualquer lembrança nova durante o que deve ser um branco assustador, mas quem a vivenciou acaba recuperando a identidade e conseguindo reconhecer pessoas de seu círculo. Hoje em dia o diálogo fictício com o repórter poderia ter levado a um diagnóstico.

A própria Agatha tentou descobrir, por vários anos, o que lhe aconteceu. Esta biografia explora o retorno da autora ao tema da lembrança e do esquecimento em histórias de detetive e nos romances que publicou com o pseudônimo Mary Westmacott. Com o passar dos anos, ela começou a ver aquele momento infeliz com mais distanciamento. Como Agatha gostava de estar atualizada a respeito das novas tecnologias, creio que ela teria achado as atuais pesquisas neurocientíficas deslumbrantes e envolventes. Quando meu relato do desparecimento de Agatha foi publicado, esperei que ele fosse interpretado como realmente era: uma reação extrema a um estresse físico e emocional prolongado, um choque, uma fuga. A família e os amigos de Agatha entenderam isso, e ficaram aliviados. Eu tinha muita fé na razão. Outros continuam a escrever bobagens sobre o Mistério de Agatha Christie em 1926, confirmando que o romance geralmente supera a explicação racional.

Sendo assim, vamos colocar logo este drama em suas devidas proporções. Mais de metade da longa vida de Agatha ainda estava para ser vivida. Outros desafios ainda viriam: a guerra, ausência e perda de pessoas que ela amava, graves incertezas financeiras e a eventual satisfação de ter superado tudo isso. Entre as principais surpresas estava o segundo casamento, com o arqueólogo Max Mallowan. Um erudito que sujava as mãos nos trabalhos de campo e era 15 anos mais jovem que Agatha a guiou para um universo rico e fascinante. O trabalho feito por eles no Oriente Próximo nas décadas de 1930, 1940 e 1950 foi a primeira parceria real de Agatha, com a vida no acampamento no deserto servindo para construir um lar inteiramente diferente.

Novos cenários, paisagens escassas, céus limpos, estações bem divididas, e privações domésticas (que ela virou mestra em superar) afiaram a disposição e o raciocínio da escritora. As jornadas entre Inglaterra e Iraque, Síria e Turquia, ao longo desses anos, forneceram material cintilante para duas de suas histórias mais pitorescas, *Morte no Nilo* e *Assassinato no Expresso do Oriente*. Ela se divertiu com novos personagens, como as esposas dominadoras dos líderes de expedição (categoria na qual ela nunca se encaixou), cuja tirania em relação aos jovens arqueólogos Agatha observou quando conheceu Max. Especulações sobre civilizações antigas levaram à experimentação com novos temas em *Morte na Mesopotâmia* e na peça *Akhnaton*. Nessa época Agatha exalava uma alegria e uma satisfação em relação à vida que vieram à tona e a levaram adiante nos 50 anos seguintes.

Foi apenas em 1999, com a magnífica exposição de Charlote Trümpler chamada *Agatha Christie, Max Mallowan and the Near East*, que eu reconheci a extensão e a importância da contribuição de Agatha para a exploração arqueológica do Oriente Próximo.[2] Tendo as descobertas como tema evidente, o título da exposição atraía um público maior e seu conteúdo era irresistível: imagens e sons expressivos, fotografias retratando Agatha com a saia flutuando ao vento, chapéu de abas e botas robustas trabalhando na areia; Max distribuindo bonificações para trabalhadores em fila; camelos; acampamentos cheios de tendas; pores do sol e tesouros escavados. Um vagão da Compagnie des Wagons-Lits, a empresa do Expresso do Oriente, foi levado pelo British Museum (ideia deles) para o pátio.

Imaginativa e inovadora, e de forma alguma frívola, a exposição e seu catálogo ilustraram de modo memorável o trabalho das expedições de Mallowan ao longo de vários anos. Era notório que o gerenciamento doméstico de Agatha fazia o acampamento de Mallowan ser feliz e produtivo. Além disso, os ganhos dela ajudaram a financiar as expedições e também uma cadeira de arqueologia do Oriente Próximo na Universidade de Londres. O papel dela na conservação, no registro e na publicação de descobertas não tinha sido reconhecido. Agora podemos apreciar o quanto ela fez: trabalhos delicados limpando tabletes de argila e tesouros especiais como os

---

[2] Exibida pela primeira vez no Rurhlandsmuseu, Essen, *Agatha Christie und der Orient. Kriminalistik und Archäologie*, Scherz Verlag (Bern), 1999; *Agatha Christie and Archeology*, The British Museum Company, Ltd (Londres), 2001.

marfins de Nimrud, e aprendendo como exibi-los e fotografá-los do melhor jeito.

Come, Tell Me How You Live, o relato dela sobre esse período, descreve um mundo que Agatha passou a amar. Setenta anos depois, os lugares descritos por Agatha (Alepo, Raqqua, Nimrud, Mossul, Palmira) foram invadidos, o povo disperso e, pior ainda: artefatos e arquivos foram roubados e monumentos, destruídos. Os Mallowans teriam achado isso terrível, pois amavam o povo do Iraque e da Síria, e o trabalho deles nesses locais foi tão importante quanto os livros e peças de Agatha em casa. De certa forma, *Come, Tell Me How You Live* parece desconfortavelmente leve. As observações de Agatha sobre diferenças religiosas e culturais parecem superficiais quando comparadas às complexidades infinitas e cheias de nuances de que estávamos cada vez mais cientes. É preciso lembrar que ela escreveu o livro para dar de presente a Max quando ele voltou da guerra, sendo um texto biográfico nostálgico e um retrato essencialmente doméstico da vida na expedição.

Como a própria Agatha, que tinha interesse em casas, tecidos, mobília (um assento sanitário de madeira era indispensável), fornecimento de suprimentos e transporte, escolha de roupas e, sustentando tudo, a preparação e o consumo de alimentos e bebidas: tudo isso aparecia em *Come, Tell Me How You Live*. Com esse pano de fundo, ela descreve o que poderia ser a vida em qualquer casa: tensões na equipe do marido, rivalidades e brigas entre empregados, a brutalidade dos locais e desequilíbrios repentinos gerados por notícias do mundo exterior. Famosos pelo conforto e pelas invenções geniais, os acampamentos dos Mallowans eram a casa de Agatha. *Come, Tell Me How You Live* é um livro alegre sobre a vida, feito por uma pessoa que escreveu muito sobre a morte.

Agatha apreciava os prazeres da vida: literatura, música, teatro, fotografia, conversas, casas e jardins, passeios, família, amigos e comidas deliciosas. Um modo de vida inteligente e civilizado, repleto de humor, generosidade e bom temperamento, conquistado com esforço. Eu costumava pensar que Agatha Christie era estranha, manipuladora e tinha pensamentos férteis sobre formas de assassinar e enganar. Com um olhar mais maduro, percebo que esse veredito era severo demais. Extremamente profissional e honesta em relação ao que se descobriu capaz de fazer, Agatha o fez com gosto para ganhar a vida e entreter a si mesma e seus leitores. Como Max costumava dizer: "O mundo está repleto de dois tipos de pessoas, damas e cavalheiros, e ambos trabalham até cair." Embora a linguagem seja datada, a descrição é verdadeira, no caso de Agatha.

Janet Morgan
Abril de 2017

Sumário

Para Sheila

Prefácio

Agatha Christie valorizava a privacidade. Ela raramente dava entrevistas e nunca se expunha, dizendo: "Por que escritores deveriam *falar* sobre o que escrevem?" Ela acreditava que a reputação deveria ser boa ou ruim de acordo com sua obra, e esse desejo foi respeitado pela família, pelos amigos e conselheiros. Eles estavam prontos para analisar seriamente os textos dela, mas mantinham distância de quem procurava discutir a vida de Agatha. Mesmo assim, várias biografias de Agatha Christie foram publicadas, em diversos idiomas. Algumas não passavam de fantasia, enquanto outras se baseavam em fontes publicadas: matérias de jornal, resenhas, livros lançados por pessoas que a conheciam ou trabalhavam com ela (embora quanto mais eles a conhecessem, mais cautelosos eram em seus textos) e se basearam nos livros, peças e poemas escritos por ela, especialmente as memórias da Síria em *Come, Tell Me How You Live*, na *Autobiografia* e, também, nas reflexões do segundo marido em *Mallowan's Memoirs*.

Em 1980, parecia que havia chegado a hora de um relato completo e detalhado sobre a vida de Agatha Christie, e sua filha me convidou a escrevê-lo. Segundo ela, não fazia sentido embarcar nesta aventura a menos que todos os papéis da mãe fossem abertos para mim, com liberdade total para usá-los como eu achasse melhor. Portanto, este livro se baseia nas cartas escritas e recebidas por Agatha, bem como em seus manuscritos, livros, álbuns de fotografias e recortes, diários, livros de endereços, recibos e contas, guardados desde antes do tempo de seus avós até os dias atuais. Todos os títulos dos meus capítulos são citações retiradas dessas fontes.

Os biógrafos, contudo, não examinam apenas documentos. As casas e os jardins de Agatha, além da mobília e de objetos pessoais, foram igualmente reveladores. A família me concedeu generoso acesso a tudo, especialmente a Greenway, a casa dela em Devon. Lá, com os livros que ela leu quando criança ainda, na biblioteca, as porcelanas nos armários e as árvores por ela plantadas ainda no jardim, eu escrevi a maior parte deste livro. O Sr. e a Sra. Hicks me receberam bem, e foram hospitaleiros, tendo a imensa gentileza de ler cada palavra desta biografia muitas vezes para indicar erros factuais, confirmar referências e falar de Agatha Christie sem impor de forma alguma uma visão do caráter ou da obra dela que poderia ser diferente da minha. Nenhum biógrafo poderia pedir mais, e eu gostaria de agradecer a eles, aqui.

Em Greenway eu também conheci muitos parentes e amigos de Agatha. Lá e, depois, em suas respectivas casas, eles me contaram mais sobre a escritora. Sou particularmente grata ao neto, Mathew Prichard, e sua esposa, Angela, e filhos; ao Sr. e Sra. Archibald Christie, filho e nora do primeiro marido de Agatha, Archie e sua esposa Nancy; e também à Sra. Cecil Mallowan, ao Sr. e Sra. John Mallowan e ao Sr. e Sra. Peter Mallowan, parentes de Max segundo marido de Agatha. Também gostaria de agradecer a Lady Mallowan, que, ainda Parker, conheceu Agatha e Max em suas expedições arqueológicas ao Iraque, e que depois se casou com Max. Ela não só descreveu os dois para mim como também explicou muito sobre o trabalho feito por eles em Nimrud. A família de Agatha falou abertamente e pensou com cuidado em todas as minhas perguntas. Eles disponibilizaram cartas, documentos e objetos pessoais sem hesitação e facilitaram meu acesso a outras testemunhas.

Fora os que amam citar nomes sem necessidade (e existem poucos), as pessoas que conheceram Agatha se abstiveram de falar dela com estranhos. Velhos amigos guardaram suas histórias para si, colegas de trabalho e conselheiros restringiram seus comentários públicos a anedotas divertidas sobre livros e peças escritos por ela. No geral, quem trabalhou para Agatha, não importa que tenha sido breve ou casualmente, manteve um silêncio tão profundo quanto o de um médico, padre ou advogado. Eles a conheciam como pessoa, não como fenômeno. Essas pessoas viram como Agatha se afastava de publicidade e concordaram com a posição dela. Essas portas foram destrancadas apenas pela senha "biografia autorizada". Protegidos por ela, os amigos e conhecidos de Agatha me cederam tempo, recordações e correspondências. Outros, que embora não conhecessem Agatha Christie estavam interessados em sua obra e personalidade, ofereceram novas fontes e deram conselhos abalizados. Meu retrato de Agatha Christie é composto por essas memórias e reflexões, e eu gostaria de agradecer às seguintes pessoas por terem me ajudado a fazê-lo: Sra. Edward Allen, Jeffrey Andrews, Sr. e Sra. Tom Ayling, Larry Bachmann, William W. Baxter, Dr. e Sra. Richard Barnnet, Sra. K. Barrett, a Honorável Sra. Guy Beauchamp, Guildford Bell, Sir Isaiah Berlin, Sra. Connie Bessie, Srta. Kathleen Bird, Sra. Anthony Boosey, o falecido Sir James Bowker, Lady Bowker, Srta. Christianna Brand, Richard Buckmaster, Nigel Calder, Srta. Elisabeth Callow, Lady Campbell-Orde, Lady Camoys, Sir Simon e Lady Cassels, Sra. Rose Coles, Lady Collins, Edmund Cork, Srta. Jill Cork, Srta. Pat Cork, Denis Corkery, Srta. Ann Disney, Sargento Durrant da polícia de Surrey, Jonathan Dodd, Edward Dodd, Eiddon Edwards, Michael Evelyn, Sr. e Sra. Peter Fleming, Anthony Fleming, Richard Fletcher, Sr. e Sra. G. Gardner, Sir Julian Gascoigne. Sra. Raleigh Gilbert, Hugh Goodson, Sra. D. Gould, Sr. e Sra. Basil Gray, Srta. Deborah Greenep, Sr. e Sra. Donald Griggs, Caroline Grocholski, Sra. John Gueritz, professor e Sra. Oliver Gurney, Sr. e Sra. C. Hackforth-Jones, Dr. Donald Harden, Sir Peter e Lady Hauman, Sir William e Lady Heyter, o falecido Sir John Hedges, Lady Hedges, Sra. Diana Helbaek, a falecida Sra. Arthur Hicks, brigadeiro e Sra. William Hine-Haycock, Sra. Daphne Honeybone, Sra. Irene Hunter, Sr. e Sra. Peter Hulin, Sir Geoffrey Jackson, Sra. Frank James, Dennis Joss, Denis Kelynack, James Kelly, Sr. Rodney Kannreuther e a falecida Sra. Jannreuther, Sr. e Sra. Austen Kark, Sr. e Sra. Arthur Kellas, Sr. e Sra. Richard Kindersley, Sir Laurence e Lady

Kirwan, Frank Lavin, Richard Ledbetter, Sr. e Sra. Maurice Lush, a falecida Sra. Ernest Mackintosh, Harvey McGregor QC, Sr. e Sra. Richard Mallock, Sra. M. Marcus, comandante Marten e a Honorável Sra. George Marten, Sr. e Sra. A. R. Maxwell-Hyslop, a Honorável Sra. John Midlmay-White, Dr. e Sra. Philip Mitchelmore, Charles Monteith, John Murphy, professor e Sra. David Oates, Srta. Jennifer Oates, Srta. Dorothy Olding, James Paterson, S. Phelps Platt Jr., Sir John Pope-Hennessy, professor e Sra. Nicholas Postgate, Briton Potts, Sr. e Sra. J. B. Priestley, Dr. e Sra. Julian Reade, Sir John e Lady Richmond, Sra. Betty Rivoli, Srta. Patricia Robertson, sargento Geoffrey Rose da polícia de Thames Valley, Sra. Adelaide Ross, Raymond Ross, Lady le Rougetel, Sir Steven Runciman, Sra. Herta Ryder, Sir Peter Saunders, professor e Sra. Seton Lloyd, Sr. e Sra. Guy Severn, Sra. Reginald Schofield, Madame de Soissons, Sr. e Sra. J. C. Springford, Dr. Anthony Storr, Julian Symons, Srta. Geraldine Talbot, Sra. M. Thompson, Srta. Barbara Toy, Lorde e Lady Trevelyan, Dr. Alan Tyson, John Vaughan, Algernon Whitburn, o falecido Sr. Albert Whiteley, Stephen Whitwell, Sr. e Sra. Michael Wildy, professor Donald Wiseman, Sr. e Sra. John Wollen, Nigel Wollen, Sir Denis e Lady Wright e Rolando Bertotty, chefe dos garçons em Boodles. Também há outros a quem eu gostaria de agradecer, mas seus nomes foram cobertos por um borrão, pois uma gota de chuva caiu em minhas páginas. Vou agradecer adequadamente da próxima vez que nos encontrarmos. Enquanto isso, eles têm minhas desculpas.

Sou especialmente grata aos que me permitiram citar cartas de ou para Agatha Christie e documentos familiares. A Sra. Anthony Hicks, o Sr. e a Sra. Mathew Prichard, John Mallowan e Peter Mallowan foram imensamente solícitos, e preciso agradecer também a Edmond Cork e sua família. Além disso, gostaria de agradecer a Anthony Fleming, por me permitir citar as cartas de sua mãe, à Srta. Dorothy L. Sayers, à Sra. Frankfort, por um trecho de uma carta de seu pai, professor Stephen Glanville; Lorde Hardinge de Penshurst, cujos relatos para a Collins são aqui citados; Lady Kirwan, pelas citações de cartas de Agatha e Max; Sra. Anne McMurphy, ex-Srta. Marple, cuja carta de Agatha revelou a origem do nome de sua famosa heroína; James Paterson, por trechos de suas correspondências sobre a viúva de Chruston; Srta. Dorothy Olding, cujas correspondências com Edmund Cork eu roubei; Sir Peter Saunders, pelas citações de cartas e telegramas sobre peças teatrais; professor Harry Smith, por me permitir citar uma carta de seu pai, o professor Sydney Smith; e Srta. Barbara Toy, cuja correspondência eu citei quando escrevi sobre *Assassinato na casa do pastor*.

Também desejo agradecer aos diretores da Agatha Christie Ltd e ao conselho diretor da Booker McConnell Ltd, por me autorizarem a usar seus registros, ao BBC Written Archives Centre e à Sra. J. Kavanagh, Neil Somerville e Jeff Walden, por me permitirem citar seus registros, além da Cruz Vermelha Britânica e da arquivista Srta. Margaret Wade, pelos detalhes do período em que Agatha Christie serviu na Primeira Guerra Mundial, e aos diretores da William Collins Ltd, por abrirem seus arquivos e deixarem que eu os citasse. Também agradeço à Harrods Press Office, pelos esforços para localizar uma carta que Agatha Christie lhes enviou em 1926; ao *Harrogate Advertiser and Herald*, cujos arquivos me deram um retrato esclarecedor da cidade e de seus visitantes nos anos 1920; à Home Office Library e ao funcionário do Departamento de Registros Públicos pela valiosa ajuda em minha busca pelos relatos do desaparecimento de Agatha; à Hughes Massie Ltd, pela permissão de examinar os registros dos contratos de Agatha com seu agente; ao Imperial War Museum, por me dar acesso à gravação em fita realizada por Agatha para seu arquivo oral; aos depositários da Fundação Allen Lane e ao arquivista Dr. Michael Rhodes, por me permitirem citar trechos da correspondência de Agatha com a editora The Bodley Head; aos depositários da Fundação Mountbatten, por me autorizarem a citar a correspondência de Earl Mountbatten com Agatha sobre *O assassinato de Roger Ackroyd*; aos depositários do espólio de Harold Ober, que disponibilizaram a correspondência do agente norte-americano de Agatha; à seção de Livros Raros e Manuscritos da Biblioteca Firestone, na Universidade de Princeton, e à Srta. Jane Snedeker, que me guiou até lá; ao Escritório de Registros Públicos de Surrey e ao Dr. Robinson, pela ajuda para descobrir os eventos de 1926, e à Biblioteca da Universidade de Manchester e à

Srta. J. Sen, por fornecer detalhes sobre a carreira dos médicos que atenderam Agatha em 1926.

Há outros que contribuíram para este livro por entusiasmo, curiosidade ou ambos, produzindo novas ideias e referências surpreendentes. Eu particularmente desejo agradecer à Dra. Marilyn Butler, ao professor John Carrey, Christopher Campbell, Stephen Hearst, Leofranc Holford-Strevens, Srta. Frances Irwin, Edward Jospé, Srta. Cécil Jospé, Gordon Lee, Douglas Matthews, Sra. Alexandra Nicol, Srta. Olivia Stewart e Srta. Anne Willis. Sou igualmente grata aos que interpretaram, datilografaram, organizaram e copiaram o manuscrito desta obra enquanto eu me mudava de uma casa, hotel, escritório ou país para outro: a Sra. Rigby Allen, Sra. Berry, Srta. Michelle Cooper, Vincent Jones, Srta. Daisy Sasso, Sra. Jean Smith e, pela atuação como coreógrafos, Sra. Sheila George e Ray Walters. Também gostaria de agradecer ao Sr. Bobby Burns e à Honorável Sra. Burns, pela paciência e hospitalidade enquanto eu cortava e organizava o texto em sua casa na Jamaica.

O estímulo e a orientação de meus editores foram indispensáveis, e sou grata a Bob Gottlieb, da Alfred J. Knopf, além de Philip Ziegler, da William Collins, e Elizabeth Burke, Elizabeth Bowes Lyon e Elizabeth Walter.

Este livro não é apenas para fãs de histórias de detetive, sendo também recomendado para quem se interessa pelo desenvolvimento e experiência de uma escritora, pela personalidade de Agatha Christie e o instinto que fez de sua obra um sucesso. Como a vida de muitos escritores, a dela mudou de ritmo quando chegou à meia-idade, com menos incidentes e mais consolidação. Além disso, ela era quieta e reflexiva por temperamento, e o aumento da fama apenas acentuou estas características. Embora sua energia tenha permanecido enorme, boa parte dela foi dedicada à sua obra. Este livro analisa como Agatha destilou sua experiência em romances, peças e histórias detetivescas. Apenas em um caso, contudo, ele revela a solução para uma trama e apenas porque a própria Agatha Christie o fez em suas memórias.

Agatha Christie viveu bastante, e foi prolífica. Não forneci uma lista cronológica de suas obras ao final deste livro, pois ele já é longo demais e os leitores que gostariam de tal bibliografia podem encontrá-la em alguns dos seguintes e interessantes relatos críticos sobre a escrita de Agatha, sendo *The Agatha Christie Chronology*, de Nancy Blue Wynne (Nova York, Ace Books, 1976), particularmente útil. Menos preciso, embora mais ousado, é *The Life and Crimes of Agatha Christie*, de Charles Osborne (Collins, 1982). Robert Barnard publicou um excelente estudo chamado *A Talent to Deceive* (Collins, 1980). *Agatha Christie: Mistress of Mystery*, de Gordon C. Ramsey (Collins, 1972), por sua vez, é cuidadoso e foi examinado antes da publicação pela própria Agatha Christie. A autobiografia de Sir Peter Saunders, *The Mousetrap Man* (Collins, 1972), oferece a perspectiva do produtor sobre a obra teatral de Agatha, enquanto Tom Adams e Julian Symons compilaram um volume estimulante de olhar e ler, no qual escreveram sobre os designs de capa para algumas edições em brochura no livro *Agatha Christie Cover Story*, de Tom Adams (Paper Tiger, 1982). Os que precisam de ajuda para saber quem é quem entre os personagens de Agatha Christie vão considerar *The Agatha Christie Who's Who*, de Randall Toy, meticuloso e valioso, como eu o considerei. Citações das resenhas de livros e peças podem ser encontradas em vários livros sobre Agatha Christie, especialmente *Agatha Christie Companion*, de Dennis Sanders e Len Lovallo (Delacorte Press, NY, 1984), que se dedica ao tema. Contudo, eu preferi não me basear imensamente nesses materiais, pois apesar de seu extraordinário alcance ao redor do mundo, as resenhas da obra de Agatha Christie costumam ser interessantes, basicamente, pela previsibilidade.

Há mais um grupo ao qual eu gostaria de agradecer no fim deste prefácio: o exército secreto dos que deram bons conselhos, procuraram referências elusivas e invadiram bibliotecas e livrarias pelo mundo de modo a telefonar para Devon (ou lugares ainda mais remotos) com respostas para perguntas urgentes. Embora esses amigos estejam anônimos aqui, escreverei seus nomes com gratidão e afeto em suas cópias desta biografia.

Janet Morgan

1

"Os Millers, uma família..."

Até as noites enganavam. Para os lares confortáveis de classe média em Torquay — refúgio arejado e litorâneo de Devon, onde Agatha nasceu —, o fim do século XIX parecia uma tarde vitoriana. Eles não notaram que o crepúsculo se esgueirava pelos terraços, pelos jardins e pelo porto. A própria família de Agatha, os Millers, parecia igualmente próspera e segura, mas sua fortuna também ficava cada vez mais abalada, sem que eles percebessem. E como a maioria das famílias, os Millers não eram tão comuns quanto pareciam. Na verdade, eram incontestavelmente não convencionais.

Agatha era a mais jovem dos três filhos. Madge, a irmã, tinha uma paixão por disfarces que irritava os professores e, posteriormente, o marido, por mais que divertisse os amigos e desnorteasse os visitantes. Monty, o irmão de Agatha, possuía um talento diferente, na mesma linha: inventar loucos esquemas para os quais atraía inofensivos espectadores. Ninguém lucrava, mas todos ficavam felizes, especialmente as mulheres. Frederick, o pai de Agatha, era um americano encantador e casual, aficionado por teatro amador e detalhista em relação à saúde, mas não em seus investimentos — até ser tarde demais. A mãe se chamava Clarissa, mas era conhecida pelo apelido de Clara. Volúvel, cativante e com fama de clarividente, era afeita a imprudências espirituais e intelectuais. Agatha adorava todos eles.

Frederick e Clara viveram uma história romântica e complicada. A infância de Clara foi uma mistura de conforto e insegurança, que a levou a ser uma mãe bastante possessiva. Isso, por sua vez, alimentava a dedicação de Agatha, que por algum tempo quase se transformou em obsessão. Para entender Agatha é preciso conhecer seus pais e as duas mulheres que moldaram sua vida: Mary Ann e Margaret, a avó biológica e a avó de consideração.

A família estava conectada de modo tão perfeito quanto os personagens de uma história de detetive. Esses vínculos ficam ainda mais claros quando são descritos como os esquemas para as tramas de Agatha, com a ajuda de um diagrama:

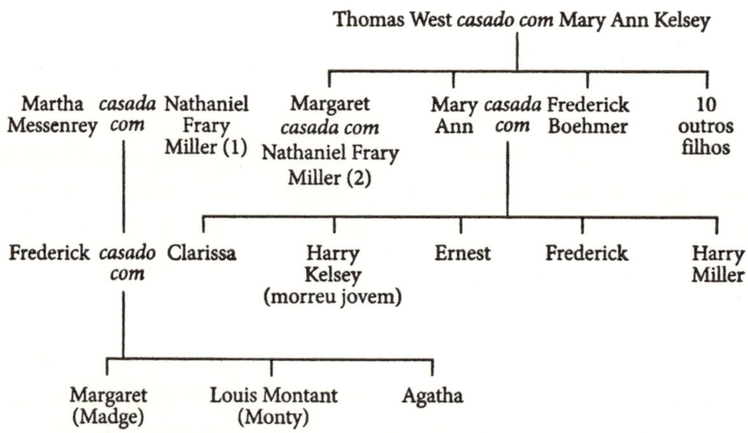

Mary Ann, Margaret West e seus dez irmãos e irmãs eram órfãos e foram criados em uma fazenda em Sussex por parentes sem filhos. Em 1851, Mary Ann conheceu o capitão Frederick Boehmer, do regimento Argyll Highlanders, que a pressionou a se casar. Como ele tinha 36 anos e ela, 16, a família fez objeção, mas o capitão Boehmer argumentou que, como o regimento dele estava prestes a ser enviado ao exterior, o casamento deveria acontecer imediatamente, e assim foi feito. Mary Ann e Frederick tiveram cinco filhos, em rápida sucessão (um morreu ainda bebê), dos quais a única filha, Clara, nasceu em 1854, em Belfast.

Em abril de 1863, o capitão Boehmer, então baseado em Jersey, caiu de um cavalo e morreu, aos 48 anos, deixando Mary Ann, então com 27, com quatro filhos para criar da melhor forma possível. Ela era excelente costureira e conseguiu aumentar a ínfima pensão deixada pelo marido bordando imagens, telas, chinelos, almofadinhas para alfinetes e similares. Como Frederick tinha perdido suas economias em alguma obscura empreitada especulativa, Mary Ann enfrentou grandes dificuldades financeiras. Não surpreende que ao escrever em uma parte do "Álbum para registrar pensamentos, sentimentos etc." da família, com o nome de "Confissões", oito anos após a morte de Frederick, ela descreveu seu estado mental como "ansioso".

Enquanto isso, a irmã mais velha de Mary Ann, Margaret, trabalhava em um grande hotel de Portsmouth, emprego arranjado por uma tia que tinha sido rigorosa recepcionista e imensamente respeitada do local por muitos anos. Margaret, já uma pessoa formidável, casou-se aos 26 anos, em abril de 1863. O marido, Nathaniel Frary Miller, viúvo, nasceu em Easthampton, Massachusetts, e virou empresário de sucesso, sócio da firma G. B. Chaflin na cidade de Nova York. Nathaniel e a primeira esposa, enfermeira hospitalar, tiveram apenas um filho, Frederick Alvah Miller. Após a morte da mãe, Frederick foi criado pelos avós, nos Estados Unidos, mas quando o pai se casou novamente e fixou residência na Inglaterra, onde a empresa tinha negócios em Manchester, Frederick visitou Nathaniel e Margaret e acabou conhecendo Clara.

Mary Ann perdeu o marido apenas duas semanas após o casamento de Margaret com Nathaniel. Margaret escreveu imediatamente para a irmã mais nova, oferecendo-se para criar um dos quatro filhos como se fosse dela, e Mary Ann, desesperada, decidiu que Clara deveria morar com os tios no Norte. A menina, de 9 anos, sentia-se solitária e com saudades de casa no novo ambiente, e Clara sempre acreditou que Mary Ann a mandara embora porque gostava mais dos meninos e não, como parece mais provável, por sentir que seria mais difícil para uma moça fazer carreira sozinha. O principal conforto de Clara era seu livro favorito, *The King of the Golden River*, que ela levou de Jersey. A menina lia em voz alta para o tio Nathaniel a história de seu herói, um garotinho solitário, porém determinado, que superou os maus momentos com sensatez, e sendo atencioso. Quieta e com imaginação fértil, Clara sabia que os tios estavam sendo gentis com ela, mas sentia-se desolada e incompreendida e apreciou o livro por toda a vida, assim como fez Agatha quando teve acesso a ele.

A criação e os gostos de Clara eram os de uma garota inteligente e protegida do fim do período vitoriano. Aos 17 anos, ela também listou o que gostava e não gostava nas "Confissões". Nas "Qualidades prediletas em um homem" ela citou: "Firmeza, coragem moral e honra", e em uma mulher: "Refinamento, franqueza e lealdade." Suas ocupações favoritas eram ler e conversar, e sua principal característica, "um grande amor pelas crianças". Já "a falha que mais tolera" (em si mesma) era a "discrição". Mas a jovem cujo "estado mental no momento" era "desejando um vestido longo" e que admirava Landseer, Mendelssohn, Tennyson, a Srta. Nightingale e os romances da Srta. Mulock, tinha um lado mais saudável e feliz. Ela listou como alimento e bebida favoritos "sorvete e água com gás norte-americana", e como heroína fictícia predileta, Jo, a vigorosa moleca do livro *Mulherzinhas*. À pergunta "Que outra pessoa você gostaria de ser?" ela respondeu com firmeza: "Um estudante."

Quando Clara foi morar com os Millers, o enteado americano de tia Margaret chamado Frederick tinha 17 anos, e os primos gostaram um do outro. Embora a diferença de idade entre eles fosse de apenas nove anos, parecia maior: Clara tinha uma vida tranquila em casa na Inglaterra, enquanto Frederick viveu um período empolgante (embora vertiginoso para Clara) nos EUA após estudar na Suíça. Como um dos amigos dele contou a Agatha posteriormente: "Frederick foi recebido por todos na sociedade nova-iorquina, frequentava o Union Club e era bastante popular. Diversos integrantes atuais do Union Club e nossos amigos em comum o conheceram e eram muito ligados a ele." Após o casamento, os nomes de Frederick e Clara apareceram no Registro Social de Nova York. Na cópia dele, o lápis azul de Frederick marcou os nomes dos vários amigos e conhecidos nova-iorquinos e, outros, das melhores famílias da Filadélfia e de Washington.

O tipo de vida de Frederick era descrito nos romances de Henry James e Edith Wharton. A sociedade norte-americana de classe alta, na qual ele vivia, era um grupo pequeno e íntimo (apenas 900 famílias estão listadas no Registro Social de 1892), e gastava-se muito tempo visitando amigos e parentes, lendo jornais, escrevendo bilhetes no Club, jantando, dançando, indo ao teatro e (menos frequentemente para os não entusiastas) a concertos e a exposições de arte, e, ainda, jogando tênis, croquet e cartas, fumando (um passatempo importante) e assistindo a corridas de cavalos ou em iates. Contudo, Frederick Miller não era um dos jovens deprimidos retratados nos romances da época, mas, nas palavras de Agatha, "um homem deveras agradável". E na própria contribuição brincalhona feita às "Confissões", aos 26 anos, ele forneceu um retrato preciso de seu temperamento: tranquilo, filosófico, raramente empolgado. A ocupação favorita dele era "não fazer nada", a principal característica, "idem". Os personagens históricos mais detestados eram Ricardo III e Judas Iscariotes; os heróis favoritos da vida real, Ricardo Coração de Leão e "um padre da região rural". A aversão favorita era "Levantar-se pela manhã", o estado mental no momento: "Extremamente confortável, muito obrigado", e à pergunta "Que outra pessoa você gostaria de ser?" ele respondeu, placidamente: "Ninguém." Apenas uma pergunta teve uma resposta realmente empolgada, e se referia aos alimentos e bebidas prediletos, na qual ele enumerou seus escolhidos em duas linhas: "Carne bovina, bisteca suína, fritada de maçã, pêssegos, maçãs. Todo tipo de castanhas. Mais pêssegos. Mais castanhas. Ensopado irlandês. Rocambole de geleia", e um adendo posterior, marcado com um asterisco: "Cerveja amarga."

No mesmo item, Frederick citou as características que mais admirava em mulheres: "adaptibilidade (*sic*) à razão" — a ortografia dele, como a de Madge e, especialmente, a de Clara e Agatha costumavam ser irregulares —, "com boa índole". Eram exatamente as qualidades da prima caçula e dedicada ao primo Fred, que fora a primeira pessoa a elogiá-la em relação aos belos olhos, por volta dos 11 anos, e quando ela estava com 17 mandou de presente um volume dos poemas de Southney, encadernado em azul e dourado, onde se lia: "Para Clara, uma prova de amor." Clara, por sua vez, enviava cartas, poemas e, posteriormente, cadernos bordados com margaridas, monogramas em ouro, inscrições e uma empreitada mais ambiciosa: um coração vermelho bordado com duas flechas. Ela se esforçava para fazer esses presentes, pois era uma costureira muito menos habilidosa que a mãe. Em um determinado bordado, foi obrigada a deixar de fora a última letra do nome de Frederick, por ter calculado erroneamente o espaço disponível. Clara também enviava poemas graves e sentimentais. Um álbum marrom e dourado continha, basicamente, versos sobre amor e morte que ela escreveu durante o noivado. Correções ocasionais à mão feitas por Frederick mostram que ele não só lia diligentemente a poesia da prima como aperfeiçoava os versos aqui e ali.

A obra mais vigorosa dessa coleção era uma visão satírica do casamento, que Clara descrevia em *O himeneu moderno* como sendo um arranjo puramente egoísta: "À noiva, a beleza. Ao noivo, a riqueza. Dois em um estão unidos. E este um é — o Ego [...]" Mas o casamento de Clara e Frederick estava longe dessa descrição. Ela recusou a primeira proposta de Frederick, por se considerar "espadaúda" e ele, embora fosse considerado rico por ser americano, tinha uma renda confortável, mas não enorme.

Os primos se casaram em abril de 1878. Frederick tinha 32 anos e Clara, 24. Um mês depois, na Suíça, ela escreveu um poema longo e rapsódico em homenagem ao marido, pedindo a Deus para enviar "um anjo amigo" que ela convocaria a fim de proteger e apoiar "seu querido". Esse presente para Frederick é mais tocante por ter no rodapé uma tentativa levemente fracassada de desenhar um anjo, acompanhada pela súplica: "desculpe este pedaço de papel [...]. O único que me restava", além de conter duas edelvais secas, uma genciana, uma violeta e um trevo. Frederick sempre mantinha tudo consigo, juntamente com seus cadernos.

A primeira filha de Frederick e Clara, Margaret Frary Miller, nasceu em janeiro do ano seguinte, em Torquay, onde os Millers haviam fixado residência. Logo após o nascimento de Madge, os pais a levaram aos Estados Unidos, para que Frederick pudesse apresentar a esposa e a filha aos avós. E foi assim que o segundo filho, um menino, nasceu em Nova York, em junho de 1880. Era Louis Montant, batizado em homenagem ao melhor amigo de Frederick. Os Millers voltaram com os dois filhos à Inglaterra, onde esperavam ficar apenas um breve período antes de se mudarem para os Estados Unidos. Porém, Frederick foi subitamente obrigado a voltar a Nova York, para cuidar de vários assuntos de negócios, e sugeriu que Clara morasse em uma casa mobiliada em Torquay enquanto ele estivesse fora. Com a ajuda de tia Margaret, agora viúva, Clara inspecionou duas ou três dúzias de casas, mas a única da qual gostou estava disponível para venda, em vez de aluguel. Apesar, ou talvez exatamente por causa do ambiente restrito e ordeiro no qual foi criada, Clara foi determinada e impetuosa, comprando a casa imediatamente, com a ajuda das 2 mil libras que Nathaniel tinha lhe deixado. Ela se sentiu em casa no lugar, e quando a proprietária, uma quacre chamada Sra. Brown, disse: "Fico feliz ao pensar em ti e tuas crianças morando aqui, minha querida", Clara sentiu que era uma bênção. Frederick foi pego de surpresa ao descobrir que a esposa havia comprado uma casa em um lugar onde ele esperava viver no máximo alguns anos, mas, sempre de boa índole, cedeu aos desejos dela.

A casa era Ashfield, em Barton Road, que foi demolida há tempos, mas é possível imaginar como era por meio das recordações de Agatha e de seus contemporâneos, e de fotografias tiradas na virada do século. Ashfield era grande e espaçosa como outras mansões do tipo em Torquay, construída para as famílias de tamanho considerável da classe média profissional da época, que precisava de vários quartos amplos para cobrir de cortinas, amontoar mobília e encher de objetos interessantes, que eles apreciavam ou apenas gostavam de exibir. Essas casas não eram difíceis de aquecer, porque o combustível era barato, nem de limpar e manter, pois os salários dos empregados não eram caros. Além disso, havia encanadores, vidraceiros, carpinteiros e pedreiros arrojados e talentosos em abundância. Ashfield era uma casa atraente e incomum, por ter uma parte retangular de dois andares com amplos janelões de vidro adjacente a outra, de três andares, quadrada e com janelas altas. Algumas das janelas no térreo tinham vidros coloridos na parte superior, enquanto as partes mais baixas se abriam para o jardim. Havia uma multiplicidade de chaminés e treliças, além de plantas em todas as paredes. A varanda era grande, repleta de jardineiras e totalmente coberta por trepadeiras. Adjacente à casa havia uma estufa arejada, cheia de móveis de vime, além de palmeiras e outras plantas exóticas. Ao longo da borda do jardim, na parte coberta de cascalho, havia imensos vasos arredondados com jacintos, tulipas e outras flores da estação, a intervalos de 3 metros. Uma segunda estufa, menor, usada para armazenar martelos de croquet, bambolês, móveis quebrados e objetos, conhecida como "Kai Lai", ficava do outro lado da casa. (Mais para o fim da vida, Agatha descreveu essa estufa em *Portal do destino*.)

O jardim parecia infinito para Agatha, pois compunha a maior parte do mundo infantil da escritora. Ela o descreveu como dividido em três partes: o jardim murado da cozinha, com frutas macias, vegetais e macieiras; o jardim principal, repleto de árvores (faias, cedros, abetos, azevinhos, uma alta sequoia, uma araucária chilena e algo que Agatha chamava de "árvore terebintina", porque expelia uma resina grudenta); e, por fim, um pequeno bosque de freixos, por onde era possível voltar à quadra de tênis e ao campo de croquet, situados perto da casa. Além disso, Ashfield ficava no fim da parte velha da cidade, de modo que Barton Road levava às ruas e campos da rica zona rural de Devon. As casas e os jardins pareciam imensos, e Agatha se lembrava deles na infância dessa forma, mas Ashfield certamente era grande.

Felizmente, a casa era espaçosa, visto que Frederick tinha mania de fazer coleções. Torquay, sendo um refúgio elegante, frequentado por endinheirados de bom gosto e muito tempo livre, atraíra muitos negociantes para cujas lojas ele fazia um desvio durante sua caminhada diária para o Iate Clube. O lojista que melhor o atendia era J. O. Donoghue, da Higher Union Street, cuja extensa conta fornecia um detalhado retrato das compras feitas por Frederick de mesas para café, estojos para cartões, cestos de vime, sais, tapetes e jarros orientais, porcelanas, candelabros de vidro lapidado, pinturas em papel de arroz, açucareiros e inumeráveis peças de porcelana de Dresden. A pilha de contas, preservada entre os documentos de Frederick, também mostra a extensão da residência e da hospitalidade dos Millers. Jantares de cinco cursos eram preparados diariamente pela cozinheira, Jane, sendo que um cozinheiro e um mordomo eram contratados para ocasiões especiais, em que várias opções de pratos eram apresentadas em cada curso. Clara mantinha um livro chamado "Receitas para Agatha", indicando a riqueza e os custos dos alimentos servidos: as tortas de peixe, por exemplo, eram feitas com filés de linguado entre camadas de ostras (uma nota de rodapé recomendava: "Melhor marca de ostras enlatadas: 'Imperial'"), e havia instruções ensinando a preparar as trufas que seriam acrescentadas a carnes ou frangos e os pratos de salmão frio, rins e cogumelos para o café da manhã, além de pratos com codorna, esplêndidas entradas, bem como várias saladas sofisticadas, cremes suaves e iguarias para piqueniques. A única receita realmente econômica, de macarrão com queijo, orientava o leitor a "comprar o talharim em uma loja na Greek Street, Soho, mantida por um italiano", e apresentava o seguinte comentário: "Não é muito bom."

Agatha nasceu nessa casa muito bem-equipada em 15 de setembro de 1890. Ela foi uma querida "temporã": a mãe tinha 36 anos, o pai, 44, e havia uma diferença de 11 anos entre Agatha e Madge e de 10 anos entre Agatha e Monty. Àquela altura, Madge era aluna na escola da Srta. Lawrence em Brighton (que depois viraria o famoso internato feminino Roedean), já que a proposta de ensino estava de acordo com a visão de Clara do que deveria constituir a educação feminina. As cartas de Madge para a irmã caçula diziam coisas como: "Minha franguinha [...]. Quem será capaz de fazer seus deveres na sala de aula agora que seus dois devotos escravos saíram para aprender suas lições na escola?", refletindo a natureza gregária e brincalhona da família. Agatha era uma menina bagunceira e vigorosa que não chegava a ser bonita, mas tinha, entre seus atributos, um rosto marcante e um sorriso envolvente. A única observação melancólica em suas "Confissões" foi a resposta à pergunta: "Que outra pessoa você gostaria de ser?", ao que ela escreveu: "Uma beleza bela."

Madge adorava piadas, disfarces e pregar peças, enquanto Agatha ficava assustada e maravilhada com os truques da irmã. Ela falava com imenso orgulho da época em que Madge se vestiu de sacerdotisa grega para encontrar alguém na estação de trem e da ocasião em que ela, tendo ido a Paris para ser "aperfeiçoada", aceitou o desafio de pular de uma janela e caiu na mesa em que várias francesas, horrorizadas, estavam tomando chá. Madge empolgava a irmã fazendo suas brincadeiras afetuosas com toques de esquisitice. Ela costumava dizer solenemente "Não sou sua irmã", agindo como uma desconhecida por alguns instantes. Em uma versão ainda mais assustadora desse jogo, ela usava a voz suave e agradável da louca imaginária batizada por Madge e Agatha de "A Irmã Mais Velha", que vivia em uma caverna nos penhascos das proximidades para dizer as palavras horrivelmente perturbadoras: "*Claro* que sou sua irmã Madge. Você não pensa que sou *outra pessoa*, certo? Você não *ousaria* pensar isso."

É difícil saber mais sobre o irmão de Agatha, Monty. No primeiro rascunho ditado da parte de sua autobiografia referente à infância, Agatha aludiu ao fato de que, "nessa época, Monty desapareceu da minha vida", mas parece que ele nem chegou a estar presente. Quando Agatha era jovem, Monty estudava em Harrow, e quando ela era mais velha, ele sumiu para o exterior. Monty não era um intelectual (abandonou Harrow sem passar nas provas), mas sua personalidade sociável o ajudou a sobreviver. Agatha contou que Monty era o único garoto com permissão para criar camundongos brancos na escola, pois o diretor fora levado a acreditar que o jovem nutria um interesse por história natural. A imagem que ela fazia do irmão — como seria de se esperar — era de alguém que, por ser homem e dez anos mais velho, levava uma vida estranha e empolgante, repleta de façanhas ousadas em barcos e, depois, em carros, das quais ele, às vezes, permitia, desdenhosamente, que sua irmãzinha participasse.

As coisas não podem ter sido fáceis para Monty naquele círculo de quatro mulheres fortes: a vigorosa e briguenta irmã mais velha, a mãe impulsiva e perspicaz e as avós formidáveis. Uma fotografia mostra o rapaz em um uniforme abotoado que não lhe caía bem e uma expressão mal-humorada em seu belo rosto. Nessa imagem, ele poderia ter qualquer idade entre 9 e 19 anos, e parece entediado e infeliz, mas outras fotografias mostram Monty no auge da alegria irreprimível: ele aparece de smoking, cartola e imensas botas de couro, sentado na pequena charrete na qual as crianças brincavam e atiçando um bode surpreso que tinha sido atado às rédeas. Ali, Monty tinha um olhar simultaneamente insano e hedonista.

No retrato pintado quando Monty tinha por volta de 19 anos, ele parecia mais calmo, embora pouco convincente, como se não soubesse ao certo se desejava parecer vaidoso, perplexo ou arrojado. O texto nas "Confissões" (que ele se esqueceu de assinar) reforça essa impressão de incerteza. Os comentários dele eram os de alguém que tentava ser divertido, mas sem ter a petulância ou a inteligência necessárias para fazê-lo: "Seus heróis favoritos da vida real?": "Os fenianos"; "Seu estado mental no momento?": "Minha nossa!"; "Suas qualidades prediletas em um homem?": "Ser um bom companheiro, no geral", e, por fim, a indicação de que é realmente Monty escrevendo: "Sua ideia de sofrimento?": "Pegar dinheiro emprestado." Há algo melancólico em relação a Monty, e, embora a influência dele sobre a irmã caçula seja muito menos direta e óbvia que a de Madge, ele era um intrigante quebra-cabeça para Agatha.

Agatha Mary Clarissa foi batizada em homenagem à mãe e à avó. Ela acreditava que o nome Agatha tinha sido adicionado por Clara, com a agilidade usual, devido a uma sugestão feita a caminho do batismo. Além disso, um dos romances favoritos de Clara era *Agatha's Husband*, da Srta. Mulock. Ao longo da vida, Agatha adquiriria ou adotaria uma série de nomes e títulos diferentes. Para seus amigos e familiares (exceto os mais próximos, que a chamavam de "Nima", corruptela de "Grandma" [vovó em inglês] dita pelo neto), ela era sempre Agatha. Como o primeiro editor lhe disse em 1920, era um nome incomum e memorável, portanto, é assim que vamos chamá-la aqui.

A coleção de contas de Frederick também revelava a mobília, os livros e as imagens entre os quais Agatha cresceu. Alguns dos melhores itens foram vendidos nos anos após a morte do pai dela, quando a situação da mãe ficou consideravelmente difícil em termos financeiros, mas boa parte deles — incluindo várias luminárias, quadros e fotografias, e muitas porcelanas, talheres e vidros — foi usada para abastecer as casas onde Agatha viveu. Como ela mesma disse: o pai era mais seletivo na aquisição de pinturas do que de móveis. A moda nos anos 1880 e 1890 era pendurar o máximo de quadros possíveis em todos os espaços disponíveis nas paredes, e Frederick fez isso adquirindo obscuras pinturas a óleo, caricaturas japonesas, pastéis sobre cobre e várias gravuras, incluindo uma chamada *Weighing the Deer* (Pesagem do cervo, em tradução livre), pela qual ele tinha particular apreço. Alguns desses objetos queridos eram atribuídos aos integrantes da família que os herdariam posteriormente (a tia de Clara, Margaret, escrevia os nomes dos beneficiários atrás das telas). A herança particular de Agatha foi *Caught* (Fisgado, em tradução livre), óleo sobre tela de uma mulher pegando um menino em uma rede de pescar camarões, exibida na Royal Academy em 1884 e adquirida por Frederick dez anos depois pela soma de 40 libras. Ainda em 1884, quando Agatha tinha 4 anos, o pai encomendou ao artista local N. H. J. Baird que pintasse o cachorro da família, um exercício considerado tão bem-sucedido que o Sr. Baird foi posteriormente convidado a pintar Frederick, Agatha, Monty, Madge e a babá de Agatha. Quando pediram a Agatha para indicar seus poetas, pintores e compositores favoritos nas "Confissões", aos 7 anos, ela foi leal e escreveu o nome de Baird ao lado de Shakespeare e Tennyson.

O foco da vida de Agatha quando criança era "a sábia e paciente babá", a cozinheira, Jane, e sucessivas empregadas domésticas. As recordações dessas companhias remontam à mais tenra idade. Outro fato incomum é que a autobiografia de Agatha descrevia a aparência da babá e de Jane: a primeira tinha um "rosto sábio, enrugado e com olhos profundos", enquadrados, como no retrato do Sr. Baird, por uma touca de cambraia com babados, enquanto Jane era "majestosa, uma deusa do Olimpo, de busto vasto, quadris colossais e uma atadura engomada que lhe prendia a cintura". A babá representava "um ponto fixo, que nunca mudava". Por exemplo, o repertório de seis histórias dela não variava, enquanto o de Clara era sempre diferente. Clara, ao contrário da babá, nunca repetia a mesma brincadeira. Como Agatha escreveu sobre as histórias e brincadeiras da mãe, a imprevisibilidade deles, às vezes, a chocava, mas a então menina também ficava encantada diante do eterno desconhecido. As crenças religiosas da babá eram firmes: ela era metodista devota, guardando o sábado para ler a Bíblia em casa. Clara, por outro lado, experimentou várias escolas de pensamento religioso; ela quase foi recebida na Igreja Católica Romana, depois tentou o Unitarismo, que deu lugar à Teosofia e depois, por um período breve e intenso, ao Zoroastrismo. A certa altura, ela manifestou profundo interesse pela Ciência Cristã e ocasionalmente ia a encontros dos Quacres. Clara descumpria regras: ela e Agatha reuniam alegremente todas as toalhas da casa para brincar, enquanto a babá aplicava as regras. Quando Agatha tinha 4 ou 5 anos, a babá voltou para Somerset. Agatha sentiu muitas saudades, pois ela havia sido o centro da ordem, da calma e da estabilidade da casa.

Este título também se aplica a Jane, que cuidava da cozinha. Ela estava sempre lá: imensa, plácida, mastigando gentilmente algo delicioso e fornecendo refeições regulares em horários idem, com petiscos entre elas. Não surpreende que a comida sempre tenha sido um prazer e um conforto para Agatha e que ela seja lembrada pelas amplas refeições que oferecia, além da perícia com que fazia doces e maioneses e de como se deliciava com os alimentos que lhe eram servidos. Jane ensinou Agatha a fazer bolos, "alguns com uvas, outros com gengibre", a menina escreveu orgulhosamente ao pai quando tinha 11 anos: "E tivemos creme de Devonshire para o chá." Ela era apaixonada por creme: seja o Devonshire comido de colher, creme duplo misturado à coalhada e bebido em uma xícara ou creme azedo junto com melado para fazer "Trovão e Relâmpagos". Ela falava do verdadeiro creme de Devonshire, tão espesso e suave quanto manteiga, com uma crosta amarela e levemente dourada e sabor simples porém inigualável, de consistência escorregadia, suave e incomparável, o tipo de iguaria pela qual uma criança solitária ansiava.

Agatha também era animada e inteligente. Apesar dos vários jogos e histórias que inventava, ela ficava entediada, com fome, e continuava sendo uma criança magricela. Monty a chamava de "franguinha esquelética". As refeições, servidas pontualmente, eram os marcos do dia, e as cerimônias de apresentar e consumir alimentos eram fascinantes, especialmente porque Agatha era sistemática e gostava de rituais. Ao longo da vida, ela serviu refeições formais do mesmo jeito que consumia na infância, com prataria e copos corretamente dispostos, arranjos de flores, guardanapos dobrados, oferecendo curso após curso. Uma refeição era uma celebração.

Além de apreciar o jeito como os objetos eram organizados, Agatha também nutria interesse pela organização de pessoas. Enquanto crescia, ela foi descobrindo as finas gradações da sociedade de Torquay, mas o primeiro contato com a hierarquia foi na casa em Ashfield. Com ouvido afiado para palavras e frases, ela notou as formas de tratamento: as cozinheiras eram sempre "Senhora" e empregadas recebiam nomes "adequados" como Susan, Edith e similares, mesmo se não tivessem nascido com eles. Havia, também, as empregadas específicas, que "serviam os cavalheiros e tinham conhecimentos sobre vinhos", cujos nomes soavam vagamente como sobrenomes. Froudie era uma dessas empregadas dos Millers, e seu nome combinava com o "leve tom de masculinidade" delas. As tarefas domésticas também eram alocadas de modo claro, e embora a pequena casa de Ashfield não tivesse muitos problemas entre suas três empregadas, de tempos em tempos Agatha tomava conhecimento de atritos entre o quarto das crianças e a cozinha. Apesar disso, a babá era uma "pessoa muito pacífica".

Do mesmo modo que os empregados obedeciam aos pais de Agatha (quando lhe pediam para recomendar um prato, Jane não sonharia em sugerir algo, exceto casualmente: "Gostaria de um pudim, senhora?"), os empregados de menor escalão obedeciam aos de maior autoridade. Quando criança, Agatha ficou profundamente impressionada com a reprimenda de Jane (chamada pelos outros empregados de Sra. Rowe) a uma jovem empregada que se levantou da cadeira prematuramente: "Ainda não terminei, Florence." Sensível, ela conseguia detectar onde estava o poder, e, como as crianças fazem, gerenciava habilmente relações complexas com vários adultos em graus variados de cumplicidade. Agatha conhecia o mundo dos empregados por serem os adultos com quem ela passava boa parte do tempo e também porque precisava estar em constante alerta para evitar problemas e interferências da parte deles, além de obter atenção, guloseimas, e saber o que estava acontecendo.

Como a maioria das crianças, ela se interessava pela execução de tarefas práticas, em como as massas eram feitas, as roupas, passadas, as botas, engraxadas, e, segundo a observação de Agatha, os "copos eram lavados com muito cuidado [...] em uma tigela de papel machê". Ela adquiriu o devido respeito pelo exercício eficiente dessas habilidades domésticas, aumentado pelo fato de Clara instilar nela a ideia de que os empregados eram profissionais altamente treinados, versados não só nas minúcias de todas as partes da casa que gerenciavam como nas relações corretas que deviam prevalecer entre eles e as pessoas para quem trabalhavam. Agatha enfatizou esse ponto em sua autobiografia, pois tinha a consciência de que o mundo pré-1939 que ela descrevia era bem diferente do mundo onde viviam muitos de seus leitores, que poderiam ficar confusos com as nuances desses relacionamentos domésticos.

Para Agatha, a mãe era um ser mágico e extraordinário. Com trinta e poucos anos, Clara supervisionava a casa e o marido com autoridade natural, reforçada pela experiência. Ela conhecia tão bem o marido e os filhos que era como se tivesse um sexto sentido (Madge uma vez disse a Agatha que não ousava sequer pensar quando Clara estava presente), impressão que deve ter sido fortalecida pelo interesse instável, embora profundo, de Clara em várias filosofias bizarras. Ela também escrevia poesia, e uma de suas histórias feitas com o pseudônimo Callis Miller sobreviveu entre os documentos de Agatha. O narrador de *Mrs. Jordan's Ghost* (O fantasma da Sra. Jordan, em tradução livre) era o espírito infeliz de uma mulher morta que se manifestava sempre que um determinado piano era tocado. Essa meditação sobre uma música triste que corroía a alma, envolvendo versos sinistros, culpa, purificação e um poder vagamente compreendido e desconhecido, "as leis não escritas deste universo misterioso", eram exatamente o que se esperava de uma história escrita por Clara. Uma figura exótica que parecia cansada e estupefata nas fotografias posteriores, para Agatha era uma encantadora mistura de imprevisibilidade e dignidade, certeza e incerteza.

Agatha via a mãe em momentos especiais: quando estava doente ou angustiada, quando precisava de permissão para embarcar em alguma aventura rara ou desejava relatar alguma e depois do chá, quando, vestindo musselina engomada, ela era enviada à sala de desenhos para brincar e ouvir uma das histórias peculiares de Clara sobre "Olhos Brilhantes", um memorável camundongo cujas aventuras acabaram subitamente, "Polegares" ou "A vela curiosa", da qual Agatha lembrava apenas que tinha veneno (essa história também teve um fim abrupto). Nesses momentos, ela podia estudar os laços, as flores artificiais e as joias da mãe. Garotinhas (como ela lembrou em *Um gato entre os pombos*) não são imunes ao feitiço das joias, e as que pertencem a uma mulher mais velha são especialmente mágicas, pois representam toda sorte de mistérios e transformações. Em sua autobiografia, Agatha descreveu os ornamentos de Clara, embora a lista seja pequena em comparação com a pilha de recibos de joalheiros entre as contas de Frederick, na qual havia: medalhões, estrelas, broches, leques, botões, anéis, frascos de perfumes, estojos para cartões e dois itens de que Agatha se lembrava: um crescente de diamante e um broche com cinco peixinhos de diamante, comprado com carinho algumas semanas antes do nascimento de Agatha.

Com a babá, Jane, Clara e Madge, Agatha estava cercada por mulheres fortes e influentes. O pai, gentil e interessado no progresso da filha, tinha um estilo de vida distante e singular. De manhã, após o café, ele andava até o Royal Torbay Yacht Club (parando em um antiquário no caminho) para ver os amigos, jogar cartas, discutir os jornais da manhã, beber um copo de xerez, e depois voltava caminhando para o almoço em casa. À tarde, ele assistia a uma partida de críquete ou voltava ao clube e se pesava (preservada entre os documentos está uma folha do papel timbrado do clube com esses registros de pesagem: 9 de agosto, à tarde, camisa azul, 89 kg; 13 de setembro, manhã, sal. pim., 89 kg) antes de retornar a Ashfield a fim de se vestir para o jantar. As fotografias mostram Frederick robusto, contemplativo e, em parte devido ao bigode e à barba em voga na época, parecendo mais velho do que realmente era.

Também havia outras duas mulheres importantes e impressionantes na infância de Agatha: as avós Margaret e Mary Ann. Margaret, tia de Clara e madrasta de Frederick, era conhecida como "titia-vovó" enquanto Mary Ann, mãe de Clara, era conhecida como "vovó B.". Era na casa de Margaret que as reuniões familiares aconteciam. Após a morte de Nathaniel, ela se mudou de Cheshire, para uma casa maior, em Ealing, cheia de móveis de mogno, incluindo uma imensa cama com dossel e cortinas damascenas vermelhas, que Agatha tinha permissão de escalar, e um esplêndido assento sanitário no qual ela fingia ser rainha, "fazendo reverências, dando audiências e estendendo a mão para ser beijada", com direito a companheiros animais imaginários ao seu lado. O "príncipe Goldie", como foi batizado seu canário, ficava "ao lado de sua mão direita". Na parede, Agatha se lembrava de ver um mapa interessante da cidade de Nova York. Ao longo da vida, ela sempre considerou que um lavatório bem-cuidado e eficiente, preferencialmente de mogno, era parte essencial de uma casa ou acampamento arqueológico. Ela ficou feliz da vida ao descobrir em sua casa, em Devon, uma sala cheia de móveis de madeira quase tão magníficos quanto os da avó.

A titia-vovó não passava os dias na sala de visitas "repleta de móveis de marchetaria e porcelanas de Dresden", nem na sala que recebia o sol da manhã e era usada pela costureira, e sim na sala de jantar, que tinha janelas pesadamente decoradas com renda e toda a soleira tomada por livros. Ali ela se sentava em uma imensa cadeira de espaldar alto, perto da mesa de mogno, ou em uma grande poltrona de veludo, à beira da lareira. Quando Agatha se cansava do quarto das crianças e do jardim cheio de roseiras e com mesa e as cadeiras cercadas por um salgueiro, ela encontrava a avó, que geralmente estava escrevendo longas cartas de aparência descuidada, com a página virada para que ela pudesse economizar papel escrevendo acima das linhas que tinha acabado de fazer. A brincadeira favorita dela era colocar Agatha com as pernas para cima como se fosse um frango do Sr. Whiteley, cutucá-la para ver se estava jovem e tenra e depois fingir que a colocava no forno, cortava, servia em um prato imaginário e, após afiar vigorosamente uma faca de destrinchar invisível, descobrir que a ave era na verdade uma garotinha morrendo de rir.

Essa lembrança, como várias outras recordações de Agatha sobre a casa da avó materna, envolvia diversão e comida. Ela descrevia com grande vivacidade a visita matinal à despensa. Margaret era uma colecionadora como o enteado, mas, além de acumular vários objetos, rendas, caixas e baús repletos e se cercar de uma profusão de mobília, ela também guardava quantidades de comida: frutas secas e em conserva, quilos de manteiga, sacos de açúcar, chá, farinha e cerejas, que ela adorava. (As "Confissões" listam os alimentos e bebidas favoritos de Margaret, como cerejas cozidas e licor de cereja, e quando ela saiu de Ealing foram retirados de sua casa 36 garrafões de licor de cereja feito em casa.) Ela transmitia as tarefas do dia à cozinheira, investigava qualquer resíduo suspeito e dispensava Agatha com as mãos cheias de tesouros, nos quais frutas cristalizadas eram consideradas tão valiosas quanto joias.

A Sra. Boehmer, a vovó B., morava em Bayswater, mas visitava frequentemente a irmã em Ealing. Agatha a via lá e sempre aos domingos, quando a família se reunia na mesa da titia-vovó para um grande almoço vitoriano: "Uma imensa refeição, geralmente composta por torta de cereja, creme, um vasto pedaço de queijo e, por fim, a sobremesa." Dois irmãos de Clara estariam lá, Harry, o secretário das Lojas do Exército e da Marinha, e Ernest, que esperava ser médico mas foi para o Ministério do Interior ao descobrir que não suportava ver sangue (Fred estava com seu regimento na Índia). Após o almoço, os tios fingiam ser professores e encham Agatha de perguntas, enquanto os outros dormiam. Depois havia o chá com bolo Madeira. Também aos domingos, as avós discutiam e fechavam as despesas da semana na filial das Lojas do Exército e da Marinha em que tinham conta e onde, ao longo da semana, a vovó B. fazia pequenas compras, e levava roupas da titia-vovó para ajustes (Agatha suspeitava que a titia-vovó adicionava discretamente uma pequena quantia em dinheiro ao reembolsar a irmã). A menina se juntava às avós em algumas dessas expedições, que foram retratadas nas idas de Miss Marple às Lojas do Exército e da Marinha em *Crime no Hotel Bertram*.

A autobiografia de Agatha fornece apenas uma descrição geral da aparência das avós. Como as viúvas costumavam fazer, ambas se vestiam totalmente de preto. As duas extremamente robustas para Agatha. A vovó B. sofria de grave inchaço nos pés e tornozelos, como aconteceria com Agatha no futuro, e calçar botas apertadas era uma tortura. Na verdade, as fotografias mostram que eram mulheres baixas, mas para Agatha, uma criança magra e ossuda, elas e as roupas sedosas nas quais se vestiam deviam parecer imponentes. As conversas delas foram lembradas e registradas com mais clareza por Agatha: várias brigas de brincadeira entre as irmãs, cada uma provocando a outra sobre quem tinha sido mais atraente quando jovem, "Mary" (ou "Polly", como a titia-vovó chamava a vovó B.) "tinha um rosto bonito, sim, mas obviamente não tinha o meu corpo. E os cavalheiros gostam de um corpo." Agatha se embriagava com as fofocas sobre os amigos que iam visitá-las, como a Sra. Barry, de quem Agatha tinha medo, porque ela dizia ter estado no Buraco Negro de Calcutá. Embora implausível, a história era tão horrenda que fascinava todo mundo.

Essas conversas eram envolventes para uma criança de imaginação fértil cujos gostos iam além da própria compreensão e era particularmente suscetível a palavras. (Em uma ocasião, o grito furioso de um fazendeiro, "Vou cozinhar vocês vivas", quando Agatha e a babá entraram nas terras dele por engano, deixaram a menina paralisada de terror.) Especialmente interessantes eram as anedotas sobre coronéis e capitães galantes, com quem a titia-vovó mantinha "um flerte ligeiro e sofisticado" e para quem tricotava meias de lã e bordava coletes chiques. Esses homens deixavam Agatha nervosa, devido à sua malícia e ao hálito de tabaco. Ela se lembrava de modo excepcionalmente claro dos comentários feitos de forma deliberada para que ela ouvisse sobre a relação entre um coronel aposentado do Exército indiano e a jovem esposa do seu melhor amigo, que tinha se internado em um asilo para lunáticos: "Claro, querida, é tudo perfeitamente *correto*, sabe? Não há absolutamente nada *questionável* nisso. Quer dizer, o marido particularmente *pediu* a ele para cuidar dela. Eles eram amigos muito queridos, *nada mais. Todos nós sabemos disso.*"

Margaret parecia ter uma personalidade mais franca e exuberante do que a irmã caçula. A autobiografia de Agatha contém várias referências a opiniões, ordens e avisos dados pela avó de Ealing, embora ela pouco se lembrasse das visões de sua contraparte mais tranquila que vivia em Bayswater. Mas tanto a serena e carinhosa Mary Ann, que nunca voltou a se casar e se ocupava com as agulhas e os três filhos, quanto a impressionante Margaret, com sua inteligência vigorosa, seu desdém por trapaças e profundamente interessada no que todos pensavam e faziam, sempre cercada de armários e gavetas cheios de objetos variados, eram modelos do que uma senhora poderia ser. Agatha, depois, tiraria delas boa parte do que era instrutivo e divertido em sua personalidade.

2

"... em particular e em seu próprio ritmo..."

As visões de Clara sobre educação eram quase tão inconsistentes e "avançadas" quanto suas opiniões religiosas. Agatha não só seria educada em casa, ao contrário de Madge, como Clara agora acreditava que nenhuma criança deveria ter permissão de ler até os 8 anos, pois era melhor tanto para os olhos quanto para o cérebro. Isso foi impossível no caso de Agatha. Ela era fascinada por palavras e frases, vivia entre adultos tagarelas, contadores de histórias natos, e estava cercada por livros, muitos pertencentes a Madge e Monty: *Panpipes*, de Walter Crane; um maravilhoso livro de canções como *Willow, O Willow* e *Early One Morning*, com serpenteantes ilustrações de elfos, flores e grinaldas em *art nouveau*; fábulas como *The Giant's Robe* e *Under the Water*, no qual crianças descobriram um mundo extraordinário embaixo de um rio. Uma lembrança marcante foi ter lido *The Adventures of Herr Baby* quando ficava com a titia-vovó em Ealing. Esse livro foi escrito pela Sra. Molesworth em 1881 e tinha pertencido a Madge; ele conta a história de um garoto irritantemente precoce, de 4 anos, que viajava ao exterior com a família, acaba se perdendo, é encontrado e devolvido. Os livros infantis da Sra. Molesworth eram populares durante a infância de Agatha e ela os adquiria tão logo eram publicados. *Christmas Tree Land*, por exemplo, em 1897, e *The Magic Nuts*, em 1898. Nessa época, Edith Nesbit também escrevia fantasias maravilhosas, todas lidas por Agatha:

The Story of the Treasure Seekers, lançado em 1899, quando ela estava com 9 anos, *The Phoenix and the Carpet*, de 1903, e *The Railway Children*, de 1906.

Havia, também, a literatura de que Clara gostava quando criança: livros empolgantes, de escrita simples de Nova York, e os volumes que ela ganhou depois, como o descomplicado e voltado para a família, *Mulherzinhas*, de Louisa M. Alcott, lançado quando Clara tinha 15 anos, e *Homenzinhos*, publicado três anos depois. Alguns dos livros de Madge e Monty também chegaram dos EUA, incluindo uma série de obras impressionantes de suspense: *Mr. Barnes of New York* (cujo primeiro capítulo se chamava "Um vampiro reflete"), *Cynthia Wakeham's Money*, *The Masked Venus* e *Mr. Potter of Texas* (Capítulo 1: "O hotel deserto": "Senhor, tenho algo a lhe dizer!", "Céus! Há uma mulher — uma inglesa — neste lugar maldito hoje à noite?").

Um número cada vez maior de livros infantis foi lançado no fim dos anos 1890 e no início dos 1900. Para crianças pequenas havia os engenhosos livros pop-up (Madge tinha uma coleção) e histórias ricamente ilustradas, como *Punch and Judy*, mas até Beatrix Potter começar seus pequenos livros de histórias com palavras simples e belos desenhos (*The Tale of Benjamin Bunny* foi lançado em 1904) havia poucas obras que crianças entre 4 e 7 anos poderiam ler com facilidade. Para os mais velhos, contudo, as opções aumentaram consideravelmente: a obra de Edith Nesbit e Frances Hodgson Burnett, por exemplo, era perfeitamente adequada a alguém da idade e nas circunstâncias de Agatha. A linguagem é exata, as frases, descomplicadas, e as ideias (fortunas perdidas da Índia, diretoras de escola tirânicas, crianças aventureiras, jardins secretos, cidades mágicas, malabarismos com o tempo) eram a mistura certa entre o fantástico e o familiar. Agatha podia buscar palavras estranhas e referências surpreendentes. A casa dos Millers era bem-servida de enciclopédias, atlas e dicionários. Esses livros infantis do fim da era vitoriana e início da eduardiana, cheios de fantasias complexas e extraordinárias, refletiam os temas ocultos da "vida real": jornadas, aventuras, mudanças, o desejo de transformar o caos em ordem ou obter justiça, bem como os efeitos curiosos do dinheiro, da morte e do amor. Agatha foi criada imaginando tudo isso entre os desenhos estranhos e versos doidos de Edward Lear e os mundos extraordinários criados por Lewis Carroll (Frederick tinha comprado *Alice através do espelho* em 1885, quando Madge tinha 6 anos), tanto os explorados por Alice quanto os mais desconcertantes, embora perfeitamente confortáveis, como *Sylvie e Bruno*. Do mesmo modo que os sonhos, a leitura refletia e suavizava o turbilhão subconsciente de uma criança.

Apesar de Clara acreditar que a leitura prematura era nociva, Agatha ganhou livros de presente desde cedo. Em 1893, Madge deu a ela *The Ballad of Beau Brocade*, texto difícil para uma criança de 3 anos, mas com um ritmo alegre nas frases ("Mil setecentos e trinta e nove, essa é a data da história que me comove. Enquanto o Primeiro George jaz morto e enterrado, o Segundo George está bem fatigado...", em tradução livre). Quando ela tinha 8 anos, a titia-vovó a presenteou com *Robinson Crusoé*, e dois anos depois, com o livro recém-publicado de Frances Hodgson Burnett, *Granny's Wonderful Chair And The Tales It Told* (Cadeira da minha avó, conte-me uma história, em tradução livre.) A família de Agatha também a estimulava a ler por meio de cartas breves e simples enviadas regularmente para ela sempre que estavam separados. Frederick, cujo gosto pessoal era pelos melancólicos e edificantes versos americanos e pelo mais alegre Thackeray, mandava bilhetes particularmente encantadores. Em janeiro de 1896, quando Agatha tinha 6 anos, seus pais levaram Madge para os Estados Unidos, e Frederick escreveu de Nova York: "Diga à vovó que estava 19 graus abaixo de *zero*. Você vê todas as pessoas nas ruas com peles em volta do pescoço e proteções nos ouvidos, para não congelarem." Madge se deu o trabalho de imprimir as cartas para o seu "Querido Pip", decorando-as com animais e palmeiras. Durante a ausência deles, Clara escrevia com frequência para "sua garotinha querida". As cartas de Clara, em geral, tinham datas extremamente vagas (Agatha herdou esse hábito), mas os carimbos do correio nos envelopes mostravam que, aos 7 anos, Agatha recebia instruções detalhadas para ajudar a babá a encontrar fotografias perdidas e garantir que a vovó descansasse adequadamente. Aos 5 anos, Agatha aprendeu a ler sozinha decifrando um texto que já tinha sido falado em voz alta para ela muitas vezes, *The Angel of Love*, de L. T. Meade, livro longo e cheio de palavras interessantes como "monstruoso", "perplexo" e "arenga". Ela usava a cópia que Monty tinha dado a Madge no Natal de 1885, com a lombada partida, que deixava o livro aberto na página em que, com pena da garotinha na ilustração em preto e branco onde as irmãs falam: "Nós a achamos muito feia", Agatha ou Madge pintaram o cabelo dela com lápis de cor roxo.

Frederick agora afirmava que Agatha também deveria aprender a escrever. Ela começou com lápis, aos 7 anos passou para a tinta e depois para o tipo itálico, escrevendo em letras grandes e legíveis, juntando-se a algumas cartas. Como ela dominou a leitura associando o significado à aparência de palavras inteiras, em vez de letras isoladas, por um bom tempo teve dificuldade para distinguir o B do R. A ortografia sempre foi errática, típica de quem reconhece as palavras de ouvido em vez de pelo olhar. Madge estimulou Agatha a praticar a escrita, fornecendo um livro de caligrafia com frases escritas a lápis para que a irmã copiasse. Cada frase apresentava uma letra diferente do alfabeto, e todas tinham o toque especial de Madge: para o I havia "A inveja é um monstro dos olhos verdes", enquanto o P era representado por "Torta de porco é feita de porco e massa" e o E por "Eu era um errante que idolatrava brincadeiras".

Agatha gostava de aritmética, que aprendia com Frederick todas as manhãs após o café. Ele logo avançou para perguntas sobre a distribuição de maçãs e peras e a diminuição de banheiras de água, problemas que ela apreciava imensamente. Como o pai, Agatha tinha uma mente organizada e era naturalmente rápida em somas e tabelas. Aos vinte e poucos anos, quando se qualificou como farmacêutica, não teve dificuldade para dominar os princípios básicos da física e da química ou lembrar as proporções necessárias de cada substância para compor um determinado fármaco. A afinidade natural com as noções de quantidade, escala e proporção, somada ao fato de ter ouvidos mais perspicazes que os olhos, também estimulou sua aptidão para a música. Ela aprendeu a tocar bandolim e praticava no piano da avó na sala de visitas sem aquecimento em Ealing. Frederick era muito musical e podia tocar qualquer música de ouvido. Com a ajuda do pai e de uma professora alemã, Fraulëin Üder, e do sucessor dela, Sr. Trotter, Agatha progrediu de *O alegre camponês* para outras obras de Schummannn e Grieg, por meio dos exercícios de Czerny.

Além dos professores de música, Agatha não teve instrução profissional em casa, mas sua educação geral foi tão boa (ou melhor) que a de seus contemporâneos que receberam educação formal. Ela lia com avidez, devorando as primeiras obras de ficção científica de Júlio Verne, as histórias de aventura de Henty e experimentando os volumes encadernados que Frederick acumulou: edições completas das obras de George Eliot, romances da Sra. Henry Wood, Scott, Dickens, Trollope, Byron e Kipling, coleções da *Cornhill Magazine*, do *Art Journal*, *The Nineteenth Century* e *The Lady's Magazine*, romances das irmãs Brontë e Marion Crawford, além da poesia de Oscar Wilde, os clássicos franceses, 30 volumes de ensaístas britânicos, peças de Pinero e todos os romances de Disraeli. Ela teve permissão para ler todos esses, exceto algumas peças indecentes em francês.

Além disso, volumes de perguntas e respostas, compêndios de conhecimento geral e livros de listas estavam em voga na época. O *Child's Guide to Knowledge*, de Brewer, era um desses, cheio de informações úteis que poderiam ser perguntadas a uma criança, como nas brincadeiras dos tios de Agatha. *The Home Book of Pleasure and Instruction* ensinava "Como fazer uma boneca de pano que um bebê pode colocar na boca com segurança" e também orientava o leitor sobre "As 24 classes de Lineu", "Informações sobre as Tribos Seaweed", "Dicas de Heráldica", "Princípios da fotografia", "Classificação das conchas" e por aí afora. Esses livros também continham vários jogos com palavras e números: acrósticos, charadas com letras e números, inversões, quebra-cabeças, enigmas com números romanos, cronogramas, criptografias e similares. Esses passatempos eram divertidos e treinavam a mente para o que agora se chama pensamento lateral. Além do interesse em ordem, hierarquia e proporção, Agatha tomou gosto por manipular letras e números, interpretar códigos, e brincar com arranjos e sequências para esconder ou revelar outros significados.

Embora Agatha sempre tenha ficado na defensiva sobre não ter ido à escola nem ter tido professores em casa, em vários aspectos uma educação desse tipo era tão valiosa quanto as lições escolares convencionais, e foi indubitavelmente instrutiva e memorável. Ela adquiriu uma vasta gama de conhecimentos gerais, aprendeu a procurar informações sem ajuda e navegou por todo tipo de assunto. Durante algum tempo, por volta dos 13 anos, ela frequentou a Escola para Moças da Srta. Guyer, em Torquay, duas vezes por semana, onde estudou álgebra e procurou aprender as regras da gramática e da ortografia. Porém, talvez devido à educação inicial ter corrido sem disciplina, ela era intelectualmente voluntariosa. Agatha não tinha sido ensinada a trabalhar com assuntos que a entediavam, a preocupar-se com regras fundamentais de ortografia e gramática ou seguir um argumento até o fim por meio de etapas lógicas. Isso não era um problema, pois há muitas formas de ser criativo e gerenciar a própria vida, e a inteligência nata de Agatha, além do seu apreço pela ordem e pelo senso comum, serviram-lhe bem. Na verdade, ela se saiu tão bem que considerava a "educação" imensamente supervalorizada, uma visão comum entre pessoas inteligentes e bem-sucedidas que tiveram pouca educação formal, especialmente mulheres que, por motivos de saúde, classe social ou gênero, foram estimuladas a ter muita instrução intelectual formal. Isso costuma andar lado a lado com uma grande admiração por pessoas (geralmente homens) que conquistaram sucesso acadêmico. Agatha, por exemplo, mantinha essas duas visões.

Ela também era mordaz com os que observaram mais tarde em sua vida que lhe faltava a companhia de outras crianças na infância. Desde os 5 ou 6 anos de idade, ela era levada pela babá para aulas de dança, nas quais as crianças aprendiam marchas, polcas e danças como Sir Roger de Coverley, além de exercícios suecos com seda e elásticos extensores. Depois, veio a Srta. Guyer, e mais tarde, quando Agatha tinha 15 anos, uma sucessão de pensionatos em Paris. O primeiro desses estabelecimentos foi o de Mademoiselle Cabernet, onde Madge tinha dormido entre os acessórios para chá e Agatha aprendeu a história e as províncias da França, e sofria terrivelmente no ditado por ter aprendido francês do mesmo modo que sua língua nativa: basicamente, de ouvido. Ela fez amigas entre as colegas francesas, espanholas, italianas e norte-americanas. Agatha teve aulas de desenho, nas quais foi um fracasso, e um cavalheiro afetado, de nome Sr. Washington Lobb, foi seu instrutor de dança e comportamento. Do pensionato de Mademoiselle Cabernet, que Clara considerou insatisfatório, Agatha se mudou brevemente para o Les Marroniers, uma escola sólida e "extremamente inglesa", em Auteuil, e de lá para o pensionato da Srta. Dryden, pequeno estabelecimento, para terminar os estudos em Paris mantido pela cunhada do médico da titia-vovó. Lá, Agatha aprendeu e recitou boa parte das peças francesas, trabalhou seriamente para melhorar o canto e o piano com o excelente professor austríaco Charles Fürster e escreveu ensaios sobre temas como "*Qu'est-ce que les affections corporatives?*", "*Qu'est-ce que l'esprit de corps?*" e "*Le sublime est-il la même chose que le beau?*", questões filosóficas ao mesmo tempo abrangentes e precisas que foram (e continuam sendo) típicas da educação francesa e para as quais Agatha forneceu respostas tipicamente francesas: cheias de verbos no subjuntivo, seguindo um padrão e dividindo-se em três partes.

Apesar de tudo, Agatha passou mesmo boa parte da primeira infância sem a companhia e a competição de outras crianças. Como Madge e Monty estavam longe estudando, parte do tempo ela era o único foco da atenção dos pais. Agatha também se dedicava a seus animais de estimação: um gato, o yorkshire terrier Toby e o canário Goldie. Era com seus bichos e amigos imaginários (Sra. Benson e os gatinhos, Dick e a amante de Dick e, depois, uma escola de garotas inventadas e uma dinastia de reis e rainhas de faz de conta) que ela se entretinha na sala de estudos e no jardim em Ashfield e Ealing. Embora tenha convivido com outras crianças nas aulas de dança e quando chegavam para tomar chá, não havia vizinhos de sua idade em Ashfield. Assim, nos seus primeiros dez anos de vida, não havia com quem ela pudesse brincar e brigar regularmente, partilhar aventuras, livros, brinquedos, além do tempo e da atenção dos adultos.

Quando Agatha tinha 5 anos, finalmente encontrou alguns amigos. Frederick, cuja renda estava diminuindo (pois seus administradores nos Estados Unidos haviam feito investimentos infelizes e esgotado o patrimônio deixado pelo pai) decidiu sair de Ashfield no inverno e levar a família para o exterior, onde o custo de vida era mais baixo. A prática de se mudar para a França ou a Itália era comum entre ingleses de classe alta que sentiam a necessidade de economizar em um clima mais ameno, e havia cidades nesses países onde era considerado elegante morar. Pau, no Sudoeste da França e com vista para os Pireneus, era uma delas. Seu ar limpo e revigorante, no início do século XIX era famosa por ser particularmente saudável, e os proprietários de seus hotéis grandiosos e ricamente decorados estavam acostumados a receber visitantes ingleses e norte-americanos para longas estadias. Havia livrarias inglesas, salões de chá e até um local para caça à moda inglesa. Na verdade, Pau era muito parecida com Torquay, com comida francesa, e para surpresa de Agatha, que não tinha sido informada, o idioma francês. Em vez do mar, havia montanhas, e foi na cidadezinha de Cauterets que ela conheceu três ou quatro garotas inglesas e norte-americanas da sua idade no verão, com quem pôde aprontar e explorar os arredores. Como outras crianças, ela achava bastante agradável morar em um grande hotel, com imensas e vazias salas públicas em certos horários, longos corredores ótimos para correr, elevadores interessantes e escadas surpreendentes. Havia mais territórios proibidos do que em casa, e justamente por não estar em casa, havia também mais escopo para traquinagens. Brigas podiam ocorrer e alianças serem formadas, com garotos de recados, arrumadeiras e garçons (um deles, chamado Victor, costumava esculpir ratos em rabanetes para Agatha e suas amigas), além de pactos e competições mais intensos que os ocorridos com os empregados em casa, porque, sendo figuras temporárias, os funcionários do hotel podiam ser provocados com menor risco. Durante o verão, Agatha se divertiu com Dorothy e Mary Selwyin, colocando açúcar nos saleiros, cortando cascas de laranja em formato de porcos para decorar os pratos dos surpresos visitantes e, quando os Selwyns foram embora de Cauterets, conspirando com a inglesa Margaret Home e a americana Marguerite Prestley, cujas principais qualidades eram sua pronúncia e vocabulário fascinantes e a posse de várias informações biológicas imprecisas, porém engenhosas. Na velhice, Agatha se lembraria desse interlúdio com clareza e muito carinho.

Quando setembro chegou, os pais de Agatha se mudaram para Paris e, depois, para a Bretanha. Em Dinard eles encontraram alguns velhos amigos e seus dois filhos, mas os garotos mal notavam a criança de 7 anos, e as lembranças de Agatha eram, basicamente, da mãe deles, Lilian Pirie, a quem ela admirava muito e continuou a ver regularmente pelos 40 anos seguintes. Os hábitos e a personalidade da Sra. Pirie em alguns aspectos lembravam os da mãe de Agatha: ela era bem-informada, culta e decorava a casa "de maneira surpreendente e original". A última estadia dos Millers foi nas ilhas do Canal, não em Jersey, onde Clara passou os primeiros nove anos de vida, e sim em Guernsey, onde Agatha, mais uma vez, se viu brincando sozinha, agora inventando histórias sobre os três pássaros exóticos que ganhara em seu aniversário.

A babá já tinha se aposentado há tempos e, após uma série de experiências infelizes com governantas francesas contratadas na cidade de Pau, Clara seguiu em frente com um de seus caprichos e contratou uma jovem assistente de costureira chamada Marie Sijé, de 22 anos, natureza gentil e consciencioso, irmã do meio em uma família de cinco crianças. Marie não falava inglês, e foi com ela que Agatha aprendeu seu francês idiomático e fluente, nunca preciso no papel, mas sempre inteligível e convincente no discurso. As duas rapidamente viraram ótimas amigas, com Marie dependendo de Agatha tanto quanto Agatha dependia de Marie, para estímulo e apoio, particularmente quando elas voltaram para Torquay, pois as outras empregadas achavam a francesa muito esquisita, com seu guarda-roupa e hábitos simples, mandando para casa boa parte de sua renda e economizando o resto para o dote. Agatha, que notou as saudades de casa e a tristeza de Marie, admirava sua dedicação e bom senso. As jovens pobres e determinadas em algumas de suas histórias (em *A mansão Hollow*, uma delas trabalha para uma costureira temperamental) são um elogio tardio à amiga.

Em Ashfield, contudo, Agatha via Marie bem menos do que nos meses de companheirismo na França. Foi então que ela inventou a Escola, não "por ter qualquer desejo de ir à escola", escreveu depois, e sim por ser "o único pano de fundo no qual eu poderia convenientemente encaixar sete garotas de idades e aparências variadas [...] em vez de transformá-las em família, o que eu não desejava". Os rostos e a aparência se basearam em reproduções de imagens da Royal Academy que Agatha encontrou nos volumes encadernados da titia-vovó e nas representações de flores em forma humana desenhadas por Walter Crane no livro *The Feast of Flora* (O banquete de Flora, em tradução livre), que hoje parece tolo e sentimental, mas era muito popular na juventude de Agatha.

Agatha falou longamente sobre "as meninas" em sua autobiografia. A menos citada foi "Sue de Verte", descrita como "curiosamente desinteressante, não só na aparência [...] como na personalidade". Segundo Agatha, Sue, provavelmente, era assim porque sabia se defender. A fim de participar das histórias, ela a imaginava como "uma observadora que não tinha personalidade muito dramática". Isso era adequado, pois quando Agatha inventou as meninas, não foi muito clara sobre o tipo de pessoa que era ou em quem poderia se transformar. Essas ideias hesitantes não foram personificadas em Sue de Verte, e sim na sétima garota a ser acrescentada à coleção: "A meia-irmã de Sue, Vera de Verte", de 13 anos, que iria crescer e se transformar em "uma beleza desvairada", com "cabelos cor de palha e olhos azuis como miosótis", descrição mais impressionante do que as características vagas de Sue. Havia também um mistério sobre os pais de Vera (como meninas da idade de Agatha geralmente desejam que exista em relação à própria origem). Por falta de ideias melhores, Agatha "planejou mais ou menos vários futuros de natureza altamente romântica para Vera".

Felizmente, garotas de verdade entraram na vida de Agatha aos 12 anos. No início de setembro de 1902, Madge se casou, aos 23 anos, com James Watts, o mais tranquilo e constante de seus vários namorados, mas o único em quem a perceptiva Marie, com quem Agatha costumava avaliar as possibilidades, tinha apostado. No primeiro rascunho não publicado da *Autobiografia*, Agatha recordou a diversão e empolgação que viveu com as outras damas de honra. Todos os nomes estão lá: Norah Hewitt, que correu pelo jardim em busca de margaridas para a igreja vestindo uma capa de lona encerada para protegê-la da chuva; Constance Boyd, outra amiga de Madge; a "Pequena Ada", filha adotiva do tio-avô Jack; e por fim a maior descoberta de Agatha, a irmã do noivo, Nan. Foi junto com Lionel e Miles, irmãos mais novos de Nan, e o primo de Agatha, Gerald Boehmer, que ela e Nan infligiram "todo tipo de tortura" aos recém-casados, como jogar arroz nas malas e pendurar um aviso atrás da carruagem dizendo: "Srta. Jimmy Watts é um nome excelente." Com essas crianças ela gastava a energia em corridas de obstáculos nas redondezas da sala de estudos. Nan, uma moleca de 15 anos que fazia Agatha ser considerada um modelo de delicadeza, e Agatha, a quem Nan tinha sido apresentada como a epítome da inteligência e sociabilidade, imediatamente se gostaram. Elas ficavam uma na casa da outra; Agatha herdou as roupas descartadas de Nan e retribuiu ensinando a amiga a beber uma xícara de creme.

A partir desse momento, Agatha também fez amigos locais. Por exemplo, ela via muito as cinco filhas do Dr. e Sra. Huxley, a quem conheceu nas aulas de canto que faziam com outras três ou quatro garotas, sob a orientação do sujeito com o feliz nome de Dr. Crow. As meninas Huxley eram incomuns e audazes, chocando a antiga sociedade de Torquay com seu comportamento vigoroso, incluindo o fato de elas não usarem luvas. Elas levavam alegremente Agatha junto em seus planos, induzindo a jovem a participar da peça *The Yeomen of the Guard* (O oficial da guarda, em tradução livre), que teve três apresentações em Parish Rooms para grande alegria da família e dos amigos na plateia. James Watts em particular jamais esqueceu esse evento, levando Agatha a refletir anos depois: "Claro, deve ter sido muito engraçado. Várias garotas fracas, com vozes estridentes e delicadas, encenando a cena da Torre de Londres, na qual praticamente todas interpretavam papéis masculinos." Ela sempre se lembrava com alegria especial da dificuldade enfrentada com a governanta de meia-idade, convocada de última hora para substituir alguém que estava doente, a quem ela precisou agarrar pela cintura enquanto dizia frases carinhosas. A experiência foi descrita por Agatha como "uma sensação de *lèse-majesté*".

Segundo Agatha, *The Yeomen of the Guard* foi "um dos pontos altos da minha existência". Alta, com uma voz clara e suave de soprano, ela interpretou o Coronel Fairfax, e sua atuação confiante surpreendeu a família. Agatha não sentiu medo do palco, e atribuiu a esse aprendizado sua falta de nervosismo ao cantar para outras pessoas. Em todos os outros aspectos, contudo, ela continuava muito tímida. Pessoas naturalmente extrovertidas têm dificuldade para entender a agonia de alguém que, como Agatha confessou, "mal consegue entrar em uma loja e precisa cerrar os dentes antes de entreter os convidados em uma grande festa". Madge herdou a tagarelice da titia-vovó, enquanto Agatha ficou com a discrição da vovó B. e de Clara. Naquela infância tranquila, ela cresceu para ser ouvinte, em vez de falante. Se fosse obrigada a falar diante de outras pessoas, ela podia ser tomada pelo nervosismo. Antes do concerto de fim de semestre no pensionato da Mademoiselle Cabernet, ela foi acometida por imensa ansiedade, chegando a sonhar que o piano virava um órgão, que ela cantava notas erradas, estava atrasada e, como forma de autoproteção, adoeceu com uma febre tão alta que foi proibida de participar. A apresentação de Gilbert e Sullivan com os Huxleys, contudo, teve outro resultado, por ter sido feita com amigas diante de pessoas que Agatha conhecia. Fora do círculo em quem confiava, ela jamais ficava totalmente confortável, e a solidão precoce tinha algo a ver com isso. Agatha aprendeu a trabalhar sozinha e a ter disciplina. Ela gostava de seguir o próprio ritmo. Como escreveria depois, "o mais abençoado em ser uma escritora é poder fazê-lo em particular e *em seu próprio ritmo*". Talvez a companhia e a competição de outras crianças tivessem mudado Agatha, talvez não. De qualquer modo, ela aproveitou ao máximo seus instintos e suas inclinações.

3

"... um bem que é seu para fazer o que desejar..."

Mesmo sem companhia da mesma idade, a infância de Agatha foi feliz e equilibrada. Os adultos em seu mundo eram gentis e afáveis, os pais não brigavam, os empregados permaneciam por vários anos e a casa tinha uma rotina estável, com as avós lentas e imponentes distribuindo regularmente palavras sábias e guloseimas, aniversários e outras datas comemorativas sendo devidamente celebrados e o progresso das estações marcado pelos apropriados entretenimentos (banhos de mar, piqueniques, pantomimas de Natal) e banquetes (aspargos, morangos e salmão, carne de caça, peru e pudim de ameixas). Havia ordem e previsibilidade confortáveis na vida: nas recordações de Agatha sobre a infância há prazeres inesperados, mas nenhuma promessa descumprida. Era um mundo particular e seguro. Ashfield e Ealing eram bem grandes, e a família, pequena o suficiente para que ela tivesse seu próprio quarto e seus objetos pessoais ao redor. Agatha recebeu responsabilidade de se entreter e cuidar dos animais e pássaros, mas o gerenciamento das cercanias ficava nas mãos seguras de adultos ajuizados. Ela sabia claramente onde estava a autoridade, que descreveu da seguinte forma: o pai era "a rocha", sobre a qual a família se sustentava; os desejos da mãe moldavam o gerenciamento da casa e o comportamento de seus integrantes; cada avó cuidava de seu domínio em Ealing e Bayswater; a babá supervisionava Agatha e o quarto das crianças; a esfera de influência de Jane era a cozinha; e a outra empregada também tinha seu território: a sala de estar. Além disso, todos eram adultos cuja autoridade Agatha podia venerar, pois respeitava tanto a personalidade quanto a habilidade profissional deles. Todos levavam a sério as perguntas dela e avaliavam cuidadosamente seus pedidos. Além disso, não havia regras absurdas. Agatha encontrou regulamentos aplicados sem razão específica apenas quando frequentou os pensionatos, mas, na época, ela possuía algum conhecimento e o apoio de contemporâneos mais confiantes para ajudá-la a tolerar em vez de temer as pessoas em posições de comando. Quando criança, nunca encontrou adultos tirânicos ou mesquinhos, e o único exemplo de injustiça do qual lembrou depois foi a bronca que ela e as amigas receberam ao serem flagradas andando no parapeito do hotel em Pau, uma proeza que não tinha sido especificamente proibida, porque ninguém havia pensado nela antes.

Apesar disso, Agatha não era completamente tranquila. De tempos em tempos, tinha um sonho perturbador, descrito em sua autobiografia e no romance *Retrato inacabado*, que ela publicou como Mary Westmacott em 1934. O pesadelo continha pequenas variações: ela sonhava com algum tipo de evento, uma festa de família ou piquenique, no qual, subitamente, continha consciência da presença de alguém que não deveria estar presente. Era o "Homem da Arma", assustador não porque carregava uma arma e sim devido à forma estranha como ele a encarava com seus pálidos olhos azuis. Originalmente, o Homem da Arma parecia "um francês vestindo uniforme azul-acinzentado, cabelos empoados e penteados no estilo manchu e um chapéu de três pontas, [...] a arma [...] um tipo de antigo mosquete". Em versões posteriores do sonho, Agatha estava entre amigos e parentes e subitamente percebia que, embora eles parecessem familiares, um deles, talvez Clara, era na verdade o Homem da Arma. A versão descrita em *Retrato inacabado* é ainda pior: "Olhava o rosto da mãe — claro que era a mãe — e então via os olhos azul-acinzentados — e da manga do vestido da mãe — que horror! — aquele coto terrível."

Agatha jamais foi capaz de descobrir a origem desse pesadelo, alegando que não se parecia com nada que ela tivesse entreouvido ou lido. Talvez a imagem tenha vindo de algo esquecido, um anúncio em um outdoor ou as ilustrações de *The Man That Went Out Shooting* e o terrível *Scissor-Man* em *Little Suck-A-Thumb*, duas histórias presentes em sua cópia do apavorante *Struwwelpeter*, do Dr. Hoffman. Os temores dela podem ter sido intensificados pelas conversas de adultos ou pela brincadeira da "Irmã Mais Velha" louca inventada por Madge, mas o sonho deve ter alguma causa subjacente. O formato de alguém familiar e carinhoso subitamente se transformando em um desconhecido hostil sugere que talvez ela duvidasse do amor de seus entes queridos. Isso pode parecer estranho, pois Clara e Frederick não negligenciavam Agatha (de acordo com Madge e Monty, ela era até mimada), e ela mesma enfatizava o quanto era próxima de Clara. Contudo, relacionamentos entre pais e filhos são intrincados e estranhos: mesmo quando o amor profundo e sincero é demonstrado de várias formas, um, ambos ou todos os envolvidos podem se sentir inseguros e excluídos. Posteriormente, Agatha escreveu muito sobre o poder destrutivo do amor, a possessividade, as relações entre mães e filhas e a natureza do instinto maternal, enquanto o tema de um filho ou filha adotado, ou um parente distante que se junta à casa, aparece com frequência em suas histórias de detetive. São preocupações de alguém profundamente ciente das complexidades da vida familiar. Tranquila na superfície, a infância de Agatha foi vagamente perturbada em seu interior. A definição de sofrimento, como ela escreveu nas "Confissões" aos 4 anos, era "Alguém que amo se afastar de mim".

Duas sombras caíram sobre a casa dos Millers, das quais Agatha tinha uma leve consciência: ansiedade em relação a doenças e dinheiro. Quando ela estava com 5 anos, os negócios de Frederick degringolaram, e foi então que o erro ao lidar com a renda deixada por Nathaniel obrigou os Millers a economizar, saindo de Ashfield e passando um ano no exterior. Ao voltar, a situação não estava melhor. O dinheiro investido em propriedades arrendadas na cidade de Nova York praticamente não proporcionou rendimentos, pois boa parte dele foi consumida em reformas ou impostos. Um dos depositários, que escreveu para Frederick cartas tão encorajadoras quanto confusas, acabou se matando com um tiro. Frederick foi a Nova York tentar resolver a situação, sem sucesso. Em todo caso, como Agatha escreveu depois, ele era um homem crédulo e fácil de enganar. Em uma ocasião, após os Millers voltarem da França, Agatha entreouviu os pais discutindo suas dificuldades financeiras, que ela naturalmente comparou às catástrofes que recaíam sobre as famílias descritas nos livros que lia. (*The Railway Children* e *The Story of the Treasure Seekrs*, de Edith Nesbit eram dois deles, com o pai sendo preso injustamente na primeira história e perdendo todo o dinheiro na segunda.) Ela imediatamente anunciou a Marie que eles estavam arruinados. Quando isso chegou aos ouvidos de Clara, ela repreendeu Agatha e rapidamente desfez essa visão melodramática, explicando que eles estavam simplesmente em uma situação ruim e precisariam economizar. Isso foi uma decepção, pois não era sensacional nem reconfortante.

De qualquer modo, a origem do dinheiro e por que ele existia eram mistérios para Agatha. Como o pai não saía todo dia para trabalhar, a noção da conexão entre fazer esforço e ganhar dinheiro era vaga. A quantidade da mesada flutuava de um dia para outro. Não era computada de acordo com qualquer princípio óbvio, determinada quantia para cada ano de vida, ou algo assim, mas consistia em quantas moedas de cobre Frederick tinha nos bolsos: "Eu o visitava em seu quarto de vestir, cumprimentava com um bom-dia e olhava a penteadeira para ver o que o Destino havia decretado para mim [...]. Dois centavos? Cinco centavos? Um dia foram 11 centavos de uma vez! Em outros, nenhuma moeda. A incerteza deixava tudo bem empolgante." A prosperidade ou penúria dependiam imensamente do "Destino". Esse era o tema de algumas das primeiras criações de Agatha, como a história da Sra. Benson e os gatos, que mergulharam na pobreza terrível quando o capitão naufragou, mas todos voltaram à riqueza com a reaparição dele "exatamente quando a situação havia ficado desesperadora". Como o dinheiro vinha de alguma forma inexplicável, poderia muito bem desaparecer. Agora Agatha notava que os pais estavam preocupados, e essa ansiedade deixava o pai doente.

Frederick se sentiu mal pela primeira vez quando a família estava na França, onde ele consultou alguns médicos e foi diagnosticado por um deles com doença nos rins. O médico particular dele em Torquay discordou e diferentes especialistas deram outros diagnósticos. Ele sofria de ataques de dor e falta de ar, que pareciam exacerbados pela preocupação com suas finanças. Nenhum dos tratamentos prescritos — repouso, dieta de água e carne moída quente etc. — produziu melhora. Clara, leitora ávida da *The Lancet* e do *British Medical Journal*, achou essas divergências no diagnóstico e nas receitas muito irritantes, mas estimulava Frederick dizendo o quanto ele parecia melhor.

Contudo, Frederick não estava bem. Metódico, ele mantinha uma lista de "Ataques cardíacos": 15 entre abril de 1899 e junho de 1901, e outros 30, a maioria tarde da noite, entre junho e setembro. Ele continuou a buscar tratamento: no fim de outubro ficou com a madrasta em Ealing e se consultou novamente com um dos especialistas mais respeitados. Uma carta para Clara, enviada do seu Club, mostra como eles procuravam remédios desesperadamente:

> Minha querida Clara, vi Sansom esta manhã & ouvi praticamente o mesmo que da última vez. Ele insistiu que meus problemas estão mais ligados aos nervos do coração e repetiu as recomendações anteriores, a saber: muito ar fresco, água destilada, leite após as refeições &, talvez, depois óleo de fígado de bacalhau (emulsão) ou extrato de malte, e exercício moderado. Ele diz, categoricamente, que meu coração não está dilatado, é de tamanho normal, & não há nada errado em termos valvulares, mas que é fraco & irregular [...]. Para ele, o método de ficar deitado não seria aconselhável, mas aceitou que eu me deitasse em um sofá parte do dia, com a janela aberta & ar fresco soprando. Tenho me sentido infinitamente melhor nos últimos dois dias, melhor do que nas últimas três semanas — praticamente sem falta de ar & noites esplêndidas. Não sei se isso ocorre devido à prescrição de digitalina feita por Taylor ou ao fato de eu estar andando bem menos [...]. Decidi voltar na próxima quarta-feira, dia 30, se tudo der certo. Devo preferir — cá entre nós, vou descer agora, mas a Mãe é tão gentil e boa que não consigo suportar a ideia de decepcioná-la. Impossível dizer o quanto ela vem sendo boa comigo, & sei que ela estava imensamente preocupada no início da semana. Eu não disse a Sansom que utilizei homeopatia...

Embora estivesse doente, Frederick nunca pareceu de mau humor ou irritável para Agatha, e vivia praticamente da mesma forma que antes, até onde conseguia. Uma carta para Clara relatou que ele tinha almoçado no Clube Naval e Militar "com o melhor apetite das últimas semanas: rosbife & espinafre & pudim de arroz" e que a madrasta o levara para ver o musical *The Silver Slipper*: "Muito, muito bonito e bastante divertido." A carta terminava em tom alegre: "Por favor, Deus, estou farto de médicos & espero que possa melhorar logo. Amor para meus queridos. Espero que Agatha esteja melhor [ela está resfriada]. O clima está novamente terrível hoje. Espero que esta carta a deixe mais feliz & penso que você verá pelo tom que eu, sem dúvida, estou contente. Deus te abençoe, minha querida." Menos de um mês depois, Frederick voltou a Ealing para ver amigos que poderiam ajudá-lo a encontrar algum tipo de trabalho em Londres e pegou um resfriado que se transformou em pneumonia dupla. Clara, depois Madge e Agatha foram convocados. Em 26 de novembro, com 55 anos, ele faleceu.

Agatha, que tinha 11 anos, fixou aquele momento como o fim da infância. O mundo ficou vulnerável. Pela primeira vez ela se sentiu responsável por outra pessoa: Clara. O casamento dos pais tinha sido bom. Hannah, a cozinheira em Ealing, que levou Agatha até a cozinha com a desculpa de precisar de ajuda para misturar a massa, disse a ela repetidamente: "Eles eram muito dedicados um ao outro." O restante da casa ficou sussurrando pelos cantos, preocupados com a prostração de Clara. Ela ficou arrasada com a morte de Frederick. Na *Autobiografia,* Agatha falou da última carta de Frederick para Clara: "Você fez toda a diferença em minha vida. Nenhum homem jamais teve uma esposa como você. A cada ano de casamento eu a amo mais." Clara guardou os cadernos que havia bordado para ele, a ordem de serviço do funeral, algumas folhas de árvores do Cemitério de Ealing, o pequeno livro de contas no qual ele registrava seus gastos e guardava alguns fios de cabelo castanhos pressionados entre as páginas, além do pedaço de sabão Pears que ele usou pela última vez. Em um cartão junto dessa coleção estava escrito: "Há quatro coisas que não voltam ao homem ou à mulher. 1. A Palavra Falada, 2. A Flecha Disparada, 3. A Vida Passada, 4. A Oportunidade Perdida."

Após três semanas na França, com Madge, Clara voltou a Ashfield, onde Agatha esperava sozinha, pois Monty estava no exterior, com seu regimento. Ele havia trabalhado em um estaleiro em Devon e depois em Lincolnshire, mas não conseguiu virar engenheiro. O estouro da Guerra dos Bôeres em 1899 definiu a escolha de carreira do jovem, pois ele foi voluntário no 3º Regimento do Batalhão Real Galês e, ao fim da guerra, em 1902, transferiu-se para o Regimento East Surrey e foi para a Índia. Madge e James viviam no Norte, em Cheadle, perto dos pais de James, enquanto Clara e Agatha permaneceram em Ashfield. Como Agatha define: "Não éramos mais os Millers, uma família. Agora éramos duas pessoas morando juntas, uma mulher de meia-idade e uma menina inexperiente e ingênua." A descrição de si mesma é esclarecedora: afinal, ela tinha apenas 11 anos. Embora tenha sido escrito anos depois, o texto lembra o quanto ela se sentiu subitamente vulnerável e responsável. Havia pouco dinheiro; Auguste Montant, executor do espólio de Frederick, explicou a Clara que boa parte do espólio de Nathaniel havia desaparecido. A H.B. Chaflin & Co, da qual Nathaniel tinha sido parceiro, continuaria a fornecer renda para a viúva dele, Margaret, e uma pequena renda para Clara, enquanto Agatha, Madge e Monty ganhariam 100 libras por ano. Em uma decisão lógica, Clara decidiu vender Ashfield e encontrar uma casa menor. Ela preferia cidades do interior ao litoral e gostou bastante da perspectiva de viver em um lugar como Exeter, mas os filhos protestaram com veemência. Monty escreveu da Índia, Madge e James se ofereceram para ajudar nas despesas e Agatha, desesperada, implorou à mãe para não abandonar sua casa. A atitude de Agatha é particularmente digna de nota. Ela escreveu em sua autobiografia sobre o altruísmo de Clara ao ceder aos protestos dos filhos e falou da ansiedade e dos gastos consequentes dessa decisão. Contudo, em nenhum momento ela pediu desculpas ou ficou na defensiva. Pelo contrário, Agatha enfatizou a grande importância de Ashfield em sua vida, e após falar dos sentimentos da mãe, o tom do texto muda e ela descreve apenas o amor que sentia por aquela casa, o preço que iria pagar por ela e as emoções da eventual separação. Era como se, após ter o pai subitamente tirado de si, ela sentisse que o certo era manter Ashfield. O senso de responsabilidade pela mãe parece ter sido acompanhado pela sensação de que sua função era proteger e conservar a casa da família.

Após a morte de Frederick, Agatha ficou cada vez mais ansiosa, temendo que Clara fosse atropelada por um bonde ou morresse subitamente à noite. Ela andava sorrateiramente pelo corredor e ouvia atrás da porta para garantir que a mãe ainda estava respirando. Embora Agatha admitisse que crianças de 12 ou 13 anos, em geral, sofrem com preocupações exageradas, Clara dava motivos para isso. Ela também teve alguns ataques cardíacos, e Agatha passou a dormir no antigo quarto de Frederick, adjacente ao de Clara, para estar nas proximidades caso precisasse reanimar a mãe, à noite, com licor ou sal volátil. Isto não significa que Clara tivesse se tornado uma inválida que vivia prostrada. Ela continuava ativa, subitamente levando Agatha para ver Sir Henry Irving ("Ele pode não durar muito tempo e você precisa vê-lo, é um grande ator. Temos tempo para pegar o trem...") ou acompanhando-a em idas ao teatro e à ópera em Paris.

Clara dependia imensamente de Agatha para ter companhia e diversão. As finanças impediam as recepções em casa e, pelo mesmo motivo, Clara não saía para almoçar ou jantar fora. Em todo caso, a situação de viúva, mesmo jovem, era diferente de uma mulher com um marido para acompanhá-la, particularmente se ela não estava acostumada a sair sozinha antes do casamento, como era o caso de Clara. À noite, ela e Agatha liam em voz alta textos de Scott, Thackeray e o favorito, Dickens. Clara, que queria iluminação mais potente que a fornecida pelo gás, equilibrava um candelabro sobre o peito.

O círculo social de Clara, contudo, foi aumentado pelo casamento de Madge. A mãe de James Watt, Annie Browne, tinha sido amiga de Clara quando elas estudaram juntas, e foi assim que Madge e James se conheceram. James era de uma próspera família de Manchester, cuja fortuna derivava de uma empresa de exportação colonial fundada pelo avô, Sir James Watts. Em seus galpões, Sir James armazenava bicicletas, despertadores, calças de flanela e outros produtos destinados aos cantos mais remotos do Império. A casa dele,

Abney Hall, era um ponto turístico igualmente famoso por ser uma enorme mansão gótica vitoriana, que fora reformada e expandida a pedido de Sir James, com a inclusão de um vasto espaço para encontros religiosos e políticos, pois ele era prefeito de Manchester. O príncipe consorte foi recebido em Abney, enquanto o Sr. e a Sra. Gladstone e o Sr. e a Sra. Disraeli haviam lá se hospedado, em ocasiões diferentes. O sogro de Madge, James Watts Senior, herdou a casa no fim de 1870. Antiquário e fotógrafo amador, ele continuou a embelezar a casa até quase sufocar os ocupantes.

Boa parte da luxuosa ornamentação de Abney, incluindo seus entalhes, carpetes, mobília e cabides, era neogótica. A obra foi baseada em designs de Pugin, arquiteto das recém-reconstruídas Casas do Parlamento. Havia inúmeras escadas, alcovas, galerias e arcos, todos ricamente decorados. Janelas de vidros coloridos receberam barras que separavam os vidros e foram ornamentadas com gárgulas. A principal sala de visitas tinha um friso no qual um provérbio era infinitamente repetido, as paredes eram de damasco verde, cobertas por quadros em cores brilhantes, e o teto tinha pináculos invertidos em forma de octógono, encimados por ouro, que descia de cada painel "como em Alhambra", diziam as crianças. Outra sala de visitas ostentava diversos sofás cobertos com chita e uma lareira com uma imensa abóbada de mármore trabalhado. As madeiras e os entalhes em papel machê de corredores e venezianas foram escolhidos em tons de azul-marinho, vermelho e verde. Tetos e colunas receberam as iniciais do magnata, e as maçanetas, fechaduras, dobradiças, lareiras, candelabros e lâmpadas foram todas projetadas especialmente para a casa. Agatha lembrou que Abney tinha três pianos, um órgão e, quando foi vendida, alguns anos depois, tinha ainda espinetas e virginais (além de meia tapeçaria valiosa, cujo restante estava pendurado havia séculos em uma igreja em Bruges). Todos os corredores eram repletos de baús de carvalho e todas as paredes, cobertas de pinturas, algumas do sogro de Madge. Havia uma sala para quebra-cabeças e o jardim possuía um lago, uma cachoeira, um túnel e um conjunto de casas para as crianças brincarem. Uma delas, um pequeno forte com direito a janelas pontiagudas e ameias.

Madge e o marido viviam em Cheadle Hall, casa georgiana nas proximidades. Agatha e Clara passavam parte dos invernos lá, pois após o nascimento do filho de Madge, Jack, em 1903, eles iam para o Norte cuidar do menino enquanto os pais patinavam em St. Moritz. No Natal eles se juntavam à família Watts em Abney, banqueteando-se gloriosamente com James, Annie, Madge e James, os quatro cunhados de Madge e a cunhada, Nan. O Natal foi especialmente movimentado, com um imenso almoço, chá e ceia entremeados por vastas quantidades de chocolate, frutas em conserva e confeitos da despensa que, ao contrário de sua contraparte em Ealing, tinha acesso irrestrito. No Boxing Day houve uma expedição a Manchester para assistir apresentações de pantomima, enquanto Abney foi impregnada por enigmas e figurinos, pois a família Watts era composta por entusiastas atores, exceto James. Humphrey, irmão de James oito ou nove anos mais velho que Agatha, era dono de um teatro em Manchester, enquanto o outro irmão, Lionel, atuava profissionalmente em Londres. Madge nunca perdeu o prazer pelos disfarces. Uma vez, mais adiante em sua vida de casada, ela desceu para jantar vestida como uma jogadora de críquete. James desaprovou, mas ela induziu Agatha a mostrar solidariedade assumindo a aparência e o comportamento de uma mulher turca: inteiramente vestida de preto, ela fez toda a refeição dando pequenos arrotos, como Madge instruiu. (Jack Watts, filho de Madge, tinha a mesma paixão. Quando era aluno de graduação em Oxford, ele ficou famoso por usar roupas de mulher, e em uma ocasião em particular vestiu-se de Virgem Maria.)

Jack deu grandes alegrias a Agatha desde que nasceu. Na época, ela estava com 13 anos, ainda confusa em relação ao surgimento dos bebês e ignorante sobre o tempo que eles levavam para chegar, mas assumindo papel de tia com empolgação. A autobiografia tem várias descrições das palavras e proezas de Jack, além de fotografias que a retratam brincando com ele, lendo para ele, usando uma tampa de assadeira como boné e levando Jack para se banhar no mar. Agatha gostava de menininhos e conviveu com vários desde os 12 anos, até se casar, aos 24 (filhos dos amigos da mãe ou da própria família). Anos depois, um deles se lembraria das brincadeiras em Ashfield quando ele tinha 3 anos e ela, 20. O menino jogou água no pé de alguém com um regador, e quando Agatha o chamou de patife, ele gritou alegremente: "E você é uma patife mulher." Quando ela o levava para a sala de estudos nas costas, ele a chamava de "Lady Elefante", e quando ela mostrava os cisnes empalhados em dois jarros de vidro na Sala de Bilhar, ele a chamou de "Lady Cisne". Agatha também se lembrava da ocasião, quase 20 anos depois, em que trouxe um elefante de lápis-lazúli do Oriente para presentear o antigo parceiro de brincadeiras, e o jogo do qual eles brincavam é descrito pela Sra. Ariadne Oliver em *Os elefantes não esquecem*.

Por volta de 1902, as companhias de Agatha não eram apenas meninos da idade do seu sobrinho. Nesse período, ela foi enviada para estudar, primeiro, com a Srta. Guyer e, depois, para uma sucessão de outros pensionatos franceses, talvez porque Clara não desejasse que mãe e filha ficassem muito dependentes da companhia uma da outra. Em Torquay, Agatha então já tinha idade para sair com jovens como os Huxleys, Hoopers, Morrises, Lucys, Bushes e Thellusons: eles iam ao parque de diversões, onde compravam doces em uma barraca, andavam na montanha-russa e em um carrossel dourado, com as garotas sentadas ao lado, balançando os chapéus cheios de frutas, laços e flores, e também às regatas em Dartmouth e Torquay, onde viam os iates e os fogos de artifício à noite. Havia chás, ceias nos jardins vizinhos e grandes festas ao ar livre, com sorvetes e esplêndidos bolos servidos por garçons profissionais, que eles conheciam porque também ajudavam a servir em jantares. O álbum de Agatha tem várias fotografias de rapazes usando colarinhos engomados e moças com blusas de musseline, roupas de cintura estreita e peles, com as saias a poucos centímetros do chão, jogando croquet ou manipulando os gravetos e as cordas do novo jogo, chamado diabolô.

De manhã, Agatha e os Lucys pegavam seus patins e pagavam 2 centavos para usá-los no píer. Há uma foto de cinco pessoas de mãos dadas, procurando não cair. Agatha, alta e magra, com cabelos claros e ralos, está usando um esplendido chapéu no qual três ou quatro penas de pavão se destacam em um ângulo arrojado. Por mais empertigada que fosse a sociedade de Torquay na época, com sua cuidadosa segregação entre classes e sexos, ela permitia muitas diversões para os jovens: navegar em iates, jogar tênis, patinar, comer mexilhões e ostras frescos comprados no meio da manhã e ouvir a Banda de Cordas da Marinha Real. Também era um lugar saudável. O trem a vapor que vinha pela Torre chegava ao fim da linha na cidade, e embora charretes e carruagens fizessem o percurso entre a estação na parte alta e Quay na parte baixa, Agatha e os amigos geralmente andavam para todos os lados, subindo e descendo as sete colinas de Torquay e apreciando o ar limpo do mar. No verão, ela caminhava alegremente pelos 3 ou 4 quilômetros até seu lugar favorito para nadar. Agatha adorava banhos de mar e continuou aproveitando todas as oportunidades para nadar até estar bem velhinha. Não surpreende que ela e os amigos tivessem grande apetite nem que, apesar disso, se mantivessem elegantes. Artifícios também ajudavam. Em uma lista feita nos anos 1960, comparando as vantagens e desvantagens de "Antes e agora", Agatha coloca, em primeiro lugar entre os pontos fracos do início do século XX, "Blusas de musselina de colarinho alto e duro. Deixam a região vermelha e dolorida" e "Espartilhos. Um deles era envolvido em uma espécie de armadura de ossos de baleia, apertado na cintura e surgindo com um escudo doloroso por cima dos seios". Esses pontos e o resto da lista forneciam um breve resumo da situação. As desvantagens continuavam com: "Sapatos de couro envernizado e salto alto nos quais íamos para as festas nos jardins. Isso envolvia andar até 4 quilômetros segurando as saias longas. Era uma forma refinada de tortura chinesa. Saias longas. Um incômodo contínuo, embora útil, pois era possível limpar os sapatos de couro envernizado na parte de trás das meias ao chegar à festa, e a saia encobria tudo. Mãos e pés frios, além de frieiras. Agonia no inverno. Botas apertadas em crianças e adultos. (Provavelmente a causa das frieiras.) Penteados. Elaborados e trabalhosos, geralmente envolvendo o uso de tenazes."

Embora poucas, as vantagens eram descritas com igual profundidade: "Alto padrão de conforto doméstico. Fogo aceso antes de você levantar, latas de água quente trazidas regularmente o dia inteiro. Viagens em trens luxuosos. Aquecedores de pés dispostos nas estações, muitos carregadores para lidar com a bagagem, deliciosas cestas de almoço, carruagens confortáveis e limpas. Lazer. Nossa maior perda. O único item realmente valioso na vida, um bem que é seu para fazer o que desejar. Sem ele, onde você está?"

4

"... ela terá que se decidir entre eles em algum momento..."

Embora Agatha estivesse forte, ocupada e feliz, Clara não estava bem, com a vida mais vazia do que antes. Pouco depois de Agatha retornar do pensionato da Srta. Dryden, em 1910, a mãe ficou gravemente doente. Nenhum médico conseguia diagnosticar exatamente o que estava errado: houve várias sugestões, como cálculos biliares, febre paratifoide e apendicite. Desiludida, Clara decidiu resolver por conta própria. Ela acreditava que precisava de mudanças, e após consultar um médico que recomendou luz do sol e um clima quente, estabeleceu-se no Egito. Essa não foi uma escolha bizarra. Os países do Oriente Próximo e Médio, que hoje parecem exóticos e perigosos para os europeus, eram bem menos misteriosos para os vitorianos e eduardianos. Em boa parte administrados pelos britânicos (e franceses, em alguns lugares), havia linhas regulares de navios para a Inglaterra, e a Thomas Cook and Sons estava acostumada a fazer as viagens. O Egito era um lugar particularmente sensato para passar o inverno: seco, ensolarado e não muito distante. Havia hotéis de qualidade no Cairo, nos quais ingleses se hospedavam, regimentos militares alocados nas proximidades, partidas de polo para assistir e bailes nos hotéis quase todas as noites. Como Clara não podia bancar uma temporada londrina de bailes e festas vespertinas para Agatha nos moldes da vivida por Madge em Nova York, o Egito era o substituto perfeito. Não era caro, haveria mulheres inglesas para proporcionar a Clara um pouco de vida social e meninas inglesas com quem Agatha poderia sair, mas não tantas e tão inteligentes a ponto de assustá-la, além de vários jovens solteiros com quem ela poderia dançar, flertar e sair em expedições, e entre os quais poderia até encontrar um marido.

Elas pegaram o navio *SS Heliopolis* e se instalaram por três meses no Gezirah Palace Hotel. Acompanhada por Clara, Agatha foi a cerca de cinquenta bailes. Ela ficou profundamente irritada com a dificuldade de arrumar os cabelos, tão compridos que ela conseguia sentar-se em cima deles. Fazer um penteado era quase impossível. Contudo, ela teve enorme prazer ao adquirir os primeiros vestidos de noite: um de chiffon verde, com pequenas franjas de renda, outro, mais simples, de tafetá branco, e um terceiro na cor turquesa, feito pela titia-vovó com o material de um de seus baús, mas tão frágil que acabou rasgando durante um baile. O seu substituto, "comprado de uma das costureiras levantinas do Cairo" (considerado moderno por Agatha por ter custado muito caro), era de cetim na cor rosa e com uma série de botões de rosa em um dos ombros. Esse guarda-roupa é descrito em *Retrato inacabado*, no qual a heroína Celia, durante sua estadia no Cairo, é obrigada a suportar o espartilho com "enfeites delicados" e "mangas bufantes", sendo alta e magra como Agatha.

O álbum de fotografias de Agatha mostra como ela passava as tardes. Havia as Corridas de Cairo, frequentadas pelo duque de Connaught, e as Manobras da Primavera (as fotos mostram os oficiais sentados em bancos dobráveis e os outros homens no chão); havia, também, eventos de hipismo, assistidos pelos visitantes de uma tenda, nos quais as damas usavam véus de musselina para se proteger do sol. Oficiais passavam rapidamente em seus belos cavalos, brandindo tacos de polo e saltando obstáculos, com chapéus de palha e charutos em um ângulo arrojado, apoiados em mesas ou sentados languidamente em cadeiras de vime, durante eventos sociais regados a chá. Houve uma expedição para a Cidadela e um piquenique no deserto (no qual as damas se sentavam, heroicamente, em espreguiçadeiras de lona, vestindo seus corpetes de osso de baleia). Também havia croquet e diabolô, como em casa.

O Egito ainda não era o objeto de fascínio popular em que se transformaria no início dos anos 1920, quando as investigações arqueológicas de Howard Carter foram marcadas pela abertura da tumba de Tutancâmon. Contudo, era possível ver algumas descobertas dos primeiros exploradores no Museu do Cairo, e Clara tentou persuadir a filha a acompanhá-la. Agatha, apreciando imensamente seus novos conhecidos e preocupações sociais, resistiu às súplicas da mãe. Ela também não desejava fazer uma expedição ao Nilo para visitar Karnak ou Luxor, embora tenha sido levada para ver as pirâmides e a Esfinge, onde foi fotografada em pose confiante, montada em um burro. Não foi essa primeira visita ao Egito que estimulou o interesse posterior de Agatha em antiguidades arqueológicas, mas foi, certamente, uma viagem feliz, a primeira associação do Oriente com sentimentos de conforto, diversão e sucesso.

Pelo menos um dos jovens e ambiciosos capitães imortalizados no álbum de fotografias de Agatha perguntou à Sra. Miller se poderia "falar com" a filha dela. Porém, os únicos homens que abalaram o coração da jovem foram alguns coronéis bronzeados de 35 ou 40 anos, que lhe concederam uma dança ocasional e brincavam com a "bela jovem". Agatha ainda era tímida, sem habilidade para conversas. Tanto que um desses homens mais velhos, quando a devolveu para Clara, após uma dança, comentou: "Aqui está sua filha. Ela aprendeu a dançar e baila maravilhosamente bem. Agora, é melhor ensiná-la a conversar." Era o capitão Crake, que acompanhou o grupo até a Cidadela. Pela fotografia que o mostra ajoelhado, vestindo calça xadrez e olhando para a bola de tênis que a noiva está prestes a jogar em sua cabeça, parece um rapaz brincalhão. Em *Retrato inacabado,* Agatha fez piada sobre esse comentário cruel, embora justificado.

Durante sua estadia, Agatha fez amizade com pelo menos vinte ou trinta jovens, o que era seu objetivo. Em sua autobiografia ela tinha muito a dizer sobre o procedimento das garotas de sua idade e classe, que eram lançadas para a vida adulta em um mundo no qual assuntos públicos, com poucas exceções, eram gerenciados por homens — velhos, ainda por cima. A descrição feita por ela mostra uma época de alegria e liberdade, a estação na qual garotas que conheceram intimamente poucos jovens, além dos irmãos e outros parentes do sexo masculino, podem, então, encontrar maior quantidade deles com o mesmo nível social e as mesmas expectativas que elas, enquanto os rapazes, até à época confinados à companhia uns dos outros na escola, no Exército ou na Marinha, podem ao menos encontrar garotas que não fossem suas irmãs e primas. Em um círculo dramaticamente aumentado, é possível escolher um parceiro. Agatha era deliciosamente direta em relação a isso: várias passagens da *Autobiografia* explicam como era estar "no mundo das fêmeas à caça", em busca do "seu Destino". Ela lembra que antes da Primeira Guerra Mundial, quando menina, e provavelmente até a Segunda Guerra, a carreira que mulheres de classe média e média alta eram estimuladas a buscar, o destino prometido por mães, avós, irmãs, tias, babás, literatura popular e convenção social, era o casamento. Agatha escreveu: "Não se preocupe sobre o que você deve fazer ou ser. A biologia vai ditar. Você estava esperando pelo Homem Certo, e quando o Homem Certo vier, ele vai mudar toda a sua vida."

Naquela ocasião, a vida de Agatha era uma coleção de jovens em seu momento mais saudável e atraente, cheios de expectativas românticas, aos quais faltava experiência, mas não exuberância sexual: como Agatha diria depois: "Não precisávamos de estimulantes, nem de sedativos." Eles não viviam ansiosos. Agatha atribuía isso ao fato de não precisarem se preocupar com estudos ou carreira. As responsabilidades deles eram limitadas: os problemas do mundo eram considerados assunto de adulto, e os jovens trabalhavam com emoções em vez de fatos. Quanto aos envolvimentos, os arranjos sociais astutos minimizavam os riscos. Acompanhantes estavam sempre presentes. Homens mulherengos e mulheres "rápidas", que desprezavam as convenções, eram rapidamente excluídos dos bailes e festas de fim de semana. No geral, havia um cuidadoso equilíbrio. Por um lado, os jovens eram estimulados a ceder intensamente à emoção romântica; por outro, protegidos das consequências dos erros cometidos com facilidade devido à inocência e inexperiência. Segundo Agatha, a vida era "muito divertida". E também razoavelmente segura.

Os amigos de Agatha, particularmente os casais jovens, corriam para ajudar a maximizar as escolhas e minimizar os riscos. Ao voltar do Cairo, ela era convidada quatro ou cinco vezes por ano para visitas a casas de campo, nas quais o ponto central podia ser um evento de caça, baile militar, corrida ou regata. Jovens atraentes para encher a casa e ajudar a realizar uma festa eram bastante requisitados, e ser rico não era obrigatório para apreciar a hospitalidade de amigos. Havia, obviamente, os preços das passagens e as roupas adequadas, que não precisavam ser muitas. Embora ganhar e gastar dinheiro fossem considerados assuntos inadequados para conversas, as pessoas reconheciam despreocupadamente em que categoria ("muito rico", "bem de vida", "mal de vida", "pobre") estavam seus amigos e colegas. Anfitriões e anfitriãs cuidavam para que garotas pobres não fossem levadas a apostar dinheiro em jogos de cartas ou corridas. Uma vez que você entrasse em uma casa, não haveria despesas inesperadas, além de pequenas gorjetas à empregada. Além disso, na sociedade que Agatha frequentou na juventude, havia poucas atitudes defensivas em relação a quem não tinha dinheiro ou aos ricos, talvez porque houvesse uma grande sensação de segurança — em termos sociais, morais e até como país. Não era vergonhoso reformar chapéus, repetir os mesmos seis vestidos ou usar meias remendadas. Contudo, havia o momento certo para fazê-lo.

Mais uma vez o álbum de Agatha ilustra os fins de semana passados com pessoas que ela e Clara conheceram no Cairo: o Sr. Park-Lyle, o "Rei do Açúcar", e sua gentil e artificialmente preservada esposa, com quem ela ficou em Suffolk, onde o grupo jogava tênis e croquet com vista para o lago. Sir Walter e Lady Barttelot, de Petersfield, onde eles frequentavam as corridas em Goodwood. Havia, também, e os Ralston-Patricks, com quem Agatha cavalgou nervosamente em volta de um campo (a experiência anterior se resumia a trotar um cavalo manso pelas vielas de Devonshire e passar raspando em um muro de vez em quando), e teve a experiência de viajar em um carro. Agatha tinha visto carros pela primeira vez na França, quando menina, e ficara encantada. O carro de Robin Ralston-Patricks era altamente temperamental, e fazer uma expedição nele era exaustivo, mas ela nunca se esqueceu da viagem de 80 quilômetros feita a Banbury em 1909, devidamente equipada com tapetes, echarpes e cestas de provisões. Mais preocupante foi a ocasião em que ela foi levada de Petersfield a Torquay pelo irmão de Lady Barttelot. Segundo Agatha, eles percorreram as vielas a uns 80 quilômetros por hora, muito além da velocidade considerada "segura", de 30. O motorista, como Toad do livro *O vento nos salgueiros*, passava pelos lugares onde acreditava que a polícia estivesse espreitando e dizia: "Sim, é o que fazem esses vilões. Escondem-se atrás de um arbusto e depois saem para medir o tempo", então baixava rapidamente para 15 quilômetros por hora, comemorando: "Isso os enganou!" Ela achou o motorista desconcertante, mas amou o belo carro vermelho.

Em uma dessas visitas Agatha conheceu o empresário teatral Charles Cochran e sua devotada e carinhosa esposa, Evelyn. Alguns meses depois os Cochrans a convidaram para se hospedar com eles em Londres, onde ela gostou, de modo especial, de ouvir as fofocas sobre o meio teatral. Agatha foi levada a peças e comédias musicais desde criança: a avó de Ealing era particularmente fã delas e, fortificada com generosas doses de café com creme das Lojas do Exército e da Marinha, levava a menina às matinês, comprando as partituras para tocar em casa depois. Frederick tinha muito interesse na cena dramática amadora de Torquay, para a qual ele dirigiu — como Agatha escreveu secamente, este "era o termo usado para produção e não significava uma jovem que usa calças sendo acusada de ter culpa de qualquer problema...". Madge e Monty, por sua vez, iniciaram Agatha nas apresentações semanais da orquestra do teatro local. (O livro de contabilidade de Frederick mostrava que em 1901 o ingresso para uma peça custava 1 xelim. Para fins de comparação, um corte de cabelo custava 1 xelim e 6 centavos e comprava-se uma banana por 9 centavos.) Em Dinard, no fim do mesmo ano que levou os Millers até Pau, Agatha iniciou suas próprias apresentações teatrais. No quarto dos pais dela havia uma grande janela arcada, quase uma alcova, ao longo da qual as cortinas podiam ser colocadas, e Agatha recrutou Marie para ajudá-la a apresentar versões de vários contos de fadas, como "A Bela Adormecida" e "Cinderela", que Frederick e Clara aturavam pacientemente todas as noites após o jantar. Nessa altura, quando Agatha tinha vinte e poucos anos, as peças teatrais amadoras ficaram mais elaboradas, com um elenco maior: um conjunto de fotografias de 1912 mostra a jovem se divertindo com vários amigos. As mulheres usavam colares e véus e os homens, calças largas, turbantes e suíças magníficas para uma apresentação de *The Blue Beard of Unhappiness* (A barba azul da infelicidade, em tradução livre), obra original derivada de *As mil e uma noites, Barba azul* e comédias musicais leves. A natureza da obra é indicada pelo título do 1º ato: *Why Did They Bag-Dad?*, trocadilho com a frase "Por que mataram o papai?" e o nome da cidade de Bagdá. Ela foi encenada em Cockington Court, onde viviam os amigos de Agatha, os Mallocks. A Sra. Mallocks interpretava Sherazade, e Agatha, usando volumosas calças saruel, era a irmã Anne.

Além de criar peças com os amigos, Agatha tinha seus escritos, em boa parte poesia. Com seu gosto pelas palavras e ouvido para o ritmo e os padrões, ela achou mais fácil, especialmente porque não precisava começar do zero, bastando escolher um estilo de verso para seguir ou parodiar. A poesia também oferecia o veículo ideal para uma adolescente expressar emoções confusas, embora profundamente sentidas. Escrever protegida por metáforas mantinha os segredos em segurança, e, sendo poesia, era permitido ser obtusa. Agatha lia e comprava muita poesia. Entre seus volumes estava uma bela edição encadernada de Herrick, em couro verde-oliva enfeitado com tulipas douradas. A edição publicada em 1906 abre com o poema chamado *Descontente em Devon*.

Mais Descontente nunca estive
Desde a origem do que aqui;
Onde era e ainda sou triste,
Nesta tola Devon-shire:

Mas com justiça eis que confesso;
Não inventei tal estado
Nobres números para a Imprensa,
Deste local tão odiado.

Um poema que Agatha escreveu aos 11 anos foi publicado no jornal local. O novo serviço de bondes tinha sido estendido até Ealing, para descontentamento dos residentes, e Agatha recordou seus primeiros versos como sendo:

> Quando primeiro o bonde elétrico rodou
> Em toda a sua escarlate glória,
> Tudo foi bem, até que o dia terminou
> E foi outra história.

Vestígios da publicação, contudo, não foram descobertos. Entre 1901 e 1906, apenas três poemas sobre bondes apareceram em edições do *The Middlesex Country Times* e *The Hanwell and Ealing Post*, e nenhum se parecia com o de Agatha. Depois, Eileen Morris, a amiga mais próxima e mais esperta de Agatha, sugeriu que ela enviasse seus escritos ao *Poetry Review*, cujo editor aceitou alguns dos poemas por 1 guinéu cada. Embora os primeiros versos tenham desaparecido sem deixar rastros, é possível ler alguns poemas que ela escreveu aos 17 ou 18 anos como foram impressos em *The Road of Dreams* (A estrada para os sonhos, em tradução livre), volume publicado por Geoffrey Bles em 1924 e reimpresso em *Poems*, lançado pela Collins em 1973. Além de um ou outro verso eloquente, é uma obra sentimental e derivativa. Uma longa frase conta a história de Arlequim e Colombina, Pierrô e Pierrete, cujas imagens decoravam a porcelana de Dresden na casa da titia-vovó e em Ashfield. O tema do Arlequim mágico, amante e protetor dos amantes, ressurgiria 20 anos depois no livro *O misterioso Sr. Quin*.

Agatha também transformou seus "Poemas para Arlequim" em música. Ela definiu suas composições como "Não muito elaboradas", mas eram competentes e expressivas. Uma valsa que ela compôs foi publicada, embora Agatha a considerasse banal: "Une Hour With Thee" (Uma hora contigo, em tradução livre) — "um momento bem complicado para uma valsa durar", observou ela depois —, retratava na capa uma jovem muito parecida com Agatha: de cabelos louros, ombros inclinados e com várias flores no colo. Para grande orgulho de Agatha, a valsa foi incluída no repertório da banda local.

Aos 17 anos, Agatha deixou de lado as ambições musicais com marcante eficiência. Os estudos com Charles Fürster a levaram a esperar que, com prática e trabalho árduo, ela poderia ser pianista profissional de concertos, mas após uma ocasião desastrosa em que foi convocada a tocar para uma visita e, ao sentar-se diante do piano, viu-se "inundada pela ineficiência", ela pediu a opinião sincera de Fürster. "Ele não me disse nenhuma mentira", escreveu Agatha. "Falou com bastante sinceridade que eu não possuía o temperamento para tocar em público; e eu sabia que ele tinha razão." É interessante que, embora ela tenha sofrido por algum tempo, não demorou a acatar esse veredito. "Se algo que você deseja muito não pode acontecer, é melhor reconhecer isso e seguir em frente, em vez de insistir na esperança e se arrepender." Embora Agatha não se conhecesse bem, soube admitir que se apresentar em público mexia com seus nervos. Em vez de lutar contra seu temperamento, ela o aceitou.

Como vimos, cantar era a única tarefa que ela conseguia desempenhar de modo confiante em público, mas suas esperanças iniciais também acabaram frustradas nessa área. Em Paris, ela teve um dos mais respeitados professores de canto do seu tempo, Monsieur Boué, que a treinou para fazer o melhor uso de sua voz de soprano interpretando Cherubini, Schubert e até árias de Puccini. Em casa, ela estudava com um professor de baladas inglês e um compositor húngaro. Agatha cantava em concertos locais e para hóspedes, após o jantar, mas sua ambição de virar cantora de ópera floresceu em 1909, quando Madge, que havia se interessado pela obra de Wagner, levou a irmã para ver *As Valquírias* em Covent Garden. Richter foi o maestro e Brunilda foi interpretada pela soprano americana Minni Saltzman-Stephens, cuja apresentação embeveceu Agatha, já abismada pela força e beleza da música. "Embora eu não tenha me enganado", escreveu no rascunho não publicado de sua autobiografia, "costumava imaginar a leve possibilidade de um dia interpretar as canções de Isolda. Não me causava mal algum fazer isso em minhas fantasias, eu disse a mim mesma." Um amigo norte-americano dos Millers ligado à Metropolitan Opera House, em Nova York, veio ouvir Agatha cantar, sugerindo árias e exercícios: "Então ele me disse: 'As canções que você cantou não me disseram nada, mas os exercícios, sim. Você será uma boa cantora de concertos, poderá se dar bem e até fazer um nome. Mas sua voz não é forte o bastante para ópera, e nunca será.'" Mais uma vez, a reação de Agatha foi corajosa e drástica: "Voltei para a vida real e deixei os sonhos de lado. Disse a minha mãe que ela poderia economizar a despesa das aulas de música. Eu podia cantar o quanto desejasse, mas não havia motivo para estudar canto."

Nesse caso a decepção foi mais profunda, pois ela levou a sério a "estimada fantasia secreta", embora tentasse se convencer do contrário: o que era "leve possibilidade" no primeiro rascunho da autobiografia virou "ilusão" na segunda e "sonho" na versão final. "Eu não queria ser cantora de concertos. Não teria sido fácil, de qualquer forma. A carreira musical não era estimulada para mulheres", escreveu. "Se houvesse alguma chance de cantar em óperas, eu teria lutado por isso, mas era trabalho para poucos privilegiados que tinham as cordas vocais certas. Tenho certeza de que nada pode ser mais destruidor na vida do que persistir em algo que sairá malfeito e de maneira medíocre." Esses argumentos incisivos mostravam que ela realmente se importava, pois considerava as cantoras de ópera como o auge do talento. E ela não se esqueceu disso: quase no fim da vida, chegou a espantar um jovem amigo dizendo em tom de nostalgia: "Se eu tivesse sido cantora de ópera, talvez fosse rica."

Então, como Agatha disse, "vamos deixar isso de lado". Ali estava uma jovem criativa e atenciosa, de 18 anos, que lia muito e passava os dias em várias atividades de lazer, mas precisava de algo para aplicar sua mente aguçada. Um dia, sentada na cama, recuperando-se de uma gripe, entediada com a leitura e jogando paciência, ela se viu obrigada a passar o tempo com uma brincadeira boba que havia aprendido na cidade de Pau e com a qual sempre se distraía quando estava doente. Ela consistia em umedecer pequenos pedaços de pão e moldá-los em peças que podiam ser assadas no sol ou em um forno, lentamente, e depois pintadas, para que girassem alegremente. (No segundo rascunho da autobiografia essa longa explicação foi omitida, e Agatha apenas joga bridge sozinha.) Clara, considerando isso um expediente patético para lidar com o tédio, sugeriu que a adoentada tentasse escrever uma história, algo que Madge tinha feito com sucesso antes do casamento, chegando a publicar uma série de escritos na *Vanity Fair*. Após várias tentativas, Agatha se viu "profundamente interessada e progredindo a grande velocidade", e alguns dias depois a história estava terminada. "A casa da beleza", como ela a chamou, tinha umas 6 mil palavras, cerca de 30 páginas. Ela datilografou uma cópia em tinta púrpura na antiga máquina de escrever Empire, de Madge, e a assinou com o pseudônimo "Mac Miller Esq". É uma história altamente imaginativa, sobre loucura e sonhos, lembrando os romances sobre o oculto de Edgar Allan Poe e May Sinclair que Agatha e as amigas liam no final de 1908 — "histórias sobrenaturais", como ela as chamava. Havia, na época, grande interesse em misticismo e espiritualismo, e um dos amigos de Agatha constantemente tentava persuadi-la a ler livros teóricos sobre o assunto, mas ela achava a escrita tediosa e o conteúdo, improvável. Apesar disso, ela se interessava por sonhos e a tênue fronteira entre real e imaginário, além de sentir igual fascínio e repulsa pela "loucura", palavra usada pelos vitorianos para descrever todo tipo de instabilidade que acreditavam ser hereditária.

Todos esses temas perturbadores estão presentes em "A casa da beleza", junto com outro assunto tão feliz quanto interessante: a procura por um lugar bem conhecido, mas elusivo, na história em questão: "uma casa estranhamente bela." Apesar das infelicidades de estilo (a palavra *exquisite* é repetida à exaustão) e da extravagância (tudo está lá: morte, delírio, a selva, loucura, música, até uma freira de vestes negras), "A casa da beleza" é uma história intrigante, bem construída e transmite, com total convicção, o quanto um sonho pode ser frágil e tenaz. Desde o início, Agatha demonstrava as duas habilidades que caracterizam toda a sua escrita: era excelente contadora de histórias e conseguia utilizar as fantasias profundas de seus leitores. Também há vislumbres de outra característica, que ainda não estava inteiramente desenvolvida: ela podia ser muito engraçada. O trecho que narra uma conversa à mesa de jantar (no qual cada pessoa abre seus comentários alegando que está sendo um verão anormalmente úmido) tem um belo toque de comédia, e a forma como ela retrata um dos convidados, um professor com "semblante desagradavelmente cadavérico" e "uma grande barba branca que ostentava um peculiar espírito vingativo quando ele falava", é eficaz e vastamente original. Após sofrer revisões drásticas, "A casa da beleza" seria publicada como "A casa dos sonhos" na *Sovereign Magazine* em janeiro de 1926.

A próxima iniciativa de Agatha foi "O chamado das asas", depois publicada em *O cão da morte*, em 1933 (e em *A mina de ouro*, de 1971). O conto descreve a facilidade com que os dispostos a acreditar em fenômenos psíquicos podem ser manipulados, especialmente quando novas invenções mecânicas (no caso o rádio) são trazidas à tona. Em seguida, Agatha experimentou "uma história apavorante sobre uma sessão espírita", que foi reescrita muitos anos depois e se transformou eu *O mistério de Sittaford*. Logo depois veio "um diálogo entre uma dama surda e um homem nervoso em uma festa", que não foi adiante. Os documentos de Agatha incluem uma cópia de sua quinta tentativa, *The Little Lonely God* (O pequeno deus solitário, em tradução livre), sobre o encontro no Museu Britânico entre um explorador matando o tempo em Londres, para onde voltou após 18 anos explorando o mundo, e uma jovem igualmente solitária vestindo roupas patéticas e surradas, quc ele supõe ser uma governanta. É sentimental, com uma pequena virada no final e não tem a força de "A casa da beleza": não há sonhos ou mortes, nada que pareça baseado na experiência direta de Agatha, ao contrário da descrição da heroína tendo um ataque nervoso ao piano em sua primeira história.

Com os pseudônimos Mac Miller, Nathaniel Miller e Sydney West, Agatha seguiu o exemplo de Madge e enviou suas histórias para várias revistas, e todas foram imediatamente devolvidas. Outros esforços iniciais foram encontrados em seus documentos. Todos foram datilografados em tinta roxa e sobre os dois enviados com o nome de Sydney West ela escreveu: "Ambas escritas quando tinha uns 17 anos." Um deles, chamado *In the Marketplace* (No mercado, em tradução livre) se assemelha a uma parábola. Um homem procura o Vendedor no Grande Mercado do Mundo, e quando perguntado sobre o que deseja, responde: "Tudo." Ele vai embora carregado de presentes ricos, mas fica insatisfeito e retorna duas vezes, em busca de mais. "Após longos anos", quando ele retorna ao mercado e não é seduzido por objeto algum, respondendo à pergunta do Vendedor de "O que você deseja?" com a palavra "Nada", todos os tesouros do mercado são jogados aos seus pés. Essa fábula tem um tom bíblico, mas a moral permanece obscura.

É interessante comparar a outra tentativa de Sydney West, *The Choice* (A escolha, em tradução livre), com *Mrs. Jordan's Ghost* (O fantasma da Sra. Jordan, em tradução livre), história que Clara escreveu anos antes sob o pseudônimo Callis Miller. Superficialmente, elas são muito parecidas. Ambas são centradas na figura de uma mulher, provavelmente projeção da autora, que "pecou e sofreu, mas é enobrecida pelo arrependimento e pela penitência. Ambas foram escritas em um estilo deliberadamente ingênuo e declamatório, com sentenças conscientemente retóricas ("É em verdade um caminho suave...") e frases repetidas como um sortilégio ("A segunda sombra é como a sombra de uma criança, embora não seja como a de qualquer criança terrena que já tenha visto"). As histórias de Agatha e Clara também têm profundas similaridades. Ambas parecem ou são escritas para dar a impressão de que se originaram em sonhos. Os contos são pura metáfora, com sentido embalado nas névoas do sono e do subconsciente, como se as histórias em si tentassem expor as esperanças e ansiedades das autoras. Porém, há uma diferença: a história de Agatha é mais engenhosa que a da mãe. Ela não consegue resistir a dar um toque pessoal: em *A escolha*, por exemplo, sua narradora toma a decisão "errada" de propósito e, como esta escolha gera complacência, ela sabe que foi a decisão "certa". Em uma parábola presunçosa, Agatha faz uma piada à custa da narradora.

Depois Agatha experimentou um romance terreno. Ambientado no Cairo, lembrava três pessoas que ela costumava ver na sala de jantar do Hotel Gezirah: uma mulher atraente e os dois homens com quem ela ceava após o baile. "Um deles era baixo e gordo, de cabelos escuros e capitão do 16º Regimento de Infantaria, enquanto o outro era um rapaz de pele clara, da Guarda Coldstream, possivelmente um ou dois anos mais jovem que ela. Eles se sentavam, um de cada lado da moça, e ela os manipulava." Isso e o comentário entreouvido, "Ela terá que se decidir entre eles em algum momento", foram o bastante para dar um começo a Agatha, mas depois de certo ponto ela ficou insatisfeita e recorreu a uma segunda trama, que novamente se passava no Cairo, mas agora a heroína era surda. Foi um grave erro, como Agatha logo percebeu, pois, "uma vez que você lida com o que ela está pensando e com o que as pessoas estão pensando e dizendo sobre ela, a personagem fica sem possibilidade de conversa com ninguém". Sem se deixar intimidar pela dificuldade de terminar os romances, Agatha engenhosamente juntou os dois, batizou a mistura resultante de *Snow Upon the Desert* (Neve sobre o deserto, em tradução livre) e mandou para várias editoras, agora com o pseudônimo Monosyllaba. Não inesperadamente, mandaram de volta. Clara agora sugeria, de modo hesitante, que Agatha poderia pedir conselhos do vizinho Eden Philpotts, escritor bem conhecido, então no auge da fama e amigo da família. Adelaide, a filha de Eden, frequentou as mesmas aulas de dança de Agatha, que uma vez fez um vestido rosa pra ela. Como Eden Philpotts tinha gota e era reservado, os Millers não o importunavam com convites, embora o visitassem ocasionalmente para admirar seu jardim. Mesmo tímida em relação à própria escrita, ela pediu a opinião do especialista.

A reação dele foi esplêndida. Philpotts levou o pedido a sério, lendo o trabalho e escrevendo uma carta cuidadosa e estimulante, que começou com palavras de elogio e terminou dando a ela algo para fazer:

> Alguns de seus escritos são magníficos. Você tem uma grande intuição para o diálogo. Mantenha o diálogo alegre e natural. Tente cortar todas as moralizações de seus romances, você é muito aficionada por elas e nada é mais entediante de ler. Tente deixar seus personagens sozinhos para que possam falar por si em vez de sempre correr para dizer o que precisam dizer ou explicar ao leitor o que eles querem dizer. Deixe o leitor julgar por si [...] Gostaria de recomendar uma linha de leitura que creio ser útil para você. Leia *Confissões de um comedor de ópio*, escrito por De Quincey. Isso vai aumentar seu vocabulário enormemente, ele usa umas palavras muito interessantes. Leia também *The Story of My Life*, de Jefferies, para obter descrições e apreciação pela natureza.

Mesmo alertando que era difícil ter um primeiro romance aceito, ele a encaminhou a seu agente literário, Hughes Massie. Agatha ficou suficientemente animada para vê-lo, mas achou o "homem grande e de pele escura" aterrorizante. A lembrança indica o quanto a entrevista deve ter sido terrível para uma jovem nervosa de 18 anos. "Ah", disse ele, olhando a capa do manuscrito de *Snow Upon the Desert*. "Hmmm. Um título muito sugestivo. Sugestivo de manter a chama acesa." Hughes Massie devolveu o manuscrito alguns meses depois, dizendo que seria melhor tirá-lo da cabeça e recomeçar do zero.

Editores de revistas rejeitaram as primeiras histórias de Agatha e Hughes Massie foi assustadoramente desencorajador, mas ela insistiu. Entre seus próximos esforços estava *Vision* (Visão, em tradução livre), história inspirada não só por *The Flaw in the Crystal,* de May Sinclair, como também por uma história de detetive recém-publicada em inglês, *The Mystery of the Yellow Room,* de Gaston Le Roux. Embora Agatha pusesse *Vision* de lado após terminá-lo, ela faria uso importante dele posteriormente. Outra história foi enviada a Eden Philpotts para análise, "Being So Very Wilful". Ela desapareceu, mas a resposta dele, escrita em 6 de fevereiro de 1909, sobreviveu. Novamente, a carta foi perspicaz e construtiva.

> Cara Agatha,
>
> Não preciso entrar nos detalhes técnicos de sua história "Being So Very Wilful", mas fico feliz em dizer que ela revela um avanço notável. Você trabalhou arduamente & tem uma noção natural de construção e equilíbrio. Na verdade, tudo está indo excessivamente bem com seu trabalho & se a vida assim decidir que há espaço para a arte & você puder enfrentar a luta árdua necessária para tomar seu lugar & conquistá-lo, você tem os dons suficientes para isso. Nunca profetizo, mas julgo que se você consegue escrever desta forma agora, poderá ir longe. Embora a vida tire a arte de muitas pessoas & seu ambiente no futuro possa substituir a dura estrada da arte por outra bem diferente [...] Porém, essas considerações estão fora de questão no momento.

Atualmente, você deve continuar escrevendo sobre essas pessoas e, sem dúvida, quanto mais você souber a respeito delas, mais interessante vai fazer com que elas sejam. Mas lembre-se sempre de que o valor das pessoas está em serem julgadas pelos objetivos, e essa classe nunca levará a algo realmente bom.

Isso é o suficiente para praticar; mas no momento você deverá se aprofundar na natureza humana & procurar belos personagens & encontrá-los.

Sua habilidade é escrever sobre os ricos & distintos, e a "Sociedade" sobre a qual você escreveu não é rica, nem distinta. A multidão de ingleses no exterior é exatamente como você os pintou. Na verdade, você foi até benevolente.

Mas se continuar assim, logo vai enjoar deles & buscar outros temas e questões melhores.

Nunca seja petulante em primeira pessoa. Deixe os seus personagens serem petulantes, mas não o seja. E evite todas as moralizações. É arte de má qualidade. Claro que grandes artistas fizeram algo do tipo, mas não os maiores. Se você acatar meus conselhos, precisa ir à escola de Flaubert para se inspirar. O artista é apenas o espelho por meio do qual vemos a natureza, & quanto mais claro & mais absolutamente puro é esse vidro, mais perfeita será a imagem que veremos através dele. Nunca se intrometa.

Reescreva esta história, mas não agora. Não coloque citações poéticas no topo dos capítulos.

Faça a heroína ser um pouco mais jovem. Trinta é um pouco velha demais, não acha? [...]

A construção da história é admirável & mostra uma inclinação pela forma que se revela esperançosa, mas este tamanho é muito difícil para publicação: curto demais para uma novela & longo demais para um conto.

Algum dia talvez você o publique em um volume, mas será preciso reescrevê-lo antes. Creio que você lerá o que lhe agrada agora, & devo aconselhar a leitura de alguns dos franceses. Se você conseguir ler de modo igualmente fácil em francês e em inglês, leia-os em francês: Anatole France, os contos, & *Madame Bovary* de Flaubert. Mas este último é deveras intenso & talvez seja melhor esperar até adquirir uma dose mais leve dos homens mais modernos. Quando chegar a ele, lembre-se de que *Madame Bovary* é um dos maiores romances do mundo.

Venha me visitar, se assim o desejar & quando quiser saber algo, ou tiver tempo para mais livros.

Experimente outro conto totalmente novo de 3 mil palavras, & veremos se é possível publicá-lo. Uma pequena impressão é muito estimulante, eu sei, mas não quero que você tenha muita pressa.

Seu amigo,
Eden Philpotts

Houve mais uma troca de correspondências: Agatha escreveu a Philpotts perguntando o que deveria fazer da vida e ele, com firmeza e sensibilidade, colocou os problemas dela em perspectiva.

> A arte vem após a vida, & se você está vivendo agora (nós só vivemos aos trancos & barrancos), então tire a arte da cabeça totalmente [...] Diga-me quando poderei ser útil novamente a você.

Clara não poderia ter direcionado Agatha a um mentor mais sábio.

5

"... ele vai mudar toda a sua vida..."

A confusão de Agatha se originava, em grande parte, das complicações românticas de sua vida. Enquanto esteve com os Ralston-Patricks em Warwickshire, ela havia sido levada a "um encontro frio e com vento" no qual conheceu um coronel do 17º Regimento de Cavalaria, Bolton Fletcher. Naquela noite, eles voltaram a se encontrar em um baile de gala na casa de nome The Asps, e depois, em várias outras ocasiões. Agatha tinha se vestido de Elaine para o baile, com brocados brancos e uma touca repleta de pérolas, e três ou quatro dias após voltar a Torquay ela recebeu uma encomenda de uma pequena caixa prateada, com as seguintes palavras gravadas na parte interna da tampa: "The Asps, para Elaine" e a data do evento. Bolton Fletcher era, conforme reimaginado posteriormente por Agatha como Johnnie de Burgh em *Retrato inacabado*, um mestre das cartas de amor. Sendo assim, bilhetes ardentes, flores, livros, chocolates e outros tributos chegaram rapidamente. No terceiro telefonema para Ashfield, ele a pediu em casamento. Agatha ficou estupefata e quase disposta a aceitar, mas hesitava: "Fiquei encantada como o pássaro em uma árvore e, ainda assim, quando ele ia embora e eu pensava nele em sua ausência, havia o nada." Clara estava preocupada. Conforme disse a Agatha, ela rezou por um marido bom e gentil para sua filha, que fosse "bem-provido com os bens deste mundo", pois sua renda agora estava muito escassa.

De alguma forma, esse pretendente não parecia bom. Prejudicada pela falta de marido ou filhos que pudessem fazer perguntas, Clara escreveu aos Ralston-Patricks. Eles garantiram a ela que, apesar de ser ostensivamente rebelde, Bolton Fletcher era satisfatório em todos os aspectos. Clara não se importava com a rebeldia, nem com o fato de o candidato ser 15 anos mais velho que Agatha (afinal, havia dez anos de diferença entre ela e Frederick), mas avisou que a filha era jovem demais para ser pressionada a tomar uma decisão imediata e propôs que não houvesse cartas ou visitas por seis meses, "é provavelmente melhor assim", comentou Agatha depois, "pois eu teria me apaixonado por aquelas cartas, no fim das contas". Quando a moratória acabou, veio um telegrama pré-pago: "Não suporto mais esta indecisão. Casa comigo, sim ou não?" "Não", escreveu ela, e imediatamente sentiu enorme alívio. "Virei para meu travesseiro e dormi imediatamente. E foi assim que isso terminou."

Embora a vida de Agatha tenha perdido temporariamente o sabor, ela recuperou o ânimo em alguns meses, com a chegada de Wilfred Pirie, que havia visto pela última vez em Dinard, quando tinha 7 anos e ele, mais velho e um tanto superior, era aspirante na Marinha. Atual subtenente, ele servia em um submarino que vinha frequentemente a Torquay. Aliviada por entrar em um relacionamento tranquilo e fortalecido pela amizade que os pais de ambos tinham vivido e as mães agora partilhavam, e, sem dúvida, tão atraída pela amável e inteligente Sra. Pirie quanto pelo filho, Agatha concordava que ela e Wilfred deveriam fazer "um trato". A amizade prosperou, mas não o romance. A descrição feita por Agatha sobre o desaparecimento da ilusão de que ela partilhava dos gostos e paixões de Wilfred (fenômeno imediatamente reconhecível a quem já tentou se convencer de que encontrou o parceiro ideal) mostra que ela se entediava, particularmente quando Wilfred falava sobre teosofia e espiritualismo. Não era o abraço de Wilfred que Agatha cobiçava, e sim o da família dele. O pai dele estava morto, mas em alguns aspectos Wilfred fornecia a proteção e o antagonismo masculino do qual Agatha foi privada pela morte do pai e pela ausência de Monty. Não lhe ocorreu que ela tratava Wilfred exatamente como um irmão. E havia também a mãe de Wilfred, cuja personalidade afligia Agatha tanto quanto os esquemas de decoração interior que ela escolhia. Lilian Pirie representava o tipo de mulher admirada por Agatha: culta, bem-informada, vigorosa e segura de si, era uma versão mais enfática de Clara. Como Agatha escreveu em *Retrato inacabado*, no qual boa parte de Wilfred seria encontrada em Jim Grant ("interessado em teosofia, bimetalismo, economia e ciência cristã"), "o que Celia mais apreciava em seu noivado era a futura sogra". Ao se casar com Wilfred, além disso, Agatha poderia acreditar que não estaria de fato deixando Clara: "Gostei muito da ideia de casar com um marinheiro. Eu poderia viver em Southsea, Plymouth, ou algum lugar do tipo, e quando Wilfred estivesse servindo no exterior, eu poderia vir para Ashfield e passar um tempo com minha mãe."

O tédio da compreensão ocorreu a Agatha quando Wilfred telefonou para perguntar se ela se importava caso ele passasse as férias procurando tesouros com uma expedição na América do Sul. Naturalmente, ela concordou, e no dia após ele ter partido ela percebeu pela segunda vez "que uma enorme carga tinha saído da minha mente [...]. Eu amava Wilfred como um irmão e queria que ele fizesse o que desejasse. A ideia da caça ao tesouro era [...], quase certamente, fictícia. Isso mais uma vez indicava que eu não estava apaixonada por Wilfred. Se estivesse, teria visto a situação pelos olhos dele". Clara e Wilfred ficaram desapontados, mas não arrasados. Alguns meses depois, Wilfred se casou, com outra pessoa.

Inclusive, essa era a época em que os amigos e contemporâneos de Agatha estavam se casando. Madrinha por duas vezes, ela especulava em relação aos seus pretendentes. Agatha e Madge analisavam os candidatos menos atraentes para o cargo de "marido de Agatha", e a irmã a obrigava a escolher entre eles. Era uma brincadeira, com fundo de verdade, pois Agatha realmente analisava os homens disponíveis ao seu redor. Ela disse algo sobre isso na autobiografia, em uma passagem sobre a amizade entre homens e mulheres.

> Não sei exatamente o que ocasiona a amizade entre homem e mulher. Os homens, por natureza, jamais querem mulheres como amigas. Isso ocorre por acidente, em geral, quando o homem já

> está sensualmente atraído por outra mulher e quer falar sobre ela. As mulheres, geralmente, almejam a amizade masculina e estão dispostas a fazê-lo demonstrando interesse no caso amoroso de outra pessoa. Então surge um relacionamento muito estável e duradouro, e vocês se interessam um pelo outro como pessoas. Há um sabor de sexo, é claro, o toque de sal como condimento.
>
> De acordo com um médico idoso amigo meu, o homem olha para cada mulher que conhece e se pergunta como seria dormir com ela, em seguida analisando se ela aceitaria dormir com ele. "Direto e grosseiro, esse é o homem", definiu ele. Eles não consideram uma mulher como possível esposa.
>
> Penso que as mulheres simplesmente consideram, por assim dizer, todo homem que encontram como possível marido. Não acredito que alguma mulher já tenha entrado em um recinto e se apaixonado à primeira vista por um homem, mas vários homens o fizeram com uma mulher.

Essas observações parecem ingênuas. Embora seja importante reconhecer que a química sexual tem papel em todos os relacionamentos, não é sábio generalizar, dadas as diferenças entre as tendências sexuais das pessoas (ou a falta delas). Também é difícil, pelo menos em algumas sociedades, entender o comentário de que "Os homens, por natureza, jamais querem mulheres como amigas". Pelo contexto (ela está falando sobre Eileen Morris), está claro que por "amiga" ela quer dizer uma mistura de companheira e confidente. Na juventude de Agatha, as esferas em que homens e mulheres trabalhavam e viviam eram distintamente separadas. Poucas experiências eram compartilhadas por ambos os sexos desde cedo. Havia poucos assuntos para homens e mulheres falarem juntos e, com o tempo, todos ficavam cada vez mais confusos uns em relação aos outros. Além disso, aos 20 anos, a perspectiva de Agatha era particularmente estreita. Ela acreditava totalmente que encontraria "seu Destino" a qualquer momento, e estava procurando ativamente por ele. Até então, as paixões intensas tinham sido de curta duração, e ela foi sensata ao se afastar do ardente Bolton Fletcher e do bem-intencionado Wilfred. E haveria outro quase marido.

O nome dele era Reggie Lucy, irmão mais velho de Blanche, Marguerite e Muriel, com quem Agatha jogava tênis, croquet e diabolô, fazia piqueniques em Dartmoor e patinava no cais. Amigável e casual, a família tinha protegido Agatha quando Clara e Madge foram, por um breve período, à França, após a morte de Frederick, e ela ficou em Ashfield. Os Lucys eram despreocupados, extravagantes, enérgicos e informais: as duas meninas mais novas eram conhecidas como Margie e Noonie e, além de Jack Watts, eles pareciam ser as únicas pessoas a chamar Agatha de "Aggie" sem sofrer represálias. Reggie era major nos Canhoneiros e voltava para casa após servir no exterior. Com o tempo, ele pegou a errática Agatha pelas mãos e a pediu em casamento, de modo pouco enfático e amigável. Como sempre acontecia com os Lucys, que constantemente perdiam bondes, trens e refeições, não havia urgência alguma: "Apenas mantenha-me em seus pensamentos, e se mais ninguém aparecer, eu estarei aqui." Agatha concordou imediatamente. Reggie, contudo, insistiu que eles deveriam esperar alguns anos para que ela avaliasse as opções de aceitar o pedido. Ele voltou para o regimento e a corte continuou, via correspondências. Reggie, que inspirou Peter Maitland em *Retrato inacabado*, garantiu a Agatha que, apesar do combinado, ela deveria se considerar absolutamente livre. Agatha, como Celia no livro, não queria isso. "Não seja humilde demais", diz a mãe de Celia a Peter. "As mulheres não gostam." Infelizmente, ela estava certa. Agatha foi tomada por outro homem, mais determinado e impetuoso.

Archie Christie (é impossível pensar nesse jovem envolvente como Archibald) também é descrito em *Retrato inacabado,* como Dermot, a quem Celia conhece durante um baile regimental em York. Ele afasta a moça dos pretendentes a quem estava prometida e eles ficam noivos em poucas semanas. Como sabemos pela autobiografia e pelos próprios documentos de Agatha e Archie, a realidade foi só um pouco menos dramática. O baile foi oferecido por Lorde e Lady Clifford de Chudleigh, que convidaram parte da guarnição lotada em Exeter, enquanto Agatha foi levada por antigos amigos da família que moravam perto de Chudleigh, a uns 20 quilômetros de Torquay. Ela já tinha um amigo entre os militares de Exeter, Arthur Griffiths. Embora não pudesse ir ao baile, ele se deu o trabalho de escrever e pedir que ela procurasse um amigo dele, Archie. Esse baile foi a primeira entrada não militar no registro que Archie fazia dos eventos mais importantes de sua vida. Ele aconteceu em 12 de outubro de 1912. Agatha tinha apenas 22 anos, e Archie (cujo aniversário era 15 dias após o dela), 23. O histórico e os interesses do jovem eram românticos. Ele havia nascido na Índia, onde o pai era juiz no Serviço Civil Indiano, e tinha um irmão, Campbell, que também estava no Exército. O pai de Archie ficou muito doente após cair de um cavalo. A queda afetou o cérebro dele, que acabou morrendo em um hospital na Inglaterra. A mãe então se casou com William Hemsley, responsável pelo alojamento dos alunos em Clifton College, Bristol, onde Archie tinha sido diretor. O jovem era talentoso e inteligente, e ao fazer os exames de admissão para a Academia Militar de Woolwich ficou em quarto lugar. Archie foi promovido a segundo-tenente na Artilharia Real em julho de 1909, juntando-se à 138ª Bateria de Artilharia em Bulford Camp, Salisbury Plain, cuja brigada foi transferida para Exeter no início de 1912.

Contudo, o fascínio dele não era o exército, e sim voar: o aeroplano apenas começava a ser considerado mais que um brinquedo bizarro e os visionários perceberam nele uma poderosa arma de guerra. Em junho de 1912, o prático e ambicioso Archie pagou a taxa de 75 libras ("incluindo seguro") para uma série de aulas na Bristol School em Larkhill, nos "Termos Especiais Reduzidos" oferecidos a "quem desejasse se qualificar para a Força Aérea Real". Ele tirou uma licença de um mês e descobriu sua vocação e talento.

Em 27 de junho ele já voava sozinho, praticando manobras com a mão direita e a esquerda, e no dia 6 de julho ele voou por 22 minutos na estonteante altura de 90 metros, com vento de 8 quilômetros por hora. Era um exercício perigoso: o registro oficial mencionava especialmente o fato de todas as decolagens terem ocorrido "sem quebrar nada além de alguns cabos [...]". No meio de julho, pilotando um Bristol Box Kit, Archie se qualificou para o Certificado de Aviador do Aeroclube Real, um documento magnífico impresso em inglês e francês. A quantidade de aviadores qualificados era notavelmente pequena: o diploma de Archie era o de número

245. Em seguida, ele se alistou no recém-formado Esquadrão Aéreo Real, e voltou para a brigada em Exeter.

Três meses depois, ele conheceu Agatha, no baile dos Clifford. Pelas fotografias podemos ver que ele era alto e bem-constituído, com cabelos louros ondulados cortados curtos. Ele tinha traços fortes: boca atraente, nariz com uma pequena ruga, olhos azuis, sobrancelhas pesadas e uma aparência de intensidade levemente ansiosa. Archie era muito jovem, determinado, e se apaixonou por Agatha quase imediatamente. Eles dançaram juntos muitas vezes. Em seu álbum de colagens, Archie colou sua agenda e, bem ao lado, um recorte de jornal com o alegre poema "The New Romance" (O novo romance, em tradução livre), que dizia:

> Quando ela se apaixonou por Frank
> Não foi pela juventude ou ranque,
> Nem o saldo no banco
> O que ganhou o coração de Elsie
>
> Não foi a pureza de sua alma
> Que a fez perder a calma
> e sim o jeito que ele chutava a bola,
> jogando de beque no Chelsea...

No caso de Archie, se foi o jeito de dançar ou a profissão fascinante de aviador que atraíram Agatha, nós não sabemos, mas ele se sentiu suficientemente confiante para aparecer em Ashfield pouco tempo depois, em sua motocicleta.

Agatha estava jogando badminton com os Mellors, que moravam em frente. Ela costumava atravessar a rua para a casa deles sempre que o filho estava em casa para ensaiar os últimos e intrincados passos de dança, uma brincadeira que tinha começado havia alguns anos, quando eles praticavam valsa subindo e descendo a escada, graças à moda das operetas populares. Clara, sempre exasperada quando precisava entreter os jovens amigos de Agatha sem ajuda, convocou a filha pelo telefone. Um tanto contrariada por achar que era o "tedioso jovem tenente naval que tinha me pedido para ler seus poemas", Agatha voltou. E lá estava Archie, rosado e envergonhado, alegando que estava em Torquay e julgara que poderia aparecer de surpresa. (Agatha concluiu que ele se deu o trabalho de pedir o endereço dela a Arthur Griffiths.) A tarde se passou, Agatha, Clara e Archie continuaram a conversar, a noite chegou e as duas mulheres, silenciosamente, combinaram que ele seria convidado a ficar para a ceia.

Tal qual Dermot, Archie realmente causou "um redemoinho" na vida de Agatha. Segundo a *Autobiografia*, essa importante refeição aconteceu tanto "uma semana ou dez dias" após o baile dos Cliffords (isto é, aproximadamente em 20 de outubro) e "logo após o Natal, pois sei que havia peru frio na despensa". Naquele dia, Archie saiu pela noite deixando o ronco do motor, e retornou várias vezes nas semanas seguintes (ou na cronologia compreensivelmente falha de Agatha, nos dias seguintes). Eles trocaram livros, mas não para leitura. Archie convidou Agatha para um concerto em Exeter, no qual eles decorosamente beberam chá na estação de trem (Clara julgou que um hotel seria muito comprometedor), e Agatha convidou Archie para o Baile de Ano-novo em Torquay. O baile foi no dia 2 de janeiro. Archie estava mal-humorado, deixando Agatha intrigada. Dois dias depois, após ouvir Wagner no Pavilhão, ela soube o motivo. Quando eles voltaram a Ashfield, Archie anunciou que em breve deixaria Exeter, para Farnborough, visto que seu pedido para ingressar no Esquadrão Aéreo Real fora aceito. Ele implorou para que Agatha se casasse com ele. Agatha explicou o acordo com Reggie Lucy, mas Archie não deu ouvidos. Ele queria se casar imediatamente, e Agatha sabia que também queria. Eles estavam "em polos opostos na forma como reagiam às situações", mas ela acreditava — e continuou acreditando a vida inteira — que isso fascinava a ambos. Segundo Agatha, foi "a empolgação pelo desconhecido". E, como escreveria anos depois, nessa mesma época ela despertou de um sonho e se viu dizendo "O desconhecido do mar, o desconhecido do mar". Um poema que ela escreveu na época, "The Ballad of the Fleet" (A balada da frota), indicava seu estado mental: ele fala sobre os primeiros habitantes de Dartmoor, que tinham uma vida frugal, porém segura, até os vikings surgirem em suas galés. Em seus versos, o líder dos invasores, "o Estranho do Mar", toma a sacerdotisa local como esposa, e ambos morrem por isso.

Agatha e Archie ficaram hipnotizados um pelo outro. Clara, surpresa com o anúncio de Agatha de que "Archie Christie me pediu em casamento e eu quero imensamente", trouxe os pombinhos de volta a realidade. O acordo com Reggie foi desfeito, mas Clara insistiu para que eles esperassem, pois Archie não poderia sustentar uma esposa com o salário de subalterno, complementado apenas pelas 100 libras anuais provenientes da herança do pai de Agatha. Para o determinado Archie, que não desejava esperar nem mais um dia, foi uma decepção momentânea, mas ele se lembrou de que o Esquadrão Aéreo Real preferia que seus homens fossem solteiros em caso de acidente aéreo. Agatha também estava desesperada por acreditar que o adiamento seria longo. Ela estava com 22 anos e tinha muitas emoções turbulentas. Não surpreende que o relacionamento deles tenha sido tempestuoso no ano seguinte: primeiro um e, depois, o outro quis terminar tudo.

Archie, pelo menos, tinha o treinamento para se ocupar. Logo após o fim de janeiro de 1913 ele passou no exame para o Esquadrão Aéreo Real e foi designado para Larkhill, em um esquadrão comandado pelo major Brooke-Popham. Os voos ficaram cada vez mais altos (550 metros em 22 de abril, 600 metros em 24 de abril), mais longos (45 minutos em 17 de abril), iam mais longe (145 quilômetros no dia 22 de abril), com tempestades maiores (ventos de 32 quilômetros por hora no dia 29 de abril) e mais arriscados (no dia 2 de abril, o avião foi destruído; no dia 29 de abril, problemas no motor; em 5 de maio, o chassi amassou, e os óculos ficaram cheios de óleo). Ele descreveu suas manobras para Agatha: voar em espiral, direcionar fogo de artilharia, esquivar-se e atirar com uma pistola sinalizadora. Ela ficou horrorizada. Naquela primeira tarde em Ashfield, quando Archie tinha descrito a carreira de sua escolha para Agatha e Clara, elas adoraram. Era algo novo e excitante, e Agatha ficou fascinada pelo aeroplano. Para quem apreciava passeios empolgantes em carros rápidos, a magia de voar era ainda mais cativante. Ela até já havia experimentado uma dessas primeiras máquinas raquíticas. Em maio de 1911, Clara a havia levado para ver uma exposição, onde visitantes podiam ser levados ao ar por alguns minutos pela soma de 5 libras. Agatha reconheceu que Clara era maravilhosa, não só por concordar em gastar uma quantia imensa para elas, como por dominar o medo de que o aeroplano e Agatha despencassem. Agatha jamais esqueceu aquela experiência. Com o pequeno chapéu de palha firmemente preso na cabeça, ela foi levada aos céus: o avião deu muitas voltas em círculos e aterrissou, fazendo "aquele maravilhoso caminho em zigue-zague para baixo".

Nada disso, porém, a fez aceitar as perigosas atividades realizadas por Archie em seu dia a dia. Ela escreveu implorando para que ele desistisse. Archie respondeu com uma carta encantadora, mas não exatamente reconfortante:

> Fiquei muito feliz por receber seu bilhete, mas ainda não posso abandonar o voo.
>
> Para o seu bem, mais do que para o meu, não estou assumindo riscos e me sinto perfeitamente confiante de que nenhum mal me afetará. Aquele pobre rapaz que morreu não estaria seguro em máquina alguma. Além disso, o biplano Cody é instável e tem o leme de profundidade muito pesado. Ele odiava pilotá-lo, mas não gostava de recusar pedidos, demonstrando falta de coragem moral.
>
> Sinto imensamente pela família dele, tanto que vou abandonar este Esquadrão se você realmente estiver infeliz em relação a isso. Contudo, sei que estou perfeitamente seguro: sempre carrego a imagem de São Cristóvão. Ler sobre esses acidentes é ainda mais mórbido do que vê-los, mas a confiança logo retorna.

Ele visitava Agatha sempre que podia, saindo primeiro de Larkhill e depois de Netheravon, para onde foi designado no fim de 1913. As cartas para o "anjo mais querido" refletiam as dúvidas e o desespero de ambos. Archie escreveu: "O motivo pelo qual não estava bem na semana passada era preocupação, pois julguei que seria melhor para você se eu nunca mais a visse, e odeio dizer isso. Agora, contudo, não há traço de pessimismo em mim e tenho certeza de que tudo ficará bem [...]. Eu estava apenas fazendo de forma desajeitada o que pensei ser melhor para você [...]." Depois, mais alegremente, ele muda de assunto: "Voltando à aviação..."

Em outros momentos o ânimo estava mais leve. Após três dias de folga, com Agatha em Torquay, Archie escreveu: "Um dia teremos nossa cabana, na qual viveremos uma felicidade paradisíaca e nunca mais iremos nos separar. Você terá que se contentar em ser pobre, mas eu terei você para amar e proteger, então, tudo ficará bem." Eles entravam e saíam do desespero repetidamente. Alguns de seus temores eram exagerados. Agatha, por exemplo, escreveu rompendo o noivado ao saber que Clara poderia ficar cega. Archie a convenceu de que era tolice, pois isso levaria anos para acontecer e até lá a cura para a catarata poderia ser descoberta. Já a insegurança financeira deles era real. Archie tinha um salário minúsculo, e após o único parente rico do pai dele deixar a fortuna para o Hospital Charing Cross (que enviou ao Sr. Hemsley uma bengala como agradecimento), a esperança de ajuda dessa fonte expirou. A situação de Agatha era ainda mais precária. A derrocada da H.B. Claffin tinha se completado e a renda de Clara dependia da fortuna particular do filho de um dos sócios da empresa. Um indício da economia que os Millers agora praticavam é dado pela carta de Clara em fevereiro de 1914 ao Cemitério Greenwood, no Brooklyn, onde o pai de Frederick fora enterrado no lote da família. O local era valioso, os custos de manutenção, altos, e Clara perguntou se o título poderia ser vendido: "Como não será possível à família fazer uso do lote, ela não deseja mais pagar por sua manutenção e também deseja o dinheiro da venda, pois está na Inglaterra, provavelmente nunca mais voltará aos Estados Unidos, e encontra-se em situação financeira extremamente precária." O pedido, contudo, não foi enviado. De alguma forma, Clara conseguiu pagar as contas.

O noivado durou menos de dois anos, mas o adiamento pareceu interminável, tanto para Agatha quanto para Archie, especialmente porque eles não sabiam quando poderiam se casar. Até que, subitamente, em agosto de 1914, eles foram envolvidos em um drama muito maior.

6

"... a espera é bastante difícil, mas está tudo pronto..."

É difícil compreender o quanto a Primeira Guerra Mundial foi inesperada, especialmente para pessoas como Agatha e a mãe, que não liam as entrelinhas dos discursos políticos nem se importavam em dissecar as ambições do Kaiser. A Europa não vivia grandes guerras havia uma geração (os problemas coloniais eram diferentes). Até houve quem percebesse que os interesses alemães e a disputa nos Bálcãs levariam a problemas, mas mesmo os responsáveis por governar o país ficaram surpresos quando a situação avançou daquele jeito. Os meses do verão, época em que políticos e funcionários públicos faziam como toda a classe média e alta da Inglaterra e saíam para o campo, o mar, a Escócia e os spas, estavam gloriosamente ensolarados em 1914. Em retrospecto, parecia que essas semanas tinham sido o último momento milagroso, como a pausa antes de uma onda varrer um mundo que, para muitos, era dourado e seguro. Mas não para todos: o apoio às mudanças econômicas e sociais estava crescendo. O Partido Trabalhista, formado em 1900, ganhava força, os liberais estavam perdendo o fôlego, apesar do programa de reformas de Lloyd George, e a Câmara dos Lordes balançava no precipício da abolição, pelo que não seria a última vez. Havia agitação nos sindicatos, rebeliões na Irlanda e protestos de mulheres exigindo a emancipação e o voto feminino. Em algum momento, a onda iria quebrar, mas não seria naqueles dias lânguidos nem naquelas noites iluminadas. Até o assassinato do arquiduque Francisco Ferdinando, na Sérvia, em junho, servir de catalisador e fomentar a guerra.

O Esquadrão Aéreo Real estava entre as primeiras forças a serem mobilizadas. A última carta de Archie, enviada de Netheravon e escrita enquanto aguardavam a ordem para atacar, descreve a tentativa de aumentar o tamanho da Força Expedicionária:

> Na sexta levei meu recruta a Devizes para alistá-lo e lá ouvi falar de um barão russo falido que precisava de trabalho. Como ele era um bom mecânico e falava russo, francês, alemão e inglês perfeitamente, eu o convenci a se alistar no Esquadrão Aéreo Real também.

Ele tentou tranquilizar Agatha:

> A espera é bastante difícil, mas está tudo pronto.
> Tenho um revólver no coldre e uma bolsa cheia de munição, só para acalmá-la.
> A última vez que atirei com minha arma foi após viajar a noite inteira, saindo de Cheadle. Atirei 96 cartuchos e acertei uma média de 19 em 26, então, eu consigo atingir um alemão grande se esbarrar em algum, o que é improvável. [...]
> Você terá muita coragem, não é, Anjo? Será muito difícil ficar em casa e não fazer nada, e temo que você tenha problemas financeiros, mas tudo deve acabar bem se nos mantivermos firmes, e sempre vou amar você mais do que tudo.

Dois dias depois o esquadrão de Archie recebeu a ordem para deixar Southampton e embarcar rumo à França. Ele logo telegrafou a Ashfield, para que Agatha fosse a Salisbury se despedir, caso pudesse. Ela e Clara partiram imediatamente. Os bancos estavam fechados e todo o dinheiro que tinham estava em notas de 5 libras, que Clara sempre guardava para emergências, seguindo as regras da titia-vovó. Mas ninguém aceitava notas de 5 libras, e elas foram obrigadas a deixar os nomes e endereços com coletores de bilhetes em todo o Sul da Inglaterra (uma questão descrita vividamente em *Retrato inacabado*). Após infinitas complicações e adiamentos, elas chegaram a Salisbury na noite do dia 3 de agosto, onde Agatha e Archie tiveram pouco tempo juntos antes que ele partisse. No dia seguinte, ela e Clara voltaram a Torquay.

No dia 5 de agosto, Archie foi para Southampton, e no dia 12 atravessou o canal com a Força Expedicionária Britânica. Ao aterrissar, ele mandou um cartão-postal para Agatha. A pressa e a confusão dessas primeiras semanas deixaram a cronologia confusa mais uma vez: Agatha alega que o cartão chegou três dias após eles terem se separado, mas na verdade ela só o recebeu em meados de setembro. Agatha depois soube que Archie logo entrou em ação. O livro de registro marca o progresso do aviador pelo Norte da França até que em 12 de setembro o esquadrão número 3, do qual ele fazia parte, seguiu, com outros três, até Fève-en-Tardenous, onde houve uma pesada tempestade (que Archie e dois amigos não viram por terem dormido no chão de uma hospedaria). Os invasores alemães, derrotados pelas forças francesas e britânicas na Batalha do Marne e obrigados a recuar bastante, então se envolveram em batalhas na Bélgica e em boa parte da França, onde havia jazidas de carvão e ferro. Os exércitos aliados, mantendo comunicação direta com os portos do canal, despejaram homens e armas naquele território plano, lamacento e ocupado, lutando metro a metro para expulsar os alemães. Essa sangrenta guerra de trincheiras começou em meados de setembro de 1914 e durou quatro anos.

O arrojo e a coragem de Archie logo foram postos à prova: em 19 de outubro ele foi mencionado no primeiro despacho do marechal de campo Sir John French ao marechal de campo Lorde Kitchener, secretário de Estado para a Guerra, descrevendo as batalhas de Mons, Marne e, particularmente, Aisne, enfatizando a grande tensão à qual os aviadores tinham sido submetidos. Em meados de novembro, Archie foi promovido a comandante e capitão temporário. E, mais importante, ele estava vivo, sem ferimentos nem traumas de guerra. As listas de mortos e desaparecidos que marcariam a passagem daqueles anos começavam a aparecer em jornais ingleses, e uma apavorante procissão de soldados começou a voltar para casa com sequelas físicas e mentais. Agatha viu esses homens de perto, pois agora trabalhava com o Destacamento de Ajuda Voluntária (VAD, na sigla em inglês) em Torquay, que recebeu vários barcos cheios de feridos. Ela vinha frequentando aulas sobre curativos e primeiros socorros antes mesmo de a guerra começar, e depois passou a trabalhar no hospital como faxineira, limpando, esfregando e, como outras novatas, mais atrapalhando do que ajudando a equipe de enfermagem. Ela aprendeu a aceitar a situação e infligir tratamentos dolorosos, auxiliar nas cirurgias, animar homens feridos e agradar os médicos. Era um trabalho árduo, sujo, malcheiroso e exaustivo, que ela descreveu no romance *Giant's Bread* (O pão do gigante, em tradução livre). Por mais que a mudança fosse assustadora, Agatha pelo menos estava ocupada com distrações suficientemente exaustivas para impedi-la de ser tomada pela ansiedade em relação a Archie. Além disso, ela era uma boa auxiliar de enfermagem, e o companheirismo das colegas e a dependência dos pacientes a ajudavam. Com seu ouvido atento e fascínio pela hierarquia e rotina, Agatha se entretinha bastante com a vida no hospital: a deferência mostrada pelas faxineiras em relação às enfermeiras, das enfermeiras em relação às irmãs e de todos em relação aos médicos, as variações nas formas de tratamento e nas boas maneiras (provocações amigáveis entre as voluntárias, que se chamavam pelos sobrenomes, sussurros gentis da irmã Fulana ou da irmã Beltrana), tudo a interessava e divertia, tanto quanto as convenções observadas na casa de Ashfield e na sociedade cuidadosamente matizada de Torquay.

Esse foi o primeiro trabalho responsável de Agatha, e ela gostava de poder fazê-lo bem. Como Archie, ela estava mais sábia e cansada quando eles se reencontraram no fim do ano, quando ele teve folga. Os dois se reencontraram em Londres, "quase como desconhecidos", segundo ela, porque ambos não só viveram experiências totalmente novas, repletas de morte, incerteza e medo, como o fizeram sozinhos. A reação de Archie foi se comportar do modo mais casual possível, quase irreverente, enquanto Agatha ficou mais séria.

A insegurança da época a deixou ainda mais ansiosa para se casar e Archie mais convencido de que eles não deveriam se casar: "Você abate um deles, é atingido e deixa para trás uma jovem viúva, talvez um bebê a caminho. É completamente egoísta e errado." A folga de Archie começou em 21 de dezembro. O plano era que Clara ficasse com ele em Londres e, quando partisse para Devonshire, eles iriam para Clifton, ficar com a mãe e o padrasto de Archie. Agatha se sentia desconfortável com a Sra. Hemsley, que era gentil, porém emocional e possessiva, e pode ter sido o nervosismo com a perspectiva de passar o Natal com ela, somado à tensão dos últimos cinco meses, que a levou a brigar violentamente com Archie. A causa imediata foi o presente de Natal: um luxuoso estojo de maquiagem. "Se ele tivesse comprado um anel ou bracelete, não importa o quanto fosse caro, eu não teria me importado [...], mas por algum motivo eu me revoltei violentamente contra o estojo de maquiagem." Não é difícil ver o motivo. O presente representava frivolidade, e foi por isso mesmo que Archie o havia comprado, em sua determinação de recapturar um pouco da leveza perdida com a guerra. Agatha, séria e responsável, ficou particularmente sensível quanto à eventual implicação de que não era dedicada, séria, profissional, como se ela também não tivesse batalhas para lutar: "Qual o sentido em ir do hospital para casa com um belo estojo de maquiagem [...]?" O presente também a perturbou de outra forma. "Um anel ou bracelete" representaria algo permanente e um vínculo forte, enquanto um estojo de maquiagem, por mais belo e equipado que fosse, sugeria transitoriedade e impermanência. Era o que Archie estava sentindo, era o que Agatha buscava dissipar, mas essas sutilezas não ocorrem às pessoas quando elas dão e recebem presentes. Archie foi desajeitado, Agatha, rude, e isso levou a uma discussão de tal magnitude que acabou contribuindo para reuni-los de modo incrivelmente eficaz.

Clara foi embora e eles partiram em uma jornada difícil e cansativa para Clifton, onde Agatha foi quase imediatamente para a cama, sendo acordada por Archie, insistindo com urgência que eles deveriam se casar antes do período de folga acabar. Foi a vez de Agatha prever as dificuldades: longe da mãe, pouco à vontade na casa da futura sogra, ela estava, sem dúvida, apavorada com a intensa e passional determinação de Archie. Ele falava loucamente sobre folgas especiais e o arcebispo de Canterbury. Agatha cedeu e concordou que eles deveriam se casar na manhã seguinte, véspera de Natal.

Como Agatha previu, a Sra. Hemsley estava imensamente angustiada, mas o Sr. Hemsley, sempre compreensivo, os estimulou a ir adiante. Archie e Agatha juntaram moedas para a licença de casamento: eram necessárias duas semanas de antecedência para a licença comum, de 8 libras, e a especial, de 25 libras, era impossível para o dia 25 de dezembro. Porém, um tabelião gentil deu uma interpretação particular da lei e emitiu a licença baseando-se no fato de Archie ser residente local. O vigário concordou em realizar a cerimônia naquela tarde, o organista, que por acaso ensaiava na igreja, tocou a marcha nupcial, e o Sr. Hamsley e um passante, que também por acaso era amigo de Agatha, foram testemunhas. Na tarde da véspera de Natal, Agatha e Archie se casaram. Depois, com alguma dificuldade, arranjaram um quarto no Grand Hotel de Torquay para ficarem sozinhos. O estojo de maquiagem escolhido por Archie voltou à cena para a jornada de casamento, e teve seus demônios exorcizados. Após uma viagem de trem ainda mais horrenda, eles chegaram ao Grand Hotel à meia-noite, passaram o dia de Natal com Clara e Madge, agora recuperadas do choque inicial que sentiram quando Agatha telefonou de Clifton e deu a notícia em uma ligação de qualidade ruim. No Boxing Day, Agatha foi a Londres com Archie, para se despedir, pois só voltaria a vê-lo em seis meses. Ela se conformou e procurou distrair Archie fazendo para ele um presente de Ano-novo chamado "O Alfabeto AA para 1915" (onde AA significava Archie e Agatha e também Ack Ack, apelido dado às armas antiaéreas), cheio de piadas internas e referências melancólicas:

> A é de Anjo, por natureza (?) e nome
> E também de Archibald, esposo de renome
>
> K é de Kultur e Kaiser, o rei da dança
> (indiretamente a causa de uma nova aliança!)

A separação imediata e duradoura era difícil de suportar, tanto casada quanto solteira. Archie continuava exposto a grandes perigos e o futuro ainda era incerto. A lista de vítimas só aumentava, amigos e filhos de amigos eram mortos, o hospital estava cheio de feridos. Em todo lugar, Agatha via morte e destruição: a mãe estava fraca, e embora Mary Ann estivesse alegre e robusta, a outra avó, Margaret, estava com dificuldades para viver em Ealing, devido a problemas de visão e suspeita de que os empregados a roubavam. Em 1915, ela acabou sendo obrigada a morar com Clara e Agatha em Ashfield, pois estava enxergando muito mal. Boa parte da vasta mobília de mogno seguiu com ela, além de grande quantidade de comida (sardinhas e presuntos), que guardou mesmo sem confiar em enlatados e agora escondia no alto do armário, caso os hunos quisessem matá-la de fome algum dia. Foi particularmente terrível para Agatha ver que os produtos acumulados por Margaret não estavam imunes à passagem do tempo: havia geleias mofadas, ameixas fermentadas, manteiga e açúcar comidos por ratos, sedas e veludos destruídos por traças, várias gravuras perdidas com a passagem dos anos, papéis transformados em poeira. Margaret chorava junto ao lixo. "De que adianta ser econômica e prudente?", Agatha questionava. Ela ficou abalada com a descoberta e posterior destruição de sacos de farinha contaminada por bichos e trajes de linho fino repletos de buracos. Parecia uma profecia universal: a desintegração conforme descrita por Kipling em *The Mother Hive*. Do mesmo modo que os suprimentos de Margaret se tornaram inúteis e as defesas dela ficaram vulneráveis à erosão e ataques, o mundo ordeiro e familiar pré-guerra também estava se decompondo, em ruínas.

Em julho de 1915, Archie teve uma folga de três dias. Ele foi promovido a capitão da Artilharia Aérea Real, para a qual fora transferido depois que problemas nos seios da face o impediram de voar. Agatha ficou aliviada, mas ainda tensa. Eles passaram o período juntos em Londres, tentando esquecer a guerra, mas a folga passou rapidamente. Agatha até foi a Paris para ficar mais perto dele, e ao chegar lá soube que as folgas tinham sido canceladas indefinidamente. Ainda que a Srta. Dryden tenha lhe oferecido um emprego temporário, Agatha decidiu voltar à Inglaterra e ao hospital, embora fosse improvável que conseguisse outra permissão para viajar para a França. Frustrada, solitária, cansada devido ao trabalho no hospital que a levava a fazer uma caminhada gélida na volta para casa, ela sucumbiu à gripe e à bronquite e precisou abandonar o trabalho por três ou quatro semanas. Ao voltar, descobriu que tinha sido aberta uma farmácia no local, tendo a Sra. Ellis, esposa de um médico local, e Eileen Morris na chefia. Agatha se juntou a elas como assistente e começou a estudar para as provas do Salão dos Boticários que a qualificariam para prescrever remédios a um médico ou químico. O horário era melhor, alternando manhãs e tardes e terminando às 6 da tarde, permitindo fazer seus deveres em Ashfield com mais facilidade. Agora havia muito trabalho doméstico, pois as duas jovens que atuavam como cozinheira e faxineira foram substituídas por empregadas mais velhas. A titia-vovó também precisava de estímulo e atenção, especialmente quando errava no tricô e se desesperava com a visão que falhava (apesar disso, uma "lista de xales e echarpes de crochê feitos por ela durante a Grande Guerra" tem 144 itens).

Embora Agatha achasse monótono dispensar medicamentos, era um trabalho calmo e ordeiro. Além disso, o dispensário era um oásis no caos que a envolvia. A Sra. Ellis ensinava a Agatha o lado prático, enquanto Eileen a orientava na parte teórica de química e física. Ela achou difícil no começo, mas foi ajudada pelo talento para a matemática, especialmente álgebra, e pelo gosto pela codificação e classificação de símbolos e sinais, listas e medições. Em cadernos meticulosamente organizados, ela descrevia em ordem alfabética a aparência e as propriedades de várias substâncias, com sua origem, princípios ativos e substâncias com que eram incompatíveis. Nomes como aconitina, cáscara, *cannabis indica*, quinino, genciana ("parece chocolate russo") [...]. Ela também listava as características das substâncias: "Extrato de ergot líquido: cheira a extrato de carne podre; colódio: cheiro de éter, depósito branco na rolha." Havia observações sobre alcaloides, tabelas contendo preparações com antimônio, beladona, digitalis, morfina etc. e as doses recomendadas. A parte mais afetuosa nada tem a ver com farmácia. Era uma lista de nomes escrita a lápis: Archibald Christie, Reggie Lucy e Amyas Boston (antigo namorado, que atuou em *A barba azul da infelicidade* e cujo nome Agatha daria à vítima em *Os cinco porquinhos*). Ao lado deles estava o nome de casada de Agatha, e as letras em comum a cada par eram riscadas. Era uma brincadeira feita pelas meninas, que contavam as letras restantes e usavam fórmulas para mostrar o homem com quem deveriam se casar. O mais interessante e comovente é que o último exemplo juntava os nomes de Clara Miller e Agatha Christie, talvez em uma tentativa de descobrir como seria o relacionamento delas agora que Agatha estava casada.

A folga seguinte de Archie foi em outubro de 1915. Eles foram para New Forest, celebraram o aniversário de casamento e o Natal. Archie escreveu:

> Muitos retornos felizes no dia 24 (e, incidentalmente, o Natal). Você foi realmente maravilhosa ano passado, confiando-se a mim sem medo, mas você nunca se arrependerá, e prometo amá-la tanto quanto naquele momento, até mais. Espero conseguir vir para casa a tempo das celebrações do aniversário de casamento, mas infelizmente meus três meses de trabalho árduo vão até o fim de janeiro. Ainda assim, quando eu voltar, agora como major temporário e um salário de cerca de 700 libras por ano, vamos nos alegrar com a boa vida [...] Exploda-se a guerra que me mantém aqui [...].

A promoção a comandante de esquadrão e major temporário foi divulgada em 27 de janeiro e ele foi novamente citado em despachos por bravura especial no dia de Ano-novo. Nas cartas para Agatha, ele ainda tentava ser frívolo. Uma delas, enviada em julho de 1916, era um documento oficial contendo um carimbo escrito "Secreto" em grandes letras vermelhas:

> Cara Senhorita, em resposta ao seu pedido encaminho em anexo seu personagem e confio que será de sua satisfação. Nunca estamos errados. Nossa taxa é de apenas 1,1 libra.
>
> Sempre teu, O ONISCIENTE

> Disposição gentil e afetuosa; aficionada por animais, exceto vermes e besouros europeus; aficionada por humanos, exceto maridos (por princípio). Usualmente preguiçosa, mas pode desenvolver e manter grande energia. Saudável nos membros e olhos, porém não tanto mais para cima. Cheia de inteligência e gosto artístico. Pouco convencional e inquisitiva.
> Rosto bom, especialmente o cabelo; boa aparência e pele ainda excelente. Pode adular bem. Selvagem, mas seria uma esposa amorosa e afetuosa caso fosse capturada.

Archie foi novamente citado em despachos em janeiro de 1917 e o no mês seguinte, sendo promovido a comandante da estação e tenente-coronel. Para deleite de Agatha, ele também recebeu a Ordem de Santo Estanislau 3ª Classe (ela nunca soube o motivo), com espadas e uma medalha tão bonita que ela sempre quis usá-la como broche. O ano de 1917 foi mais suportável para Agatha, embora a guerra parecesse não ter fim. Archie teve três períodos de folga e ela estudou para o exame dos Boticários nesse meio-tempo. Ela não teve dificuldade para passar em duas das três partes: química e matérias médicas (composta por remédios, dosagens etc.). Contudo, a parte prática a reduziu ao mesmo estado inepto de quando lhe pediam para tocar piano em público no pensionato da Srta. Dryden. A segunda tentativa foi bem-sucedida, segundo ela, basicamente porque em vez de encher comprimidos ou fazer supositórios, ela apenas precisou misturar medicamentos e esperar que as reações adequadas ocorressem.

Foi durante esse treinamento prático que Agatha encontrou uma pessoa de comportamento memoravelmente estranho, ainda mais sinistro por ser tão comum. Era um dos principais farmacêuticos de Torquay, a quem ela tinha sido enviada para estudos. Após demonstrar a fabricação de alguns tipos de supositórios e mostrar a Agatha como tirá-los da forma, ele pediu para que ela os embalasse e preparasse os rótulos dizendo que a dose continha um fármaco na proporção de uma parte para 100. Agatha, contudo, tinha certeza que o farmacêutico tinha errado nos cálculos e a mistura real era dez vezes mais forte. E o ponto decimal estava realmente no lugar errado nas contas dele. Agatha sabia o quanto era fácil cometer esse tipo de erro. (Uma vez ela acordou às 3 da manhã com a vaga lembrança de ter colocado uma tampa contaminada por carbólico em um pote de unguento e imediatamente foi ao dispensário verificar.) A jovem ficou horrorizada com a maneira casual pela qual um farmacêutico experiente cometera esse erro com toda a confiança, quando comparado à prudência dos amadores em seu dispensário. Agora ela sabia que o farmacêutico tinha sido perigosamente descuidado. A reação de Agatha foi interessante. Ela não considerou inteligente apontar o erro, pensando que ele não era o tipo de pessoa que admitiria ter errado, especialmente para uma estudante. Ela, deliberadamente, tropeçou, virando a bandeja na qual os supositórios estavam esfriando e pisou com toda a força, desculpando-se profundamente em seguida. Esse episódio foi apenas parte da história. A continuação veio em outra ocasião, quando o farmacêutico tirou do bolso um punhado de algo para tentar impressioná-la e perguntou se ela sabia o que era. "É curare", disse ele. "Conhece curare? É interessante, muito interessante. Tomado pela boca, não faz mal algum. Se entrar pela corrente sanguínea, paralisa e mata [...] Sabe por que eu o tenho em meu bolso?" "Não", respondeu ela. "Não faço a menor ideia. Parece algo extremamente tolo." Ele respondeu, ponderado: "Faz com que eu me sinta poderoso." O farmacêutico reapareceria na vida de Agatha como Sr. Zachariah Osborne em *O cavalo amarelo*.

O registro da Cruz Vermelha mostrava que Agatha trabalhou um total de 3.400 horas sem pagamento durante a guerra, entre outubro de 1914 e dezembro de 1916. Depois, como dispensadora, recebeu uma quantia anual de 16 libras até o término de seus serviços, em setembro de 1918. O registro não oficial era um volume de 60 páginas feito a mão e ilustrado com desenhos coloridos, encadernado em capa dura e amarrado com laços cor-de-rosa e dourados, feito por ela e Eileen Morris. O conteúdo de *O que fizemos na Grande Guerra* incluía uma ópera, *The Young Students* (Os jovens estudantes, em tradução livre), feita por AMC e com direito a partitura; uma coluna de conselhos, dicas de etiqueta ("Irmã: nunca se esqueça de dizer 'doutor' pelo menos uma vez a cada três palavras.") e uma paródia de Lewis Carroll chamada "O químico e o farmacêutico", de AC:

> ... A força centrífuga
> Girava rapidamente
> Lá não havia leucócitos, porque
> Leucócitos não estavam presentes;
> Mas muitas células epiteliais
> da salvação estavam ausentes.
>
> O químico e o farmacêutico
> Escreviam seus relatórios.
> Eles choravam diante
> da quantidade de zeros irrisórios
> (Corrigidos em até sete casas!)
> Porcentagens do tipo comprobatório...

As preocupações de Archie eram bem mais sérias. Uma das cartas, enviada em 1917, dá algumas indicações de seus deveres:

> Meu anjo querido,
>
> Tudo é atividade no momento. Fiquei grudado ao telefone até as 23h de ontem, e, consequentemente, meu humor não está muito bom hoje. Sentenciei um homem a 28 dias do que o *Daily Mirror* costumava chamar de "crucificação", isto é: ser amarrado a uma árvore e sofrer vários castigos e fadigas, pois ele se recusou a trabalhar, ausentou-se sem ser folga e fingiu estar doente quando não estava. [...]

No início de dezembro Archie foi mencionado em despachos pela quarta vez. No dia 1º de 1918 ele recebeu a Ordem de Distinção por Serviços Prestados e virou companheiro da Ordem de São Miguel e São Jorge. Houve outra folga em junho, até que em setembro, para alegria de Agatha, ele foi mandado para casa, com a patente de coronel, para trabalhar no Ministério da Aeronáutica. Ela saiu do hospital imediatamente, juntou-se a ele no hotel e começou a procurar uma casa mobiliada.

Archie tinha apenas 29 anos e Agatha, 28. Ambos se acostumaram ao cansaço, à dor e ao luto, viram o sofrimento e a morte e estavam mais maduros de várias formas. Contudo, eles passaram a maior parte desses quatro anos cruciais separados, e embora tivessem aprendido a se sustentar em tempos difíceis e precários, eles não estavam acostumados a ficar juntos por semanas a fio. O início da vida de casada de Agatha (pois apenas quando saiu de Ashfield ela sentiu que tinha realmente se casado) não foi o que havia imaginado cinco ou seis anos antes. O país ainda estava em guerra, e na minúscula casa de 5 Northwick Terrace, em St. John's Wood, eles eram servidos não por uma empregada, mas pelo ordenança pessoal de Archie, Bartlett. Archie trabalhava longas horas no Ministério da Aeronáutica, e Agatha, sentindo falta do hospital e dos amigos, ocupava seus dias fazendo cursos de estenografia, na qual tinha dificuldade, e contabilidade, que ela gostava e se saía bem. Um dia, ao sair da escola de secretariado, viu uma das cenas mais curiosas de sua vida:

> Em todos os lugares havia mulheres dançando nas ruas [...] rindo, gritando, arrastando os pés e até pulando, em uma espécie de orgia selvagem de prazer, com uma alegria quase brutal. Era assustador. Era possível sentir que, se houvesse alemães ao redor delas, teriam sido transformadas em pedaços. Imagino que apenas algumas estivessem bêbadas, mas todas pareciam estar. Elas cambaleavam, andavam inclinadas, gritavam [...]. Ao chegar em casa, descobri que Archie tinha voltado do Ministério da Aeronáutica. Em seu estado usualmente calmo e sem emoção, ele disse: "Bom, é isso."

Era o dia 11 de novembro, e o armistício tinha sido declarado. A Grande Guerra havia acabado.

7

"... a ameaça, o assassinato e a súbita morte..."

Foi no meio da guerra que Agatha tentou escrever uma história de detetive pela primeira vez. Em retrospecto, é um momento importante, mas não pareceu importante na época. Em primeiro lugar, escrever ficção sobre crimes estava longe de ser a principal preocupação dela. A guerra, a sobrevivência de Archie, a saúde precária da mãe e da avó, a dificuldade de manter Ashfield e as exigências do dispensário eram questões tão sérias que, em comparação, escrever um livro não passava de um passatempo trivial. Em todo caso, a escrita não era um hobby novo nem surpreendente para Agatha. Clara e Madge tinham escrito histórias, e ela também. Há um bom tempo Agatha demonstrava interesse pelo misterioso e pelo sinistro, conforme indicava a segunda estrofe de um dos seus primeiros poemas, "Down in the Wood" (Nos confins da floresta, em tradução livre):

> Galhos gastos e grená contra uma Lua louca
> *(E Algo se agita na floresta)*
> Folhas que farfalham e levantam-se dos mortos,
> Galhos que acenam e espreitam na luz
> *(E Algo se move na floresta)*
> Gemendo e assoviando, as folhas têm vida!
> Movidas pela Morte em meandros macabros!

Os gritos e meneios das árvores apavoradas,
Um vento que chora e treme [...]

E o Medo — o puro Medo emana da floresta!

Além disso, o dispensário estimulava pensamentos sobre assassinatos e negligência profissional, inspirando o poema "In a Dispensary" (Em um dispensário, em tradução livre), publicado em 1924 em *The Road of Dreams* (mas não reimpresso). As poções em suas prateleiras bastavam para dar calafrios:

Do tempo dos Bórgias aos dias atuais,
 seu poder foi testado e aprovado!
A planta azul de nome Acônito,
 e o Cianeto, ambos letais!

Eis o sono, o consolo e o alívio da dor
 — e a coragem e novo vigor!
Eis a ameaça, o assassinato e a súbita morte
 — nesses frascos de azul e verde!

Havia mais do que o conteúdo do dispensário e os hábitos enervantes do farmacêutico local para levar Agatha a escrever uma história de assassinato. A imprensa vitoriana e eduardiana sempre apreciou um mistério, e aproveitava todas as oportunidades para colocar diante do público leitor os detalhes sensacionalistas de julgamentos por assassinato, com engenhosas soluções propostas pelos correspondentes especiais e imponentes resumos feitos por editores moralizantes. Era o conteúdo que a titia-vovó pedia que Agatha lesse para ela. A própria Agatha pode não ter apreciado esses relatos, mas, certamente, era fascinada por problemas e quebra-cabeças, pelo comportamento aberrante e os motivos pelos quais as pessoas saíam da rotina normal. Talvez ela também gostasse de aprender como as pessoas ocultavam seus segredos, pois também era reservada. Quando criança, sofreu bullying, devido a uma afirmação fria: "Não é do meu feitio ceder informações", quando perguntaram por que denunciara a empregada que ela vira provando a sopa antes de os patrões jantarem. Era o tipo de frase que Agatha deve ter ouvido de algum adulto, e embora ela admita a propensão a ser pomposa, se orgulhou por ter sido entendida. Ao contrário de Madge, que poderia e faria de tudo por uma boa história, Agatha se parecia com Frederick, que, ao ser perguntado sobre o que fez no dia, respondia: "Ah, nada." Ela era discreta e se ocupava com fantasias particulares. Agatha tinha interesse em técnicas e estratagemas para manter segredos em segurança, em padrões musicais e códigos matemáticos, aperfeiçoando sua aptidão com livros de enigmas, charadas e, depois, estudos teóricos em física e química elementar.

Na infância, havia muito combustível para quem se entretinha com mistérios e paradoxos, pois o fim do século XIX e o começo do XX viu um grande aumento na publicação de histórias de detetive, cada vez mais engenhosas. Quando criança, Agatha leu *A casa soturna*, de Dickens, e duas histórias de detetive de Wilkie Collins, *A mulher de branco* e *A pedra da lua*. Com Madge ela apreciou as primeiras histórias do Sherlock Holmes de Conan Doyle e, aos 8 anos, ficou fascinada quando Madge leu em voz alta a história de detetive *The Leavenworth Case*, de Anna Katharine Green. Em 1908, como vimos, ela se impressionou com *The Mystery of the Yellow Room*, a longa e melodramática história sobre a tentativa de assassinato de uma bela jovem dormindo em um aposento selado pelo que parecia ser algo sobrenatural e diabólico. Depois, a trama revelava que a heroína escondia um segredo terrível. *The Mystery of the Yellow Room* tinha um herói particularmente atraente, o jornalista Joseph Rouletabille, um jovem de origem misteriosa cuja busca do assassino era mais entusiástica porque ele competia com um detetive profissional sinistro e desdenhoso chamado Frederick Larsan, "O grande Fred".

Foi quando discutiam uma dessas histórias de detetive que Madge desafiou Agatha a escrever uma. Essa sugestão vinha à mente de Agatha quando o trabalho no dispensário ficava monótono, e ela decidiu experimentar, adotando o que viraria sua prática padrão: começar decidindo o crime e definindo um procedimento que o deixasse particularmente difícil de elucidar. Ela procurava uma trama que fosse ao mesmo tempo comum e surpreendente: "Eu poderia, é claro, ter um tipo de assassinato muito *incomum* com um motivo muito *incomum*, mas isso não me atraía artisticamente." Ela queria uma charada: "O objetivo era que fosse alguém óbvio, mas ao mesmo tempo, por algum motivo, você pensaria que não era óbvio e ele não poderia ter feito aquilo. Mas é claro que fez." Em seguida, ela passava aos personagens, no que sentiu dificuldade para basear personagens ficcionais em gente que conhecia e só rompeu o impasse criativo após ver algumas pessoas impressionantes em um bonde. Eles não tinham aparência estranha ou algo desse tipo. Na verdade, como as três pessoas do Hotel Gezirah que inspiraram personagens em *Snow Upon the Desert*, foi o relacionamento e o comportamento deles que gerou especulações em Agatha.

Depois vinha a questão do detetive. Ela queria alguém como Rouletabille, mas de um tipo ainda inédito, e acabou decidindo por um refugiado belga. Como ela recordou em uma frase memorável de sua autobiografia, Torquay estava cheia de refugiados belgas, confusos e suspeitos, que apenas desejavam ser deixados em paz "para economizar algum dinheiro, cavar seu jardim e adubá-lo de modo particular e íntimo". O detetive seria esperto, meticuloso, teria um nome impressionante e algum conhecimento sobre crime e criminosos. Agatha fez de Hercule Poirot um policial belga aposentado. Como Larsan, ele era um artista a seu modo e tinha a si mesmo em alta conta. Houve muitas teorias sobre a origem de Poirot. Algumas levavam a Hercules Popeau, ex-integrante da Sûreté em Paris, criado bem antes da guerra pela Sra. Marie Belloc Lowndes, ou a Hercule Flambeau, o criminoso que virou detetive de G.K. Chesterton. Outras chamaram atenção para Eugène Valmont, o "ex-detetive-chefe do governo da França", personagem vaidoso e arrogante que nutria um desprezo bem-humorado pelos ingleses em geral e pela polícia inglesa em particular. Valmont foi criado por Robert Barr, que publicou suas histórias em 1904 e 1905. O crítico François Rivière associou a escolha ao interesse de Agatha pela culinária, porque o nome de Poirot era praticamente idêntico à palavra francesa para alho-poró. Mais para o fim da vida, perguntaram a opinião de Agatha sobre essas teorias. Ela tinha apenas uma vaga lembrança de Eugène

Valmont e, certamente, não se recordava de algo que pudesse ter influenciado diretamente sua criação. Na verdade, Poirot foi, definitivamente, inventado por Agatha. O personagem não era francês, porque ela havia passado tempo suficiente na França para que seus cidadãos lhe fossem familiares, e ela queria algo exótico. Na época da primeira manifestação de Poirot, os belgas eram objeto de respeito ("Pequena e galante Bélgica", invadida pela Alemanha) e de alguma condescendência, sendo considerados nem tão intelectuais quanto os franceses, nem tão comercialmente astutos quanto os holandeses. Poirot era esperto e dono de um caráter pomposo, afetações ridículas, um vasto bigode e a curiosa cabeça em forma de ovo, em contraste com a de Rouletabille, que tinha formato de bala. A criadora podia admirá-lo, mas sem precisar ser deferente a ponto de não conseguir manipulá-lo. Não importa se determinadas características de Poirot tenham vindo de outras obras, que contribuíram para a rica mistura no subconsciente de Agatha. Em sua personalidade extravagante ele era suficientemente plausível para sobreviver por conta própria.

Agatha trabalhou esporadicamente em sua história, escrevendo à mão e datilografando na velha máquina de Madge quando terminava cada capítulo. Ela se distraía com o texto, mas ao chegar à metade ficou cansada e zangada com as dificuldades para explicar a trama. Clara então sugeriu que ela levasse a história para terminar durante as férias de duas semanas. Assim, *O misterioso caso de Styles* foi terminado, basicamente, no Moorland Hotel, em Dartmoor. Agatha escrevia a manhã inteira e depois andava pela região, para refletir sobre a próxima parte do livro, à tarde. Em seguida ela jantava, dormia por 12 horas e voltava a trabalhar na manhã seguinte. Com alguns desses surtos concentrados de criação, a base do livro estava definida. Ela levou o rascunho para casa, ajeitou-o adicionando um interesse amoroso para seguir o modelo dos romances populares de detetive da época, e o encaminhou para ser datilografado profissionalmente. O livro foi enviado para a editora Hodder e Stoughton, voltou; foi para outro lugar, foi novamente devolvido; foi enviado para a Methuen, voltou mais uma vez; e, por fim, foi despachado para John Lane, da editora The Bodley Head, onde, aparentemente, sumiu, sem deixar rastros.

Agatha rapidamente se esqueceu dele, pois Archie começou trabalhar no Ministério da Aeronáutica em Londres, a vida de casada se instaurou de verdade, a guerra acabou e ela se viu esperando um bebê. Embora surpresa com a descoberta, Agatha ficou empolgada: "Minha ideia sobre ter um bebê era de algo que acontecia de modo praticamente automático. Após as folgas de Archie, eu ficava profundamente decepcionada ao descobrir que não havia sinal algum de bebê à vista. Dessa vez eu nem tinha expectativa alguma." Ela consultou um médico sensato em Torquay com o infeliz nome de Dr. Stabb, que pode ser traduzido como "esfaquear" — os colegas dele eram o Dr. Carver (entalhador) e o Dr. Quick (rápido). E embora ela tivesse sofrido nove meses de enjoos matinais, no dia 5 de agosto o bebê veio ao mundo sem problemas. A filha de Agatha, nascida em Ashfield, recebeu o nome de Rosalind Margaret Clarissa.

Agatha continuava profundamente ligada a Ashfield. Era perto do mar, tinha árvores, muitos dos pertences com os quais ela havia crescido estavam lá, e Clara era o centro de tudo. Poucos amigos de Agatha estavam em Londres, e ela e Archie não eram suficientemente ricos para receber muitas pessoas ou se entreter com algo além de um jantar ocasional na cidade ou uma visita a um salão de baile. Em Torquay, no entanto, tudo era mais fácil. Ashfield era grande, e embora alguns dos contemporâneos de Agatha, agora casados, vivessem de modo bastante grandioso, ainda havia jovens animados o suficiente para apreciar um piquenique ou uma festa improvisada. Em uma ocasião, por exemplo, Agatha deu uma Festa Poodle em Ashfield, à qual todos os convidados foram vestidos de cachorro, e foi feita uma concessão para Clara, que teve permissão para se fantasiar de borboleta. Agatha usou uma touca de astracã e o paletó de Archie. Ela cortou um buraco na calça e inseriu uma mola com pompom para imitar uma cauda.

O que Archie pensava dessa conduta? Como as cartas deles mostram, ele tinha sido um jovem alegre e despreocupado e iria entreter a filha e depois os amigos dela com piadas, brincadeiras e presentes maravilhosos. Contudo, ele também sucumbia facilmente à ansiedade. Agatha falou de seu jeito sem emoção, mas isso talvez fosse uma máscara. Archie era um tanto irritável, a sinusite lhe dava trabalho e sua digestão era delicada. Segundo Agatha, várias noites ele voltou de um dia extenuante no Ministério da Aeronáutica incapaz de comer. Depois de algumas horas gemendo na cama, ele subitamente dizia, para constante surpresa de Agatha, que sentia vontade de comer algo com melado ou xarope dourado. Archie lutou corajosamente na guerra, e os repetidos atos de bravura que lhe proporcionaram medalhas e menções em despachos também sugerem reações rápidas e aguçada sensibilidade para as necessidades do momento. Aquela tinha sido uma campanha longa, deprimente, barulhenta e suja, cujos efeitos ele tentou superar sendo frívolo durante as folgas, mas que o deixaram solene e sério mesmo assim. Archie tinha sido obrigado a crescer muito rápido. Como um menino, ele exigia a viscosidade doce e suave do xarope dourado para confortar seu estômago nervoso e reabastecer o corpo esguio e exausto com uma súbita dose de açúcar.

Não que Agatha negligenciasse isso. Ela entendia Archie e, depois, descreveria em seus livros o tipo de dificuldade que homens da idade e temperamento dele encontram ao retomar a vida diária após uma guerra heroica. Como naqueles programas de TV sobre gravidez inesperada, ela conseguiu se adaptar rapidamente à mudança de condições e ao novo ritmo. Após 15 dias com a recém-nascida Rosalind em Ashfield, ela voltou a Londres, para contratar os serviços de uma babá e uma empregada e encontrar acomodações mobiliadas onde eles pudessem viver enquanto ela procuraria um apartamento não mobiliado para decorar e organizar. Com muito gasto de tempo, energia e emoção, tudo isso foi obtido.

Archie saiu da Força Aérea no fim da guerra, determinado a ganhar dinheiro no centro financeiro de Londres, a City. Não era muito difícil encontrar vagas porque as firmas da área, cujos funcionários usuais tinham saído da escola para serem dizimados no campo de batalha, estavam naturalmente ansiosas para oferecer postos de trabalho a jovens oficiais corajosos e empolgados. Contudo, isso não significou um grande salário para Archie: o primeiro emprego deu a ele 500 libras por ano, que, somadas a outras 100 libras por ano de gratificação e as 100 libras anuais de Agatha da herança do avô, eram o bastante. O aluguel e o preço dos alimentos aumentaram muito após a guerra, mas contratar uma babá e uma cozinheira/empregada não era considerado luxo. Adquirir um carro, no entanto, teria sido uma imensa extravagância.

Mesmo assim, Agatha estava perfeitamente feliz. Por um golpe de sorte, ela ouviu falar de um apartamento não mobiliado, o número 96 do mesmo prédio que o mobiliado número 25 no qual eles estavam morando, chamado Addison Mansions. A compra e a decoração deram a ela imenso prazer, pois Agatha sempre gostou de adquirir e embelezar casas. Ela e Archie colocaram papel de parede e azulejaram o banheiro nas cores branca e vermelha, auxiliados por um pintor e decorador. Com um amigo da Força Aérea e a irmã, eles pintaram a sala de estar de rosa-claro e, após a relutante aprovação do decorador, forraram o teto com papel de parede preto, decorado com espinheiros em flor. O quarto de Rosalind foi pintado de amarelo-claro, com frisos de animais no alto das paredes. As cortinas foram feitas em outro lugar, mas Agatha costurou bravamente capas removíveis para os móveis, embora lembrasse que "não tentou fazer enfeite algum". Ela manteve registros cuidadosos das despesas com mobília e decoração, algumas atribuídas a ela e outras a Archie. Por exemplo, ele comprou os frisos de Rosalind e uma cama na Maples, e Agatha, um colchão e um moedor. A instalação de um telefone ficou para Archie, e os cobertores roxos foram para a conta geral de manutenção da casa. Não havia um piano, outro motivo pelo qual Ashfield permaneceu importante já que possuía o instrumento.

O ano de 1919 foi bom para Agatha. Ela encontrou e estava decorando um apartamento bonito, ela gostava da filha de temperamento tranquilo, estava satisfeita com o marido e se dava bem com as empregadas. Ela se mantinha jovem e atraente. A saúde da família era boa e ela não estava excessivamente preocupada com as contas. A alegria aumentou com a próxima surpresa de boas-vindas: pouco antes de eles se mudarem para o novo apartamento, John Lane marcou uma reunião para falar sobre a cópia datilografada de *O misterioso caso de Styles*, que tinha sido enviada à editora The Bodley Head dois anos antes. Era um momento de grande importância na vida de Agatha, que se lembra dele como uma cena no palco ou uma foto. Ela descreve John Lane, "um homem pequeno, de barba branca", sentado atrás de uma mesa em uma sala cheia de quadros, como se fosse um daqueles retratos elisabetanos com gola em volta do pescoço. Segundo as lembranças dela, foi o encontro entre a jovem escritora amadora e o perverso editor profissional. Na época, Agatha ficou satisfeita com o resultado. John Lane gostou do livro, embora tenha sugerido várias pequenas alterações e uma grande mudança no final. Ele o publicaria e pagaria royalties de 10% sobre qualquer venda na Inglaterra acima de 2 mil cópias e sobre as vendas acima de mil cópias nos Estados Unidos, junto com metade de tudo o que o livro ganhasse em direitos de publicação seriada ou adaptações teatrais. A Bodley Head teria a preferência sobre os próximos cinco livros dela, mediante uma taxa de royalties levemente maior. Nos anos seguintes, quando Agatha soube que suas obras eram populares e seu nome valia muito, ela passaria a achar que John Lane se aproveitara de sua inexperiência, como realmente o fez.

A relação entre escritor e editor é repleta de armadilhas, mas nesse primeiro encontro a questão foi relativamente simples. John Lane fez uma barganha difícil com uma autora inédita que estava radiante com a ideia de o livro ser publicado e não tinha imaginado isso como uma forma de ganhar dinheiro. Ela concordou em alterar o último capítulo, transformando uma cena de tribunal em uma conversa na biblioteca, entre Poirot e Hastings, seu colega escrevente, tão bem-intencionado quanto descuidado, e celebrou modestamente seu sucesso com Archie. Os direitos de publicação seriada de *O misterioso caso de Styles* foram vendidos ao *Weekly Times* por 50 libras, das quais Agatha recebeu metade, e o volume foi publicado nos EUA em 1920, e na Inglaterra, em 1921, sendo vendido a 7 libras e 6 centavos. Agatha o dedicou a Clara.

Logo após o nascimento de Rosalind, em 1919, a titia-vovó morreu, de insuficiência cardíaca, após um ataque de bronquite, aos 92 anos. Com isso, parte da renda resgatada dos restos da empresa H.B. Chaflin não existia mais, deixando a manutenção de Ashfield ainda mais difícil para Agatha, Clara e Madge. Archie propôs que Ashfield fosse vendida, a fim de permitir que Clara vivesse de modo mais econômico e conveniente, mas quando Agatha protestou com veemência, considerando a ideia impensável, ele sugeriu que ela escrevesse outro livro. Embora não acreditasse na possibilidade de ganhar muito dinheiro dessa forma, Agatha conseguiu tirar algum estímulo dos comentários de Archie, que parecia não desaprovar totalmente os esforços literários da esposa (como Dermot em *Retrato inacabado*).

Em seguida, Agatha escreveu uma obra de suspense. O catalisador foi uma discussão entreouvida em uma casa de chá, na qual o nome "Jane Fish" foi considerado particularmente estranho e interessante por Agatha. Ela acabou virando Jane Finn, uma figura elusiva, que recebeu a incumbência, em plena guerra, de entregar documentos importantes que vários indivíduos e facções também tentavam obter. O herói e a heroína do romance são um par de "jovens aventureiros" (um dos títulos originalmente sugeridos por Agatha) desempregados após deixar as Forças Armadas. Eles eram engenhosos, carinhosos, simplórios e irrepreensíveis, e particularmente no caso da moça, espertos a ponto de serem irritantes. O romance é especialmente interessante não por apresentar Tommy e Tuppence Beresford, mas pela primeira menção a dois temas importantes que apareceriam em boa parte da obra de Agatha: a busca pelo dono misterioso de algum segredo valioso ou conhecimento especial (que pode ser um mensageiro, conspirador, autor de um crime e tem tanta probabilidade de ser mulher quanto homem) e a identificação de alguma figura poderosa, capaz de comprar informações e armas ilimitadas, viajar para qualquer lugar e influenciar qualquer pessoa, com o objetivo de dominação. Às vezes, como na história da busca de Jane Finn pelo "homem por trás dos bolchevistas", esses dois personagens são opostos. Em outros livros, eles são a mesma pessoa. A pessoa que busca dominar é sempre extremamente maléfica, na pior das hipóteses, ou de caráter deplorável, na melhor delas. Já o dono dos segredos pode ser uma presença sinistra, um peão inocente ou, caso seja um detetive com percepção e experiência, uma força para o bem.

John Lane aceitou publicar *O inimigo secreto*, como Agatha acabou batizando o segundo romance, em 1922. Ela ganhou 50 libras, embora a frase ambígua no rascunho da autobiografia não deixe claro qual parte desse valor procedia dos direitos de publicação seriada e qual do adiantamento dos royalties. Mais estimulante que os cheques de John Lane e do *Weekly Times* foi o elogio que recebeu de Bruce Ingram, editor da *Sketch*, que encomendou uma série de histórias do Poirot para sua revista. Ela começou a escrevê-las em 1921, juntamente com outro romance de detetive, *Assassinato no campo de golfe*, baseado em suas lembranças de um complicado caso de assassinato ocorrido na França na época e em uma série de histórias de detetive francesas que ela havia lido. Contudo, ocorreram duas interrupções.

A primeira foi a perspectiva do retorno à Inglaterra do irmão de Agatha, Monty, que vivia de forma precária e descuidada em várias partes do Império. Após a morte de Frederick, em 1901, ele foi para casa quando estava de férias e depois retornou ao seu regimento na Índia, onde, após chegar à maturidade e receber a herança deixada por Nathaniel, ele conseguiu apreciar seu legado, que foi rapidamente esgotado. Monty parece ter renunciado à patente quando as dívidas se tornaram vergonhosas demais e, incapaz de se estabelecer, foi ao Quênia para tentar ser fazendeiro. No entanto, ele negligenciou o pedaço de terra que recebeu, preferindo passar o tempo caçando elefantes e outros animais selvagens. Além de mandar sedas e bordados luxuosos de presente para a irmã e, para a mãe, quando saiu da Índia, e telegramas ocasionais pedindo o envio urgente de fundos para a África, Monty raramente se comunicava com a família. Ao final de 1910 eles conseguiram localizá-lo e descobriram que ele se mudara para Uganda, onde era "enormemente popular". Em 1911, ele criou um esquema brilhante para gerenciar pequenos barcos de carga no lago Vitória. Ele mandou cartas de apoio escritas por amigos empolgados a Madge e pediu que o financiasse. Pensando que ao menos Monty tinha encontrado uma carreira, Madge mandou a quantia para a Inglaterra e fez tudo para ajudá-lo a financiar a construção do primeiro barco, chamado *Batenga*, em um estaleiro de Essex. Monty se jogou no projeto com alarmante entusiasmo: o *Batenga* era feito de teca, ébano e marfim. Ele encomendou porcelanas especiais à prova de incêndio e taças de vinho gravadas, além de um uniforme de capitão no alfaiate. Entre as visitas para supervisionar o progresso na construção do barco, Monty ia a Londres e se hospedava em um hotel caro na Kermyn Street, onde adquiria presentes de luxo para si mesmo (pijamas de seda e uma árvore bonsai, entre outros) e para a família (um bracelete de safira para Madge e uma bolsa bordada, obviamente adquirida com o dinheiro enviado por ela). A família desesperava-se, temendo que o *Batenga* jamais fosse terminado, muito menos que chegaria ao lago Vitória.

A aventura poderia ter dado certo, mas a guerra estourou justamente quando o barco seria enviado para a África, e ele acabou vendido para o governo por uma ninharia. Monty voltou para o Exército e se alistou nos Rifles Africanos do Rei. Ele era conhecido por seus colegas oficiais como "Billy Exagerado" e, anos depois, um deles contou as proezas do irmão dela na guerra. Monty quase foi condenado à corte marcial por insistir que sua tropa de mulas parasse em um ponto que ele declarou perfeito para a batalha com os alemães. O oficial comandante discordou e protestava contra a insubordinação de Monty quando um batalhão de alemães apareceu, tendo sido atacado e decisivamente derrotado na que ficou conhecida como Batalha de Miller. Não houve corte marcial. Monty foi ferido no braço durante a campanha africana e depois transportado para o hospital, com grande dificuldade, visto que ele sempre tentava fugir da ambulância, de acordo com o coronel, que deu essas informações a Agatha. "Toda vez que eles o colocavam em um lado, ele saía pelo outro..." Monty fugiu do hospital após três dias e, mesmo com a saúde frágil, retomou a vida turbulenta: "louco varrido", concluiu o informante de Agatha. Agora, quatro anos depois do fim da guerra, Monty estava voltando para casa e seria necessário fazer os preparativos para recebê-lo. Contudo, parecia que Agatha não estaria presente quando ele chegasse, pois a outra interrupção da vida tranquila com Archie e Rosalind foi um esquema que a tiraria da Inglaterra: um passeio pelo Império Britânico com duração de um ano.

8

"Primeira classe! Ah, bom! Bem aqui..."

Em retrospecto, o passeio pelo Império foi imensamente cômico. Não que o Império em si fosse divertido, embora os lugares visitados por Agatha fossem certamente estranhos e exóticos e os meios de transporte, variados e imprevisíveis. A aparência e o comportamento geral eram bizarros, eles não tinham o menor embaraço e todos eram um tanto exuberantes, não só as pessoas que Agatha e seus companheiros conheceram em suas viagens, como os integrantes da Expedição do Império. O estilo da empreitada era definido por sua figura central: o major E. A. Belcher. Se o major Belcher fosse um personagem menos interessante, e não uma caricatura de si mesmo, a expedição poderia ter sido mais monótona, calma, talvez menos propensa a catástrofes e mudanças inesperadas de planos. Porém, com o gloriosamente temperamental e desorganizado Belcher no comando e suas exigências extravagantes, tudo e todos os associados a ele ficavam mais violentos em temperamento, mais extremos em comportamento, mais exagerados em atitude. Belcher trazia à tona o pior das pessoas e da natureza, e o melhor na escrita de Agatha. O relato do passeio na autobiografia é fluente e divertido, mas, em termos de humor, não chega aos pés do diário mantido por ela, a sequência de cartas enviadas para a família e os dois grandes álbuns de fotografias e souvenires que montou quando ela e Archie finalmente escaparam das garras de Belcher.

O major Belcher tinha sido mestre em Clifton, onde gostava de Archie, cuja eficiência ele passou a respeitar e por cuja esposa ele, agora, sentia afeto, especialmente porque ela ouvia quando ele falava. O gênio dele parecia estar em convencer as pessoas a denunciá-lo para posições de autoridade que exigiam talento para organização. Durante a Grande Guerra, por exemplo, ele primeiro inventou e depois aceitou o posto de controlador de suprimento de batatas. Segundo o relato de Agatha, a produção e distribuição de batatas eram repletas de complicações: "No hospital, eu sei que nunca a recebíamos. Se a falta era totalmente devido ao controle de Belcher, não sei, mas não me surpreenderia se fosse verdade." Belcher era mesmo absurdamente ineficiente, e seu verdadeiro talento era para o que hoje se chama de "relações públicas". Ele era muito bom em se autopromover, como disse sobre o cargo das batatas: "Eu não sabia nada, mas não ia deixar transparecer. Quer dizer, você pode fazer tudo se tiver um subcomandante que conheça um pouco do assunto e leia um pouco!" Ele se oferecia, exagerando os próprios méritos e com altas expectativas em relação a salário, para uma tarefa após outra na qual sempre haveria dificuldades e discordâncias. A Expedição do Império foi uma delas.

Ela deveria acontecer em Londres em 1924 para mostrar os produtos do Império Britânico, como fizera a Grande Exposição de 1851. Belcher foi indicado como gerente-geral assistente e convidado (provavelmente por sugestão própria) para liderar uma missão aos Domínios (Austrália, Nova Zelândia, Canadá e partes da África do Sul) a fim de gerar interesse entre os líderes políticos e empresariais pelas várias províncias e territórios. A expedição levaria nove ou dez meses e os custos das viagens de trem e navio a vapor seriam cobertos pelos países a serem visitados. Belcher pediu a Archie para se juntar à equipe como conselheiro de finanças: "Você foi diretor em Clifton, tem toda essa experiência na City. É exatamente a pessoa que procuro." As despesas de Archie seriam pagas e ele receberia um salário de mil libras. Se Agatha também participasse, as despesas de viagem dela seriam pagas pela expedição e o salário de Archie cobriria a hospedagem dela e o custo das férias de um mês em Honolulu para os dois.

Era um risco, pois o empregador de Archie não iria manter o cargo para ele. Contudo, o perigo da proposta era parte de sua atração. Archie estava aborrecido porque as exigências do emprego na City não se comparavam às responsabilidades dos tempos de guerra. Além disso, ele não gostava nem confiava em seu chefe, e estava impaciente para ter mais autoridade. Agatha, por sua vez, estava confortavelmente à toa, até que lhe oferecessem um teste. No entanto, sendo vigorosa, perceptiva e interessada, gostava de desafios e reagia bem a eles. E também queria viajar aos lugares estranhos e remotos que conhecia apenas das histórias dos exploradores, das aquarelas e dos artigos e tecidos exóticos de design e manufatura curiosos que a família e os amigos usavam. Viajar nas décadas de 1920 e 1930 era lento (parte da alegria vinha daí) e Agatha acreditava que a brevidade das férias anuais de Archie a impediriam de realizar o sonho de ir a lugares distantes. Agora, graças a Belcher, eles tinham a oportunidade. Houve poucas dificuldades quanto ao longo período longe da pequena Rosalind, que estava com 2 anos e poderia ser enviada com a babá para a casa de Madge ou Clara. Agatha também não sentiu mais do que uma leve culpa quanto à perspectiva de sair da Inglaterra quando Monty estava prestes a voltar. Madge, que era mais próxima dele em idade, repreendeu a irmã por querer ir embora nesse momento importante, mas Agatha, apoiada pela mãe, foi inflexível. Clara disse: "Uma esposa *precisa* estar com o marido. E se não estiver, ele sente que tem o *direito* de esquecê-la." Agatha na verdade não acreditava que perderia o afeto de Archie se não o acompanhasse, mas a convicção de Clara sustentou a inclinação de ir com o marido em vez de ficar para ver o irmão.

A missão partiu em 20 de janeiro. Além de Agatha, Archie e Belcher, o grupo incluía o Sr. Francis W. Bates, jovem alto e cadavérico, de sobrancelhas grossas e boca larga, que atuava como secretário de Belcher, e o anglo-oriental Sr. Hiam, rei da batata e amigo de Belcher, à guisa de conselheiro agrícola, que levou a esposa e a filha, Sylvia. Eles partiram em alto estilo: Belcher tinha garantido uma audiência com o rei, que deu a ele um presente de despedida: duas braças de faisão da propriedade real. E o *Times* publicou uma fotografia do grupo na plataforma de Waterloo, que os descreveu erroneamente. A pequena e nervosa Sylvia, coberta de peles e carregando um monte de pequenos pacotes, é apresentada como Sra. Christie, enquanto Agatha, deslumbrante, usando um belo chapéu, casaco enfeitado com uma grande quantidade de violetas recebidas de Clara e outro buquê nos braços, aparece como Sylvia. Bates parece apreensivo, e Archie segura um cachimbo e está inclinado para trás, cético. A Sra. Hiam parece esperta, robusta e pronta para os rigores da jornada e as excentricidades dos estrangeiros. Já o Sr. Hiam, sólido e bem-sucedido, posava com um cachorro, e Belcher, que era uma presença marcante vestindo um sobretudo bem-cortado, verdadeiro modelo de magnata confiante.

A Missão embarcou em um navio da linha Union Castle, o *RMS Kildonan Castle*, retratado na capa da lista de passageiros como um galeão totalmente equipado, enfrentando ondas enormes e lutando contra uma tempestade. E o mar teve exatamente esse efeito em Agatha, que ficou imediatamente prostrada com enjoos violentos, prolongados e tão desconfortáveis que ela resolveu descer na ilha da Madeira. Depois, Agatha escreveu para Clara na pequena máquina Corona que carregava:

> Na véspera da chegada, eu estava muito mal, com enjoos constantes. Tinha experimentado tudo: de champanhe e brandy até biscoitos secos e picles. Como meus braços e pernas formigavam e estavam dormentes, Archie convocou o médico e ele me deu algo em colheres de chá, clorofórmio, que parou o enjoo, e recomendou não comer por 24 horas e depois apenas essência de carne Brand. Quando chegamos à ilha da Madeira, Archie me colocou no deque e me alimentou com isso, enquanto eu quase chorava, porque a ilha da Madeira era linda! Eu não fazia ideia.

Dali em diante ela se recuperou e o estômago ficava abalado apenas ocasionalmente, quando o mar estava turbulento. Ela observava golfinhos saltando e se deleitava com peixes voadores. Havia, também, muito entretenimento a bordo: bailes e concertos improvisados, uma apresentação de trapézio nas estacas que sustentam os botes salva-vidas, uma partida de críquete entre os passageiros da primeira e da segunda classe, uma apresentação feita pelos The Nickelodeons após o jantar, esportes e um baile à fantasia ao qual Agatha foi como Bacante e Belcher usou uma fantasia de Chu Chin Chow comprada do barbeiro do navio, pela qual ganhou o primeiro lugar. Belcher, não surpreende, foi nomeado presidente do Comitê de Esportes e Entretenimento. Archie e Agatha aceitaram tudo corajosamente. Ela escreveu: "Participamos da primeira competição hoje e, para nossa imensa surpresa, derrotamos dois belgas que enfureciam o navio monopolizando o *quoits* para praticar o dia inteiro. Foi uma vitória muito popular. Todos nos procuravam para dizer: 'Ouvi dizer que vocês acabaram com os Dagoes! Esplêndido.'"

A Missão jantava na mesa do engenheiro-chefe e os faisões foram servidos juntamente com a descrição de Belcher de sua visita ao rei. O major havia prometido à rainha um álbum de fotografias da Missão e seus feitos, então, ele anotava tudo solenemente em um diário, incluindo conversas com os passageiros holandeses a bordo que eram contra a Inglaterra, do qual um extrato datilografado por Bates seria enviado ao palácio.

Eles aportaram na Cidade do Cabo na noite de 6 de fevereiro e foram acompanhados ao Hotel Mount Nelson. Agatha ficou encantada com os jardins: "Flores incrivelmente adoráveis subiam pelas casas, várias delas de cor azul-malva, ótimas ipomeias e uma espécie de espinheiro." Ela também apreciou a montanha da Mesa e as belíssimas praias. O melhor de tudo era a luz do sol (ela adorava o calor) e surfar ou "banhar-se com pranchas", como ela descreveu em sua primeira longa carta para casa, em 8 de fevereiro. Agatha e Archie fugiam para Muizenbeg ou para uma praia de areias brancas cercada de montanhas em um lugar chamado Fish Hoek sempre que podiam, para surfar. Não era como as máquinas de banho de Torquay, mas mesmo nessas vizinhanças alegremente primitivas os visitantes se comportavam decentemente: "Não há cabanas de banho (e nenhuma cobertura!), mas um jovem gentil nos ofereceu o espaço onde guardava seus equipamentos de pesca [...] nadar fica um pouco sem graça após surfar. Vamos comprar pranchas curvadas leves (que não machucam) e dominar a arte."

Belcher, que já havia exibido um temperamento sinistro ao reclamar que os pêssegos africanos não estavam maduros, estava ficando irritado, pois tinha uma infecção no pé: "o médico diz que ele precisa colocar o pé para cima e descansar, Belcher diz que não se pode dar o luxo de perder tempo. Seu secretário, Bates, esqueceu-se de dar a ele mais ácido carbólico e Belcher ficou com uma bota apertada o dia inteiro. Além disso, a comida no hotel era terrível e o médico reduziu o consumo de álcool para um uísque com soda por refeição, levando a situação quase ao ápice ontem." O pobre Bates estava em maus lençóis. "Desde que saiu da Inglaterra (algo que nunca tinha feito), ele está convencido de que corre perigo mortal e jamais voltará vivo. Ele insistiu em fazer um seguro de vida antes de começar [...]." Os outros o provocavam: "Mandamos uma mensagem para ele ontem com a imagem de uma cobra e um aviso sério vindo da 'Sociedade para a Proteção de Visitantes', e Bates ficou procurando a sociedade na lista telefônica e não entendia por que ninguém sabia onde ficava o escritório deles!"

Agatha estava se divertindo imensamente. Ela foi uma festa no Palácio do Arcebispo (de acordo com o jornal local, ela estava adorável em um "vestido amarelo-claro decorado com contas de aço no corpete e um grande laço preto que acaba no lado esquerdo") para a abertura do Parlamento pelo governador-geral, o duque de Connaught, e um almoço na Casa do Governo: "Belcher e Archie se deram muito bem com a princesa e a divertiram bastante. Belcher contou a famosa história do leão, e ela e Archie concordaram que ambos odiavam acordar cedo e jamais conseguiam lembrar os nomes das pessoas, ao que Archie acrescentou alegremente: 'Mas deve ser bastante constrangedor para a senhorita, considerando o seu ramo de negócios.'" A visita mais interessante feita por Agatha foi ao Museu da Cidade do Cabo. Ela escreveu empolgada sobre escavações de pedras pré-históricas e pinturas rupestres e a coleção de crânios do museu, sobre os quais o diretor fez uma longa palestra: "no geral, uma das melhores tardes que já tive."

Agatha esperava que a expedição chegasse à Índia e ao Ceilão, mas navegar se mostrou complicado demais para incluir esse desvio no itinerário, então Belcher decidiu que o grupo deveria ir para a Austrália no começo de abril. Primeiro, contudo, os Christies, Bates e Belcher fariam uma excursão à Rodésia, pelo menos até Belcher descobrir que ele e seus companheiros não seriam tratados com a deferência apropriada:

> Grande crise ontem à noite. O governo da União nos deu passes gratuitos e um salão nas Ferrovias, mas a Rodésia, em sua teimosia, cedeu apenas três passes e recusou-se a ter nosso salão passando por suas fronteiras sem o pagamento de 1 centavo por quilômetro (que acabaria sendo 140 libras) [...] isso complicou a situação. O ultimato chegou ontem, levando Belcher a uma fúria realmente magnífica e, após alguns comentários preliminares culpando todos por não lidarem adequadamente com as Ferrovias, ele dedicou-se a rascunhar e enviar telegramas vitriólicos. Bates os anotava à mão, datilografava, seguia com eles ao correio em um táxi e refazia o processo quando Belcher encontrava novas palavras para dizer [...]. Nosso itinerário foi totalmente revisado de novo (pela nona vez) por um Archie que suava nervosamente, e agora estamos saindo para Durban, na próxima terça-feira, pelo *RMS Briton*, e cruzaremos Transvaal de lá.

Um dia depois, porém:

> A Rodésia cedeu totalmente, fará tudo o que quisermos! Ótimo sucesso das táticas ferozes de Belcher. Grande revisão do itinerário, tudo agora está sendo preparado para Durban. Acho que deveremos ir até lá primeiro e depois à Rodésia, voltando [...] para pegar o navio *Aeneas* no dia 7 de abril.

Acabou que apenas Archie partiu no navio *Briton*, pois surgiu um terrível vento sudoeste e Agatha resolveu viajar com Belcher e Bates de trem até Pretória. Foi uma jornada horripilante:

> O dia mais quente que já conheci. A montanha da Mesa parecia vermelha de tão quente, e respirava-se apenas poeira vermelha e abafada [...] A primeira noite no trem correu tranquilamente.

> Quando acordei na manhã seguinte, estávamos em Karoo, cheia de poeira, pedras, pequenos arbustos e colinas de aparência bastante selvagem, desolada e até atraente desse ponto de vista. Porém, a temperatura aumentou constantemente, até o trem parecer um forno ou uma estufa no verão. Belcher e eu jogamos cartas a maior parte do dia e bebíamos suco de limão sem parar!

Eles seguiram pelas colinas de Durban, onde reencontraram Archie. Lá houve outro surto:

> Belcher estava encantador ao sair da Cidade do Cabo, mas ao chegar a Bloemfontein o general Hertzog recusou-se terminantemente a encontrá-lo, afetando seu temperamento. Além disso, um novo panfleto que era para ter sido escrito em africâner acabou sendo publicado em holandês, e o pobre Bates foi quase trucidado por isso. Na verdade, ele foi oficialmente dispensado, e deveria voltar a Southampton imediatamente, no primeiro navio, mas a sentença pareceu ser comutada para trabalhar longe do Alto Lorde da Guerra e seguir com Archie e eu para Johanesburgo e Rodésia. Belcher não vai para a Rodésia, ele está voltando à Cidade do Cabo no navio *Briton* e depois seguirá pelo Sophocles, se conseguir chegar a tempo. Mas Archie e eu tememos que isso não vá acontecer e devemos tê-lo conosco no *Aeneas* no fim das contas!!!

Após uma breve olhada nos jardins tropicais de Durban ("Como todos os lugares realmente lindos, era exatamente igual a Torquay"), Archie, Agatha e Bates saíram juntos para Johanesburgo e Rodésia, uma jornada mais perigosa do que eles esperavam, pois eles se viram em plena Revolta Vermelha (provocada pelos esforços da Câmara das Minas de cortar custos aumentando a força de trabalho negra nas minas de ouro à custa dos brancos, mais bem pagos).

> Em Germiston recebemos um telegrama do comissário de Comércio [...] dizendo que Johanesburgo não era segura, mas ele nos encontraria na plataforma lá e tinha conseguido acomodações para nós em Pretória. [...] Todos os hotéis estavam fechados naquela

> tarde, devido à greve dos garçons e outros funcionários, e não havia carne ou pão, pois os padeiros saíram e os grevistas pararam todos os táxis e arrancaram os motoristas do volante. Estavam jogando granadas de mão na rua [...]. Hoje, proclamaram lei marcial em Johanesburgo, e todos os bares estão fechados. Parece um péssimo momento para tentar conversar sobre uma exposição que acontecerá daqui a dois anos, mas estamos partindo para a Rodésia na terça-feira, então, é preciso seguir os planos. Eles não acham que as Ferrovias vão chegar aqui, e o lugar é bastante tranquilo.

Àquela altura Agatha tinha recebido cartas de casa. Clara comprou uma cadeira de rodas para Monty, houve várias perguntas sobre a compra de títulos chineses, Rosalind estava com tosse. Do Grand Hotel em Pretória, Agatha escreveu para a filha: a carta tinha uma ou duas frases sobre borboletas e trenzinhos, mas é menos uma mensagem para uma criança de 2 anos do que um lembrete para a tia Punkie (como Madge era chamada) e um reflexo da própria ansiedade de Agatha de que Rosalind poderia esquecê-la: "Espero que você ame muito o tio Jim e a tia Punkie agora, mas se alguém perguntar 'Quem você ama?' você responda 'a mamãe!'"

Agatha e Archie ficaram presos em Pretória por quase uma semana: "Uma vez lá não podíamos mais fugir, pois a greve havia se transformado em uma incipiente revolução. Havia carros blindados na cidade e era possível ouvir bombas ao longe [...]." Agatha, Archie e Bates passavam o tempo nadando, jogando bridge e examinando os arquivos, mas após cinco dias eles começaram a temer que jamais chegassem à Rodésia. Eles cansaram os anfitriões com os pedidos, mas a permissão para ir embora foi recusada até que, subitamente, uma bela manhã, quando Agatha ainda estava na cama, chegou um representante do governo dizendo que um carro estaria no hotel deles em 20 minutos.

> Fazer a toalete e as malas de modo frenético! Apenas pegamos as malas com tudo o que conseguimos enfiar nelas e deixamos os baús com Bates, que reencontraria Belcher na Cidade do Cabo assim que os trens voltassem a rodar. Fizemos uma viagem esplen-

> dida até Johanesburgo, sendo parados uma ou duas vezes por cavalheiros da City de aparência animada, fumando cachimbos e que carregavam baionetas embaixo do braço de modo pouco profissional. Nosso trem sairia às 10h45 e partiu às 11h30, ao som de artilharia e estilhaços de bomba, pois o grande ataque a Fordsberg que encerraria a guerra tinha acabado de começar.

A revolta foi esmagada pelo Exército e seus líderes, integrantes da Terceira Internacional, foram condenados à morte. Agatha e Archie conseguiram sair para a Rodésia via Bechuanalândia, onde a cada estação os nativos vendiam tapetes, contas, cestas e pequenos animais empalhados, que Agatha comprou em grande quantidade para Rosalind. A viagem noturna para Bulawayo foi perturbada, às 3 da manhã, quando "um jovem vestido de modo impecável, parecendo um herói de comédia musical do Oeste Selvagem, entrou em nosso compartimento e perguntou a Archie para onde ele ia. Desconsiderando o primeiro murmúrio dado por Archie, dizendo 'chá, mas sem açúcar', ele repetiu a pergunta, deixando claro que ele não era garçom, e sim oficial de imigração. Ainda dormindo, Archie respondeu: 'Austrália, creio. Não, vou para Salisbury.'"

Após alguns dias em Salisbury jogando bridge e examinando fazendas de plantas cítricas, eles finalmente chegaram a Victoria Falls, pela qual Agatha se apaixonou. Ela escreveu a Clara do Victoria Falls Hotel:

> Não suporto a ideia de ir embora. Não são apenas as cachoeiras, embora sejam maravilhosas, especialmente em termos de largura (eu não percebi que elas se prolongavam por mais de 2 quilômetros), mas todo o lugar. Não há estradas, apenas caminhos, só hotel e mata nativa por quilômetros e mais quilômetros, se estendendo pelo azul. Um hotel encantador, amplo, baixo e branco, com quartos incrivelmente limpos e totalmente protegidos contra mosquitos da malária por uma fina rede.

Mesmo ali, contudo, havia um lembrete das responsabilidades mundanas. "Belcher enviou um telegrama urgente dizendo para voltarmos à Cidade do Cabo via Johanesburgo e 'terminar o programa original', exigindo uma resposta por rádio. Isso significa que ele conseguiu embarcar no *Sophocles*, graças a Deus."

Após voltar relutantemente à Cidade do Cabo, eles encontraram cartas da família de Archie e de John Lane. Agatha enviou uma reclamação para Madge: "*Escreva*. As únicas cartas que chegam são da Sra. Hemsley, Joab e Campbell (padrasto e irmão de Archie). Toda a minha família pode estar morta e não tenho notícias. Escreva sobre minha filhinha. Faz um *mês* agora sem uma palavra sequer. Nas primeiras semanas eu ainda recebia cartas de mamãe. Também quero saber de Monty e todo o restante, mas especialmente sobre minha Rosalind." Contudo, houve notícias sobre a recepção crítica de *O inimigo secreto*: "Dois lotes de recortes de jornal enviados por John Lane, *todos* bons, sem uma crítica negativa sequer. Estou muito feliz com a do *Punch* [...]. Não recebi mensagens de agradecimento das pessoas a quem mandei cópias do livro (nem meu sobrinho respondeu!)." Um golpe de sorte foi a descoberta de um "ex-homem da Marinha muito simpático, capitão Crowther" que viajava para a África do Sul pelo que acabou sendo a firma de Wilfred Pirie. Agatha o convenceu a levar as três caixas de animais de madeira (antílopes, girafas, hipopótamos e zebras) para Southampton e enviar pelo correio até Torquay.

O *SS Aeneas*, da Blue Funnel Line, saiu da Cidade do Cabo no dia 9 de abril. Quando chegaram a Adelaide, o "Selvagem", como Agatha passou a chamar Belcher, não estava lá, mas deixou um rastro de mensagens informando que tinha ido a Melbourne e os reencontraria antes de saírem para a Tasmânia. Em Melbourne, Agatha e Archie encontraram Belcher "deitado, com a perna ruim de novo, e bem calmo naquele momento!". A viagem à Tasmânia lembrou Agatha e Archie do quanto Belcher tinha ficado antipático: "O Selvagem estava pior do que nunca esta manhã. Fechado em seu quarto escuro como em uma caverna primitiva, comendo pão e leite e rosnando para todos. Eu me ofereci para fazer um curativo em sua perna e sua resposta educada foi 'Por que não me deixam sozinho?' Ele não dizia se iria à Tasmânia nem adiantava dinheiro para ninguém ir [...]." Quando eles chegaram em Launceston, surgiram mais problemas.

> Fomos à Prefeitura, e nos deixaram esperando por alguns minutos, enquanto procuravam o prefeito. Novas explosões de B. Quando encontrado, o prefeito teve a ideia genial de perguntar a Belcher quem e o quê ele era: pensei que o veria apoplético! Depois fomos ao Comercial Travellers Club, para tomar refrigerante de gengibre e suco de limão, com Belcher resmungando: "Só há uma atitude a tomar! Devo voltar a Melbourne amanhã bem cedo!" Felizmente, pediram que ele fizesse um breve discurso, o que o reanimou um pouco, mas o golpe mais devastador o aguardava na estação. Não havia carro, apenas uma carruagem de primeira classe reservada! Ele realmente pensa que é um rei ou Lorde Northcliffe, é uma espécie de... Será que a palavra é megalamania? [*sic*] Os australianos *não* vão suportar "ficar de lado". É um povo extremamente gentil, educado e muito hospitaleiro, mas presunção não cai bem.

Ao chegar a Hobart, os deveres continuaram: excursão a uma fábrica de geleia enquanto Archie, Agatha e Bates foram à exposição de mercadorias da Tasmânia: "Explicamos a ausência de B. o melhor que pudemos, exageramos a situação da perna e acalmamos todos. Archie fez um belo discurso, sem resmungar, falando de modo bastante distinto. [...]" Agatha gostou da Tasmânia, onde o ar era frio, porém revigorante, apreciando especialmente uma visita a uma usina de força, a 900 metros de altitude. Ela achou tudo muito frio, "mas em um campo lindo havia uma série de fios elétricos azuis e prateados. Todas as paisagens australianas que vi tinham uma característica bem austera, compostas por um *azul*-esverdeado suave, às vezes quase cinza, e os postes brancos dos fios elétricos azuis davam um efeito totalmente diferente. Aqui e ali grandes grupos de árvores tiveram os anéis removidos e morreram, então, são árvores fantasmas, todas brancas, com troncos ondulantes. É tudo tão virginal. Se havia ninfas nas florestas, elas jamais seriam capturadas". O dia seguinte também foi interessante, pois ela foi ao museu para saber mais sobre crânios, esqueletos e a história aborígene. "Havia estátuas de vários aborígenes e uma enorme coleção de desenhos e aquarelas da Tasmânia de 100 anos atrás, alguns deles perfeitamente adoráveis, feitos naquele papel amarelo e cinza, depois colorido por cima."

De volta a Melbourne, a Missão descobriu uma encomenda do correio que Belcher e Archie trouxeram pensando que eram cigarros. O pacote dava notícias de Madge: ela estava escrevendo uma peça e havia encontrado um produtor. "Terrivelmente empolgante", escreveu Agatha. "E ficarei furiosa se ela chegar aos cinemas antes de mim. Parece que havia um agente muito bom para isso. Estive bastante à toa, mas escrevi um esquete de Grand Guignol e um conto." Ela realmente fez bom uso do tempo livre, escrevendo longas cartas, contos e rascunhando o próximo livro nos interlúdios entre festas, almoços de senhoras, jantares oficiais e expedições. A última exigência de Belcher era que a Missão deveria dar um passeio pelos arbustos, ao que foi prontamente obedecido. O grupo viajou sentado em sacos de serragem em veículos puxados a cavalo. O ritmo nunca diminuía. No dia seguinte, houve um passeio a uma olaria, um frigorífico, um "lugar de leite seco", um almoço, a viagem em um "trem da floresta"; Agatha fez parte da viagem na cabine, e a cada noite comia "a refeição australiana usual: uma fatia de carne, uma fatia de peru, uma fatia de presunto, algumas pastinacas, cenouras, sempre dois tipos de batata, molho de pão, raiz-forte recheada, uma porção de pães Yorkshire e um belo copo de chá preto, forte. Depois, torta de maçã e enormes jarras de creme."

Belcher voltou da Tasmânia com um humor parcimonioso. "Ele jantou no clube (para economizar 1 xelim, mas como se esqueceu de devolver o quarto na saída, a economia não será considerável). Outra forma de economizar lhe ocorreu (visto que agora ele era abstêmio): todos os membros da Missão deveriam pagar as próprias bebidas! Estamos resistindo até o último homem!" Como Agatha odiava o gosto do álcool e seu efeito, a objeção dela à proposta de Belcher era totalmente altruísta.

Era o fim de maio. Agatha, cuja energia era sempre impressionante, continuava a se divertir, parecendo bem e feliz em uma fotografia publicada no *Melbourne Herald*. A sessão de fotos — "era como o Sr. Pecksniff e a Catedral de Salisbury, 'Do Nordeste, do Noroeste, do Leste, do Sul, do Sudoeste, etc.'" — fazia parte de uma entrevista a um jornalista australiano que escreveu um artigo agradável e sincero: "A Srta. Christie passou a primeira infância tentando escolher uma carreira. Ela pensou em um convento [...]." Foi a primeira vez, mas não a última, que Agatha descobriria como alguns comentários casuais soam diferentes após serem embelezados em um artigo de jornal. Contudo, estimulada pela atenção e pelo sucesso de Madge, ela conseguiu escrever alguns contos e, por mais longe que estivesse, lembrou-se de instruir Monty sobre seus deveres em Ashfield: "Cuide de mamãe e faça com que ela troque de roupa depois de regar o jardim. Ela sempre fica ensopada." Agatha também fez bom uso das visitas a inúmeras fábricas de conservas, escrevendo para Clara: "Se você for comprar pêssegos enlatados, os da Shepperton Packing Co., marca Green Label Fancy, são ótimos."

Quando a expedição estava em Brisbane, Agatha fez amizade com algumas jovens que não só continuariam próximas dela como seriam influência crucial naquele momento específico. Ela estava viajando havia quase seis meses, alguns passados calmamente com Archie, mas a maior parte com três homens exigentes em vários aspectos: Bates, que precisava ser igualmente provocado e tranquilizado; Archie, que precisava receber atenção especial da esposa, mas sem exagero; e Belcher, que exigia uma deferência bem-humorada. Constantes viagens, conversas, refeições oficiais e visitas de inspeção, muito tempo passado em ambientes fechados com as mesmas pessoas, tudo isso estava deixando Bates mal-humorado, Archie nervoso e Belcher explosivo.

Se o temperamento de Agatha estava ficando irritadiço, ela conseguiu não demonstrar em suas cartas, que continuaram bem-humoradas e alegres. Mas ela ficou feliz uma noite quando, ao jantar sozinha no hotel, foi convidada por um major Bell, "com quem Belcher e Archie vieram confabulando no coche a noite anterior", para conhecer a irmã dele, que também estava hospedada lá. Era a Srta. Una Bell, que morava com os pais, irmãos e irmãs em uma enorme fazenda em Coochin. A Srta. Bell e o irmão faziam Agatha se lembrar da família grande, afetuosa, empolgada e tranquila de Torquay, os Lucys, e imediatamente se sentiu em casa. Una pediu que Agatha ficasse algum tempo com a família dela e, após "uma festa um tanto aborrecida na Casa do Governo", Agatha seguiu para Coochin na noite seguinte, deixando Archie com uma programação pesada de eventos. Ela disse a Clara que foi "uma longa e insuportável jornada de aproximadamente seis horas em um trem que se arrastava. Chegamos às 10h, após seguir por 8 quilômetros, e o local estava cheio de garotas altas e empolgadas fazendo ovos mexidos, todas falando ao mesmo tempo! Fui para a cama impressionada [...]. Minha visita seria de dois dias, mas fiquei uma semana [...]. Finalmente compreendi os Bells! A Sra. Bell é adorável, cheia de personalidade e decisão em seu jardim [...]. Eles parecem ser donos da maior parte do gado da Austrália e se assemelham a uma família real com algumas terras, olhando por todo o seu povo com grande seriedade [...]". Houve muitas lembranças dos tempos alegres e frívolos que Agatha viveu em Torquay antes da guerra.

> Eles estavam preparando uma apresentação para o vilarejo na sexta-feira à noite e costuramos figurinos, ensaiamos etc. Doll e eu fizemos imitações de filmes dramáticos e nos divertimos à beça. Eu cantei e fiz grande sucesso, possivelmente graças a Aileen e Victor, que percorreram o vilarejo durante a manhã criando a impressão de que eu era a mais nova aluna e descoberta de Melba! Todos estiveram na Inglaterra durante a guerra. Os rapazes treinaram em Beverley e tinham uma casa lá, então, é claro que conhecíamos as mesmas pessoas [...]. Senti como se fosse da família quando saí! E fiquei bem triste quando fui embora.

Os Bells eram as pessoas certas para recarregar as baterias de Agatha, recebendo-a calorosamente e cobrindo-a de mimos em uma casa de família após tantas semanas passadas em hotéis. Ela se impressionou com eles, em parte, por serem uma família grande e gregária, e também porque as irmãs eram diferentes de qualquer grupo de pessoas que ela já havia conhecido. Duronas, vigorosas e independentes, elas tinham grande interesse pelo gerenciamento da fazenda e supervisão dos criadores de gado. Elas andavam vestindo calças, cavalgavam milhas pela região e expressavam suas opiniões tão decididamente quanto os homens. Ao mesmo tempo, eram atraentes e muito populares na sociedade australiana e londrina, pois receberam o príncipe de Gales em Coochin e passaram boa parte do ano na Europa. As "belas irmãs Bell" eram para Agatha um exemplo de como as mulheres poderiam ser independentes, confiantes e simultaneamente femininas e alegres. Além disso, elas fizeram Agatha ver a si mesma de outra forma: alguém suficientemente viajada e segura para aceitar um convite para uma casa desconhecida, e que não foi nem um pouco tímida ao se juntar a um concerto e um baile locais, pronta até para se juntar à primeira atração, a banda de Jazz da Srta. Uma, com várias canções e proezas de filmes. Durante várias semanas Agatha tinha auxiliado a Missão, sendo vital para a felicidade e o bem-estar da equipe e, provavelmente, sua participante mais conscienciosa e interessada quando se tratava de inspecionar fábricas de produtos enlatados, serrarias e similares, mas sempre se considerou um apêndice à força principal de negociadores e oradores. Subitamente, ela virou o centro das atenções: uma mulher aventureira e vivida de 32 anos, que esteve à beira de uma revolução na África do Sul, era cheia de histórias divertidas, casada com um herói de guerra, tinha publicado poesias e dois romances de detetive, além de ter aceitado se fantasiar, atuar e ter apreciado as piadas da família. Ela estava sozinha, mas pôde brilhar. Agatha voltou a Sydney e para Archie imensamente renovada.

A próxima parada da missão era a Nova Zelândia: eles fizeram uma viagem de três dias no *Manuka*, que foi marcante apenas pela propaganda de outro passageiro a quem a Missão batizou de Desidratador. Ele patenteou um dispositivo para secar alimentos, "olhava para tudo na fila da comida pensando em como poderia desidratá-los", e a cada refeição mandava pratos de comidas secas e sem gosto para a mesa de Belcher, que se sentiu obrigado a controlar os sentimentos, pois o Desidratador "era muito rico, poderoso e poderia ser de imenso benefício para a Exposição".

O primeiro evento foi na Casa Parlamentar, "onde um cavalheiro discursava gabando-se sobre 'emprestar pelo valor nominal', gerando o desdém financeiro de Archie". Além disso, Archie foi confundido com o governador do Banco da Inglaterra por um jornal sul-africano. Por acaso, ele era tão magro quanto Montagu

Norman, embora fosse mais jovem e de aparência menos lúgubre, e o erro persistiu ao longo da jornada. Agatha jogou golfe e bridge com as damas locais, visitou uma fábrica de lã e (o pior de tudo!) foi convidada de honra no que um jornal local chamou de "um delicioso café da manhã oferecido de surpresa" pelo Comitê do Clube de Mulheres de Canterbury. O mesmo jornal noticiou que Agatha vestia "uma encantadora manta de estampa Paisley sobre o vestido de crepe marrom, além de colarinho de pele e um pequeno chapéu de plush com brim voltado para cima e decorado com laços em cores pastéis combinando com a echarpe". Embora protegida contra o frio, Agatha não estava preparada para discursar como lhe pediram. "O horror!", escreveu ela para Clara, mesmo tendo se apresentado de modo visivelmente satisfatório, pois o artigo dizia que ela falou "com imenso entusiasmo sobre as belezas naturais da Nova Zelândia". Os elogios de Agatha foram sinceros. Ela considerava o país o lugar mais adorável que já tinha visto, especialmente Otiri Gorge, que explorou com o restante da Missão, e as fontes quentes e gêiseres em Rotorua, que visitou sozinha: "Um lugar maravilhoso. O ar cheio de vapores de enxofre brotando do chão, lama quente borbulhando e todos os maoris banhando-se e lavando roupas nas piscinas de água quente."

Após deixar Belcher com amigos e Bates sozinho, Agatha e Archie finalmente partiram para as tão desejadas e arduamente conquistadas férias no Havaí. Eles chegaram no dia 5 de agosto. Agatha ficou extasiada e escreveu para Clara, do Moana Hotel:

> Rosalind está com 3 anos e nós chegamos a HONOLULU. É exatamente como dizem. Você chega de manhã cedo, pega um táxi e segue uma estrada entre palmeiras e flores *adoráveis*: hibiscos, oleandros brancos, vermelhos e rosa, plumbaginas azuis, grandes cássias-imperiais e poinsétias, que são como as cássias-imperiais, mas vermelho-sangue, até chegar ao palácio verde e branco que é o hotel, cujo pátio dos fundos tem uma grande figueira do Leste da Índia (iluminada à noite com luzes coloridas) e o mar lavando até os degraus. Há, ainda, havaianos em pé em grandes pranchas, surfando as ondas dos recifes para a costa.

Radiantes por estarem livres da Missão, Agatha e Archie entraram no mar assim que desfizeram as malas, mas a experiência de surfe na África do Sul não foi útil. No fim da primeira semana, Agatha escreveu a Clara:

> Ainda nos divertindo, embora tenhamos enfrentado problemas! O banho do primeiro dia nos queimou tanto que ficamos em verdadeira agonia! Archie estava muito pior, com bolhas imensas em toda a região das costas, nos ombros e na parte de trás das pernas. Ele mal conseguia suportar as roupas tocando as bolhas [...]. Experimentamos todos os remédios: óleo de coco, branqueador, água oxigenada etc. Por fim, A. decidiu tomar banho de pijama, para imensa alegria dos nativos que nos olhavam e tinham ataques de risos!

O Havaí era mais sofisticado (e caro) do que eles esperavam: "Há também estradas magníficas por toda parte, devidamente pavimentadas, e um constante fluxo de carros — *todo mundo* tem carro! Você os ouve passando em fluxo até às 3 da manhã. Também é agradável ver pessoas de boa aparência e bem-vestidas de novo, após a burguesia desmazelada das Colônias!" Após cinco dias, eles decidiram que o Moana, muito bom para uma semana, seria um desastre orçamentário por um período mais longo. Eles pesquisaram a região e encontraram o Donna Hotel, "a meio caminho de bonde entre a cidade e Waikiki", onde alugaram um pequeno chalé e passaram todo o tempo "(a) na praia, (b) na cidade bebendo vaca-preta e comprando novos remédios e protótipos de protetores solares". Um amigo conseguiu que eles entrassem para o Country Club, no qual podiam ficar à toa e beber "a ubíqua água gelada da Lei Seca" e apreciar a comida local, sobre a qual Agatha escreveu fazendo empolgados comentários, especialmente sobre a variedade de bananas frescas. Talvez por força do hábito, eles se deixaram levar em um passeio a uma fábrica de conservas de abacaxi.

Contudo, essa existência idílica foi abalada por vários pequenos desastres. "Uma tremenda chuva de 'Sol líquido' desceu pelas montanhas e nos molhou até a pele, deixando Archie terrivelmente resfriado! Ele também ficou no mar por tempo demais no começo da semana e está cheio de bolhas e descascando, com as costas e os ombros quase em carne viva de novo." Uma catástrofe que trouxe benefícios inesperados foi a destruição do belo e caro vestido de banho de seda que Agatha trouxera da Inglaterra. Para seu embaraço, as ondas o rasgaram do ombro ao calcanhar, e ela foi obrigada a comprar na loja do hotel "um vestido de banho maravilhoso, frugal e cor de esmeralda, que era a alegria da minha vida e no qual penso que fico incrivelmente bem". Archie tinha a mesma opinião, e mandou uma fotografia para Clara, com uma carta tão sem graça que contrastava com as palavras empolgadas de Agatha, pois consistia, basicamente, de comentários sobre as complicações ao fazer as malas.

Muito mais triste foi o súbito ataque de neurite no braço esquerdo de Agatha, tão doloroso que ela mal conseguia mexê-lo. O problema seria causado pelo surfe: "Você 'rema' muito vigorosamente com os braços quando surfa, e esta é a causa, eu presumo." Essa dor agonizante veio no pior momento, pois, com o início de setembro, Agatha e Archie eram obrigados a encerrar as férias e se juntar a Belcher e Bates no Canadá. Eles se preparavam para o reencontro e um período de rigorosa economia, visto que o salário de Archie estava chegando ao fim, e eles ainda tinham as despesas de Agatha no Canadá para pagar. Agatha não mencionou isso nas cartas para casa. Na verdade, ela estimulou Clara a procurá-la caso precisasse de ajuda financeira, já que havia contratado um empregado nativo para Monty: "Posso pagar o salário de Shebani. Tenho mais dinheiro agora do que jamais sonhei que poderia ter após esta viagem. Segundo John Lane, em março eu receberei 47 libras por 'direitos suecos' e similares de *Styles*, devo receber uma boa soma graças a Tommy e Tuppence em setembro, e todos os meus dividendos estão caindo torrencialmente em casa, então faça o que desejar." No Canadá, porém, ela foi obrigada a adotar vários expedientes parcimoniosos: o principal esquema consistia em comer o máximo possível no café da manhã do hotel, que custa 1 dólar, e complementar a dieta com grandes jarros de água quente, utilizados para fazer sopa com algumas colheres de extrato de carne, o presente mais útil que ela e Archie receberam na Nova Zelândia. Ela pensava com tristeza nas oportunidades perdidas: "Desejava sinceramente ter bajulado o Desidratador para ele ter me presenteado com grandes quantidades de cenouras, carne, tomates e outras delícias desidratadas." Por esses meios e fazendo enormes refeições quando era recebida por dignitários, Agatha conseguiu manter o corpo e a alma fortes e se sustentar para a extenuante viagem atravessando o Canadá, de Victoria, na Costa Oeste, a Ottawa.

Àquela altura os membros da Expedição estavam cansados. "De Calgary nós fomos a Edmonton, depois para Regina, e de lá para Winnipeg. Ficamos um dia em cada lugar, geralmente dormindo em nosso fiel carro particular [...]. Todas as cidades são bem parecidas: situadas no meio de infinitas e planas pradarias, ótimas para quem se interessa por trigo, mas entediantes para qualquer outra pessoa." Em Winnipeg eles foram atingidos por outra catástrofe. Archie foi inspecionar um elevador de grãos com Belcher e seus seios da face, sensíveis como sempre, ficaram tão inflamados que ele desmaiou. Os pulmões congestionados acabaram se transformando em bronquite, e um médico declarou que ele precisava permanecer em repouso. Isso enfureceu Belcher, que já tinha sido "Selvagem" em Winnipeg: como o governador-geral chegou naquele mesmo dia, Belcher foi negligenciado. Ele se recusou a ir embora, sentou-se no quarto e ditou para Bates um artigo para o *Daily Telegraph* sobre "Winnipeg, a cidade ianque", antes de partir furioso, levando Bates com ele. Agatha, tristemente sem dinheiro, teve que cuidar do marido doente. Ela contou a Clara sobre a difícil experiência:

> A temperatura dele chegou a 40 graus durante vários dias e um terrível surto de urticária tomou todo o corpo dele, tanto que Archie estava quase gritando de dor e irritação. [...] Uma noite, quando ficou muito mal, o médico falou que gostaria de outra opinião e surgir com mais um velho idiota, que parecia ser um charlatão e sempre colocava o estetoscópio no lugar errado. Mas a urticária estava diminuindo um pouco e ele conseguiu ter uma ou duas horas de sono hoje, então fico muito aliviada.

Quando Archie se recuperou, eles se juntaram a Bates e Belcher para uma viagem às Rochosas e a Banff, onde Agatha se entupia de água sulfurada quente das fontes todas as manhãs, além de usá-la para banhar o pescoço e os ombros doloridos. Ela duvidada que fizesse algum bem, mas, felizmente, a neurite desapareceu. Belcher também viveu um momento de triunfo ao desembarcar do trem e encontrar imensa multidão na plataforma, que superava em muito os plenipotenciários da região. Porém, ele logo descobriu que o grupo havia se reunido na crença enganosa de que Mary Pickford e Douglas Fairbanks, que também passeavam pelas Rochosas, estivessem no mesmo trem. A doença de Archie levou o casal a mudar o itinerário. Ainda fraco, ele foi com Bates e Belcher a Newfoundland, enquanto Agatha pegava o trem para Nova York a fim de ficar com tia Cassie, cunhada da Sra. Pierpont Morgan. Ela ainda tinha medo de que Archie pudesse pegar pneumonia, visto que o inverno havia chegado e nevava o tempo todo, mas ficou feliz ao sair da Expedição. "Todos nós estamos fartos da Missão e com saudades de casa", escreveu ela para Clara. Agatha até pensou em partir antes do restante do grupo, de tão ansiosa que estava para ver a mãe, Rosalind, Madge e Monty, mas ficar com tia Cassie foi extremamente confortável e muito divertido. Agatha descobriu o que o pai fizera em Nova York quando jovem e foi levada a restaurantes até retomar seu antigo estado bem-nutrido. Após uma semana, contudo, ela começou a se sentir como um pássaro engaiolado, de acordo com a própria descrição, visto que a tia não a deixava explorar a cidade sozinha, embora tenha recebido de presente permissão para ir a uma farmácia, definida por Agatha como "uma cafeteria".

Archie, Belcher e Bates, embora exaustos, conseguiram acabar o trabalho no Canadá a tempo de voltar para Nova York e embarcar no *RMS Majestic* (e não no *Berengaria*, como Agatha erroneamente lembrou na autobiografia). Eles saíram de Nova York em 25 de novembro e chegaram a Southampton em 1º de dezembro. Quando a Missão desceu do trem em Waterloo, 64 mil quilômetros e dez meses após ter partido, Archie disse ao *Times*: "A viagem foi um grande sucesso. Fomos recebidos com entusiasmo em toda parte e estamos completamente satisfeitos com o resultado do nosso trabalho. Tivemos momentos exaustivos e estamos felizes por voltar para casa, mas valeu a pena." Menos diplomáticos, embora muito mais reveladores, foram os comentários escritos no cardápio do *Majestic* durante a última noite no mar, que coincidentemente foi o Dia de Ação de Graças. Entre os pratos servidos estavam ostras, sopa cremosa de tomate, peixe cozido, pães doces, peru assado, suco de cranberry, saladas, torta de carne e sobremesa. O major Belcher e seus colegas deram um veredito mais sincero sobre a qualidade da comida. Por cima da assinatura arrojada, sublinhada duas vezes, Belcher escreveu: "*Forsan et haec olim meminisse juvabit*", citação do primeiro livro da *Eneida*: "Talvez algum dia lembrar-se disto será um prazer." Archie, seguindo o exemplo de seu antigo professor, mas de modo comedido, escreveu: "*Finis Itinerum*", o fim da jornada. Agatha preferiu recordar a gíria aprendida na Austrália e escreveu: "Primeira classe! Ah, bom! Bem aqui." Enquanto Francis W. Bates escreveu, embaixo de sua assinatura, um comovido "RIP".

9

"... o próximo que escreverei será o quinto..."

Nos cinco anos depois da Expedição pelo Império, Agatha deixou de ser uma autora pouco conhecida que contribuía para jornais e revistas criando histórias imaginativas por diversão e se transformou em uma autora profissional, que ganhava a vida escrevendo, e era tão conhecida que a fama passou a ser sofrimento. Como ela descobriu, o processo de adquirir e aperfeiçoar habilidades profissionais leva tempo, e o mesmo vale para o negócio (pois é um negócio) de manter uma reputação profissional por trabalhar seguindo padrões confiáveis e cumprir os termos de um contrato, mesmo quando o encanto desapareceu. Agatha, porém, não planejou virar profissional, e ninguém estimulou essa transformação. É fácil entender por que ela começou a escrever, visto que a personalidade, as habilidades e as circunstâncias a levaram nessa direção. É mais difícil explicar por que virou escritora profissional. A natureza prática tinha algo a ver com isso: suas habilidades eram aplicadas (cozinhar, jardinagem, arranjar flores), e fazia sentido escrever histórias apenas para deixá-las guardadas. Ela também era uma pessoa generosa, embora reticente, que expressava seus sentimentos com mais facilidade de modo indireto, como um presente, um serviço ou uma apresentação. Nem era questão de que, como a família dizia, "não fosse do feitio de Agatha ceder informações", pois ela não as cedia espontaneamente, mas tinha a sabedoria de esperar o momento adequado, porque assim a plateia teria maior probabilidade de estar atenta. Ela gostava de plateia, e queria exibir suas habilidades.

Na época em que Agatha aceitou a sugestão de Clara e mostrou seu trabalho a Eden Philpotts, ela não fazia ideia de que também seria escritora profissional. Estava apenas curiosa para saber a opinião dele e tinha uma vaga consciência de que sua escrita possuía falhas que ele poderia ajudá-la a corrigir. Contudo, a partir desses primeiros conselhos, ela descobriu que escrever era tanto ofício quanto arte, e que havia métodos e truques para superar obstáculos estilísticos e técnicos. Ela começou a descobrir não só as técnicas como também que a escrita precisava atender aos padrões de outros leitores, além dos dela, para ser satisfatória. Com a prática, ela ficou cada vez mais confiante, sabendo o que os leitores exigiam, capaz de produzir obras que os agradariam. A correspondência de Agatha com seu editor revelava uma firmeza cada vez maior, e ilustrava outras características que a levaram adiante: eficiência e diligência. Obediente e metódica, ela possuía senso de dever, como mostrou ao manter o bom humor durante os longos dias com o exasperante Belcher.

Além disso, uma das melhores formas de transformar um amador tímido é a descoberta de que ele é mais eficiente e capaz que os profissionais envolvidos para agir como conselheiros e intermediários. A mística do profissionalismo desaparece para sempre e o amador percebe que é uma autoridade tanto quanto os outros. Foi o que houve com Agatha no início dos anos 1920, quando, cada vez mais confiante, ela colocou o editor em seu lugar aos poucos. Agatha descobriu que a editora The Bodley Head dependia dela, e não o contrário, que seu talento era incomum e ela poderia ganhar dinheiro ao exercitá-lo. Descobriu que precisava manter os padrões esperados e gerenciar seu trabalho e seus negócios com inteligência. A atitude em relação à escrita passou a ser profissional.

Não é assim que Agatha descreveu o momento na *Autobiografia*, na qual seu relato se concentra em preocupações domésticas. Não que elas fossem triviais. Quando Agatha e Archie voltaram à Inglaterra, no fim de 1922, enfrentaram dois problemas imediatos.

Archie precisava encontrar emprego, porque o antigo não existia mais, e algo precisava ser feito em relação a Monty. Ele continuava intratável, como Agatha descobriu pouco antes de eles partirem com a Missão, quando Archie foi enviado a Tilbury para conhecer Monty e Shebani e levá-los aos quartos que ele arranjou em Londres. Embora doente — a antiga ferida tinha infeccionado e o prognóstico não chegava a seis meses de vida — e altamente dependente de sedativos, Monty manteve seu jeito sedutor e alegre, induzindo Archie a não deixá-lo no apartamento novo e sim em seu hotel favorito e extremamente caro, na Jermyn Street. Archie disse: "De alguma forma, pareceu uma ideia muito razoável do jeito como ele disse." "Esse é o ponto forte de Monty", comentou Agatha. Um tratamento feito com especialistas em Londres restaurou tanto a saúde de Monty que a mãe e a irmã esperavam que ele durasse muitos anos, se vivesse tranquilamente. Ele acabou levado para Ashfield, onde Clara tinha reformado vários quartos e construído um novo banheiro para ele, além de convencer as duas empregadas mais velhas de que não precisavam ter medo de dividir o quarto com um africano — fenômeno exótico e embaraçoso na Torquay nos anos 1920 — e de que poderiam aproveitar a oportunidade para convertê-lo ao cristianismo.

Agatha perguntava frequentemente sobre Shebani em suas cartas. Ela e Madge pagavam o salário dele, que fazia imenso sucesso, ouvindo com paciência as empregadas lerem a Bíblia para ele e acalmando o mestre quando as exigências (de costelas grelhadas uma hora antes de o sol nascer, por exemplo) eram particularmente exorbitantes. Contudo, o próprio Monty recusava-se a sossegar e, quanto mais recuperava a saúde, mais difícil era para ele se encaixar na rotina tranquila de Ashfield. Ele passou a descarregar sua pistola da janela (apenas para "manter os olhos em dia", explicou depois à polícia), assustando quem desejava visitar a casa. Clara estava exausta. Quando Shebani anunciou que precisava voltar para sua família na África, poucos meses após Agatha retornar à Inglaterra, ficou claro que seria preciso criar um novo esquema para cuidar de Monty. A solução acabou sendo a compra por Madge e Agatha de uma cabana em Dartmoor por 800 libras, onde instalaram o irmão e uma governanta idosa, plácida e pouco convencional, viúva de um médico, que acalmava Monty e cuidava dele alegremente. Assim, após muito desgaste, um problema tinha sido resolvido.

O outro se mostrou mais complicado. No início de 1923, a City havia perdido a leveza e a confiança dos anos imediatamente pós-guerra, e Archie, aos 34 anos, teve dificuldade para encontrar um nicho. Ansioso e deprimido, ele evitava as tentativas de Agatha para confortá-lo. Ela queria ser útil, mas não conseguia pensar em algo apropriado para dizer ou fazer. Sem treinamento profissional, ela não encontraria algo remunerado para si, e os empregos que exigiam pouco treinamento estavam escassos. Não que ela estivesse procurando emprego, pois isso teria feito Archie se sentir ainda mais inadequado. Ele sugeriu que ela fosse com Rosalind para a casa de Clara ou Madge. Agatha, contudo, estava determinada a ficar. Ela se fazia útil cozinhando e limpando (eles não tinham mais empregada), e o momento ruim passou. Uma firma na City, considerada um tanto duvidosa, contratou Archie, e um ano depois o antigo amigo Clive Bailey voltou da Austrália e ofereceu a Archie o posto que ele tanto desejava.

A própria visão de Agatha em relação à vida, entre 1923 e 1925, é uma imagem sardônica e bem-humorada que envolve marcar o tempo, despender muita energia, inteligência e perspicácia para entreter uma criança pequena, manter o apartamento em ordem, cozinhar, limpar e arrumar e ao mesmo tempo tentar escrever. Da série de babás contratadas para ajudar a cuidar de Rosalind, duas a cada três eram caso perdido: bem-intencionadas, mas sem imaginação e autoridade. Agatha era constantemente distraída pelas lamentações inoportunas da primeira delas, "Cuco", cujas boas intenções eram somadas a uma irritante incompetência. Ela sobreviveu um tempo apenas porque Rosalind gostou dela. A sucessora de Cuco, a Sra. White ("Site"), foi um sucesso. Com apenas 17 anos, era competente, digna, habilidosa e bem jovem para gostar das brincadeiras de Rosalind. Quando Site aceitou um emprego fora do país, foi substituída por uma governanta suíça recomendada por Madge. Marcelle era tímida, nervosa e ineficaz e, sem supervisão, Rosalind ficou rebelde e travessa. Marcelle não durou.

Rosalind era brilhante, carinhosa, linda e terrivelmente direta. Archie a adorava. Agatha também amava a filha, mas sentia certo distanciamento. Como disse na autobiografia, após descrever o quanto se divertia vendo o desenvolvimento de Rosalind:

> Creio que não há nada mais empolgante no mundo do que ter uma criança ao mesmo tempo sua e misteriosamente desconhecida. Você é a porta por meio da qual ela veio ao mundo, e terá permissão de tomar conta dela por alguns anos. Depois, ela deixará você e florescerá para a própria vida; cabe a você observá-la viver essa vida livremente. É como uma planta estranha que você trouxe para casa e mal pode esperar para ver como ela vai ficar.

Não é que Agatha não se interessasse pela filha. Ela se importava, se preocupava e se divertia com ela, mas não vivia vicariamente. Rosalind tinha suas inclinações, oportunidades e decepções, e Agatha, as dela, como indicou ao deixar Rosalind com Clara e Madge e acompanhar Archie na Expedição pelo Império. Em outra parte da autobiografia ela fez uma duvidosa generalização: assim como gatas e seus filhotes, para as mães humanas o instinto maternal seria satisfeito pelo ato de criar filhos, que depois (ansiosas, porém satisfeitas) deixariam livres para seguir o próprio caminho. Duas de suas histórias de detetive, *Punição para a inocência* e *Um passe de mágica*, descrevem as consequências do afeto sufocante de mulheres por uma criança adotada e, em outros livros (*Filha é filha* e *Ausência na primavera*, por exemplo), ela escreveu sobre a infelicidade causada pelo amor possessivo. Seria desperdício de tempo discutir se a ficção de Agatha refletia ou buscava racionalizar sua preferência pela independência emocional e a sensação de que relações mais próximas podem se tornar perigosamente exclusivas. O processo de criar ficção é mais complexo do que isso. Também é tolice tentar encaixar Agatha em alguma categoria de mãe. O que podemos dizer, contudo, é que a atitude dela, em relação à filha, era calorosa e carinhosa, mas distante.

Também seria uma simplificação exagerada sugerir que Agatha não ficou absorvida pela filha por estar envolvida com a escrita.

A atenção dela, certamente, não estava fixa nos livros, ou a mente, obcecada pelos detalhes das transações com John Lane. Ela realmente especulava sobre tramas e pensava em combinações possíveis de personagens e relacionamentos, pois sempre teve esse hábito, e como ela mesma disse, sua mente imaginativa voava enquanto realizava tarefas domésticas de rotina. Muito menos seria correto concluir, a partir da autobiografia, que ela considerava a escrita apenas como anotações casuais isoladas entre as súplicas tristes de Cuco, os trabalhos de cozinhar e limpar que Agatha dividia com Site e as reprimendas que a inutilidade de Marcelle a obrigava a dirigir a Rosalind. Agatha levava a escrita a sério. Ela estava começando a ver os livros como o conjunto da obra, envolvendo proezas passadas, preocupações presentes e possibilidades futuras, em vez de uma série de acidentes felizes.

No fim de 1922, Agatha mandou uma carta do Canadá, na qual discutia a contagem dos manuscritos enviados a John Lane. *O inimigo secreto* tinha sido seguido por *Assassinato no campo de golfe*, publicado em 1923. Da Expedição, Agatha mandou uma coleção de contos sobre Hercule Poirot, provisoriamente intitulado *Poirot investiga*, que John Lane rebatizou de "The Grey Cells of Monsieur Poirot" antes de restaurar o título original. Eles foram publicados como série na revista *Sketch* e pela editora. Agatha enviou para John Lane a fantasia longa "Vision", que ela escrevera havia alguns anos, e, alegremente, relatou para Clara a relação do editor: "Ele não aconselhou a publicação do primeiro (como imaginei), então, isso conta como um livro. Sendo assim, o próximo que escreverei será o *quinto*!" Levaria algum tempo, contudo, até que a editora The Bodley Head aceitasse os cálculos de Agatha.

O "próximo livro" foi *O homem do terno marrom*, originalmente chamado *The Mystery of the Mill House* (Mistério na casa Mill, em tradução livre), título criado para acalmar Belcher, que pedia uma história de detetive sobre ele e sua casa. Apesar do desejo compreensível de Agatha para fazer dele a vítima, boa parte da natureza fanfarrona do major inspirou a criação de Sir Eustace Pedler. ("Dê-lhe um título", sugeriu Archie. "Penso que ele vai gostar disso.") *O homem do terno marrom* era um suspense e o retrato de uma pequena revolução mostrado nele devia tudo às aventuras de Agatha em Pretória. O livro teve dois temas, nos quais ela tocou pela primeira vez em *O inimigo secreto* e ao qual voltaria com frequência. Um era a ideia de haver uma conspiração internacional oculta, porém vigorosa, cujas operações, sejam tráfico de armas, drogas, joias, obras de arte ou habilidades humanas com intenção de promover uma ideologia, nenhuma ou várias, sejam fomentadas por jovens fanáticos, discípulos ingênuos ou cínicos especialistas, todas eram, no fim das contas, alimentadas por dinheiro. Esse dinheiro poderia ser manipulado de formas discretas e misteriosas, movendo-se por meio de canais estranhos e secretos que exerciam intangível e invisível poder e ao estar imediatamente disponível ou se for subitamente retirado, causava previsível devastação apenas aos que gerenciavam seu fluxo e explicável apenas por eles ou por seus chefes. Dinheiro, como os Millers descobriram quando suas fortunas tinham sido tão embaraçosamente reduzidas, não era um meio neutro de troca. Era uma força a ser temida.

O outro tema escolhido por Agatha também lhe era bastante familiar: envolvia uma jovem reflexiva e impetuosa, aventureira frustrada, coagida mais pela falta de dinheiro do que pelas convenções, por seu gênero ou juventude. Tuppence não tinha emprego em *O inimigo secreto*, Anne foi deixada apenas com dívidas após a morte do pai em *O homem do terno marrom*. Em alguns livros de Agatha, essas jovens começavam como gansos bobos e se transformavam em cisnes graciosos; em outros, elas apareciam como cisnes desde o início, ainda que pobres. Corajosas, perspicazes, engenhosas e providas de extraordinária energia, elas eram levadas pelo destino ou pela própria natureza indomável às aventuras que desejavam. Uma vez envolvidas, geralmente se viam agindo como companheiras ou aliadas para o tipo de personagem masculino que começa condescendente, permitindo que a heroína se junte à diversão, e depois reconhecendo com gratidão que ela é indispensável.

A editora The Bodley Head recebeu o manuscrito datilografado de *O homem do terno marrom* no fim de 1923. Nessa época, eles começaram a descobrir que Agatha Christie estava virando uma autora menos dócil. O relacionamento com John Lane tinha passado para uma fase nova e previsível. Durante os meses de novembro e dezembro, o tom das cartas de Agatha para The Bodley Head ficou cada vez mais seguro. A correspondência lidava com três assuntos: a publicação de *Poirot investiga*, os planos da editora para *O homem do terno marrom* e o contrato de longo prazo de Agatha. No que dizia respeito a *Poirot investiga*, ela não estava mais satisfeita ao receber qualquer adiantamento definido pelo editor. A carta de 1º de novembro perguntava os termos propostos por ele. O Sr. Willett, colega de John Lane, também se viu diante de uma série de perguntas e condições detalhadas: na carta de 4 de novembro, Agatha afirmou que no acordo para "The Grey Cells of Monsieur Poirot" não desejava incluir direitos para o cinema, teatro ou países estrangeiros, adicionando, de maneira pungente: "Seus acordos sempre consideram 13 como 12?" Cinco dias depois, ela solicitou alguns ajustes ao rascunho do acordo (como a exclusão de cláusulas inteiras ou parciais) e perguntou se 10% eram os royalties máximos que eles podiam oferecer por uma edição barata. No dia 4 de dezembro, o tom era inteiramente confiante, quando ela anunciou a recepção de uma oferta para direitos de publicação seriada para a Índia: "Presumo que os senhores não tenham qualquer objeção a isso, mas, de acordo com o pedido na carta de 12 de novembro, estou consultando os senhores antes de aceitar a oferta." E em meados de dezembro ela embasou educadamente o próprio julgamento: "As únicas perguntas que eu gostaria de fazer são sobre a alteração de 'Insurance Company' para 'Assurance Company' (duas expressões em inglês para 'companhia de seguros'), que parece bastante desnecessária, e a retirada do itálico na página 52. Eles esclarecem qual é a pergunta e qual é a resposta [...]." "Eu realmente prefiro o título original *Poirot investiga,* e você diz que também gosta dele, então, por que não decidimos por este?" Essa troca de correspondências ocorreu até maio de 1926, quando Agatha foi obrigada a escrever para o Sr. Willett a respeito de um erro que colocava 10% em vez de 20 em uma conta relacionada à venda de 20 cópias de uma edição especial. Apesar de toda a mística da profissão, editores eram comerciantes, e suas contas sempre precisavam ser verificadas.

A discussão sobre *O homem do terno marrom* concentrava-se na sobrecapa que, segundo Agatha disse ao Sr. Willett em junho de 1924, "transmitia a impressão de roubo e assassinato de beira de estrada em tempos medievais, em nada semelhante a uma estação de metrô e nem um pouco atraente". Ela continua: "Imaginei algo muito mais claro, definido e moderno. Considerando a segunda capa finalizada, parece que esse é o estilo normal do artista, então, não presumo que seja possível mudá-la para fazer como eu gostaria." O Sr. Willett protestou e duas semanas depois Agatha escreveu de novo: "Não penso que estou pedindo o que você chama de capa 'recortada'. Sinto que a versão enviada por você é apenas sombria e jamais pareceria uma estação de metrô. Creio que ficaria imensamente melhor se o plano de fundo tivesse ladrilhos brancos e brilhosos." Ela sempre teve opiniões fortes sobre a apresentação de seus livros, como sua nova editora, a Collins, estava prestes a descobrir.

Afinal, desde o outono de 1922, Agatha estava planejando uma mudança. A carta escrita para Clara pouco antes de embarcar na jornada de volta para casa, do Canadá, mostrava o quanto ela esperava ansiosamente o momento de enviar o último livro "após *Styles*" dos prometidos à editora The Bodley Head. Não surpreende que eles tivessem rejeitado a versão aumentada de *Vision*. Agatha não só esperava que fosse devolvido, como comentou com a mãe que o mandara, apenas, para fazer um terceiro na sequência. *Poirot investiga* seria o quarto e, de acordo com esse plano, *O homem do terno marrom,* o quinto, garantindo sua libertação. A editora The Bodley Head, porém, se mostrou relutante. Além de não estarem dispostos a contar *Vision* como um livro, também se recusaram a incluir *Poirot investiga* no total, pelo curioso motivo de essas histórias terem sido anteriormente publicadas em um jornal. Agatha foi perspicaz e obstinada, pois percebeu que a editora The Bodley Head estava em terreno fraco e usou isso como ponto de barganha em seu argumento pouco sólido sobre o status de "Vision". O Sr. Willett manteve sua posição, e Agatha também:

> Realmente não vejo o motivo de você pensar que ele não foi enviado como uma das obras contempladas pelo acordo principal. Se a publicação seria aconselhável ou não, é outra história. Talvez você estivesse certo em considerar que ele afetaria as vendas de meus romances de detetive [...]. Certamente não me sinto inclinada a assinar o acordo relacionado aos contos, no qual você estipulou que eles não contam como livro sob os termos do acordo principal, sem esclarecer esta questão sobre "Vision" antes.

Ela ganhou a questão sobre *Poirot investiga*, mas perdeu quanto a *Vision*. A editora The Bodley Head precisava de Agatha mais do que ela precisava deles. Afinal, havia aumentado bastante o gosto popular da classe média por esse tipo de trabalho com o qual ela estava experimentando: romance de forma simples, poucos personagens, capítulos curtos e sem frases longas e complicadas, com ênfase nos fatos e na mecânica de situações, dando considerável importância à psicologia. Os suspenses e as histórias de detetive de Agatha eram despretensiosos, em termos de estilo, mas intelectualmente interessantes. Ela não era e nunca virou uma escritora cuja obra podia intimidar um leitor ansioso, mas fazia exigências bem-vindas da atenção e da percepção rápida do seu público. As revistas semanais, quinzenais e mensais *Grand Magazine, Sovereign Magazine, Blue Book Magazine, Royal Magazine, Novel Magazine* e *The Story-Teller* queriam o trabalho dela, e esse interesse aumentou mais rapidamente que o da editora. A Bodley Head começou a avaliar os termos do próximo contrato.

Agatha, contudo, reconheceu a força de sua posição. Não só editores de jornais e revistas estavam prontos para imprimir suas obras como até a Inland Revenue (equivalente à Receita Federal no Reino Unido) demonstrava interesse. Um inspetor ligou para perguntar o tamanho de seus ganhos como escritora, o que surpreendeu Agatha. Afinal, ela considerava esses rendimentos como desprezíveis e complemento ocasional para a renda da família, não mantendo registros nem os declarando, pois as quantias ficavam abaixo da soma então permitida como "lucro casual". Após refletir sobre isso, ela decidiu ficar mais corporativa e deixar seus negócios nas mãos de um consultor profissional. Somado às informações adquiridas nas publicações da Sociedade dos Autores, que ela descobriu ao voltar da Expedição, isso a levou, mais uma vez, na direção da Hughes Massie, a agência literária recomendada por Eden Philpotts havia alguns anos.

O temível Hughes Massie havia morrido, e Agatha foi recebida por seu sucessor, Edmund Cork, um jovem alto e elegante, de sorriso charmoso e conspirador como um gato amigável e esperto. O jeito do Sr. Cork não era condescendente, não intimidava, nem era repleto de irritantes cordialidades. Ele tinha a mistura certa de atenção educada e sabedoria pensada, e o fato de ser gago deixou Agatha imediatamente ansiosa para acalmá-lo. Na verdade, ela era a mais velha dos dois, e estava longe de ser uma autora ingênua ou que nunca tinha sido publicada. Ela perdeu todo o nervosismo e confiou em Cork, que a ajudaria a realizar suas esperanças e seus sonhos, além de tirar suas dúvidas pelos próximos 60 anos. Ele foi o mais valioso dos conselheiros profissionais, a quem Agatha podia confiar os detalhes complexos e sensíveis de sua vida. Ele lidava com pessoas fazendo pedidos, fiscais da receita e advogados, além de resolver complicações com magnatas do cinema e do teatro, afastar correspondentes inoportunos e protegê-la de boa parte do que seria desmoralizador e difícil. Ela podia confiar nele não apenas por ser discreto e sensato, mas porque não se intrometia. Edmund Cork tinha sido bem-ensinado por Hughes Massie, que uma vez foi convocado para uma entrevista com sua cliente Elinor Glyn, cuja lenda dizia que criava seus livros deitada, e parcamente vestida, em um tapete de pele de tigre. Embora não esteja claro o que realmente aconteceu durante esse encontro, ele levou Hughes Massie a enfatizar a sabedoria de manter uma distância cuidadosa entre cliente e agente literário. Edmund Cork sempre agiu dessa forma, considerando esse o conselho mais útil que Hughes lhe concedera.

Cork ficou apropriadamente chocado com os termos do contrato atual de Agatha e seus ínfimos royalties. Isso foi gratificante. Ela também ficou empolgada ao ouvi-lo falar sobre direitos para cinema e teatro, primeiro e segundo direito de publicação seriada, traduções e por aí vai. Embora Agatha considerasse tudo isso especulações altamente improváveis, ela levou suficientemente a sério para adotar um novo tom em suas correspondências com o Sr. Willett. A determinação de Cork estava clara nas cartas sem rodeios que estabeleceram a posição sobre *Vision* e os termos para *O homem do terno marrom*.

Havia outros motivos para a recém-adquirida confiança de Agatha. Um deles tinha muito a ver com o sucesso da irmã, pois ao fim de 1923 Madge tinha grande probabilidade de obter excelentes resultados com um texto escrito para o palco. Como seria de se esperar, o tema da peça de Madge era um caso famoso envolvendo um impostor: Sir Charles Doughty Tickborne, julgado em 1873-4 após reivindicar um título de baronete, com direito a mansão e ganhos de 25 mil libras por ano com aluguéis. A peça de Madge, chamada *The Claimant* (O reclamante, em tradução livre), misturava todos os eventos que ela adorava: pessoas bem-vestidas, disfarces, embustes, uma festa e suspense. Para espanto da família e da própria autora, Basil Dean concordou em produzir a peça no St. Martin's Theater, no West End, no outono de 1924.

A trama era complicada e o elenco, talentoso e anárquico. Rapidamente ficou claro que a presença de Madge era necessária, para fazer e aprovar mudanças na produção e no roteiro, além de atuar como consultora e aliada de várias coalizões entre facções do elenco e dos empresários. Assim, ela se mudou para um quarto no Brown's Hotel, perto de Piccadilly, e passava os fins de semana com Archie e Agatha, que por sua vez ouvia todos os detalhes do frenesi de bastidores da própria Punkie e, julgando pela pungência das cartas de Madge para Cheadle, esses entusiásticos relatos da vida teatral devem ter sido impressionantes. Havia um personagem específico pelo qual as duas irmãs tinham um carinho especial: "Charles", o cúmplice do protagonista, em quem Madge colocou boa parte do irritante e amado irmão. Ela escreveu: "De alguma forma oculta, Basil Dean conseguia evocar Monty com precisão, particularmente quando demonstrava como 'Charles' pegava moedas da mesa, deixando 8 centavos para trás por que, como Monty teria dito: 'Não me importo com trocados. Nunca me importei.'"

Como disse Madge, Agatha estava "louca para ver um ensaio". Elas acabaram escolhendo a manhã em que avisaram a Madge sobre os preparativos para as fotografias de divulgação para a imprensa, e Agatha ouviu a atriz principal fazer a seguinte observação: "Quando me fotografam, sempre fazem com que eu pareça bêbada. E quando alguém nunca tocou em uma gota de álcool, é difícil. Não é mesmo, Sra. Watts?" Agatha gostou desse comentário, visto que tanto ela quanto Madge não bebiam e eram irremediavelmente pouco fotogênicas. A foto das duas irmãs é atraente: Madge, empolgada, o centro das atenções, esposa de um respeitável homem de Manchester, mas excêntrica e louca por objetos sem valor, ao lado de Agatha, quieta, tímida, divertindo-se e observando tudo. Mas Agatha era mais conhecida. Como Madge generosamente lembrou ao marido e ao filho: "O chefe do birô de imprensa me abordou para uma entrevista e disse que eu não *queria* ser conhecida. Ele disse que os atores eram muito bons [...], mas após a apresentação queria favorecer a mim e minha escrita. Bastou dizer que eu era irmã da Sra. Agatha Christie e ele simplesmente *se derreteu* em elogios a *Styles,* e disse que tinha lido todos os livros dela." Fazendo uma comparação improvável com uma famosa dupla de dançarinas de Charleston, Madge completou: "Então seremos as irmãs Dolly, no fim das contas!"

The Claimant estreou em 11 de setembro, e embora não tenha ficado muito tempo em cartaz, os preparativos forneceram um ótimo entretenimento. Agatha sentiu um apreço especial pelo sucesso breve, porém inebriante, de Madge. A diversão nem estava na notoriedade em si, pois as irmãs eram muito educadas e, no caso de Agatha, tímidas demais para apreciarem isso. O público e a imprensa também eram irrelevantes: Madge e Agatha escreviam pelo prazer do desafio, mais do que pelo mercado. Assim como Agatha mandou cópias autografadas do livro e os dedicou à família e conhecidos próximos, Madge reservou balcões e camarotes para eles no St. Martin's Theater. As irmãs se viram como aventureiras sem preparo, cuja obra estava sendo levada a sério, para surpresa dessas mulheres adultas de classe média, que deixavam a escrita em segundo lugar a seus próprios olhos e, certamente, no de seus maridos, em prol do gerenciamento da casa e de cuidar das crianças. (Após descrever o quanto ela dominava o ofício, dizendo: "'Corte estas linhas, por favor, Sr. Quartermain!' *E ele cortou*, imediatamente!!!", Madge acalmava James e a própria consciência, acrescentando: "Devo ser insuportável em casa. O único remédio será fazer Constance me importunar, dizendo que criei meu filho mal e a alface está molhada.") Elas estavam, ao mesmo tempo, satisfeitas e desconcertadas ao se verem conquistando espaço no mundo preponderantemente masculino do teatro e da literatura. O fato de a Sra. Agatha Christie, escritora, ser sua irmã, fortalecia Madge, e o fato da Sra. Watts, autora de *The Claimant*, ser irmã dela também aumentava a confiança de Agatha.

Agatha tinha agora 34 anos, idade em que sua saúde, força, aparência e temperamento estavam no auge, e é fácil se sentir confiante em relação à própria natureza e capacidade. Maior segurança financeira também ajudou. Assim que Archie conseguiu o trabalho prometido com seu amigo Clive Baillieu, ele e Agatha começaram a ter vontade de comprar uma cabana no campo, especialmente porque Archie tinha virado um entusiasta do golfe. Após longa pesquisa, eles decidiram não por uma cabana e sim por um apartamento na grande casa chamada Scotswood, em Sunningdale, a cerca de 50 quilômetros de Londres. Nos anos 1920, Sunningdale representava o início da prosperidade dos acionistas, simples e maçante. Agatha não tinha um círculo de velhos amigos e familiares como em Torquay, nem os teatros e museus de Londres para distraí-la. Por outro lado, havia um jardim para Rosalind, e o trem para a City e para um famoso campo de golfe era conveniente para ambos. Outra vantagem de Scotswood era ter outro dos quatro apartamentos disponíveis, em um dos quais Agatha instalou Clara, ainda cheia de vida, mas com saúde frágil. Em outros aspectos, o arranjo doméstico de Agatha era feliz e conveniente. Após as dificuldades com Marcelle, ela procurou alguém que fosse tanto uma supervisora gentil para Rosalind quanto secretária e datilografa nas manhãs em que a menina estivesse na escola. Acreditando que os escoceses seriam bons disciplinadores e sem se intimidar com os custos, ela acrescentou ao anúncio as palavras "preferência por escoceses".

Entre as respostas estava a da Srta. Charlotte Fisher, vinte e poucos anos, alta, esbelta, de cabelos castanhos, quieta, direta, bem-

-humorada, além de competente e educada. O pai dela era um dos capelães do rei em Edimburgo. A Srta. Fisher, ou "Carlo", como a família rapidamente passou a chamá-la, logo pegou Rosalind pela mão e fez o "demônio furioso" deixado pela ineficaz Marcelle voltar a ser uma criança educada e agradável. Contudo, a parte secretarial dos deveres de Carlo não evoluiu exatamente como elas imaginaram. Agatha ficava mais nervosa ditando suas histórias do que Carlo em anotá-las à mão, e logo ficou claro que Agatha criava de modo muito mais fluente e natural quando estava sozinha em sua velha Corona. Carlo acabou lidando com cartas, contas e administrando os documentos de Agatha, que já eram organizados, em ordem meticulosa. E o mais importante: ela virou uma amiga fiel, confidente e vigilante.

O ápice desse período feliz foi Agatha ter adquirido o próprio carro. O *Evening News* tinha oferecido 500 libras pelos direitos de publicação seriada de *O homem do terno marrom*, com os quais Agatha, empolgada, pensou em realizar o desejo mundano de adquirir "um novo vestido de noite, sapatos dourados ou prateados em vez de pretos ou algo mais ambicioso, como uma nova bicicleta para Rosalind [...]". Comprar um carro foi sugestão de Archie: não era um monstro aerodinâmico e sim um pequeno Morris Cowley de nariz esnobe. Para Agatha, foi um dos maiores prazeres de sua vida. Não apenas porque, como escreveu na autobiografia, possuir um carro "ampliava seus horizontes, aumentava seu território", por mais intensa que fosse a sensação, ainda mais na época em que era um prazer ainda restrito a poucos. Isso certamente fazia parte da alegria de Agatha, mas havia também a liberdade. Era muito satisfatório ser transportada por aquela máquina que ia para onde você mandava, no ritmo que você ordenava e quando você exigia. Em resumo, por algo que estava sob o seu controle. Um carro significa libertação. No caso de Agatha, em dose dupla, pois fora adquirido com dinheiro que ela ganhara sozinha. Para a própria surpresa, ela havia conquistado a independência.

É interessante que o marido tenha sugerido a compra e ensinado Agatha a dirigir. Com isso, ele fez importante elogio à esposa. Archie, que tinha assumido o controle de um raquítico aeroplano em 1910 com êxtase, embora um tanto nervoso, conhecia bem a sensação de liberdade ao dominar um veículo que se movia com rapidez e facilidade. Ele reconheceu que Agatha apreciaria fazer o mesmo, e estava pronta para isso. A sugestão talvez até indicasse algo mais. Ao mencionar as lições rudimentares de direção de Archie, Agatha se lembra dele garantindo que ela conseguiria fazer tudo o que desejasse, se assim quisesse. Talvez ele tenha sentido, inconscientemente, que ela garantiria a própria independência, e ele não poderia impedi-la? Fantasioso, mas plausível. Especialmente à luz da decisão tomada por Archie e Agatha quando, alguns anos depois, eles novamente se viram em situação muito melhor do que esperavam. Agatha propôs que deveriam ter outro filho, Archie, que eles comprassem um potente Delage. Agatha creditou isso à empolgação de Archie com o Bentley do vizinho, mas talvez a escolha tivesse outro significado. Os Christies estavam seguindo em frente em vez de se consolidar, escolhendo a independência em vez de mais responsabilidade. E seguindo caminhos diferentes, se eles assim o desejassem.

A sensação de segurança de Agatha, tanto em si mesma como esposa quanto nas finanças do casal, é demonstrada pela decisão de publicar sua coletânea de poemas. Em 1924, *The Road of Dreams* foi publicado pelo selo de Geoffrey Bles com edição paga por ela, e gerou uma carta gentil de Eden Philpotts, que admirou particularmente a sequência *A Masque from Italy* (Uma máscara da Itália, em tradução livre), os poemas sobre Arlequim e Columbina escritos dez anos antes. "Você tem ótimo dom para a poesia e espero que encontre tempo para desenvolvê-lo", elogiou Philpotts. Ele também afirmou que, embora torcesse pelo sucesso de *The Road of Dreams*, "infelizmente as pessoas não compram poesia". Ele tinha razão: na década de 1960 os agentes literários de Agatha precisaram escrever para perguntar o que ela gostaria de fazer com as cópias restantes que não tinham sido vendidas.

Enquanto isso, Cork estava ocupado, em nome de Agatha. Ele discutiu a obra e as vendas da autora com Godfrey Collins, que propôs o pagamento de 200 libras de adiantamento em cada um dos próximos três livros, além de generosos royalties. Quando Cork mencionou isso a John Lane, ele o ouviu resmungar que se alguém pagasse tanto, poderia ficar à vontade e adquirir a obra de Agatha. Assim, foi assinado um contrato de três livros com a Collins em janeiro de 1924, embora Agatha ainda precisasse entregar o último livro para a Bodley Head. Ele foi *O segredo de Chimneys*, empolgante suspense no qual ela usou lembranças e reflexões facilmente reconhecíveis. Há um vislumbre de Bulawayo; "Chimneys", onde se passa a maior parte do romance, é uma versão ainda maior de Abney; o superintendente Battle, que aparece pela primeira vez, lembra o inspetor Bucket em *A casa soturna*; e elementos da trama não só lembram *O prisioneiro Zenda* e alguns dos romances de John Buchan em que segundos filhos engenhosos voltam das colônias para se envolver em tramas desesperadas, como também sugerem que Agatha não se esqueceu da conspiração monarquista que empolgou os visitantes em Cauterets quando ela era criança. Segundo a *Autobiografia*, esses eventos foram "apenas levemente apreendidos" por ela na época. Apesar de vagas, essas apreensões entraram no subconsciente da jovem Agatha.

No verão anterior ao lançamento de *Chimneys*, Agatha visitou Cauterets para mostrar a Archie o hotel em que tinha se divertido tanto. Eles ficaram decepcionados no início ("Não gostei da aparência do lugar", escreveu Archie laconicamente na carta conjunta que eles datilografaram para Clara), mas tiveram o bom senso de relacionar o desencanto aos efeitos de uma desconfortável jornada: para economizar, eles viajaram de segunda classe de Victoria, tiveram os assentos ocupados por intrometidos que derrubaram cerejas em toda a carruagem e ficaram ao lado de "dois jovens espanhóis que se abraçavam o tempo todo". Contudo, bastaram algumas caminhadas e piqueniques nos Pireneus para melhorar o temperamento deles. Agatha e Archie subiram montanhas por um caminho sinuoso entre campos de feno para comer crepes feitos com licor de anis em um café no alto da montanha e assistiram a espetáculos de Grand Guignol após o jantar. Eles beberam água das fontes sulfurosas e "fizeram *la douche nasale*", jogaram bola, "aperfeiçoaram a tacada matadora no bilhar japonês" e fizeram excursões em um ônibus de turismo, cujos ocupantes foram considerados lastimáveis por Archie. (As primeiras páginas de *O segredo de Chimneys* descreve essa forma de ver a cidade.) A fotografia do veículo em seu álbum mostra Agatha empolgada, enquanto Archie estava sério e com a mão no rosto, como se não quisesse estar no lugar. De Cauterets eles foram a San Sebastian, para mais banhos de mar e noites no Kursaal, com música e cartas. Archie, que gostava de dormir cedo, achava o horário espanhol difícil: o "espetáculo de música" começava às 22h15, e ele saía no primeiro intervalo. No fim da estadia, o casal estava relaxado o suficiente para abandonar a economia e voltar para casa de primeira classe.

Agatha e Archie faziam bem em viajar sozinhos. Agatha sentia falta do companheirismo fácil dos primeiros dias, os fins de semana em que eles exploravam o campo de ônibus ou trem. Ela, agora, considerava sábado e domingo "os dias mais entediantes", pois Archie estava tão envolvido com seu hobby que ela começou a entender o que significava ser uma "viúva do golfe". Como a maioria dos amigos de Agatha estava casada, não era educado pedir à esposa para fazer uma visita sem o marido, e o único casal que ela podia convidar sem problemas era Nan e o segundo marido, que não entediaria Archie por ser um bom golfista. Havia, também, os Baillieus, amigos de Archie e vizinhos do casal. Agatha gostava de Ruby, a esposa de Clive Baillieu, mas como um todo a sociedade de Sunningdale era decepcionante. Segundo Agatha, "ou eram pessoas de meia-idade apaixonadas por jardins, que não falavam de outro assunto, ou o tipo alegremente rico que bebia muito, dava festas e não era de fato meu estilo, muito menos o de Archie". Em comparação a Londres ou à confortável Torquay, Sunningdale era, como definiu Charlotte Fisher, um lugar terrível, complacente, organizado e entediante.

Depois, Agatha pintou em *Retrato inacabado* suas frustrações com essa fase do casamento. A descrição dela é exagerada: à noite, Dermot fica em casa "lendo livros sobre assuntos financeiros", mas o retrato do tédio e solidão de Celia se assemelha, essencialmente, ao estado de Agatha durante uma grande e irritante parte do tempo. A questão não era a incapacidade de Agatha para se distrair. Ela sempre encontrava algo com que se ocupar quando estava livre para escolher como fazê-lo. O problema era que ela não estava mais sozinha. Agatha fazia parte de um casal em uma sociedade e vizinhança onde as pessoas eram convidadas e recebiam outros casais, mas com um marido que, naquele momento, preferia relaxar nos clubes de golfe sozinho ou, no máximo, com um igualmente fanático parceiro no esporte. Portanto, Agatha estava presa, sem as vantagens do companheirismo e da colaboração que vinham com o casamento. É fácil apontar os benefícios de sua posição: ela apreciava o status e a segurança de uma mulher casada, tinha uma filha inteligente e linda, um lugar grande e ricamente mobiliado para viver, um ambiente tranquilo que não era sujo e barulhento como Londres, nem úmido e triste como o verdadeiro campo pode ser. Agatha tinha carro, renda adequada e garantida e uma boa mente. Há centenas de mulheres nessas circunstâncias que possuem mente afiada e disposição aventureira, além de serem fiéis e disciplinadas e que se sentem frustradas em suas belas casas e jardins arrumados. Elas procuram briga, discordam da conta do mercado, desejam mudar de casa e se ressentem do próprio comportamento, aparentemente inexplicável. Elas ficam inquietas.

Porém, Agatha tinha a escrita para distraí-la. Em vez de importunar Archie com especulações intelectuais e emocionais, ela podia satisfazer a própria curiosidade e brincar com seus personagens. Ela não podia garantir a atenção do marido, mas conseguia entreter, provocar e desafiar outra audiência: seus leitores. Foi o que ela decidiu fazer no livro seguinte, *O assassinato de Roger Ackroyd*, escrito no fim de 1925 e início de 1926.

"Eu obtive uma fórmula muito boa ali, e preciso confessar que devo isso a meu cunhado James Watts", declarou Agatha. De acordo com a autobiografia, a sugestão de Watts foi que "um Watson", isto é, o narrador, deveria "acabar sendo o criminoso", então não seria preciso ser excessivamente crítica nesse livro. E por mais que muitos leitores, críticos profissionais e autores de histórias de detetive tenham ficado furiosos por terem sido enganados por Agatha com tanta inteligência, a ideia de que o narrador também deveria ser o autor do crime não era de todo surpreendente. Afinal, é uma variação óbvia em um tipo de história passado em ambiente fechado com um limitado número de vítimas e suspeitos, no qual as variações são finitas.

Uma das pessoas a quem esse pensamento ocorreu foi Lorde Louis Mountbatten, que escreveu a Agatha em 28 de março de 1924, através da revista *Sketch*. Ele tinha lido as histórias de Poirot na revista, apresentou seus elogios e ofereceu gentilmente (a carta está escrita na terceira pessoa) uma sugestão para outra história de Poirot. As principais características do esboço dele eram que o narrador da história deveria ser o criminoso, que seu álibi deveria ser o de "estar com o maior detetive vivo no momento em que o crime foi cometido" e que o próprio detetive fosse acusado do crime. Mountbatten anexou à carta o rascunho extenso de uma trama cujos detalhes se desenrolariam em uma série de cartas entre Poirot, Hastings e o homem que acabaria revelado como assassino. Mountbatten conclui, dizendo: "Lorde Louis solicita perdão por ter escrito a uma desconhecida e naturalmente não espera que a Sra. Christie use essa trama, a menos que a atraia. Ele mesmo não desejaria usar essa trama, pois sendo oficial da Marinha não dispõe de tempo para escrever, à exceção de contos breves para revistas (sob um pseudônimo), empreitada para a qual o material incluso é inadequado." Quase meio século depois, em novembro de 1969, Lorde Mountbatten escreveu de novo. Após parabenizar Agatha pela empolgante e misteriosa peça *A ratoeira*, que havia acabado de rever, ele mencionou a carta anterior. A resposta de Agatha foi sincera e generosa:

> Por muitos anos fui assombrada, de tempos em tempos, por uma espécie de complexo de culpa. "Respondi a uma carta que recebi de você?" E vinha a desconfortável sensação de que eu tinha começado a escrever uma carta, mas, possivelmente, me esqueci de postá-la. É um verdadeiro alívio saber que *realmente* a postei. [...] A ideia "Dr. Watson cometeu o crime" me ocorreu por duas fontes: um simples comentário feito pelo meu cunhado de que, "algum dia, o Dr. Watson precisa ser o assassino", ao qual retruquei, dizendo "isso seria terrivelmente difícil em termos técnicos". Não creio que pensei muito nisso na época, mas pouco depois veio a sua carta que, se eu lembro corretamente, definiu uma trama muito interessante [...].

> Considerei a ideia muito atraente por ser algo inédito, mas tinha grande dúvida se algum dia *eu* conseguiria fazê-lo. Foi um grande desafio! Ficou em minha mente e eu a remoí do mesmo jeito que um cão faz com um osso.

Essa carta alegrou o ânimo de Lorde Mountbatten. Ele imediatamente produziu uma resposta, cumprimentando Agatha pelo "trabalho maravilhoso ao usar minha ideia em *O assassinato de Roger Ackroyd*, que pessoalmente considero a melhor história de detetive que já foi escrita". Ele agradeceu a Agatha por se oferecer para enviar seu livro mais recente, pediu um autógrafo e que, "caso seja possível, mencione nosso contato original sobre *O assassinato de Roger Ackroyd* há 45 anos", o que Agatha fez gentilmente. Com isso, todos ficaram felizes, até mesmo um tipo discreto e gentil como James Watts.

No fim da primavera de 1926, *O assassinato de Roger Ackroyd* foi publicado na Inglaterra, pela Collins, e nos EUA, pela Dodd, Mead, que havia comprado a John Lane e Co. em 1922. Sempre se diz que a criatividade de Agatha ao apresentar o caso foi motivo de surpresa para todos. As histórias de detetive dos anos 1920 faziam parte da dieta básica do público leitor e esperava-se que seguissem determinadas convenções rígidas, que acabaram encapsuladas nas regras do Detection Club, proibindo o uso pelos autores de revelação divina, intuição feminina, atos de Deus e similares como solução para crimes. A sensação causada pelo *O assassinato de Roger Ackroyd*, contudo, parece ter sido pequena. Alguns críticos detestaram (para o *News Chronicle* o livro era "uma decepção infeliz e de mau gosto, de uma escritora que tínhamos passado a admirar") e um leitor escreveu uma carta de reclamação para o jornal *Times*. As vendas de Agatha certamente aumentaram e a publicação desse livro foi o ponto de virada em sua carreira. Porém, o truque usado em *O assassinato de Roger Ackroyd* era mais um assunto de conversa do que uma controvérsia. As pessoas que estavam na casa dos 20 e dos 30 anos, quando o livro apareceu posteriormente, se lembraram de discutir se a autora tinha deixado todas as pistas de modo justo para o leitor (e ela o fez), mas essas recordações eram invariavelmente misturadas à lembrança de outra efervescência, muito maior, que Agatha causaria naquele mesmo ano. A memória popular é curiosa, assim como os mitos sobre ela. Uma carta formal ao *Times,* uma frase aqui e ali nos jornais e a conversa fiada nos círculos de classe média e média alta deram a vaga impressão de que a Sra. Christie era interessante, inteligente e manipuladora. Essas opiniões casuais afetaram a forma pela qual o público viu os eventos surpreendentes da vida particular de Agatha. Ao serem divulgados e discutidos, esses eventos ajudaram a exagerar as lembranças quanto à magnitude da reação a *Roger Ackroyd.* Mais de 50 anos depois, é difícil saber qual foi o motivo da polêmica em relação a *Roger Ackroyd* ou se houve realmente alguma polêmica, no fim das contas.

10

"... eu não creio que ela saiba quem é..."

O desaparecimento de Agatha, contudo, foi outra história. Pode ser difícil explicar por que ela se comportou daquela forma e o que exatamente aconteceu na ocasião, mas não é difícil entender o motivo para um estardalhaço de proporções tão memoráveis. Para desvendar o enigma é preciso examinar não só as ações de Agatha como também suas reações a elas, na época e desde então. Talvez a história seja menos instrutiva pelo que revela sobre o caráter e o estado mental de Agatha do que pelas informações sobre a sabedoria e o profissionalismo de quem se ocupou deles. É, sem dúvida, uma história extraordinária, ao mesmo tempo ironicamente divertido e muito dolorosa, um caso que, embora intensamente particular, acabou (para angústia de Agatha) conquistando o status de lenda popular. Mais de meio século depois a história serviu de base para uma ficção de mau gosto, *Agatha*, transformada em filme. O episódio foi e continua sendo alvo de constantes especulações, teorias amadoras e profissionais, além de insaciável curiosidade. A natureza das especulações é tão interessante quanto os fatos em si.

Ao final de 1924, Agatha estava inquieta, solitária e o impulso de se mudar de casa ficou irresistível. Ela produziu algumas racionalizações familiares: "Por mais confortáveis que estivéssemos em Scotswood, havia algumas desvantagens A administração não era particularmente confiável, a fiação elétrica apresentava problemas, a água quente constante anunciada não era nem constante e muito menos quente, o lugar sofria de falta de manutenção geral..." (No primeiro rascunho da *Autobiografia* isso aparece como "sofria de carros demais".) Os homens também ficam entediados e inquietos e, nesse caso, sair de Scotswood parece ter sido ideia de Archie, contudo ele não desejava ir além de Sunningdale, e queria comprar uma casa. Segundo Archie, Sunningdale tinha tudo o que eles queriam: "Fica à distância certa de Londres e agora eles vão abrir o campo de golfe Wentworth."

Agatha não se opôs. Talvez a perspectiva de comprar uma casa — e até projetar uma, visto que a propriedade Wentworth tinha sido adquirida por uma construtora — era suficientemente interessante para fazê-la deixar as dúvidas de lado. Além disso, ela estava pronta para seguir os planos de Archie, como sempre. A aquiescência também pode estar ligada ao fato de que "as ambições golfistas tiveram súbito impulso". Nas finais do Torneio Feminino em Sunningdale ela encontrou uma competidora com o mesmo handicap e o mesmo grau de nervosismo que ela, e após temer desesperadamente obliterá-la, Agatha relaxou e levou para casa o troféu prateado. A Sra. Christie, em 1926, não era muito diferente da Agatha Miller de uns 15 anos antes, convencida de que partilhava as mesmas obsessões de Wilfred Pirie. Mesmo quando ela e Archie decidiram que não podiam bancar nem gostar do tipo de casa que a construtora poderia oferecer a eles, mesmo ao que parecia ser um "preço incrível", eles acabaram comprando debêntures no valor de 100 libras para Agatha na construção de Wentworth que, segundo ela observou de modo tocante, "me permitiria jogar nos sábados e domingos, em uma espécie de reserva para o futuro. Afinal, como haveria dois campos lá, seria possível jogar em pelo menos um sem me sentir deslocada, e até Wentworth chegar ao status de Sunningdale eu, provavelmente, devo ser capaz de jogar com outros novatos próximos do meu convívio."

A casa que eles acabaram comprando, após cerca de um ano de busca, atraiu Archie principalmente devido à proximidade com a estação e, Agatha, pela beleza do jardim. O preço era razoável, embora maior do que eles podiam pagar, visto que a propriedade estava no mercado havia algum tempo. Agatha achou a casa em si anormal e deprimente, escrevendo: "Era uma espécie de suíte para milionários do Savoy transferida para o campo", decorada sem pensar nos gastos, com paredes almofadadas, tons de dourado e "diversos banheiros, pias nos quartos e tudo mais". Ela se consolou pensando que, quando as finanças estivessem melhores (a renda de Archie era garantida, mas a dela era flutuante e eles estavam sem capital), seria possível redecorar o interior. Esperar para fazer isso era difícil para Agatha, que gostava de personalizar o ambiente logo de cara. O jardim, ao menos, proporcionava alguma compensação. Longo e estreito, tinha um gramado com um riacho cheio de plantas aquáticas, onde Rosalind e Judy, filha de Nan, podiam brincar com segurança. Um jardim com espécies selvagens como azaleias e rododendros dava para uma horta, e havia também vários arbustos de tojo.

A casa tinha fama de azarenta. Dos três casais que moraram nela, o primeiro perdeu o dinheiro, o segundo dono perdeu a esposa e o terceiro casal se separou e foi embora. Agatha e Archie decidiram começar do zero e rebatizar a casa. Archie propôs chamá-la de Styles, em homenagem "ao primeiro livro que começou a me dar um rumo na vida". A escolha, presumivelmente pensada como elogio jocoso a Agatha, parece estranha a quem está de fora, pois os eventos que aconteceram em *O misterioso caso de Styles* não eram os mais desejados para uma casa recém-adquirida. Além disso, a ideia de Archie soa imprudente, como se ele desse a entender que a casa era de Agatha em vez de uma empreitada conjunta. A concordância de Agatha indicaria o reconhecimento de que eles não haviam conseguido inventar um novo nome juntos. Em uma parede, eles penduraram um quadro com a pintura encomendada pela editora The Bodley Head para a capa do livro de Agatha. Não poderia ser uma imagem confortável para conviver, não só por ser artificial e descuidada, como também por ser extremamente sinistra. Nela se via um fundo com cortinas pretas e verdes, contra o qual uma figura de olhos encovados em um robe vermelho parecia perplexa diante de algum horror não retratado. A chama da vela revelava um personagem melancólico debruçado por cima de uma mesa e a altiva figura de uma mulher segurando os véus diáfanos enrolados em volta dos ombros, com um aglomerado de formas fantasmagóricas e recém-despertadas amontoando-se ao fundo.

Os Christies tentaram fazer de Styles o melhor lugar possível. Eles compraram novos carpetes, cortinas e, com alguma dificuldade, encontraram um casal para cuidar da casa — a esposa era ótima cozinheira e o marido, um rapaz preguiçoso — e uma empregada alegre embora lânguida. Contudo, a organização do novo lar não serviu de resposta para a inquietação e até acabou piorando tudo, pois eles começaram a se preocupar com a despesa para manter a casa, dois carros e três empregados, e de viver em uma escala mais ampla como um todo. Se havia a necessidade real de se preocupar não é a questão. Agatha, certamente, estava insegura: "Nossa conta bancária parece estar derretendo de modo extraordinário." Madge a levou para umas férias de duas semanas na Córsega. Agatha gostou de se afastar dos afazeres domésticos, mas parecia tensa e preocupada nas fotografias, embora o deselegante chapéu clochê de feltro, que estava na moda na época, não tenha lhe favorecido.

Pouco mais de um mês após Agatha voltar para casa, Clara ficou doente, com bronquite. Ela havia ficado no apartamento em frente ao de Agatha em Scotswood por vários meses, apreciando imensamente brincar com Rosalind e praticar o que a fascinada Srta. Fisher, que achava Clara "inteligente, mas decididamente excêntrica", descreveu como "ótimas ideias de educação infantil". Como não havia muitos interesses para Clara em Sunningdale além desses, Agatha e Archie arranjaram para que ela morasse com alguns amigos em Londres, onde poderia ficar totalmente sozinha ou se juntar aos anfitriões caso quisesse companhia. Ashfield não foi vendida e continuou sendo parte importante da vida de Agatha, um refúgio e um lugar que a atraía. Clara voltava a Torquay de tempos em tempos. Quando Archie e Agatha estavam nos Pireneus, era lá que ela cuidava de Rosalind. A casa era de difícil manutenção, mas suas lembranças eram de convalescença e reuniões. Clara estava em Ashfield quando ficou doente, e Agatha foi ficar com ela, e depois foi substituída por Madge, que acabou telegrafando para dizer que estava levando Clara para Abney, onde seria mais fácil cuidar dela. Por algum tempo Agatha se juntou à mãe. Embora Clara parecesse se recompor, ela pouco saía do quarto, pois agora ela estava com 72 anos e enfraquecida pela doença. Agatha voltou a Sunningdale, mas aproximadamente uma semana depois foi convocada com urgência a Abney. No trem para Manchester, ela teve uma premonição: "uma sensação de frieza, acho, como se eu tivesse sido totalmente invadida", de que a mãe estava morta.

Não importa quantas mortes uma pessoa tenha visto (e, como Agatha lembrou a si mesma na *Autobiografia*, ela havia visto várias pessoas morrerem no hospital), a de uma pessoa próxima é um choque diferente. "É apenas a casca que permanece. Toda a personalidade ávida, carinhosa e impulsiva estava bem longe dali, em algum lugar", escreveu ela. Agatha e Clara confiavam uma na outra porque Clara era mãe de Agatha e também porque, desde a morte de Frederick, de certa forma, Agatha foi a mãe de Clara. O fato de Agatha não estar com Clara quando ela morreu pode ter aumentado a sensação natural de sofrimento e culpa, e Archie foi incapaz de confortá-la. Na hora da morte de Clara e do funeral, ele estava na Espanha, viajando a negócios, e de qualquer modo, ele achava a infelicidade e a inadequação embaraçosas. O que ele sentia por Clara também não estava claro. Alguns amigos suspeitavam de que ele sentia ciúmes da dedicação de Agatha pela mãe. De qualquer forma, quando Archie voltou para uma esposa enlutada, ficou desorientado e desconfortável. Em vez de propor o adiamento dos negócios para ficar em casa com Agatha e Rosalind, por mais impraticável que fosse, ele sugeriu, desajeitadamente, que Agatha fosse com ele para a Espanha. Ele tinha boas intenções, pois pensava que poderia distraí-la, mas Agatha depois se culpou por ter preferido ficar em casa, escrevendo: "Agora vejo que este foi o meu erro. Minha vida com Archie passou diante de mim. Tínhamos sido felizes juntos, absolutamente certos um do outro e nenhum de nós, naquele momento, teria sonhado que poderíamos nos separar ou que algo pudesse dar um fim à nossa relação." Estas corajosas palavras não são totalmente convincentes, pois a vida matrimonial de Agatha e Archie já parecia ter perdido o vigor. Archie, certamente, dá a impressão de ter sido descuidado. Ele pode não ter usado as palavras exatas que Agatha lhe atribuiu, desejando que ela voltasse a ser "a mesma de sempre, piadista e divertida", mas é significativo que ela tenha ficado remoendo esse comentário. Por mais difícil que seja partilhar o luto com outra pessoa, é possível cuidar dela durante o processo ao apoiá-la, em vez de esperar o apoio usual para si. Archie não parece ter se dado conta disso.

Além disso, a morte de Clara detonou não só um turbilhão emocional, como um trabalho físico e intelectual árduo. Havia o inventário para resolver e a limpeza para fazer, e tudo isso caiu sobre os ombros de Agatha, pois Clara havia deixado Ashfield para ela, junto com a responsabilidade imediata de resgatar a casa da falta de manutenção na qual se encontrava. O trabalho físico árduo, de certa forma, era terapêutico: organizar tudo ajudava a suavizar o choque, e a arrumação impiedosa e o processo de jogar objetos fora amenizava a raiva que acompanhava o luto. Agatha atacou as ruínas e a dilapidação, os tesouros e o lixo acumulados por anos. Não havia dinheiro para reformas, o teto estava caindo e as paredes tinham vazamentos. Apenas dois quartos não haviam sido abandonados. O lugar estava repleto de objetos de Margaret, e somados aos de Clara, em vários estados de deterioração. A mudança da titia-vovó de Ealing com toda a destruição, lixo e caos envolvidos perturbou imensamente Agatha quando ela era mais jovem e resistente. Agora, estava em um estado deplorável: cansada e desesperada. A descrição é de objetos monstruosos e inúteis, como a grande quantidade de flores de cera embaixo da cúpula de vidro que foi o memorial do avô: "Tudo bem para a vovó guardá-las, pois era o marido dela, mas eu nunca o conheci. O que fazer com isso?"

Ela trabalhou como uma condenada, ajudada por uma empregada de manhã e outra à tarde, procurando, descartando e transportando objetos escada abaixo. Ela também não sabia ao certo o próprio objetivo. O primeiro rascunho da autobiografia menciona a perspectiva de "reformar Ashfield ou de qualquer maneira, preparar-se para vendê-la, se necessário". As preocupações com dinheiro também minavam o espírito dela. Os Christies estavam endividados com o banco, e como as pessoas geralmente fazem quando estão em estado de desvario, no afã de escapar de uma complicação, acabam entrando em outra. O esquema consistia em alugar Styles por um determinado valor no verão. Agatha e Rosalind ficariam em Ashfield enquanto Agatha continuaria a organizar e esvaziar a casa, com Archie morando no clube e fazendo expedições de golfe nos fins de semana. Em agosto, quando Madge pudesse deixar Abney, a maior parte do trabalho em Ashfield estaria terminada, então Agatha poderia ir embora com a consciência limpa, confiar Rosalind a Madge e viajar ao exterior com Archie para férias. Eles se estabeleceriam em Alassio, Itália. Ao escrever mais tarde na vida, Agatha não se lembrou do motivo, mas poderia estar relacionado às associações serenas e ensolaradas da música de Elgar chamada "In the South" (No sul, em tradução livre). Ela se agarrou a essa perspectiva durante as seis semanas limpando e se arrastando em Ashfield.

As férias prometiam libertação, descanso e companheirismo, pois Agatha, agora, estava sem um adulto em quem pudesse confiar. Archie se dedicava aos negócios e ao golfe, evitando estar em Ashfield nos fins de semana, alegando contratempos e despesas. Além disso, Carlo também tinha ido embora. Acreditava-se que o pai dela estava em fase terminal de câncer e ela havia voltado a Edimburgo. Mesmo detestando deixar Agatha, ela partiu. Não está claro exatamente quando Carlo foi embora, nem quando voltou. Agatha descreve a si mesma na época como "toda esta confusão, trabalho e infelicidade", enquanto a própria Carlo contou, em uma carta que escreveu para Rosalind, sobre esse período complicado e de sofrimento de Agatha cuidando dela na Escócia e dizendo que Clara havia morrido. O fato é que a única amiga e confidente de Agatha estava ausente naqueles tristes meses de verão.

É compreensível que a cronologia de Agatha estivesse confusa. Ela dormia mal, alimentava-se de modo insubstancial e errático e, de tempos em tempos, esquecia momentaneamente quem ela era ou onde estava. Alguns acreditam que a descrição autobiográfica feita por Agatha do seu estado é uma mistura de verdade e autoengano, e embora estivesse, sem dúvida, doente e angustiada, ela depois se esforçou para dizer que estava confusa e esquecida, a melhor forma de sustentar a explicação pública dos eventos que se seguiram. Contudo, o relato é convincente em detalhes pequenos e aparentemente desimportantes. Ela fala, por exemplo, em hesitar ao assinar um cheque e depois assinar, desconfiada, como Blanche Amory. No segundo rascunho da autobiografia, essa passagem foi abreviada, mas o primeiro era persuasivo: "Eu ainda tenho a sensação de que não está muito certo. Era Blanche ou algum outro nome? Amory se escrevia com 'E' ou com 'O'?" E nesse mesmo parágrafo, mais adiante: "Tinha algo levemente familiar nisso, e no fim das contas eu lembrei, ou pensei ter lembrado: era uma personagem, aparentemente de um dos romances de Thackeray. *Pendennis*, eu acho. Ainda não sei por que guardei o nome. *Pendennis* não era um romance do qual eu gostava, embora lembrasse que Thackeray era o favorito do meu pai. Mas eu não gostava de nada escrito por Thackeray. Dickens era o meu amor, então, por que Blanche Amory? Deixei isso de lado." Esse tipo de confusão desesperadora sobre detalhes sem importância (se era com "O" ou com "E") e o fato de não gostar de *Pendennis* parecem verdadeiros.

Agosto chegou e com ele o aniversário de Rosalind, a visita de Punkie, além de Archie e as férias na Itália. Porém, Archie parecia diferente, irritadiço e evasivo, tão estranho que Agatha se lembrou do velho pesadelo do Homem da Arma, no qual uma pessoa familiar, querida e até então amável, subitamente se transformava em alguém hostil e inalcançável. Temendo que houvesse algo errado no trabalho e chegando a imaginar descontroladamente que Archie pudesse não ter roubado diretamente, mas "embarcado em alguma transação para a qual não tinha autoridade adequada", como escreveu depois, Agatha o pressionou a se explicar. Nos dias seguintes, ele admitiu, primeiro, que não tinha feito preparativos para as férias e, depois, que tinha se apaixonado por outra pessoa, a Srta. Nancy Neele, com quem jogava golfe. Agatha soube disso em Ashfield, onde Rosalind havia nascido, justamente na época do aniversario da filha.

Há momentos na vida de uma pessoa em que não é sábio (além de ser impertinente), fazer especulações estando de fora, pois é impossível ter certeza do que realmente aconteceu e de como os participantes se sentiram. Em geral, as pessoas mais próximas não podem explicar como reagiram e por quê. Na autobiografia, Agatha contou sua reação à confissão de Archie de que ele não a amava mais e queria o divórcio. O relato é totalmente plausível e inteligível: a perplexidade deu lugar ao choque, seguida pela culpa e pela raiva. Primeiro, ela não entendeu do que Archie estava falando e, depois, não acreditou que seria duradouro: "Pensei que era algo que passaria." Ela procurou motivos, culpando o próprio estado de preocupação e sofrimento: "Se eu tivesse sido mais esperta, se soubesse mais sobre o meu marido, se tivesse me preocupado em conhecê-lo melhor em vez de estar contente por idealizá-lo e considerá-lo mais ou menos perfeito [...]. Se eu não tivesse ido para Ashfield [...]. Se tivesse ficado em Londres [...]. De alguma forma, não devo ter sido adequada para preencher a vida de Archie [...]." Da culpa ela passou a explicações cada vez mais exasperadas, com base no caráter de Archie e em estratagemas usados por ele para sobreviver: "Ele deve estar no momento certo para se apaixonar por outra pessoa, embora não soubesse [...]. Ou foi só esta moça em particular? Teria sido o destino para fazê-lo se apaixonar por ela tão subitamente? Ele não poderia ter se apaixonado por ela nas poucas ocasiões em que a encontramos. Ele até fez objeção quando quis convidá-la [...] dizendo que atrapalharia o golfe dele. Mas quando se apaixonou por ela, foi de modo tão súbito quanto se apaixonou por mim, então talvez estivesse fadado a acontecer [...]." Não há motivos para duvidar do relato de Agatha. Ela não está manipulando personagens em um livro: a morte da mãe e o abandono de Archie haviam mostrado dolorosamente que na vida real os eventos eram incontroláveis e os seres humanos, perversos. Ela descrevia uma experiência particular em frases perturbadas e desordenadas.

Agatha agora suplicava a Carlo para voltar, pois outros médicos descobriram que a doença do pai não era grave. Carlo ficou horrorizada com o estado de Agatha. Ela encontrou a amiga incapaz de comer ou dormir, chorando o dia inteiro. Do estado de Archie nós não sabemos muito, embora amigos com quem ele se hospedou no início do verão (enquanto Agatha desmontava Ashfield) o tenham considerado calado e solitário. A própria Agatha o achou impaciente, tanto consigo mesmo quanto com ela, mas depois ela se deu o trabalho de tentar explicar o comportamento do então marido. Ela foi sincera quanto ao egoísmo de Archie: "Ele disse: 'Eu falei com você uma vez, há tempos, que odeio quando as pessoas estão doentes ou infelizes. Isso meio que estraga tudo para mim.'" Ela continuou: "Repetidamente ele me dizia: 'Não suporto não ter o que quero e não suporto estar triste. Por que todo mundo não fica feliz? Sempre tem que haver alguém triste.'" Essas eram palavras infantis, ditas por uma pessoa em sofrimento profundo. Archie considerava Agatha cada vez mais irritante, especialmente por estar aborrecido consigo mesmo e com o fato de a situação deles ser intratável. Ele não suportava lágrimas e depressão, lembrou Carlo em uma carta para Rosalind escrita posteriormente. Agatha falou da "crueldade contínua" de Archie: "Ele estava infeliz porque acho que gostava muito de mim e realmente odiava me magoar, mas teve que inventar para si que não estava me magoando e seria muito melhor para mim afinal, que eu deveria ter uma vida feliz e deveria viajar, e no fim das contas, eu tinha a escrita para me consolar. Mas como a consciência realmente o perturbava, ele não conseguia deixar de se comportar com certa brutalidade. Minha mãe sempre o achou cruel. Ela gostava disso nele, e eu não. Eu sempre via tão claramente os vários atos de bondade, a natureza boa [...]." Mesmo assim, ela admitiu: "Eu admirei essa brutalidade. Agora, eu via o outro lado dela."

Os avisos maternos realmente voltam para nos assombrar. Clara sempre enfatizou para Agatha que os homens precisavam de estímulo e companheirismo constantes, conselho que depois Agatha fez questão de dar às amigas mais jovens, quando o trabalho levava os maridos ao exterior. Agora Agatha perdeu tanto Archie quanto a mãe. Ela tinha Rosalind, mas era uma criança, que deveria ser poupada de tais preocupações. Ela tinha a perceptiva e benevolente Carlo, mas teria sido desleal (além de atípico para Agatha) partilhar com a amiga todo o luto e o ressentimento. Ela se sentia totalmente sozinha, e acreditava que todo o amor e conforto que recebia vinham do cachorro Peter, um terrier de pelo áspero que Rosalind ganhou quando eles se mudaram para Sunningdale. Anos depois, quando Peter morreu, Agatha disse ao segundo marido que, embora sua tristeza parecesse tola, não soaria como tal para quem entende como é ter o cachorro como única fonte de companheirismo e conforto.

Quando Agatha e Rosalind voltaram a Styles, de Ashfield, primeiro, pareceu melhor que Archie voltasse ao clube em Londres. Foi nessa época que Carlo retornou a Styles. Após algumas semanas, contudo, Archie voltou para casa. Segundo Agatha, ele alegou que "Talvez estivesse errado. Talvez eu tenha cometido um erro". Além disso, Archie e Rosalind — agora com 7 anos — estavam dedicados um ao outro, e por isso ele tentou ficar. Por mais insuportavelmente difícil que a situação fosse, Agatha ansiava por abraçá-lo. Ela não queria o divórcio por varias razões. Um divórcio seria como a morte, o desaparecimento de uma pessoa com quem um relacionamento intensamente próximo foi criado e mantido, por mais desconfortável e discordante que fosse. Como a morte, o divórcio também seria complicado, em termos materiais, bem como emocionais: propriedades teriam que ser partilhadas e pertences, realocados. Porém, ao contrario da morte, o divórcio é uma escolha. Antes de infligir dor e inconveniência a todos os envolvidos, é tentador ter dúvidas ou pelo menos adiar o momento da decisão irrevogável. Quando há filhos, a tentação é ainda maior. Em 1926, e por muitos anos depois, também havia outras pressões contra aceitar rapidamente o divórcio para resolver um dilema emocional. Obter um divórcio era difícil e embaraçoso, e a única base admissível era o adultério, que precisava ser provado, em geral por meio de vários procedimentos padronizados e sórdidos.

Agatha pode não ter pensado nisso com antecedência. É suficiente explicar a recusa ao divórcio como partindo da convicção de que o casamento com Archie era fundamentalmente feliz e sólido. "Nunca houve qualquer suspeita de algo do tipo em nossa vida. Estamos felizes e harmoniosos juntos. Nunca brigamos e ele nunca foi do tipo que olhava muito para outras mulheres." Os amigos disseram que isso acontecia com vários maridos e Archie acabaria voltando. Agatha também acreditava nisso, mas quando Archie continuou teimoso, ela reconheceu que o retorno dele a Sunningdale só havia aumentado o desejo de abandoná-la. Ele se mudou novamente para o clube.

Archie não morava com a Srta. Neele nem ela vivia com ele. Escrupuloso, organizado, firme e confiável, ele não desejava prejudicar seu status com os colegas da City, que no fim dos anos 1920 era uma sociedade pequena e conservadora, ao se comportar de modo inadequado. Além disso, ele gostava de manter seus arranjos domésticos tão bem-planejados e regulares quanto seus negócios: toda manhã ele tomava o mesmo desjejum e o dia se desenrolava de acordo com uma cuidadosa rotina até ele se retirar para dormir, às 22h30. Quando ficou impossível permanecer em Styles, ele se mudou para o clube. Qualquer outro arranjo perturbaria ainda mais a ordem, além de ser complicado, caro e comprometedor para todos os envolvidos. A pessoa por quem Archie tinha se apaixonado não era uma pessoa descuidada, mas uma mulher inteligente e atenciosa, dez anos mais jovem. Ela era de uma família grande, com irmãos gêmeos, outro irmão e irmã, e o pai tinha um posto administrativo em um dos conselhos da companhia ferroviária. Quando terminou os estudos, Nancy decidiu fazer um curso de estenografia e datilografia em uma das escolas de secretariado para jovens mulheres, inauguradas recentemente em Londres, escolhendo a Escola de Secretariado e Datilografia da Srta. Jenkins, conhecida como Triangle e situada na South Molton Street, perto da Bond Street. Quando Nancy terminou o ano naquele estabelecimento famoso pela respeitabilidade, foi contratada por uma empresa da City chamada Imperial Continental Gas Association. No começo, ela era a única mulher trabalhando no local, pois funcionários do sexo masculino ainda eram a regra, mas um ano depois outra formada pela Triangle se juntou a ela, e foi essa amiga que a apresentou a Archie.

Madge James e o marido Sam moravam em Hurtmore, Surrey, enquanto Nancy ainda morava com a família em Croxley Green e frequentemente vinha passar algum tempo com eles. Gregária e agradável, Nancy gostava de festas e era uma convidada encantadora. Sam James era colega de Archie na City e o convidou para passar um fim de semana em sua casa, por achar que ele parecia cansado e infeliz. Madge, que tinha perguntado se Archie era casado e se gostaria de trazer a esposa, soube pelo marido que a situação não estava bem entre os Christies e Archie, provavelmente, preferia ser convidado sozinho. Por ser amiga de Madge, Nancy estava entre os outros convidados. Acabou que Nancy também era fã de golfe, e como Sam não jogava, ela formou uma dupla com Archie. Como as pessoas fazem durante longos fins de semanas na casa de amigos, eles passaram a confiar um no outro.

Agatha e Nancy também se conheciam. Na verdade, Nancy tinha sido convidada por Agatha para ficar em Styles. Em pelo menos uma ocasião, quando um vizinho organizou um baile no qual os Christies levaram seus hóspedes, Agatha, por ser casada, acompanhou Nancy, cuja família, do contrário, não teria desejado que ela andasse tão livremente. Escrevendo anos depois, Agatha se lembrou de Archie dizendo que havia convivido muito com Nancy por estar sozinho em Londres, ao que ela respondeu: "Sim, por que você não deveria?" Na *Autobiografia*, Agatha mencionou Archie se referindo a Nancy como "secretária de Belcher", mas um dos dois estava sendo impreciso, visto que Nancy ainda trabalhava na Imperial Continental Gas Association. O major Belcher, agora casado com uma australiana que o ajudava a datilografar suas correspondências sobre a Expedição pelo Império, sem dúvida conhecia Nancy, pois em 1925 ela havia passado as férias com os Belchers na França. Apesar disso, ela conhecia Agatha apenas superficialmente.

No inverno de 1926 essas três pessoas estavam em considerável estado de angústia. Archie continuava no clube e via Nancy nos fins de semana na companhia de amigos, para que sua reputação não fosse manchada por fofocas. A Srta. James, especificamente, procurou resolver tudo para que Archie e Nancy pudessem ficar juntos em sua casa com absoluta privacidade. Ela apenas se preocupava em não envergonhar os empregados com comportamentos indiscretos nem induzir sua formidável mãe a repreendê-la por fazer vista grossa a uma corte indecorosa. Além disso, ela queria proteger a reputação e a felicidade da amiga. Agatha estava na posição mais infeliz. Ao contrário de Archie ou Nancy, ela não tinha escritório para onde ir todos os dias e ninguém para proporcionar consolo e amor. Ela tentava escrever o próximo livro para a Collins e achava impossível, vagando a esmo à noite. Assustada com o angustiado estado de Agatha, Carlo convocou o médico, que sugeriu que as duas dormissem no mesmo quarto. "Eu tentava manter a casa funcionando perfeitamente para você", escreveu ela depois a Rosalind.

Mas a tarefa não deve ter sido fácil, mesmo para uma jovem tão sensata quanto ela.

Agatha estava desesperada, mas seria errado imaginar que ela chegou a pensar em suicídio. Se quisesse se matar, seus conhecimentos farmacêuticos teriam facilitado, mas isso seria totalmente contrário a suas fortes crenças religiosas. Ela estava profundamente angustiada e, sem dúvida, doente, em um estado imensamente infeliz para o qual nem mesmo a própria filha podia oferecer consolo ou esperança. Dormia mal, trabalhava de modo desordenado, comia pouco. A aparência se deteriorava, ela se punia, e a todos ao redor. Cambaleante e hesitante, Agatha não tinha um objetivo fixo.

11
"Dez dias apavorantes..."

Dezembro chegou e com ele o Natal. Agatha deu a Carlo um dia de folga porque um amigo a havia convidado para jantar e dançar em Londres. A princípio relutante por estar preocupada com Agatha, Carlo aceitou ir. Isso foi na noite de sexta-feira, 3 de dezembro. Após o jantar, Carlo telefonou para Styles a fim de garantir que Agatha estava bem. Ela ficou tranquila quando a amiga atendeu ao telefone com a voz de sempre e a estimulou a sair, dançar e voltar no último trem.

Quando Carlo chegou a Styles, que ficava a uma breve caminhada da estação, ela encontrou as portas da garagem escancaradas e as empregadas na cozinha parecendo assustadas. Elas disseram que por volta das 23h a Sra. Christie descera as escadas, entrara no carro e saíra sem dizer aonde ia. Assustada, Carlo acalmou as empregadas, mandando-as para o quarto, dormir, depois, sentou-se para esperar. Na carta que enviou a Rosalind descrevendo esses eventos, Carlo lembrou que por volta das 6 da manhã seguinte, um sábado, um policial chegou a Styles com a notícia de que um carro Morris tinha sido abandonado em um lugar chamado Newlands Corner, logo após Guildford, em Surrey. Mesmo em estradas cheias de curvas, tarde da noite e com clima ruim, o motorista de um carro pequeno não levaria mais de uma hora para chegar a Newlands Corner saindo de Sunningdale. Por que Agatha saiu e o que o carro ainda fazia lá era um mistério.

O que se seguiu é, após sessenta anos, inevitavelmente, uma história vaga e confusa. As lembranças de Carlo são imprecisas, pois o relatório do superintendente da polícia de Surrey informa que soube do carro apenas às 11h daquela manhã. Uma testemunha, depois, disse ter ajudado uma senhora a fazer o carro pegar por volta das 6h20. Deve ter levado algum tempo até a delegacia de Surrey notificar a de Berkshire, distrito no qual ficava Styles e a proprietária do Morris ser identificada.

Há outra discrepância. Segundo a carta de Carlo, o policial informou a ela que o carro havia capotado. O relatório do superintendente da policia relata que o carro "foi encontrado em posição que indicava a ocorrência de algum procedimento incomum, pois foi encontrado no meio de uma ladeira gramada, bem longe da estrada principal e com o capô dentro de uns arbustos" [...] Contudo, não surpreende que Carlo tenha entendido mal ou se lembrado incorretamente o que o policial falou ao dar essa notícia assustadora.

Carlo disse ao policial que a Sra. Christie não estava bem e que a família estava preocupada. Os jornais depois publicaram que Agatha tinha deixado uma carta para Carlo, solicitando o cancelamento do fim de semana no hotel em Yorkshire e que no sábado à tarde a Srta. Fisher havia telegrafado para um hotel em Beverley cancelando a reserva de Agatha.

O dever imediato de Carlo era dizer a Archie o que havia acontecido. Ele estava passando o fim de semana em Hurtmore, com o Sr. e a Sra. James. Nancy também estava lá. O telefonema de Carlo veio no meio da manhã e quase em seguida um policial foi até a casa. Ao ouvir sobre o carro de Agatha, Archie imediatamente saiu com o policial para se juntar a Carlo em Styles.

Quando Archie voltou, a imprensa já sabia da história. Carlo e Archie foram levados para examinar o carro, agora cercado por uma multidão, com direito a furgões vendendo bebidas quentes e sorvetes. "Dez dias apavorantes se seguiram", escreveu Carlo depois. A casa foi cercada por jornalistas e Rosalind era acompanhada à escola por policiais, que ficavam na porta da frente, dos fundos e perto do telefone da residência. Embora Styles fizesse parte do distrito policial de Berkshire, a fronteira do distrito de Surrey ficava a poucos metros de distância, do outro lado da estrada, então a pobre Carlo precisou lidar com duas equipes de policiais. Toda manhã eles a entrevistavam novamente. Por sugestão de Archie, Carlo foi buscar a irmã Mary para fazer companhia e dar apoio moral. O próprio Archie logo demonstrou aborrecimento com a imprensa e com a polícia, o que Carlo considerou um erro. Ela lembrou que dava uma entrevista diária ao *Daily Mail*, jornal favorito de Agatha.

Em 1926 e nos anos seguintes, o editor, os correspondentes e os diretores do *Mail* se envolveram em uma vigorosa batalha com jornais rivais por leitores e anunciantes. Para a imprensa, a história do desaparecimento de Agatha foi um presente. O *Daily Mail* e o rival, *Evening News,* estavam na corrida, publicando artigos sobre o progresso da busca por Agatha e as especulações mais recentes sobre o que havia acontecido com ela. Repórteres do *News of the World* e do *Daily News* também estavam no local. A análise cuidadosa da sequência de notícias que apareceram nos jornais da semana seguinte indica que não só a imprensa se deixou levar pelo calor da situação. O superintendente Goddard, da delegacia de Berkshire, parece ter falado pouco aos meios de comunicação, mas o superintendente Kenward, de Surrey, era sempre citado por ter feito esta ou aquela declaração confiante e às vezes enigmática. Ele parece ter apreciado cada minuto da fama adquirida. Aproximadamente um dia depois que o carro de Agatha foi encontrado, ele, aparentemente, disse ao *Evening News*: "Posso até mandar os aviões novamente", mas no relatório para o Ministério do Interior feito posteriormente, ele disse, explicitamente: "Os aviões que supostamente participaram da busca nada têm a ver com a polícia." Esse exemplo sugere que talvez a atenção da imprensa tenha lhe subido à cabeça.

Por um lado, é fácil concordar com ele, quando diz: "Não há dúvida que boa parte das notícias publicadas na imprensa, em relação ao caso, não tinha base alguma." Evidentemente, isso era, em parte, culpa dele, embora também se devesse muito ao entusiasmo com o qual os jornais cobriam a história, convocando uma testemunha improvável após outra, escrevendo alucinadamente visões dispersas sobre a desaparecida, misturando o desaparecimento de Agatha com o de outras pessoas que haviam sumido na mesma hora, além de contratar clarividentes e especialistas para fornecer teorias sobre o que teria acontecido. Ler algumas dessas notícias em sequência mostra como é fácil criar e sustentar mitos. Os correspondentes que as escreveram eram deferentes e circunspectos a um ponto que parece curioso hoje, mas faziam as perguntas mesmo assim. O fato de fazê-las em tom de voz educado e tranquilo não deixava as suspeitas menos insidiosas ou as sugestões menos persuasivas, como Archie descobriu, para sua surpresa quando percebeu que era popularmente suspeito de ter sumido com a esposa, ou como Agatha descobriu ao saber depois que o desparecimento foi considerado "truque publicitário" para se juntar a um amante, levantar suspeitas sobre seu marido ou qualquer outro motivo lunático demais para ser citado aqui.

Para descobrir o que aconteceu a Agatha e entender os motivos do desaparecimento, a imprensa pode ser tanto obstáculo quanto fonte de ajuda. Além disso, o relatório do superintendente Kenward para o Ministério do Interior é vago e defensivo, e todos os outros registros policiais foram destruídos com a passagem do tempo. Juntas, essas fontes representam uma mistura de especulação, fantasia e fatos mal verificados que vem confundindo o público interessado desde então.

De acordo com o superintendente Kenward, ele passou a tarde de sábado, 4 de dezembro, o domingo inteiro e a segunda-feira junto com sete ou oito integrantes regulares da força policial de Surrey, e "boa parte de policiais especiais (não pagos) e civis voluntários", fazendo buscas na região de Downs, ao redor de Newlands Corner. Na segunda-feira, os jornais publicaram o relato do fazendeiro Sr. Ernest Cross que dizia ter encontrado no sábado de manhã, quando ia para o trabalho, "uma mulher em estado de desvario ao lado de um carro, perto do alto da Newlands Corner Hill, a poucos metros do Newlands Corner Hotel". Segundo o Sr. Cross, a mulher estava gemendo e com as mãos na cabeça, batendo os dentes com o frio, o que não surpreendia, pois "ela usava apenas um vestido e sapatos leves, e creio que estava sem chapéu". Ele disse, ainda, que os faróis do carro estavam totalmente acesos e ela esbarrou nele, lembrando que estava muito tarde e implorando a ele para tentar ligar o motor do carro. O Sr. Cross consertou o motor, que estava muito quente, e quando a mulher voltou a entrar no carro, ele viu que tudo funcionava perfeitamente. Em relatos posteriores essa testemunha era chamada de Sr. Edward McAlister e foi escrito que, segundo ele, o radiador na verdade estava "bem frio". Contudo, ele descreveu a mulher que viu com tanta precisão que o superintendente Kenward não teve dúvidas de que tinha mesmo visto Agatha. Em seguida, o superintendente concluiu que precisava de mais ajuda com a busca e disse aos superiores que "reuniu cerca de três dúzias de policiais, vindos de todas as partes do município [...] junto com vários agentes especiais". [...] Com considerável reforço de civis, foi feita uma minuciosa busca naquela parte dos Downs. Porém, tudo o que encontraram, foi um sapato feminino coberto de lama e uma luva marrom, também feminina, forrada de pele.

Àquela altura os jornais tinham publicado a descrição de Agatha, o que levou a novos testemunhos e a espectadores solícitos. Uma delas era a Sra. de Silvo, vizinha dos Christies, que contou ao correspondente do *Mail* "a história de uma mulher encantadora e bonita, que todos tinham na mais alta estima, com um marido dedicado e um cérebro brilhante aparentemente exigido até o limite para satisfazer à demanda insaciável do público pelas fantasias que poderia tecer". Contudo, a única informação fornecida por ela foi que Agatha tinha ficado doente havia pouco tempo, abalada pela morte da mãe, mas que sua condição melhorara o suficiente para elaborar o plano de morar em uma casa mobiliada na cidade "a fim de ficar mais com o marido e deixar Styles mobiliada". Na quarta-feira, 1º de dezembro, ela tinha ido de carro com Agatha para Londres para fazer compras e ambas discutiram planos de irem a Portugal no réveillon. Agatha propôs passar a noite no clube dela na cidade, e quando as duas se separaram, na quarta à tarde, foi a última vez que a Sra. de Silvo a viu.

Três dias após o desaparecimento de Agatha, Archie visitou a Scotland Yard para pedir ajuda. Ele ouviu que a Yard poderia intervir apenas se a polícia de Surrey ou Berkshire solicitasse. A visão oficial era que Agatha tinha batido o carro, saído cambaleando dele e se perdido na floresta. Segundo o *Evening News*, durante a terça-feira, 7 de dezembro, cerca de 500 homens chegaram de ônibus para fazer buscas na vegetação rasteira da região. Também foram destacados grupos para todos os lagos e riachos. Um ponto turístico local, o lago Silent Pool, foi drenado com uma bomba e ganchos imensos foram usados para vasculhar a vegetação. Em Albury Mill Pond foram colocadas redes ao longo da barragem antes de abrirem as comportas. Nada foi encontrado.

Ao longo da semana, mais testemunhas apareceram. Uma Sra. Kitchings alegou ter encontrado ao meio-dia de sábado uma mulher usando "chapéu sem aba, casaco e saia" que chegou perto e a encarou. "Primeiro eu pensei que ela iria falar comigo, pois parou bem na minha frente, mas depois virou as costas e foi embora, na direção oposta." Um Sr. Frederick Dore disse ter encontrado o Morris abandonado quando foi trabalhar no sábado de manhã e notou "uma jovem" afastando-se dele. Ela teria dito que por volta da meia-noite tinha ouvido o carro passar pela estrada no alto dos Downs. O Sr. Dore era testador em uma fábrica de automóveis e, ao examinar o veículo e sua trajetória, sugeriu que ele tinha sido empurrado ladeira abaixo deliberadamente. Um casal que gerenciava o hotel em Newlands Corner alegou que Agatha passou a noite de sexta-feira lá e um Sr. Ralph Brown de Battersea disse tê-la encontrado enquanto dirigia perto de Newlands Corner, por volta de 11h15 da manhã de sábado: "Ela parecia estar com o tipo de humor que não se importava com o que acontecesse. Ofereci uma carona, mas ela disse: 'Não estou indo a um lugar específico. Obrigada pela oferta, mas prefiro ficar onde estou.'" Um vaqueiro de Shere declarou ter visto o carro passar na direção de Newlands Corner no sábado, às 16h, enquanto um Sr. Richards, contador e dono de um clube de caça das proximidades, relatou ter visto uma mulher parecida com Agatha no sábado à tarde com um "homem bem-vestido de uns 32 anos, que usava um chapéu de feltro cinza com a aba virada para baixo", sentados em um carro estacionado na pista. De acordo com o Sr. Richards, esse carro foi visto no mesmo lugar na sexta-feira à noite, junto com um carro que parecia o Morris da Sra. Christie. Esse relato foi corroborado, em parte, por um Sr. Faulds, filho de um fazendeiro da região. Ele também alegou ter visto os dois carros na noite de sexta e manhã de sábado, dizendo: "Duas vezes naquele dia eu vi a mulher fora do carro, mas toda vez que ela me via, voltava para ele e fechava a porta, para não ser vista. Isso me pareceu muito peculiar."

Tais relatos sugeriam à imprensa que Agatha tinha se escondido com um companheiro. Essa teoria foi melhorada quando encontraram uma cabana deserta na floresta perto de Newlands Corner, na qual havia um cartão-postal, algumas cartas e uma caixa de pó facial (junto com uma coruja morta na lareira). Um lenhador local disse empolgado à imprensa que a polícia tinha pedido para ele tomar conta da cabana, em cuja entrada um policial cuidadosamente espalhou um pouco do pó, esperando encontrar pegadas.

Enquanto isso, o repórter policial do *Daily Sketch* obteve uma esponja de pó de arroz de Agatha e mostrou o objeto a uma clarividente, que descreveu como o corpo da desaparecida seria encontrado em uma cabana de madeira. Ritchie Calder, então jovem repórter do *Daily News*, descreveu na revista *New Statesman*, 50 anos depois, que ele e um colega da *Westminster Gazette* encontraram a casa na floresta. Mesmo estando fechada para o inverno, ela fora ocupada recentemente e os repórteres alegaram ter encontrado uma garrafa de ópio lá. Ritchie Calder depois admitiu que, "na verdade, eram ipeca e ópio em proporções discretas, usadas no tratamento de diarreia crônica. Concordamos que era uma perseguição ao impossível, voltamos a Guildford e contamos nossa aventura aos colegas, como uma história divertida". Eles imediatamente correram para lá. Um repórter levou a garçonete do hotel de Guildford, espalhou pó facial na soleira da porta e fez com que ela pisasse. No dia seguinte, a pegada apareceu com a legenda: "Será da Sra. Christie?"

Na quarta-feira, 8 de dezembro, cinco dias após Agatha ter saído de Styles, os jornais disseram que o irmão de Archie, Campbell, tinha recebido uma carta dela com o seguinte carimbo do correio de Londres: SW, 9.45, 4 de dezembro. A carta foi endereçada à Academia Real Militar, em Woolwich, e ele a encontrou em sua mesa na manhã de segunda-feira. Após ler a carta, Campbell a deixou de lado e depois, quando soube do desaparecimento da cunhada, não conseguiu mais encontrá-la. Contudo, o envelope sobreviveu, e ele imediatamente telefonou para Archie e o enviou para o irmão. Alguns jornais disseram que na carta Agatha dizia estar doente e que pretendia ir a um spa em Yorkshire para ficar com amigos e se recuperar. De acordo com o *Times*, a polícia de Surrey "comunicou-se com alguns centros em Yorkshire e ficou satisfeita com o resultado. Entendemos que a Sra. Christie não está neste município".

O *Mail* deu uma explicação engenhosa para o fato de Agatha ter postado a carta ao cunhado a tempo para que fosse enviada com aquela data, enquanto estava parada e indefesa ao lado do carro abandonado, andando a esmo pelos Downs, na floresta ou perambulando pelas ruas de Surrey, de tal modo que encontrou a Sra. Kitchings ao meio-dia ou o Sr. Brown às 11h15. Esta explicação foi batizada pelo jornal de "TEORIA DA TRAMA SUBCONSCIENTE". Segundo o *Mail*, a polícia "tem ciência de que é sabido que a Sra. Christie passou a noite de quarta-feira em seu clube, na região sudoeste de Londres, e pode ter dado um jeito de postar a carta em data posterior". A explicação do *Mail* sobre o que Agatha pode ter feito desde o desaparecimento era uma sutil mistura da hipótese da perda de memória com a ideia que a habilidade como criadora de histórias detetivescas teria algo a ver com a natureza intrigante do desaparecimento. O *Mail* declarou: "Algumas pessoas sugerem que a Sra. Christie pode estar sofrendo do que os psicólogos chamam de colapso temporário com perda de identidade. Em tal estado, a mente subconsciente, controlando todas as suas ações, pode planejar um desaparecimento engenhoso similar ao que o cérebro treinado e criativo, em condições normais, frequentemente o fez para suas obras de ficção." O *Evening News* confundiu ainda mais a situação ao reproduzir a declaração de um alfaiate chamado Sr. Daniels que morava em Plumstead, a uns 2 quilômetros da casa de Campbell em Woolwich. Segundo o Sr. Daniels, logo depois das vinte e três horas de segunda, 6 de dezembro, a porta da frente de sua casa foi aberta subitamente por uma mulher que entrou, agitada. A intrusa estendeu a mão, na qual segurava uma nota de 1 libra e exigia que fosse trocada por moedas. Quando ele disse que não podia fazê-lo, ela saiu da casa. Segundo o *Evening News*, o capitão Christie achou altamente improvável que Agatha tivesse passado pela região de Woolwich.

No início da saga, os correspondentes de jornal simpatizavam igualmente com Archie e Agatha. O *Mail* escreveu: "Tanto ela quanto o marido são extremamente populares no distrito e a ansiedade quanto ao destino de uma mulher brilhante se iguala apenas à simpatia evocada pela figura deplorável do coronel Christie que, absorto pelo mistério, encontra conforto na presença da filhinha, Rosalind." No meio da semana, contudo, a imprensa descobriu que a relação dos Christies não ia bem. A Sra. Hemsley contou ao *Mail* sobre a depressão recente de Agatha, dizendo que por alguns dias após a morte da mãe, Agatha "parecia confusa e incapaz de se responsabilizar pelos próprios atos". A Sra. Hemsley ilustrou a "condição agitada" de Agatha ao descrever o estado da amiga quando Peter, o cachorro de Rosalind, foi atropelado e dado como morto. A vizinha também disse ao *Mail* que na tarde de sexta-feira, antes do desaparecimento, ela recebeu Agatha em Dorking para tomar chá. De acordo com a Sra. Hemsley, "ela parecia um pouco melhor quando saiu, mas ficou pensativa por alguns segundos dentro do carro antes de ligar o motor e partir".

A imprensa também fez perguntas em Hurtmore, onde eles descobriram e divulgaram que Archie estava na noite do desaparecimento de Agatha. A cozinheira da Sra. James não trabalhava mais com ela, mas se ela foi dispensada por fazer fofoca ou porque os patrões desaprovavam essa notoriedade, os jornais não comentaram. Quando perguntado sobre seu paradeiro naquela noite, Archie respondeu ao *Evening News* que não estava preparado para confiar no correspondente. Ele estava cada vez mais exasperado: "Falei com a polícia. Não quero ver meus amigos arrastados para esta situação. É apenas problema meu. Fui perturbado e incomodado como um criminoso e quero apenas ficar sozinho." Archie, visivelmente, enfrentava um momento difícil: "Meu telefone não para de tocar. Todo tipo de gente pergunta sobre minha esposa. Veja, até clarividentes me ligaram para dizer que a única chance de encontrá-la é realizando uma sessão espírita." Ele não explicou por que ela havia saído de casa, "tirando o fato de os nervos estarem profundamente atacados e que ela fora embora sem motivo algum".

Mesmo assim, Archie deu uma entrevista ao *Mail* no domingo, 10 de dezembro, uma semana após Agatha ter desaparecido. Ele começou fazendo um comentário que depois foi citado repetidamente. Segundo o jornal, Archie disse: "É bem verdade que minha esposa discutiu a possibilidade de desaparecer por vontade própria. Há algum tempo ela disse à irmã: 'Eu poderia desaparecer se assim quisesse e preparasse tudo com cuidado.' Elas discutiam algo que saiu nos jornais, creio eu. Isso mostra que a possibilidade de engendrar um desaparecimento passava pela cabeça dela, provavelmente por motivos de trabalho. Pessoalmente, sinto que foi o que aconteceu. De qualquer modo, estou me protegendo com essa possibilidade." Archie depois deu sua versão: "Veja, existem três explicações possíveis para o desaparecimento: voluntário, perda de memória e suicídio. Estou inclinado a acreditar na primeira, embora é claro que possa ser perda de memória como resultado do seu estado altamente delicado." Archie desenvolveu esse raciocínio de modo insensato naquelas circunstâncias: "Não acredito que seja um caso de suicídio. Ela nunca ameaçou se suicidar, mas, se pensou nisso, tenho certeza de que a mente dela recorreria a venenos. Não digo que já tenha avaliado a questão de tomar veneno, mas ela usava muitos venenos em suas histórias. Eu a adverti em relação a essa forma de morrer, mas a mente dela sempre se voltava para isso. Se ela quisesse obter veneno, estou certo de que poderia tê-lo feito. Ela era muito inteligente para conseguir o que desejava." Contudo, Archie acabou apelando para o senso comum:

> Mas, contra a teoria do suicídio, é preciso lembrar-se do seguinte: se uma pessoa pretende dar fim à própria vida, ela não se dá o trabalho de viajar quilômetros e depois tirar um casaco pesado e andar a esmo antes de fazê-lo. Esse é um motivo pelo qual não penso que minha esposa tenha tirado a própria vida. Ela tirou o casaco de pele e o colocou no banco traseiro do carro antes de sair, e depois, creio que, provavelmente, tenha descido a ladeira a pé e ido embora, Deus sabe para onde. Sugiro que ela tenha descido a ladeira porque sempre odiou subir ladeiras.

O texto dessa entrevista deve ser tratado com cuidado. Em algumas partes, ele parece natural: a passagem sobre Agatha retirar o casaco e sair andando até sumir e a referência ao fato de que ela não gostava de subir ladeiras parecem fluentes e sensatas. Outras partes, no entanto, são mais artificiais, com o tom falso que vem quando o discurso direto é transformado em indireto e comentários são incluídos para formar uma prosa conectada. Certamente, Archie não se sentia confortável com a imprensa. Ele vinha sendo assediado e estava ansioso, sentindo-se culpado por estar longe de casa quando Agatha estava visivelmente muito doente e, em todo caso, não estar acostumado com esse tipo de entrevista. O correspondente do *Mail* era um jornalista habilidoso, cujo relato refletia o estado tenso e desconfiado de Archie: mas estaria Archie desconfiado ou seria um suspeito? Além disso, o correspondente do *Mail* "direcionou a atenção do coronel Christie para certos rumores que se espalharam em Sunningdale e em toda parte". Archie respondeu: "É absolutamente mentiroso sugerir que houvesse algo como uma briga ou desavença entre minha esposa e eu na manhã de sexta-feira. Ela estava perfeitamente bem. Tão bem quanto nos últimos meses. Ela sabia que eu passaria o fim de semana fora, sabia quem seriam os integrantes do pequeno grupo na casa onde me hospedei, e não fez objeção alguma. Eu desaprovo os rumores. Isso não vai ajudar a encontrar minha esposa, que é o que eu desejo fazer. Minha esposa jamais fez objeção a qualquer um de meus amigos, e conhecia todos eles." Outro enigma foi como Agatha estaria vivendo, visto que, segundo Archie disse ao *Mail*, em nenhuma das contas bancárias, uma em Sunningdale, para despesas domésticas, e a outra em Dorking, para assuntos particulares, houve saques desde que seu desaparecimento. E ela realmente deixou os dois talões de cheques para trás. Na opinião de Archie, Agatha deveria ter 5 ou 10 libras em sua posse quando saiu de Sunningdale, e as roupas e o casaco de pele ficaram no Morris. O correspondente do *Mail* conclui seu relato: "Amigos da Sra. Christie me disseram hoje que ela andava deprimida recentemente, e que em uma ocasião teria dito: 'Se eu não sair de Sunningdale, Sunningdale acabará comigo.'" As implicações desse comentário eram extremamente sinistras no contexto deste artigo.

Contudo, quando sabemos a opinião de Agatha sobre Sunningdale, podemos muito bem acreditar que ela facilmente, desse e não de modo totalmente irreverente, diria algo desse tipo.

A fuga e o destino de Agatha agora eram uma questão de intenso interesse popular. No dia 12 de dezembro a polícia (incluindo a Srta. Dorothy Sayers) realizou o que o *Evening News* descreveu como a "Grande Caçada Dominical à Sra. Christie". A polícia aconselhou cidadãos a "usarem roupas velhas e estarem preparados para uma tarefa difícil". O *News* também aconselhou: "Todos que tiverem cães de caça [...] para trazê-los." E recomendava aos homens que calçassem botas resistentes e às mulheres que usassem botas russas e saias de tweed. Um fazendeiro emprestou tratores para explorar a região, grupos de pessoas cortavam a vegetação rasteira e um avião voava em círculos. O Silent Pool foi dragado de novo, e, além dos cães da polícia, foram utilizados pastores alemães, collies e terriers. Nenhum corpo foi encontrado, e o superintendente Kenward criou outro plano. Toda a área foi mapeada em seções, incluindo terrenos baldios, pedreiras, lagoas e rios. Uma empresa de mergulhadores ofereceu seus serviços e oitenta integrantes do Clube de Motociclismo de Aldershot também participaram.

Os jornais, "agora" ofereciam uma recompensa para quem encontrasse "a romancista desaparecida", um convite que naturalmente gerou relatos localizando-a em lugares diferentes a vários quilômetros de distância ao mesmo tempo. O trabalho da polícia também foi dificultado, pelo fato de outros desaparecimentos agora também chamarem a atenção da imprensa. Mesmo quando não havia qualquer conexão direta, divulgar os últimos relatos sobre a busca por Agatha Christie ao lado de matérias que anunciavam o desaparecimento de outras jovens desafortunadas sem dúvida produzia o efeito pretendido de associar esses eventos na mente do público.

Nessa época, a imprensa produzia seus próprios teóricos especializados. Um deles, que escrevia no *Mail,* era o ex-inspetor-chefe Gough, veterano de um caso de assassinato em Wokingham, que fazia algumas observações sobre a natureza humana em particular e no geral: "Uma grande dificuldade consiste em buscar ser uma mulher com certos atributos que não são usuais no indivíduo comum. Ela é talentosa. É uma mulher que, pela própria natureza do seu trabalho, tem um cérebro excepcionalmente elástico. Consequentemente, é de se esperar que ela faça algo extraordinário, seja de modo consciente ou inconsciente." Edgar Wallace também foi chamado e fez uma série de afirmações confiantes, escrevendo: "O desaparecimento parece ser um caso típico de 'represália mental' a alguém que a magoou. Para dizer de modo vulgar, a primeira intenção parece ser prejudicar uma pessoa que ficaria angustiada com o desparecimento." Ele sugeriu que Agatha tinha, "deliberadamente, criado uma atmosfera de suicídio", e que "Em um momento emocional ela decidiu passar a noite ao ar livre [...] Ela teria ido a um hotel para dormir após a aventura noturna e pode não ter ouvido a comoção causada pelo desaparecimento até domingo". A "reconstrução" dele terminava com a seguinte afirmação confiante, impressa em negrito: "Se Agatha Christie não estiver morta, devido ao choque e à exposição às intempéries dentro de um raio limitado a partir de onde o carro foi encontrado, ela deve estar viva e em total posse de suas faculdades mentais, provavelmente em Londres." Ele declarou também: "É impossível perder a memória e encontrar o caminho até um destino predeterminado." Esta última frase entrou na mente dos repórteres e depois na consciência do público.

Os investigadores agora estavam totalmente confusos. A polícia de Berkshire, liderada pelo superintendente Goddard, pediu que a busca fosse estendida a locais da Inglaterra mais distantes de Sunningdale. Os comentários do superintendente Goddard foram breves e diretos: "Eu não aceito a teoria de que a Sra. Christie cometeu suicídio em Newlands Corner. Não há evidência capaz de afirmar esta teoria, nem vejo qualquer motivo especial para supor que ela esteja morta." Archie partilhava dessa opinião. O superintendente Kenward, contudo, "reiterava sua visão de que a Sra. Christie está morta e o corpo se encontra em algum lugar perto de Newlands Corner". Ele baseava sua visão, misteriosamente, em "documentos que estavam em sua posse", uma carta que Carlo tinha confiado à polícia.

No entanto, o metódico superintendente Goddard acabou ficando com a razão, em vez de seu colega mais excitável. Na noite de terça-feira, 14 de dezembro, Archie se reencontrou com Agatha, no Hydropathic Hotel em Harrogate, North Yorkshire. A história foi destaque nos jornais do dia seguinte, embora, ironicamente, não tenha saído no semanal *Harrogate Herald*, que circulava toda quarta-feira, visto que seus correspondentes estavam tão preocupados em transmitir os detalhes da história por telefone aos jornais metropolitanos para os quais eles atuaram como freelancers que negligenciaram o próprio jornal.

Durante a semana e meia que Agatha passou no Hydro, onde disseram que ela havia se hospedado com um nome falso (publicado no *Mail* como "Sra. Theresa Neele", e também, presumivelmente, com base no comentário distorcido do repórter no telefone, "Sra. Trazeneil"), ela "parecia normal e feliz" e "cantou, dançou, jogou bilhar, leu os relatos do jornal sobre o desparecimento, conversou com os outros hóspedes e saiu para caminhar". Esse vigoroso quadro foi descoberto pelo correspondente especial do *Mail* em Harrogate, que foi de Sunningdale pelo trem expresso para entrevistar os hóspedes e funcionários mais loquazes do hotel, bem como o Sr. e a Sra. Taylor, que gerenciavam o Hydro. Nenhum dos Taylors viu Agatha quando ela chegou, no dia 4 de dezembro, mas o Sr. Taylor entendeu que, "sem hesitar", ela escolheu "um bom quarto no primeiro andar, com água quente e fria", ao preço de 7 guinéus por semana. Por algum tempo, a Sra. Taylor achou a hóspede parecida com as fotografias de Agatha que tinham saído na imprensa e, segundo ela disse ao *Mail*, parte de sua equipe também achava, mas "alguém fora do hotel informou à polícia".

O superintendente McDowell, da polícia de Yorkshire, alertou a polícia de Surrey, que telefonou para Carlo em Sunningdale. Como ela não podia deixar Rosalind, telefonou para Archie em seu escritório e ele pegou o trem vespertino para Harrogate. De acordo com a imprensa, Archie, o superintendente McDowell e talvez outros policiais ficaram em uma alcova perto do elevador, para que Archie pudesse identificar Agatha quando ela descesse a escada para jantar. No momento em que ela pegou o jornal noturno contendo a história da busca por ela com direito a fotografia, Archie foi na direção da esposa. "Ela pareceu considerá-lo apenas um conhecido", contou o Sr. Taylor, "cuja identidade ela não conseguia lembrar ao certo. Foi suficiente, contudo, para que ela acompanhasse o marido ao restaurante [...]".

Em uma declaração à imprensa, Archie disse: "Não há duvidas sobre a identidade. É minha esposa. Sofreu uma perda total de memória e eu não creio que ela saiba quem é. Ela não me conhece e não sabe onde está. Espero que o descanso e a tranquilidade consigam restaurar a saúde dela. Espero levá-la a Londres amanhã, para ver um médico especialista." Segundo o jornal, Archie expressou seus agradecimentos à polícia.

No dia seguinte, 15 de dezembro, Agatha e Archie saíram do hotel não para Londres, mas, temporariamente, para Cheadle. Essa curta viagem foi bastante difícil. Eles foram levados de carro até a Harrogate Station e, assediados pela imprensa, transferiram-se para um vagão reservado de primeira classe. Em Leeds, onde precisaram trocar de trem, foram caçados pela plataforma, mas conseguiram achar o compartimento reservado. Agatha e Archie foram recebidos no fim da jornada por James e Madge, que os levaram de carro até Abney. Uma vez lá, os portões foram fechados.

12

"... uma perda de memória inquestionavelmente genuína..."

Havia os que não falaram ou não contaram tudo o que sabiam à imprensa: Carlo, que reuniu suas lembranças na carta para Rosalind; a Sra. James; as amigas de Archie e Nancy; Albert Whiteley, que tocava banjo na banda do Hydro; a Sra. Schofield, esposa do pianista; Raymond Ross e Stanley Hickes, dois jovens repórteres locais; Dick Ledbetter, repórter fotográfico local; Sally Potts, a empregada que cuidava do quarto de Agatha, e outra empregada, Rosie Asher. Pelo que eles disseram depois, bem como a própria Rosalind, cuja reunião com a mãe foi suficientemente estranha para ficar guardada na memória de uma criança de 7 anos, podemos criar uma imagem do que aconteceu com Agatha após sair de Styles em 3 de dezembro.

No início, a própria Agatha não conseguia recordar o que havia acontecido entre aquele período e o momento em que foi cumprimentada por Archie em Harrogate. Os dois médicos chamados a Abney para examiná-la, Dr. Henry Wilson, o médico de Madge em Cheadle, e Dr. Donald Core, neurologista de renome da Universidade de Manchester, publicaram uma nota conjunta dizendo que ela sofria de "uma perda de memória inquestionavelmente genuína" e recomendaram que ela procurasse um psiquiatra. Agatha não gostou da sugestão, pois a psiquiatria pode ser dolorosa e exigir muito tempo, mas Madge insistiu. Ela repreendeu Agatha por não contar o quanto estava doente e infeliz durante o verão e o outono. Agatha, que naturalmente se sentiu culpada por ter causado tanta preocupação e atenção indesejada, concordou em ver um médico na Harley Street. Junto com Rosalind e Carlo, ela alugou um apartamento em Kensington High Street, de onde ia para a Harley Street fazer terapia.

Com a ajuda do psiquiatra, Agatha recuperou a memória de boa parte do ocorrido. Ela não se lembrava de ter saído de Styles, dirigido a esmo e, muito menos, o que acontecera ao Morris. Segundo Carlo, o psiquiatra acreditava que o branco fora devido a uma concussão. Agatha aparentemente pegou um trem que transportava leite de Guildford até a estação de Waterloo. A caminhada de Newlands Corner até Guildford teria sido árdua, pois são entre 5 a 6 quilômetros pelo menos, embora em 1926 houvesse um ônibus de 1 centavo que passava pela região no horário do café da manhã para levar as pessoas ao trabalho na cidade. Não sabemos como Agatha fez essa jornada, mas ela lembra que, ao chegar a Waterloo, tomou uma xícara de café no restaurante. Ela também lembrava que, embora tivesse sangue no rosto e vestisse apenas uma saia e um cardigã, ninguém pareceu notar isso. Em Waterloo ela viu um pôster anunciando o spa em Harrogate. Como ela estava com o braço quebrado, concluiu que deveria estar a caminho de Harrogate para tratamento. Foi uma dedução razoável. Pôsteres anunciando as atrações terapêuticas de Harrogate eram exibidos com destaque nos terminais ferroviários de Londres nos anos 1920.

Agatha se lembra de ter pegado um táxi para Whiteleys, onde comprou um casaco, uma pequena mala e alguns objetos para a noite. Ela não só tinha dinheiro do pequeno cheque que Carlo havia sacado para ela no início da semana como várias centenas de libras guardadas em uma pochete na cintura. Naquele estado ansioso, ela evidentemente levou ao extremo o conselho da avó de que sempre deveria ter um suprimento escondido de dinheiro para usar em emergências.

Em seguida, ela pegou o trem para Harrogate, o Pullman que saía de King's Cross às 11h15 ou o de 11h45, de St. Pancras. Na década de 1920, Harrogate era um spa elegante, frequentado não só por pessoas que ganharam ou aumentaram fortunas nas províncias e desejavam gastar dinheiro, melhorar a saúde e ser chiques ao mesmo tempo, como pelos que já eram chiques: a nobreza local, duques ou duquesas estrangeiros ocasionais e os parentes próximos da realeza. Os nomes dos visitantes, junto com as atrações disponíveis, eram publicados semanalmente no *Herald*, que incluíram nas listas do dia 5 e 15 de dezembro a "Sra. Neele, da Cidade do Cabo". Na verdade, Harrogate parecia o spa no qual Archie e Agatha tinham ficado no fim das férias nos Pireneus. E era bem semelhante a Torquay, transplantado para o Norte.

Na estação de Harrogate havia táxis disponíveis e os hotéis maiores, do qual o Hydro fazia parte, mandavam os próprios carros aguardarem os trens que chegavam de Londres. O Hydropathic Hotel atrairia alguém que obviamente precisasse de descanso só pelo nome. Era um dos maiores hotéis, erguido ao redor de jardins ornamentais, perto do centro da cidade, logo acima do Pump Room. O Hydro era tão chique quanto extremamente respeitável. Por um lado, era praticamente abstêmio. "Vinho de mesa" estava disponível à noite para ser consumido com o jantar, mas o propósito terapêutico do hotel era enfatizado pelo fato de na escada do saguão de entrada haver um aparato distribuindo a saudável água de Harrogate, que era levada em jarros aos quartos por um pajem. Um enfermeiro residente organizava cursos de tratamento (banhos turcos, duchas frias, ducha Vichy e por aí vai) nos Royal Baths ou no próprio hotel. O Hydro era confortável, mas não estimulante. As camareiras eram estritamente disciplinadas, moravam em um dormitório, vestiam-se de modo sóbrio e trabalhavam várias horas por dia. Nos salões públicos, os convidados eram entretidos pela banda de Harry Codd, que tocava no Palm Court na hora do chá e à noite após o jantar, exceto aos domingos. A música para dançar estava atualizada — o repertório incluía o Charleston, além de danças mais calmas, e no fim da noite, os convidados podiam valsar ao som do "Danúbio Azul". A cargo desses procedimentos estava uma "artista do entretenimento", mistura de anfitriã e guia. Ela organizava partidas de bridge, estimulava visitantes a dançar (muito decorosamente: um par de mulheres desacompanhadas poderia ser convencido a arranjar um par com os Lancers) e transmitia pedidos específicos para a banda. Ela também cantava e tocava piano, enquanto Harry Codd e seus colegas de banda comiam sanduíches e sub-repticiamente bebiam uma garrafa de cerveja.

Agatha chegou ao Hydro pouco antes do período natalino. Havia poucos hóspedes além dos residentes permanentes e ela não teve dificuldade para obter um quarto. Ela ficou no número 5, um quarto pequeno, com pia e uma espreguiçadeira. Agatha chegou com apenas um nécessaire. Ela era uma hóspede reservada e discreta, que tomava café da manhã calmamente no quarto, sempre consistindo em meia toranja e "torrada dividida" (torrada Melba), e depois a dieta mais recente para os que não desejavam ganhar peso. Quando traziam o café, Agatha estava reclinada sobre os travesseiros, com as mãos cobrindo o rosto e o queixo, como se quisesse se esconder ou ocultar uma lesão. Após dois ou três dias, a camareira que trazia o café de Agatha perguntou como ela se sentia, dizendo que ela parecia bem cansada. Agatha respondeu que estava cansada e tinha alguns problemas, "mas preciso resolvê-los". A natureza reticente a teria impedido de conversar com a camareira, que teve apenas um vislumbre de sua vida particular, quando Agatha pediu que ela pegasse um lenço do seu estojo de maquiagem. Ao lado do lenço estava uma fotografia. Agatha disse à camareira que era da "garotinha dela" e nada mais.

Como resultado das sessões na Harley Street, Agatha se lembrou de ter jogado bridge com os outros hóspedes e discutido o desaparecimento da romancista. Após algum tempo, ela começou a se preocupar que o dinheiro não iria durar para sempre e por não receber cartas. Ela colocou um anúncio no *The Times*, que foi publicado no sábado, 11 de dezembro, pedindo que: "Amigos e parentes de Theresa Neele, da África do Sul, comuniquem-se, por favor", e dando um número de caixa postal. Agatha não conseguiu encontrar um motivo para usar o nome de Theresa Neele, apenas que Theresa era o nome de uma mulher que ela conhecia e morava em Torquay e,

Neele, o nome da amada de Archie. Os jornais também disseram que a Harrods recebeu uma carta de uma Sra. Christie em Knightsbridge, perguntando se um anel de diamante deixado para conserto poderia ser enviado a Yorkshire. A carta não foi guardada e Agatha não falou sobre ela.

Os que observaram Agatha durante a estadia no Hydro ficaram impressionados com seu comportamento reservado e discreto. Reg Schofield, que como pianista da banda ficava sentado de lado, com uma vista diferente para o saguão do hotel, e conseguia ver Agatha sentada calmamente em um canto, fazendo palavras cruzadas na parte da tarde e recolhendo-se para a parte escura do local à noite. Ao contrário dos relatos de jornal posteriores, em nenhuma ocasião ela tocou piano ou cantou em público. Não havia canto no Palm Court à tarde e, à noite, a "artista do entretenimento" não estimulava os hóspedes a usurpar seu papel.

O *Mail* publicou uma foto da "romancista desaparecida", e uma das empregadas, notando a semelhança entre a bolsa de mão da Sra. Neele e a que estava na foto, indicou o fato para a Sra. Taylor, a gerente, que a aconselhou a não falar nada por acreditar que a equipe de um hotel deveria ser discreta. O baterista Bob Tappin e o saxofonista Bob Leeming concluíram que a semelhança da senhora quieta com a Sra. Christie era grande demais para ser ignorada. Harry Codd, o único integrante profissional da banda, recusou-se a comunicar uma suspeita possivelmente falsa à polícia, pois precisava garantir a própria reputação, bem como a do hotel. A Sra. Tappin e a Sra. Leeming foram consultadas depois para revelar o que pensavam. Os maridos não levaram as suspeitas aos jornais (e, consequentemente, abriram mão de uma recompensa de 100 libras), indo direto à polícia, que se recusou a se comprometer até o coronel Christie ter conseguido identificar a esposa.

De acordo com os músicos da banda, que depois ganharam canetas de prata de Archie como agradecimento pela discrição, o reencontro foi "calmo" e sem drama. O primeiro anúncio público de que Agatha tinha sido encontrada saiu no *Yorkshire Post*, que escreveu duas linhas embaixo do "Parem as máquinas". Das 20h em diante, a imprensa tomou o Hydro, ocupando os telefones e enchendo os espaços públicos. O Sr. e a Sra. Taylor, chocados com a invasão, tentaram proteger os Christies. A equipe foi orientada a ser cautelosa, as camareiras desviavam-se das perguntas, dizendo que tinham acabado de começar o turno de trabalho, e todos tomavam grande cuidado ao aceitar reservas de quartos. Archie foi instalado no número 10, no lado oposto da escada ao de Agatha, mas a imprensa foi estimulada a acreditar que o Sr. e a Sra. Christie dividiram um quarto. O editor do Norte, do *Mail*, conseguiu reservar um quarto no primeiro andar, no qual ficou acordado a noite inteira, "caso eles fugissem". O *Mail* também reservou um trem especial na estação Harrogate. Os repórteres mais jovens e inocentes pensaram que assim conseguiriam transportar os textos para o Sul o mais rapidamente possível, mas logo souberam que a intenção era levar Agatha para Londres, caso ela concordasse em dar um relato exclusivo ao jornal sobre suas experiências, algo extremamente improvável. À meia-noite o chefe da estação telefonou para perguntar sobre o que fazer com o trem que, segundo ele, estava "cuspindo fumaça preta em um trilho lateral". O repórter do *Mail* consultou o editor em Londres e recebeu a ordem: "Pode cancelar."

Archie não estava inclinado a falar com a imprensa e nenhum repórter falou com Agatha, embora pelo menos um tenha alegado que o fez. Um jornalista, acusado pelos colegas de escrever uma matéria com base em uma conversa fictícia, supostamente declarou com perspicácia que, mesmo se Agatha negasse a conversa, ninguém acreditaria, visto que "ela perdeu a memória, não foi?". Novamente, ao contrário de alguns relatos na imprensa, Archie não deu uma entrevista coletiva. O que aconteceu foi: o superintendente McDowell, um policial firme porém sensato que se dava bem com a imprensa, foi perguntado pelos repórteres frustrados se poderia convencer o coronel Christie a falar com um representante escolhido por eles. Archie relutantemente concordou e Kenyon, "o ancião do *Yorkshire Post*", foi o indicado. Archie foi ao George Hotel, no qual Kenyon estava hospedado, mas deu apenas uma declaração previamente escrita de que Agatha sofrera perda de memória. Quaisquer relatos de outras entrevistas foram fabricados.

De manhã, os jornalistas estavam desesperados por mais detalhes. Dick Ledbetter e um jovem assistente mostraram iniciativa, foram até a recepção do Hydro e fotografaram a assinatura de Agatha no registro. Às 9h30, um automóvel estacionou em frente à entrada e os repórteres correram imediatamente na direção dele. Alguns se apoiaram no capô e oito ou nove fotógrafos, incluindo dois do *Sketch*, amontoaram-se nos dois lados do veículo. Já os fotógrafos do *Mail* foram mais sagazes: um ficou no carro, enquanto o outro se manteve nos fundos do hotel até um segundo carro estacionar na entrada de serviço. Agatha e Archie estavam dentro dele e, assim, o *Mail* obteve a "imagem do furo de reportagem".

Perseguidos até a estação, os Christies embarcaram no trem e foram seguidos pelos jornalistas, que corriam pelos trilhos. Em Leeds, eles foram assediados por mais repórteres e fotógrafos. As fotos mostravam Agatha em um "vestido tubinho e chapéu clochê". Um repórter se lembrou dela protegendo o rosto e tendo pernas incrivelmente atraentes. Segundo ele, Archie usava uma jaqueta Norfolk e calças de golfe, "parecendo Harold Macmillan, fiquei impressionado, porque era um traje muito bom". Agatha parecia magra e pálida. Em Manchester os perseguidores apareceram de novo, e só foram afastados nos portões de Abney. O *Mail* teve sucesso em obter as melhores fotografias. Elas mostram Agatha parecendo assustada e acossada e, anos depois, quando Rosalind viu fotos no jornal de outras mulheres desnorteadas por terem sua infelicidade particular exposta ao público, ela se lembrou da mãe quando as duas se reencontraram. Agatha não reconheceu Rosalind. Ela foi gentil, mas um tanto ausente, não houve um abraço de mãe e filha. Obviamente, algo estranho tinha acontecido.

Ainda há lacunas na história. Ninguém sabe por que Agatha fugiu de Styles tarde da noite, em 3 de dezembro. Podemos apenas supor que ela tenha sentido necessidade de fugir por estar incrivelmente atormentada. Também não sabemos como ela passou o tempo entre sair de casa, por volta das 23h, e ser ajudada com o carro às 6h20 do dia seguinte. Ela pode ter saído em busca de Carlo ou ido para Beverley, esquecendo que cancelara a reserva e desesperada para seguir viagem. Ela pode ter ido para Londres e voltado ou apenas dirigido a esmo pelo campo. Talvez ela tenha seguido na direção de Dorking, porque estivera por lá naquele mesmo dia. Não sabemos por que Agatha levou os poucos objetos que colocou no nécessaire. A arbitrariedade da escolha — uma camisola, algumas roupas e sapatos e uma carteira de motorista vencida — indica a alguns que foram pistas falsas cuidadosamente escolhidas, e a carteira de motorista foi acrescentada como forma de identificação. Mas isso pode também indicar que, em um estado frenético e irracional, Agatha tinha colocado em uma mala o tipo de objetos que as pessoas escolhem ao sair de casa de repente, a acumulação bizarra e aleatória de um pesadelo. Também não sabemos quais foram as intenções de Agatha. Há os que acreditam que ela pretendia se matar e indicam a carteira de motorista como a pista identificadora que seria deixada para trás. Por outro lado, é estranho que alguém com essa intenção também levasse uma camisola. Nós simplesmente não sabemos o que Agatha planejava fazer, se é que ela tinha algum plano.

Há também a questão do carro. Se a mulher que o Sr. McAllister ajudou era Agatha, o veículo, sem dúvida, estava se comportando de modo errático. Até relativamente pouco tempo os carros eram temperamentais, desajeitados e precários. Não era incomum ter que girar uma alavanca para ligar o motor, especialmente em clima frio. Relatos sobre a história do Sr. McAllister diferem quanto a se o motor estava quente ou frio quando foi religado. O carro depois foi encontrado mais adiante na colina, com os faróis ainda acesos, de acordo com o relatório do superintendente Kenward, ou apagados, porque a bateria teria arriado, segundo os jornais. Os relatos da imprensa também descrevem o carro de modo variado: total ou parcialmente coberto de gelo, e houve pelo menos três relatos diferentes quanto à posição dele. Não há esperança de resolver ou esclarecer essas contradições.

Uma análise cuidadosa do lugar em Newlands Corner leva à seguinte explicação. Vindo de Guildford, o Morris subiu uma colina íngreme e sinuosa. O clima estava frio e o motor do carro não gostou. No alto da colina, quando a estrada volta a ficar reta, ele enguiçou. Agatha tentou em vão ligar o motor, talvez tirando o casaco, visto que era um trabalho cansativo e a peça de roupa atrapalharia a movimentação. O Sr. McAllister surgiu para ajudá-la, e depois Agatha subiu a colina com o carro e desceu até o outro lado, onde fica a estrada, ainda mais íngreme e curva. O Morris era equipado com câmbio manual: para trocar a marcha o motorista precisava avaliar o momento exato em que as revoluções do motor estavam na velocidade adequada. Agatha, que aprendeu a dirigir em uma época em que não havia necessidade de provas oficiais e, notoriamente, sem conhecimentos de mecânica, com frio, desesperada e exausta, pode facilmente ter errado a marcha. Descontrolado, o carro talvez tenha começado a derrapar e, guiado deliberadamente por Agatha ou carregado pelo próprio peso e velocidade, derrapou de vez. Do lado esquerdo da colina, aproximadamente no meio do caminho, há uma pequena pedreira. Embora a paisagem mude à medida que a estrada se alarga, o chão é tão íngreme que parece ser o único local onde um carro poderia ter saído da estrada. A situação pode ser perfeitamente explicada desta forma.

Depois Carlo disse a Rosalind que, segundo o psiquiatra, Agatha tinha sofrido concussão e, como descobrimos, Agatha se lembra de ter sangue no rosto. A camareira recorda ter visto a "Sra. Neele" protegendo a testa quando era incomodada de manhã antes de pentear os cabelos. Agatha podia muito bem ter batido com a cabeça durante o acidente. Em todo caso, ela estaria em estado de choque e com frio.

Há também a questão da "trilha" de cartas supostamente deixada por Agatha. Uma que realmente existiu foi enviada para Carlo, pedindo para cancelar a reserva no hotel em Beverley. Foi essa a carta que Carlo deu à polícia e foi devolvida após Agatha ter sido encontrada. Carlo se recusou a discutir seu conteúdo com a imprensa, dizendo apenas: "Houve momentos em que eu não sabia no que acreditar [...]. Aquela carta não deu ideia de onde ela poderia ter ido [...] era uma carta pessoal e eu apenas disse que ela tinha a sensação de que deveria sair da casa."

Anos depois, Carlo deu essa carta a Rosalind, que a mostrou ao marido. Era excessivamente atormentada e dizia que, naquelas circunstâncias, Agatha não poderia voltar a Yorkshire, mas ela iria embora e avisaria a Carlo onde estava. O tema subjacente era que Agatha havia sido tratada de modo inadequado. A carta terminava com "Não é justo". Não parece o tipo de carta que seria deixada por alguém com intenção de se matar e sim algo escrito por uma pessoa que, embora se considerasse maltratada, ainda tinha o controle do próprio destino, desde que pudesse "sair daqui", e isso Agatha afirmou na carta. Essa foi a "informação perturbadora" que levou à sombria conclusão do superintendente Kenward de que a Sra. Christie deveria estar morta.

Houve também a carta que Agatha postou ao cunhado. Como e quando ela foi enviada, nós não sabemos. Agatha pode tê-la deixado no clube no início da semana ou Carlo pode tê-la postado, mas ela não confirma. Agatha também pode tê-la postado quando fez compras na Whiteley's, no sábado de manhã. Se ela estava com a carta na bolsa, com a qual saiu do carro, poderia muito bem tê-lo feito. Em todo caso, a questão é: por que o nome e o endereço no envelope não reativaram sua memória? Vamos analisar isso quando mencionarmos as várias manifestações possíveis de amnésia.

De acordo com os jornais, uma carta para Archie também foi deixada por Agatha, dizendo que pretendia ir a um spa em Yorkshire para recuperar a saúde. Archie não mencionou isso à polícia, mas, em todo caso, não teria sido surpreendente se Agatha tivesse deixado tal carta para o marido, além de informar sobre seus planos a Campbell Christie. Sabemos que Agatha pretendia ir a Yorkshire, pois ela havia mencionado isso para o editor. Ao saber do desaparecimento, ele contou para outra pessoa que, décadas depois, lembrou-se de ter ouvido que Agatha tinha fugido deliberadamente para Harrogate. Assim as explicações sobre o desaparecimento de Agatha foram distorcidas com o tempo. Os motivos da fuga de Agatha foram divulgados de modo ainda mais errôneo em outro relato, o livro *The Mystery of Agatha Christie* (O Mistério de Agatha Christie, em tradução livre), da Srta. Gwen Robyns. Essa autora declara que a filha do superintendente Kenward, a falecida Sra. Dobson, revelou, ao ser pressionada, a existência de uma "quarta carta", endereçada ao pai, marcada como "particular e confidencial" e postada na noite da sexta-feira em que Agatha saiu de casa. "Ele a recebeu às 10h de sábado e trouxe para casa, a fim de me mostrar antes de sair para informar à delegacia de Sunningdale e começar as investigações." A Srta. Robyns acrescenta, sugerindo que também soube disso pela

Sra. Dobson: "A carta era de uma mulher que dizia temer pela própria vida e estava com medo do que poderia lhe acontecer. Era um pedido de ajuda. A assinatura na carta era de Agatha Christie."

Não há muito o que fazer em relação a essas afirmações sem base, além das seguintes perguntas: por que o superintendente Kenward não mencionou essa carta em seu relatório confidencial? Por que ele teria se comportado de modo tão pouco profissional e mostrado à filha? Por que Agatha teria escrito para a polícia quando hesitava em confiar até na irmã? E por que ela teria escrito a um policial de Surrey quando morava em Berkshire? Nenhuma teoria pode se basear em algo tão frágil.

Afinal, já temos enigmas suficientes. Imprecisões, pensamentos fantasiosos, especulações vigorosas e irrelevâncias atrapalhavam essa história infeliz e persistiam em várias teorias que teriam sido (e continuam sendo) insuficientes para explicar o comportamento de Agatha. Uma ideia, por mais extraordinária que fosse para quem a conhecia e sabia dos eventos antes da fuga, defendia que Agatha não estaria sozinha quando fugiu, enquanto outra alegava que ela foi para Harrogate a fim de se juntar a um cúmplice ou companheiro. Nós sabemos o suficiente para descartar esta teoria.

Segundo outra ideia, Agatha fugiu para contrariar Archie. Esta opinião vem do diagnóstico feito por Edgar Wallace sobre o caso, sendo reforçada por interpretações isoladas de textos de psiquiatras sobre o comportamento histérico. Agatha realmente sentia profundo ressentimento por Archie. Mesmo assim, os atos dela foram totalmente impensados. O Morris foi abandonado em um íngreme penhasco e Agatha foi levada a Harrogate mais por uma série de acidentes do que por vontade própria.

Outros acreditam que Agatha estava testando uma trama para um de seus livros. Essa teoria ganhou popularidade graças aos comentários imprudentes feitos por Archie e à especulação precipitada do superintendente Kenward. Contudo, a fuga de Agatha e os eventos subsequentes dificilmente seriam o caminho propositalmente escolhido por alguém no meio do inverno, que dirá uma pessoa tão relutante em atrair atenção para si quanto Agatha. Também parece altamente implausível para quem saiba como Agatha cria e desenvolve suas tramas: era um processo essencialmente intelectual. Ela não saía por aí praticando ou mesmo "fazendo pesquisa para um livro" nos moldes modernos.

Essa teoria está relacionada a outra: Agatha desapareceu a fim de atrair a atenção do público. Do que sabemos de seu caráter, nada poderia estar mais longe de seu pensamento. Sam James, o marido de Madge James, é parcialmente culpado por esta ideia. Sem conhecer outros motivos — e sem jamais ter encontrado Agatha —, ele aparentemente criou essa teoria para proteger o amigo Archie que, afinal, era suspeito ou se achava suspeito de assassinato. Sam James não foi o único a buscar esta explicação. Parecia óbvio para quem era fascinado pelo poder da imprensa de gerar interesse em um indivíduo, ou seja, a própria imprensa. Os que passam a vida fabricando "publicidade" acham difícil, talvez até impossível, entender que para muita gente esse tipo de publicidade é um anátema. Um grito tremendo veio da imprensa quando Agatha desapareceu. Uma grande notícia é algo glorioso para os meios de comunicação, mas parece uma bola de neve, que vai rolando, aumentando de tamanho, ganhando velocidade, reunindo pedaços de entulho pelo caminho, parecendo mais impressionante a cada minuto até subitamente derreter e virar uma poça. Os jornais se empolgaram. A explicação simples e natural: "Ela perdeu a memória" os decepcionou. Eles precisavam achar algo mais complicado ou todo o estardalhaço seria em vão. Uma "proeza" também se encaixava com outras ideias preconcebidas. Muito foi falado sobre a capacidade de Agatha como escritora de ficção detetivesca e dos truques que ela impôs aos leitores em *O assassinato de Roger Ackroyd*. Ela foi apresentada como mulher de engenhosidade diabólica e a imprensa precisou acreditar que havia sido enganada. Concluir que Agatha teria gostado tanto de usá-los agradava à vaidade dos jornalistas.

Além disso, a amnésia é difícil de entender. Há tantas formas de esquecer quanto de lembrar, e até as pesquisas mais atualizadas geraram mais perguntas do que respostas na tentativa de entender o funcionamento da memória. As pessoas podem perder a memória total ou parcialmente, podem ter lembranças confusas, conseguir ou não fazer conexões e associações, além de se colocar em piloto automático quando estão cansadas e distraídas. A dor física pode ser totalmente esquecida e, da mesma forma, memórias emocionalmente dolorosas podem ser apagadas. Talvez seja necessária uma psicoterapia cuidadosa (no caso de Agatha, hipnose) para restaurá-la, mesmo que parcialmente. Uma manifestação mais rara e mais complexa desse processo anestesiante é a perda súbita de memória conhecida como "fuga histérica", na qual uma pessoa vivendo grande estresse escapa da pressão intolerável simplesmente esquecendo a própria identidade. Segundo alguns psiquiatras especializados, provavelmente foi o que aconteceu no caso de Agatha. A experiência dela também é esclarecida por estudos recentes nos quais psiquiatras e neuropsiquiatras exploraram a natureza dos sonâmbulos, pessoas extremamente suscetíveis à hipnose que agem ou parecem agir racionalmente durante o sono. Parece que há um tipo de pessoa capaz de induzir por conta própria experiências do tipo gerado pela hipnose: alucinações, amnésia e similares. Até aqui, apenas mulheres foram examinadas nessa pesquisa, e todas as descobertas exigem forte propensão à fantasia. Elas conseguem relembrar a infância em detalhes e, quando adultas, alegam passar boa parte do cotidiano no mundo da imaginação, mesmo quando as tarefas diárias normais exigem foco.

Isso sugere uma linha de raciocínio útil para os interessados no caso de Agatha. Fantasista prolífica e engenhosa, ela era também é uma pessoa para quem a fronteira entre o real e o sonho era tênue. Agatha tinha sonhos vívidos, lembrava deles e falava sobre eles e os saboreava: sonhos de voar e até o terrível sonho do Homem da Arma. Por meio dos sonhos ela percebia o mundo. Alguns de seus escritos mais persuasivos estão na fronteira entre o dormir e o despertar. *The Stuff of Dreams* (A matéria dos sonhos, em tradução livre), *O cão da morte, Um crime adormecido* e as passagens iniciais do *Um corpo na biblioteca,* por exemplo. Agatha também era excepcionalmente sensível ao que acontecia à sua volta. Ela não dava a impressão transmitida por Clara de conseguir ler os pensamentos alheios, mas há vários exemplos dessa consciência, embora nada tenha sido dito sobre os amigos precisarem de conforto e ajuda. Ela mesma descreveu a apreensão que sentiu com a morte de Clara. Alguns chamam essa qualidade de "mediúnica", outros a descrevem como instinto para observar e reunir informações de várias fontes. Agatha a relatou em *Retrato inacabado*, quando o pintor Larraby reconhece intuitivamente as intenções de Celia. É o que Hercule Poirot faz quando estuda "a psicologia de um criminoso" ou Miss Marple, quando associa novos problemas a antigas experiências. Imaginativa, tímida e intuitiva, Agatha tinha todas as características de quem é capaz de se hipnotizar voluntariamente. Era perfeitamente possível que ela tivesse perdido a identidade e mesmo assim conseguido pegar trens, fazer compras e ações desse tipo. Sob uma pressão absurda e profundamente infeliz, ela pode ter induzido uma perda de memória. Em vez de ter decidido desaparecer, ela pode ter confundido a própria mente.

Por muitos anos Agatha se preocupou por não ter conseguido reconstruir totalmente os eventos daquele período terrível. Após a guerra, ela visitou o professor de teologia pastoral em Oxford, um psicanalista conhecido que não clinicava profissionalmente, mas considerava parte de seus deveres na universidade ajudar quem o abordasse voluntariamente. Ele teria falado a Agatha que a experiência dela tinha sido extremamente grave e, embora fosse incapaz de ajudá-la a recuperar as horas perdidas, ele tentou ajudá-la a superar a culpa que sentia.

No meio século desde o sumiço de Agatha a ideia de que o desaparecimento foi "uma proeza" persistiu, especialmente após ter sido revivida pelo Lorde Ritchie-Calder em um artigo para a revista *New Statesman,* na época da morte dela. Ritchie-Calder costuma ser citado incorretamente como a pessoa que teria encontrado Agatha no Hydro pouco antes de ser reconhecida por Archie e a confrontado. E que ela teria respondido à pergunta "A senhora é Agatha Christie?" com: "Sim, mas perdi a memória." Ritchie-Calder jamais disse isso. Ele não falou que fez essa pergunta a Agatha, nem que ela respondeu. Ele disse apenas que a "encontrou". No mínimo, isso se referia a ter visto Agatha do outro lado do recinto e, no máximo, a tê-la abordado e feito a pergunta. A Srta. Robyns menciona a história de Ritchie-Calder, mas é impossível dizer se ela citou o artigo da *New Statesman* ou falou diretamente com Ritchie-Calder, visto que ela não distingue entre discurso relatado, citação, fontes publicadas e as próprias teorias. As próprias memórias de Ritchie-Calder (não publicadas até o término deste livro) não descrevem um encontro com Agatha, mas estranhamente citam o relato da Srta. Robyns. É possível tirar uma de duas conclusões: Ritchie-Calder está permitindo que façamos deduções além do que realmente aconteceu ou, por outro lado, ele pode ter falado com Agatha, mas decidiu guardar o assunto para si (curioso, para um jornalista que desejava conquistar reputação). Mesmo se ele realmente abordou Agatha como Sra. Christie e ela respondeu dessa forma, isso não nos leva muito longe. Agatha talvez tenha lembrado quem era naquele exato momento, e pode ter ficado surpresa. Como ele descreveu, ela estava "calma" quando foi confrontada com pessoas que se comportavam de modo embaraçoso. Calma não significa engano. No artigo da *New Statesman*, Ritchie-Calder escreveu: "Emocionalmente perturbada, sim. Amnésia, não." Isso é impertinente e tolo, pois em um encontro tão fugaz, se é que existiu, ele não deveria — e talvez nem nós — definir um diagnóstico.

Como foi contada e desenvolvida pela imprensa, a história fornece um belo estudo de caso sobre a forma pela qual um evento vira um problema e uma questão particular vira propriedade pública. A história real, conforme obtida das testemunhas, esclarece o quanto Agatha, após ser encontrada, sofreu com o assédio quando menos poderia suportar. Também mostra que algumas pessoas se comportaram com discrição e dignidade, e houve muita indignação com a perseguição de uma mulher infeliz e a revelação de seus assuntos particulares.

Alguns afirmaram que, ao envolver tanta gente na busca por si mesma, Agatha perdeu o respeito pela própria privacidade. Houve até questionamentos no Parlamento e na imprensa sobre os custos da investigação, que teriam chegado a quase 12 mil libras e rendido gastos substanciais aos contribuintes de Surrey e Berkshire. O episódio foi descrito por parlamentares empolgados com o que leram nos jornais e, em alguns casos, que se lembravam do truque usado em *O assassinato de Roger Ackroyd* como "um boato cruel". O secretário do Interior disse ao Parlamento que o custo foi, "até onde posso afirmar, cerca de 12 libras", basicamente em xícaras de chá para os policiais. O superintendente Kenward foi instado a se explicar. Segundo o Ministério do Interior, embora o custo das buscas tenha sido exagerado, "deve ter havido considerável desvio da força policial dos seus deveres comuns e adequados para fazer uma busca cuja justificativa era um tanto problemática". Nesse caso, o superintendente Kenward teria que responder por isso, não Agatha Christie. Analisando de modo mais generoso, o superintendente foi estimulado pela imprensa, pois naquela atmosfera inebriante até o policial mais fleumático poderia ter se deixado levar.

Em resumo, a imprensa foi gananciosa, sensacionalista e inoportuna. O superintendente Kenward foi insensato. A Sra. James, conforme admitiu depois, não deveria ter estimulado Archie a ver tanto a Srta. Neele sem saber mais sobre Agatha e o estado do casamento dos Christies. A Sra. James, contudo, foi suficientemente punida pela reprovação de sua formidável mãe, horrorizada com o que leu nos jornais. A própria Srta. Neele poderia ter sido mais circunspecta, mas é difícil saber o que ela poderia ter feito. Ela imediatamente saiu em uma viagem pelo mundo, enquanto os Christies resolviam seus problemas. Carlo se comportou bem o tempo todo. Ela estava em uma posição difícil, por ter muitos conhecimentos transmitidos em confiança e estar proibida de passá-los adiante para Madge Watts. Ela jamais deixou de se culpar por ir a Londres naquela sexta à noite e se dedicou a Agatha e Rosalind desde então. Archie foi imprudente, impetuoso e ingênuo, mas não era perverso, mulherengo, nem violento com a esposa. Agatha foi teimosa e, de certa forma, covarde, orgulhosa demais, para procurar ajuda, permitindo-se ficar cada vez mais perturbada e doente até ter um colapso. O preço que Archie e Agatha pagaram pelo que pode ser atribuído, no fim das contas, à ingenuidade e insensatez, foi virar amplo, intenso e duradouro objeto de interesse público. Não foi algo fácil de suportar. Archie superou durante um casamento feliz com Nancy Neele. Embora o choque tenha sido profundo e duradouro, Agatha também reorganizou sua vida.

13

"Londres – Paris – Lausanne – Milão – Veneza..."

A partir desse momento, é como se Agatha, gradualmente, virasse duas pessoas. Uma é Agatha Christie, considerada pela imprensa, e em certo grau pelo público, como sua propriedade, alguém em que eles teriam interesse contínuo e que sempre seria assunto de conversa, uma autora popular que a cada ano, aparentemente e sem dificuldade, produzia pelo menos uma história de detetive e vários textos mais curtos. O mérito, a técnica e a beleza de sua obra seriam constantemente dissecados. Haveria incessante especulação quanto à natureza e especialmente às ações e motivos no momento de sua vida em que ela esteve mais vulnerável. Essa Agatha Christie, objeto da admiração e curiosidade pública, mesmo assim conseguia permanecer extremamente discreta, sem buscar publicidade nem sentir necessidade de se explicar. Essa reticência e discrição apenas atraíam mais a atenção do público e serviam para aumentar a mística ao seu redor. Quanto mais ela fugia dos fãs, mais firmemente eles se apropriavam dela. Quanto menos ela dizia em relação a si, mais eles alegavam saber. Agatha Christie viraria uma instituição pública e o termo "um Agatha Christie" passou a ser imediatamente inteligível no mundo inteiro para descrever uma de suas histórias de detetive.

A outra pessoa era Agatha, natural, caseira, um ser humano comum em vez de um mito, a pessoa cujo desenvolvimento ela mesma descreveria na *Autobiografia*. Esta mulher não usava um único rótulo "Agatha Christie", garantia de determinadas características invariáveis. Em vez disso, ela assumia uma sucessão de aparências em vários momentos da vida: "Agatha-Pagatha, minha franguinha" na brincadeira da avó; Agatha Miller, criança atenciosa e interessada; além de Mac Miller, Nathaniel Miller, Martin West e Mostyn Grey, pseudônimos sob os quais ela começou a escrever. Havia também a Sra. Christie, o "anjo" de Archie, e Theresa Neele, que se perdeu. E ainda a romancista Mary Westmacott; Srta. Agatha Christie, como a escritora de histórias de detetive era erroneamente chamada; Sra. Mallowan, após o segundo casamento, e depois Lady Mallowan; "Nima" para o neto e os bisnetos; e Ange, como Punkie e o sobrinho Jack a chamavam; e, finalmente, Dame Agatha, a quem o Ministério do Interior reconheceu sem hesitar como remetente de uma carta endereçada simplesmente à "Maior Romancista, Berkshire". O público lia os livros de Agatha Christie e via suas peças. Mas era esta outra e complexa Agatha que as escrevia.

Essa composição também exigia esforço, especialmente após o turbilhão de 1926. O começo do ano seguinte viu Agatha passando por um tratamento na Harley Street, ainda sem saber o que seria do casamento, onde iria morar e quais seriam os efeitos dessas reviravoltas sobre Rosalind. Agatha devia um livro à editora e precisava de dinheiro, mas não conseguia resolver nenhum desses problemas por estar completamente incapaz de escrever. Quinze anos depois, quando pediu ao agente para deixar um manuscrito de reserva, ela se lembrou daquele período: "Já estive em posição de *querer* escrever apenas para que o dinheiro entrasse. E quando senti que *não conseguia*, foi estressante. Se houvesse um manuscrito 'na manga', teria feito uma grande diferença. Foi nessa época que precisei produzir aquele livro horrível, *Os quatro grandes*, e me obriguei a escrever *O mistério do trem azul*."

Os quatro grandes foi um tapa-buraco, uma compilação das últimas 12 histórias de Poirot, publicadas na revista *Sketch*. Agatha as reuniu por sugestão de Campbell e com a ajuda dele. O livro vendeu bem, mas Agatha não estava orgulhosa de tê-lo lançado. Ela e Rosalind passaram um verão tranquilo em Devon, com velhos amigos, e no outono, Agatha tentou novamente terminar o livro com o qual estava tendo dificuldade na época da morte de Clara. Ela tentou ditá-lo a Carlo, que agora morava com Agatha e Rosalind em Chelsea. Rosalind frequentava uma pequena escola particular durante o dia, onde era excelente aluna (Agatha guardava todos os boletins), mas sentia falta do pai, embora Archie costumasse levá-la para sair regularmente. Ela escrevia para ele todos os domingos à noite. Rosalind dizia, com mágoa, que outras garotas tinham apenas uma carta para escrever. Agatha ainda esperava retomar o casamento, porém Archie estava convencido que apenas a união com Nancy o faria feliz. Com muita relutância, Agatha concordou com o divórcio. Ela ficou profundamente abalada com a decisão, em parte porque amava e sentia falta do marido, e em parte porque o divórcio naquela época era considerado uma desgraça. A angústia de Agatha era maior por sentir que de alguma forma tinha traído Rosalind e, embora tenha adquirido sabedoria em relação à natureza do casamento e aos problemas que as pessoas têm para manter esse laço complicado e exigente, ela sempre sentiria uma pontada de culpa, tanto aos próprios olhos quanto aos de Deus. Após o divórcio, ela não recebia a comunhão na igreja, temendo ser recusada. Nesse momento difícil, Agatha dependia imensamente de duas pessoas: o cunhado James, que a ajudou a reconhecer a decisão de Archie e disse que agora ela deveria se concentrar em sua vida e obra, e Carlo, que desde o início acreditou que Archie não voltaria mais. Estimulada por esses dois aliados leais, Agatha saiu da Inglaterra em fevereiro de 1928, levando Rosalind e Carlo às ilhas Canárias para terminar de escrever *O mistério do trem azul*. Elas foram a vários lugares em busca de um bom banho de mar, o que encontraram em Las Palmas, onde havia uma praia para surfar. As fotografias da viagem mostram Agatha sentada ao sol e remando entre as pedras com Rosalind, mas ela parece ter um olhar e os ombros tensos.

Dolorosamente, o livro foi terminado. Um caderno de anotações levado na viagem revela o quanto a tarefa foi árdua: ao lado de cada título para cada capítulo laboriosamente completado, ela escreveu o total de palavras de cada texto. A narrativa tem momentos incríveis, como se o mar brilhante, o sol forte e as sombras das ilhas Canárias ajudassem Agatha e Carlo a descrever o trecho da Riviera Francesa em que boa parte da história ocorre. A heroína Katherine Grey é uma das jovens independentes, bem-humoradas e autossuficientes que Agatha teve o prazer de criar. Como Agatha, ela tinha trinta e poucos anos (há várias referências à personagem se reconciliando com a vida de solteira), mas, ao contrário de Agatha, ela acabara de herdar uma fortuna, com a qual passou a se vestir e equipar de modo a aproveitar o máximo de sua beleza natural, até então obscura. *O mistério do trem azul* não foi bem-escrito, é cheio de clichês e sentimentalismo, mas, além de ser uma história empolgante, realmente emociona de alguma forma, não apenas pelas referências taciturnas dos primeiros capítulos ao desaparecimento do amor e à praticidade do divórcio. Agatha se esforçou para ser animada e aventureira, e há boa dose de pensamento positivo na descrição de Katherine Grey indo embora de modo determinado para a Riviera. As últimas frases do livro são particularmente interessantes quando sabemos o estado mental de Agatha, e a autoconsciência talvez seja um motivo pelo qual ela sempre pense nesse livro com um pouco de embaraço. Hercule Poirot está falando do trem azul que circula entre Londres e a Riviera com uma jovem norte-americana apaixonada, que observou o quanto um trem é implacável: "As pessoas são assassinadas e morrem, mas [os trens] continuam a circular da mesma forma." Poirot, reflexivo e paternal, responde que nesse sentido a vida é como um trem, que pelo menos chega ao final de sua jornada. "Acredite no trem, mademoiselle", murmura ele, "pois é *le bon Dieu* que o conduz." Agatha certamente está se tranquilizando. Não surpreende, contudo, que suas feridas ainda estivessem abertas. *O mistério do trem azul* é dedicado aos dois companheiros a quem nos dias difíceis em Styles ela confidenciou seus problemas: Carlo e Peter. A dedicatória "Aos dois distintos membros da OCF, Carlotta e Peter" se refere ao teste decisivo que Agatha e Carlo aplicavam aos amigos e conhecidos, colocando os leais na Ordem dos

Cães Fiéis. Agatha ainda se sentia traída por Archie. Em um kit para escrita, junto com suas cartas e várias lembranças, ela colocou um recorte do Salmo 55, versículos 12, 13 e 14:

> Pois não era um inimigo que me afrontava; então eu o teria suportado; nem era o que me odiava que se engrandecia contra mim, porque dele me teria escondido.
> Mas eras tu, homem meu igual, meu guia e meu íntimo amigo.
> Consultávamos juntos suavemente, e andávamos em companhia na casa de Deus.

Em abril de 1928, Agatha obteve o divórcio. Na *Autobiografia* ela fala pouco sobre o ano seguinte, exceto por um breve relato da busca por uma escola para Rosalind, que desejava estudar em lugar maior, "o maior que existisse". Após muito procurar, Agatha escolheu uma escola preparatória em Bexhill, Caledônia, cuja equipe, alunos e rotina depois se misturariam aos da próxima escola, Benenden, de modo a fornecer o pano de fundo para a história de Agatha *Um gato entre os pombos*. É interessante que, na busca por uma escola preparatória, Agatha tenha procurado a antiga amiga Eileen Morris. É verdade que o irmão de Eileen John era diretor de uma escola preparatória para meninos, então ela estaria bem-assessorada na busca, mas também acontece que, em determinados momentos difíceis da vida, quando a resolução precisava de força, Agatha procurava apoio moral em Eileen. Foi a assertiva e segura de si Eileen que estimulou Agatha a escrever e enviar seu trabalho para revistas, que a levou ao dispensário e agora a ajudava em sua nova vida independente como se não houvesse nada incomum em relação a isso. Uma fotografia tirada na época mostra Eileen caminhando, vestida com um sobretudo chique, direta e levemente carrancuda, enquanto Agatha a acompanha, mais delicada e suave. É óbvio que Eileen seria uma aliada inabalável e confiante em uma emergência.

Nessa época, Agatha certamente estava solitária. Ela tinha Carlo e um círculo de amigos casados em Londres, é claro, mas, acostumada a ter um marido, sair por aí sozinha ou até com outra mulher não era a mesma coisa. Como sempre fazia nessas ocasiões, Agatha trabalhou. No fim de 1928 e início de 1929, ela escreveu uma série de contos que vendeu a revistas. Isso e os próximos dois livros, *O mistério dos sete relógios* e *Sócios no crime*, pagaram as contas.

As primeiras anotações de Agatha para *O mistério dos sete relógios* foram feitas em um caderninho preto que Archie tinha deixado para trás. As primeiras páginas estão tomadas de anotações para outras histórias ("A mancha na calçada; Gotas em um trem do metrô? Guarda-chuva que repousa em sangue..."). Agatha costumava pegar qualquer caderno que tivesse à mão, incluindo antigos livros de exercícios escolares de Rosalind, livros de contabilidade parcialmente preenchidos, agendas antigas ocupadas por recibos e listas de lâmpadas, objetos a serem embalados e inventários, e escrever suas ideias para histórias em qualquer página em branco disponível. Ela escrevia rapidamente e com letra ilegível, em lápis ou a tinta, abordando a tarefa como operária: "Novo livro" está no alto da página na qual ela começou a criar *Sete relógios*. Ela não tinha muita certeza do título (*The Secret Six* [O segredo dos seis, em tradução livre] era uma opção) nem da trama, pois a tentativa inicial começa: "Bundle e o pai. Ela dirige para Londres — atropela homem — ou melhor, desvia para evitá-lo — mas descobre que o matou — não está exatamente morto — diz o Segredo dos Seis. Conta a Jimmy Thesiger — médico é chamado — diz que o homem levou um *tiro* [...]." Contudo, uma página depois as anotações definem a história como ela acabou aparecendo. Com o título *Sete relógios* escrito com firmeza no alto da página, o rascunho continua: "Festa na casa de campo — em Chequers? — Um homem não consegue acordar de manhã. Todos acham que é piada — Eles compram despertadores — e escondem pelo quarto. De manhã o homem não aparece. Um relógio desapareceu, restaram *sete* [...]."

Embora ela tenha feito experimentações antes de definir os nomes do restante do elenco em *Sete relógios*, Agatha decidiu desde o início que reviveria a empolgada e aristocrática "Bundle", cuja primeira aparição foi em *O segredo de Chimneys*. O outro romance daquele ano, *Sócios no crime*, também reintroduzia personagens anteriores, Tommy e Tuppence Beresford, agora casados, levemente mais velhos e talvez por isso mesmo ainda mais irritantemente atrevidos. Albert, o porteiro assistente de *O inimigo secreto*, virou um faz-tudo para eles. Tanto *Sete relógios* quanto *Sócios no crime* são livros alegres, com diálogos animados e tramas habilmente desenvolvidas. Em *Sócios no crime*, alguns mistérios são criados de modo tão delicado quanto pudins frágeis: deliciosos, mas totalmente esquecíveis, como a própria Agatha admitiu quase cinquenta anos depois em uma carta para Edmund Cork. Mostrar Tommy e Tuppence parodiando o discurso e os maneirismos de personagens criados por outros autores de histórias detetivescas (o Inspetor French de Freeman Wills Crofts, por exemplo, ou o Padre Brown de G. K. Chesterton) pareciam, segundo ela, "uma ideia divertida na época, mas que não dá certo agora". A única história que ela sentiu que as pessoas ainda lembravam era "O homem que era o nº 16", na qual ela fez uma piada à custa do seu próprio Hercule Poirot. O fato de Agatha ter confiança suficiente para fazer piadas de modo geral e até um pastiche das criações de outros escritores de romances policiais indica que ela estava recuperando a autoestima e mais feliz. Em vez de revirar lembranças horríveis, nos momentos de ócio ela criava paródias, como fez durante os dias sociáveis no dispensário e, depois, faria nos aniversários e nas férias em Devon e no deserto, celebrando com versos no estilo de Edward Lear, Hilaire Belloc ou Lewis Carroll. Agatha também estava bem menos ansiosa em relação a dinheiro. Os livros vendiam bem, os jornais e as revistas estavam prontos para publicá-los em série e ela redescobriu o prazer pela escrita. Agatha estava cheia de ideias, feliz com a nova editora e nas mãos de um agente capaz e compreensivo.

O estado mental de Agatha na segunda metade de 1928 é particularmente notável pelo fato de, nesse momento, ela ter escolhido fazer uma experiência: escrever um romance longo, "direto" apenas no sentido de não ser uma história de detetive, pois a trama era complicada e o tema, ambicioso. Era *Giant's Bread*, publicado em 1930 apesar de ter sido entregue à Collins em janeiro de 1929. Ela o escreveu sob o pseudônimo Mary Westmacott, mas algumas anotações mostram que ela primeiro tentou Nathaniel Westmacott, variação do antigo disfarce de Nathaniel West, em homenagem ao avô. É possível que Agatha tenha escolhido outro nome porque, como disse depois, ela se sentia "culpada por me desviar do meu tipo usual de história". A ficção detetivesca era sua profissão e o romance, uma espécie de indulgência. Além disso, é um livro muito revelador, mais discursivo e especulativo do que uma história de detetive, sem as convenções formais e a construção disciplinada que distraem a atenção do leitor no romance policial. *Giant's Bread* explora vários temas. até demais, e foi escrito com um imediatismo que trai a proximidade com a experiência da autora. A recordação que o herói tem da própria infância se baseia nas lembranças de Agatha, e outros momentos, como a resposta que o garoto espera obter ao encontrar Deus, procede de observar o sobrinho Jack. A experiência da esposa do herói, Nell Deyre, quando trabalha como faxineira de hospital durante a Primeira Guerra, também lembra a de Agatha, e a imagem de Jane, cantora que acaba trabalhando demais e prejudicando a voz, tendo a respiração, resistência e aptidão testadas pelo compositor Radmaager, sugere a experiência de Agatha como aspirante a cantora de ópera.

Ainda mais perturbadores, talvez por expor demais os sentimentos de Agatha, são os temas e passagens em *Giant's Bread* que descrevem como os personagens enfrentam decisões impossíveis, o quanto eles *se importam* imensamente com tudo e o quanto se magoam. O romance explora temas dolorosos: desejo frustrado por um lugar específico (nesse caso, Abbots Puissants, lar do herói e seus ancestrais), o anseio por amor, afeto e desagravo, o desejo por reconhecimento e anonimato. Embora a trama seja tola, Agatha convence do mesmo modo que em sua ficção criminal, em parte, porque o ritmo dos eventos deixa pouco tempo para pensar, em parte, porque a aparência, os comentários e as emoções dos personagens são como devem ser, por mais que sejam mostrados de maneira superficial. Agatha se esforça para que os detalhes estejam corretos. Assim como os venenos, a topografia e os termos jurídicos são descritos de modo correto e discreto em seus romances criminais, em *Giant's Bread* ela retrata com exatidão o cenário cultural de sua história nos anos antes e imediatamente após a Primeira Guerra Mundial. Suas referências ao balé estão certas, as descrições da reação popular à música contemporânea são apropriadas, ela transmite perfeitamente o estado da cena teatral, as ambições dos futuristas e vorticistas, a esperança que foi colocada na arte soviética pós-revolucionária e, particularmente, a natureza e os objetivos da composição musical contemporânea. Ela estava interessada em novas teorias, e *Giant's Bread* é mais ponderado quando examina a mudança de atitude em relação a novas formas de expressão artística. Agatha retratou a luta do compositor com formas experimentais enquanto assistia aos esforços de Roger Coke, cuja mãe era amiga de Madge Watts. Coke ofereceu estímulo e foi uma caixa de ressonância para a descrição de Vernon Deyre, mas as ideias para a ópera de Deyre, chamada *The Giant,* eram dela. A forma final daquela ópera se assemelha quase exatamente às primeiras anotações feitas no caderno.

O retrato que Agatha fez de Vernon Deyre, obrigado a compor apesar de não querer, não é autobiográfico, exceto por um momento no qual a experiência adulta de Vernon chega desconfortavelmente perto disso. Os amigos o convencem a consultar um hipnotizador para tentar restaurar as lembranças que ele reprimiu. O médico, "um homem alto e magro, com olhos que pareciam ver o seu âmago e ler o que você nem sabia sobre si mesmo [...]" fez o personagem "ver tudo o que não queria". Essa passagem é certamente uma alusão ao tratamento de Agatha em 1927. O mesmo vale para a preocupação com a ideia de identidade pessoal e a natureza do medo, pois o pavor que Vernon Deyre sentia da "Besta" lembra o de Agatha em relação ao "Homem da Arma", e assim como Vernon encara o seu pesadelo, Agatha confronta o seu ao escrever esse livro. Entre a primeira e segunda página de suas anotações está um trevo de quatro folhas. Ninguém sabe quando ou quem a colocou ali, mas é um símbolo adequado.

Sem se agarrar ao que ela conhecia, mas confortável com o que se transformou (uma mulher bem-sucedida, independente e profissional), Agatha estava pronta para explorar mais além. No outono de 1928, enquanto Rosalind estava na escola e, como Agatha escreveu alegremente na *Autobiografia,* tinha "Carlo e Punkie para visitá-la", ela decidiu procurar a luz do sol nas Índias Ocidentais. Dois dias antes de partir, ela jantou com amigos e conheceu um casal que tinha acabado de voltar de Bagdá, uma cidade que havia hipnotizado os dois. Agatha ficou fascinada pela descrição deles, e o entusiasmo aumentou quando soube que Bagdá podia ser visitada não só por mar como também por meio do Expresso do Oriente. Ela ficou intoxicada por uma mistura estonteante de fábulas (Bagdá e o Oriente Próximo, em geral, eram associados a Aladim e Simbá, lâmpadas, sultões e gênios), histórias misteriosas como as contadas por Sherazade e da magia dos nomes curiosos, especialmente quando são exibidos ao lado do igualmente romântico fenômeno que é um trem, no caso o Expresso do Oriente: Londres – Paris – Lausanne – Milão – Veneza – Trieste – Zagreb – Belgrado – Sófia – Istambul e, depois, Expresso Taunus, seguia até Alepo e Beirute.

Para Agatha, como milhares de pessoas antes e depois dela, um trem era maravilhosamente evocativo. Os motores a vapor soando alto na plataforma, impressionando os passantes com o ruído e a aparência. Prometendo a liberdade pelo simples ato de comprar uma passagem e fazer uma viagem anônima rumo ao horizonte, o trem era também o mais ordeiro dos transportes, desde a batida regular dos pistões e o ritmo das rodas à disciplina de seus cronogramas e rigidez dos trilhos. O trem, como boa parte dos países pelos quais passava, era um mundo à parte de viajantes acidentalmente unidos pelo tempo da viagem, cada um com suas intenções. Mas, por mais que o grupo seja aleatório, os passageiros seguem determinadas convenções. A própria geografia do transporte (independente, dividido em assentos formalmente organizados, vagão-restaurante e cabines para dormir) os obrigava a fazê-lo. Cada viajante também categorizava rapidamente seus pares, não só pela classe da passagem como pelas boas maneiras, aparência, nacionalidade e idade. O que acontecia em uma jornada de trem era, na verdade, tanto previsível e inesperado quanto perigoso e seguro. Um lugar ideal para trocar confidências com estranhos e um ambiente cujos ocupantes vão se dispersar era o local perfeito para um crime, como Agatha já havia compreendido. Muitos de seus assassinatos mais bem-sucedidos ocorreram e foram resolvidos em um ambiente cuidadosamente limitado. Uma jornada de trem envolvia o familiar e o extraordinário, construía um mundo particular para o público viajante e era um dispositivo que ela costumava empregar em suas histórias. Servia bem às tramas e à própria experiência dela: uma vida que corre nos trilhos convencionais, mas subitamente a leva para um território surpreendente e até assustador, uma forma ordeira e logica de proceder, interrompida por vislumbres ocasionais da irracionalidade dos seres humanos e da aleatoriedade dos eventos. Era um assunto adequado ao momento em que ela começou a fazer sucesso: um tema recorrente da arte e literatura britânicas na década de 1930 era o cruzamento de fronteiras, a natureza indistinta das fronteiras morais, emocionais e políticas, além de geográficas. O trem era a matéria-prima da fantasia e o Expresso do Oriente, o mais fantástico de todos. Agatha dirigiu-se à agência de turismo Thomas Cook e alterou a passagem.

Cinco dias depois, ela partiu para Bagdá, a viagem mais longa que já fizera sozinha. A *Autobiografia* descreve como foi viajar de modo independente, passar da Europa para a Ásia ("Eu me senti isolada, mas muito mais interessada no que estava fazendo e onde estava indo") até se ver alvo da admiração de vários cavalheiros refinados. Além disso, Agatha logo reconheceu o quanto o mundo protege quem viaja sozinho, ajudando a se defender de desconhecidos insistentemente solícitos. Até chegar a Ur, o relato da viagem falava menos sobre os países pelos quais ela passou do que sobre as pessoas: o homem da Cook, um viajante comercial francês, a radiante moça turca, ansiosa para que Agatha aumentasse a família. Ela também escreveu sobre os artefatos: a assustadora sauna a vapor do Orient Palace Hotel em Damasco, os belos pratos de latão e prata com design elaborado à venda no bazar em Baalbek, o ônibus frágil no qual ela atravessou o deserto para Bagdá. A descrição de outras lembranças é emocionante e eficaz, embora econômica: a primeira visão das Portas da Cilícia ao pôr do sol, na entrada da vasta garganta que leva à Turquia e a Síria, o café da manhã bem cedinho, o deserto e seu "ar agudo [...] o silêncio, a ausência até de pássaros, a areia que corria pelos dedos, o sol nascente e o gosto de salsicha e chá. O que mais alguém poderia pedir da vida?".

Uma vez em Bagdá, Agatha se viu enredada por uma senhora cuidadosamente hospitaleira que conheceu no trem e evitou em Trieste, mas que a abraçou de modo preocupante no ônibus ao longo do deserto. Agatha queria deixar a Inglaterra para trás, mas agora se via transplantada para uma colônia de expatriados ingleses com hábitos, decididamente, ingleses. Ela estava determinada a fugir. Outra atração de Bagdá era a proximidade com a cidade antiga de Ur, perto do golfo Pérsico. Seu nome era familiar aos que conheciam bem a Bíblia, como Agatha, pois a cidade de Ur foi o berço da civilização suméria, sendo "terra de Sumer" antigo nome para a Babilônia. Lá foi inventa o sistema de escrita cuneiforme, precursor do alfabeto. Comerciantes e engenheiros habilidosos, os sumérios construíram uma rede de canais e vias navegáveis para conectar suas cidades e munícipios, dos quais Ur, logo abaixo da confluência dos grandes rios Tigre e Eufrates, estava entre os mais importantes. Em 1922, escavações começaram lá, sob a direção de Leonard Woolley, arqueólogo talentoso que trabalhou antes da Primeira Guerra Mundial com T. E. Lawrence na Síria e, depois, no Egito. O trabalho dele permitiu aos estudiosos traçar a história de Ur do início, em 4000 a.C ,a seus dias finais, no século IV d.C.

Embora Agatha não tivesse revelado interesse nas descobertas exibidas no Museu do Cairo ou nos monumentos egípcios quando menina, ficou fascinada pelas exposições que visitou posteriormente, no passeio do Império, escrevendo para casa empolgada com crânios africanos e fósseis da Tasmânia. Foi no *Illustrated London News* que ela leu sobre as descobertas de Leonard Woolley. Em parte, porque ele desejava acreditar e, também, por ser uma história emocionante, Woolley se convenceu de ter descoberto nas ruínas de Ur traços do Dilúvio registrado na Epopeia de Gilgamesh e depois como "Dilúvio de Noé" no Livro do Gênesis. No fundo de um poço, ele encontrou um pouco de argila aluvial misturada a areia levada pelo vento. E também encontrou tumbas pré-históricas contendo o que ele acreditava serem os restos das vítimas do Dilúvio e, logo abaixo, vestígios de casebres de junco construídos pelos primeiros habitantes de Ur. As deduções de Woolley estavam incorretas, pois os depósitos de enchente identificados por ele vinham de uma inundação bem anterior, uns 1.100 anos antes do Dilúvio em si. Mesmo assim, ele aproveitou ao máximo a associação produzida por sua descoberta na mente do público. Em 1928, todos tinham ouvido falar de Ur e do tesouro sumério encontrado em 2 mil tumbas no Cemitério Real, especialmente a adaga de ouro em sua bainha de lápis-lazúli e ouro, apresentada em 1926. O público inglês informado conhecia os desenhos do zigurate, cuja aparência era tão impressionante quanto seu nome: uma torre de três andares dominando a planície, com tijolos vermelhos e escadaria tripla "erguendo-se", como Agatha descreveu, "levemente obscura", em um "vasto mar de areia, com suas adoráveis cores pálidas de damasco, rosa, azul e malva, mudando a cada minuto".

Ansiosa como Clara sempre foi para ver por si o que havia de novo enquanto tivesse oportunidade, Agatha partiu para Ur. Embora as visitas ao sítio dos Woolleys não fossem estimuladas, ela foi bem-recebida. A hospitalidade se devia menos ao fato de ela portar uma carta de apresentação do que ao feliz acaso de Katharine, esposa de Leonard, ter lido há pouco tempo e admirado imensamente *O assassinato de Roger Ackroyd*. Isso foi uma sorte, visto que Katharine Woolley não era uma pessoa que outras mulheres achavam fácil de gostar. Ela era o tipo de moça furiosamente egocêntrica e capaz de uma graça encantadora, que preferia estar em um círculo de homens, a quem esperava que se se submetessem aos seus caprichos, e na maioria das vezes, eles o faziam. Ela era uma escultora competente, mas não confiante, e sempre dependia do estímulo de Leonard. Ele era o segundo marido: o primeiro havia se matado com um tiro, aos pés da Grande Pirâmide, logo após a lua de mel, e o choque deixou o temperamento de Katharine ainda mais imprevisível e sua saúde, precária. Ela era linda e, segundo a grande viajante e estudiosa da Arábia, Gertrude Bell, perigosa. Agatha, que sentia um fascínio composto por apreço e contrariedade na mesma medida, chamava Katharine de *allumeuse*, mulher que acendia uma fogueira sexual de modo inevitável e quase deliberado, o tipo que apareceria de tempos em tempos em suas futuras histórias de detetive.

Não era incomum que a esposa do diretor de uma equipe arqueológica fosse difícil, há varias histórias sobre a atmosfera combustível dos acampamentos para os quais moças poderosas como a Sra. Garstang e Lady Petrie acompanhavam seus maridos no período entre as guerras mundiais. Para uma mulher que apreciava exercer poder emocional, um acampamento oferecia o cenário ideal, com trabalhadores e empregados domésticos exclusivamente do sexo masculino, além dos assistentes jovens e impressionáveis, recém-saídos da universidade, prontos para serem aterrorizados por exibições de temperamento e ansiosos para estender a dedicação ao diretor à esposa dele, caso fosse preciso. Outras mulheres, como as esposas dos colegas do diretor, achavam essa atitude muito indesejável.

Agatha, contudo, foi pressionada a estender a visita. Quando explicou que precisava voltar à Inglaterra para o Natal e as férias de Rosalind, foi convidada a retornar na primavera seguinte. O fato de Katharine Woolley ter gostado de Agatha é interessante. Pode ter sido porque a convidada era reservada e modesta e, em vez de ser uma ameaça, mostrou-se admirada e ansiosa para aprender. Quieta, observadora e perspicaz, Agatha deixava os outros se impressionarem com a atenção dela em vez de deixar uma marca por si, e isso criava uma plateia receptiva para uma pessoa egoísta. Por outro lado, como Katharine duvidava da própria capacidade como artista, conseguia respeitar Agatha pelo inegável sucesso como escritora. Agatha não era apenas uma visitante curiosa qualquer, mas alguém que merecia ser celebrada. Além disso, estava sozinha, não como parte de um casal tranquilo e feliz que poderia despertar o ciúme e a culpa de Katharine, nem como jovem solteira que poderia ser uma rival. Perto dos 40 anos, ela era interessante, interessada e independente, nem saudosa do ex-marido, nem procurando outro, apenas se divertindo e aproveitando as férias. Tanto Agatha quanto Katharine ficariam imensamente surpresas com o que aconteceria depois.

Passando por Bagdá na volta para casa, Agatha encontrou vestígios do irmão Monty no cenário adequado do Tigris Palace Hotel, no qual conheceu o coronel Dwyer, dos Rifles Africanos do Rei, e os dois falaram carinhosamente do "Billy Exagerado Miller", "doido de pedra", e da extraordinária capacidade de Monty para encantar mulheres. Acabou que essa habilidade o sustentou até o fim da vida. Ele morreria no outono de 1929, em Marselha (a cronologia de Agatha é falha ao recordar esses eventos). A cabana em Dartmoor era úmida e fria demais para Monty e sua governanta, então Madge e Agatha arrumaram quartos para os dois em uma pequena pensão no Sul da França. Agatha se despediu deles antes de entrarem no Trem Azul, mas a Sra. Taylor pegou um resfriado que virou pneumonia durante a viagem, morrendo logo depois. Desolado, Monty foi levado ao hospital em Marselha, e Madge seguiu para vê-lo. Após pouco mais de uma semana de preocupação, o problema foi resolvido do jeito usual: Charlotte, a enfermeira que cuidava dele no hospital, levou Monty para casa e se fez responsável por ele. Para satisfação de todos, Monty ficou com ela até morrer, subitamente, de uma hemorragia cerebral em um café à beira-mar. Seu talento para atrair serviço dedicado persistiu até nesse momento. O sargento-mor aposentado de nome William Archer, agora comissário da filial do Lloyd's Bank em Marselha, cuidou do túmulo de Monty no Cemitério Militar, pois eles tinham servido juntos em East Surreys, África do Sul. Sete anos depois, quando o Sr. Archer foi transferido para Monte Carlo, o "bem-estar" de Monty foi novamente confiado a uma mulher: a filha do Sr. Archer, que tinha se casado com um francês, prometeu cuidar do túmulo, decorando de tempos em tempos com algumas flores e colocando papoulas no Dia do Armistício.

Agatha se sentiu revigorada pelas viagens e aquele ano de 1929 foi movimentado. Ela comprou o 22 Cresswell Place em Chelsea, um pequeno estábulo que reformou com a ajuda de uma empreiteira, e construiu uma sala grande e um quarto de empregada no andar de baixo, além da garagem. No andar de cima ficavam dois quartos, sendo que um também servia como sala de jantar, e um lindo banheiro, com golfinhos verdes pintados nas paredes e uma banheira de porcelana verde. A cozinha era minúscula, e as escadas, escuras e estranhamente estreitas. Todos que se hospedavam ou pegavam emprestado Cresswell Place (Agatha sempre foi generosa com suas casas) questionavam como ela conseguia se virar ali, pois além de sempre ter sido alta, ela engordou. Naquela pequena cozinha ela produzia refeições tão deliciosas das quais os amigos se lembrariam por anos: cafés da manhã com bacon e ovos para visitantes de surpresa, frango circassiano para quem avisava com antecedência, saladas, omeletes e torradas de anchovas, conforme as preparadas por suas heroínas mais arrojadas. As outras desvantagens de Cresswell Place eram que a umidade tomava a parte interna da casa, e boa parte do imóvel dava apenas para uma parede branca, mas isso não incomodava Agatha. Ela comentou com um visitante que isso lhe permitia especular o que acontecia do outro lado.

Agatha comprava e mobiliava casas quando estava feliz. Também tinha mais segurança financeira. No meio de 1928, Edmund Cork arranjou um novo contrato com a editora Collins para os próximos seis livros, com um adiantamento de 750 libras para cada um e royalties de 20% nas primeiras 8 mil cópias, aumentando para 25% depois disso. No início desse mesmo ano, ele também concluiu um novo acordo com a editora Dodd, Mead. Graças a esse contrato, *O mistério do trem azul* e os dois romances subsequentes deram a Agatha um adiantamento de 2.500 dólares para cada obra, com royalties de 15% nas primeiras 25 mil cópias e 20% depois disso. A obra dela também era publicada regularmente no exterior. A Collins cuidava do mercado canadense, e entre os países onde outras editoras vendiam traduções de seus livros estavam Áustria e Hungria, além da Finlândia, que pagou 15 libras pelo direito de publicar uma primeira edição de 4 mil cópias de *O assassinato de Roger Ackroyd*.

Nessa época, Agatha trabalhava em ritmo constante. Ela era tão prolífica que fica difícil estabelecer a ordem em que foram escritos a peça, os contos e os livros publicados em 1930. As correspondências iniciais com Edmund Cork e a editora Collins desapareceram, destruídas ou perdidas durante a Segunda Guerra Mundial e nas mudanças entre escritórios. Parte de sua obra, em 1928-1929 foi para revistas, que ficaram com as histórias do Sr. Quin que Agatha gostava de escrever de tempos em tempos. Como alguns de seus primeiros poemas e canções, elas se baseavam na figura do Arlequim, pela qual Agatha tinha apreço, por ser, ao mesmo tempo, presente e elusivo. O Arlequim tem um cuidado especial com as dificuldades dos amantes. Uma aparição evanescente e multicolorida, ele vem e vai conforme bem entende. O Sr. Quin é igualmente misterioso, manifestando-se para o gentil, quieto e um tanto esnobe Sr. Satterthwaite, um cavalheiro idoso que acredita ser simples espectador, mas, quando inspirado pelo Sr. Quin, consegue resolver problemas. Agatha não escreveu essas histórias como série, mas uma coletânea foi publicada em 1930 como *O misterioso Sr. Quin*.

Esse também foi o ano no qual outra de suas criações favoritas fez a primeira do que seriam várias aparições: Miss Marple. Os cadernos de Agatha sugerem uma conexão entre o Sr. Quin e Miss Marple, uma pista que tem como base a origem do nome de Miss Marple, segundo a própria Agatha. Um esboço da nona história de *O misterioso Sr. Quin* sobreviveu ao tempo. Intitulada "O arlequim morto", ela se refere à compra de uma estranha pintura pelo Sr. Satterthwaite. O quadro mostra o corpo de Arlequim sobre um piso de mármore preto e branco e, atrás dele, uma janela, através da qual aparece o mesmo homem, olhando para dentro. O Sr. Satterthwaite reconhece o cenário da pintura (o Terrace Room, em Charnley) e, com a ajuda do artista e do Sr. Quin, consegue resolver o mistério do aparente suicídio de seu proprietário. As anotações preliminares de Agatha, contudo, não se referem a Charnley e sim a "Marple Hall" e "à dama de Marple".

Antes de ser substituída por um prédio de apartamentos, Marple Hall ficava em Cheshire, e Agatha a conhecia de suas visitas a Abney. Era uma casa de aparência impressionante, construída com arenito vermelho, em uma fila de casas com vista para o vale do rio. Dizia-se que a casa era assombrada pelo fantasma do rei Carlos I, que carregava a própria cabeça, e também o da filha da casa, sempre chorando pelo amante que ela viu se afogar em um lago nas proximidades quando estava no terraço. Em 1968, Agatha confirmou, a um descendente da família Marple que tinha sido dona da propriedade no século XVI, que ela realmente tirara o nome da Miss Marple daquele lugar belo e infeliz. Segundo Agatha, Madge a levou a uma promoção na loja Manor, "uma *ótima* liquidação, com belos móveis elisabetanos e jacobinos antigos, na qual comprei duas cadeiras de carvalho jacobinas, que tenho até hoje. Querendo um nome para minha 'velha donzela', eu escolhi Jane Marple".

Contudo, a personalidade da Miss Marple devia algo à outra criação antiga de Agatha: Miss Caroline Sheppard, de *O assassinato de Roger Ackroyd*, mais uma donzela perspicaz e observadora, cuja onisciência expressa de modo suave é tanto irritante quanto maravilhosa para o círculo de homens condescendentes ao seu redor. Como Agatha descreveu na *Autobiografia*, ela representava "o serviço completo de detetive a domicílio", St. Mary Mead, onde Miss Marple vivia, e Agatha ambientou *Assassinato na casa do pastor*, lembrando os vilarejos onde Agatha ficara quando criança; e a própria Miss Marple tinha várias características das senhoras que telefonavam para fofocar com a avó de Agatha que morava em Ealing. Agatha não baseou sua criação diretamente na titia-vovó ("Ela era bem mais inquieta e solteirona do que minha avó"), mas as duas eram similares em um aspecto: "embora uma pessoa alegre, ela sempre esperava o pior de tudo e todos, e quase sempre estava certa, com uma precisão assustadora". Além disso, Miss Marple demonstrou, em sucessivas ocasiões que partilhava outros hábitos da avó de Agatha, como o apreço por comprar nas lojas do Exército e da Marinha e o gosto pelas liquidações para aumentar o estoque de guardanapos de mesa e toalhas de banho. Miss Marple também era mais bonita, engraçada e gentil que a Srta. Sheppard: "Eu a associo principalmente à lã fofinha", disse Agatha depois a um admirador.

Em 1929, Agatha também escreveu sua primeira peça, *Black Coffee* (Café preto, em tradução livre), sobre o assassinato de um eminente cientista e o roubo de uma fórmula para produzir armas perigosas, exatamente o tipo de tema que atiçava a imaginação popular. Ela havia se decepcionado com a forma como Hercule Poirot fora retratado em *Alibi* (Álibi, em tradução livre), adaptação de *O assassinato de Roger Ackroyd* feita por Michael Morton para o teatro, embora a peça tenha ficado muito tempo em cartaz em Londres no ano de 1928. Ela ficou igualmente infeliz com um filme produzido no mesmo ano com base em *A chegada do Sr. Quin*. Mais satisfatório foi outro filme, *Die Abenteuer G.m.b.H* (*Adventure Inc.*), feito por um estúdio alemão a partir de *O inimigo secreto*. Contudo, o desagrado de Agatha com a forma pela qual seus romances eram adaptados para teatro era tão grande que ela decidiu investir nessa área. Ela sempre foi boa em escrever diálogos plausíveis e estava preparada para lidar com marcações de palco graças à experiência em tramar histórias de detetive, onde era preciso dar cuidadosa atenção aos lugares e ao tempo. *Black Coffee* foi um sucesso. Ela foi produzida no fim de 1930, ano no qual Agatha faria algo ainda mais inusitado.

14

"... uma ideia que jamais considerei..."

No verão de 1929, Agatha emprestou a casa em Cresswell Place para Leonard e Katharine Woolley, e depois eles propuseram que na primavera seguinte ela visitasse Ur novamente, uma semana antes do fim da temporada de escavações de 1929-1930 e voltasse à Inglaterra com eles pela Síria e Grécia, incluindo Delfos, que Agatha queria muito conhecer. O outono e o inverno foram difíceis. Monty morreu em setembro, e depois de passar o Natal em Abney, Rosalind pegou sarampo de um amigo em Londres. Agatha a levou a Ashfield pelo resto do período de festas, uma viagem extremamente dolorosa, porque ela acabara de ser vacinada na coxa, com o que ela sempre diz ter sido uma dose dupla. Após um ou dois dias, foi parar no hospital, delirando. Enquanto isso, Madge cuidava de Rosalind, até a mãe voltar para casa e elas convalescerem conjuntamente. No meio de fevereiro, Agatha finalmente seguiu para a Itália e, depois, foi de barco até Beirute.

Quando chegou a Ur, ela encontrou outro jovem arqueólogo na casa dos Woolleys: Max Mallowan, de 25 anos, que estava afastado por apendicite na última temporada. Max entrou para a equipe de Woolley em 1925, após se formar em humanidades em New College, Oxford. Ele ficou atraído pela arqueologia ao ouvir a palestra de um dos seus professores sobre esculturas gregas, que o levou a refletir sobre o momento em que o Templo em Olímpia foi redescoberto. Logo após fazer as provas finais, Mallowan se candidatou a uma vaga com o administrador do Museu Ashmolean em Oxford, que naquela manhã, por um acidente feliz, tinha recebido uma carta de Woolley pedindo um assistente em Ur. Mallowan foi recrutado imediatamente. Ele aprendeu árabe sozinho, e arqueologia, ao longo do processo. Entre suas funções estavam atuar como médico para a força de trabalho de 200 a 250 árabes, empacotador-chefe, acompanhar a carga de antiguidades cuidadosamente armazenadas no fim de cada temporada em quarenta ou cinquenta caixas, além de assistente para efetuar os pagamentos. "Não era uma tarefa leve", escreveu ele em suas memórias, *Memoirs*, "considerando o grande número de homens que empregávamos e também o fato de pagarmos em rúpias e annas, extremamente difíceis de somar." Mallowan acabou se destacando na contabilidade, pois era eficiente e meticuloso, especialmente em relação a dinheiro. Entre os documentos remanescentes de suas expedições arqueológicas no fim dos anos 1930 e 1940, estão todos os livros de contabilidade, registrando cada gasto, desde o pagamento dos trabalhadores até as despesas com gasolina.

Mallowan aprendeu rapidamente e logo passou a ser valioso. Ele também conseguia agradar Katharine, pois, como Agatha rapidamente observou, era educado e lidava de modo hábil com os dois Woolleys. Agatha ainda não sabia, porém, o quanto se esperava que Mallowan fosse obediente. Por exemplo, ele tinha a obrigação de escovar o cabelo de Katharine, fazer massagens e aplicar as sanguessugas com as quais ela tratava recorrentes enxaquecas. O desempenho diplomático dele, somado ao fato de a ausência ter feito com que Mallowan voltasse a ser uma novidade, significava que ele era o favorito de Katharine, papel que ocupava desconfortavelmente quando Agatha chegou, em março.

Outra função de Mallowan era mostrar o local aos visitantes, e alguns eram extremamente ilustres, para alegria dos Woolleys. (Os integrantes mais jovens da equipe nunca esqueceram como Leonard ficou envergonhando quando o rei da Bélgica foi ao local e os árabes, que serviam o jantar, simplesmente se esqueceram de levar a sopa, pois haviam ficado paralisados diante de um rei.) Com a imperiosidade costumeira, Katharine declarou que as responsabilidades de Mallowan agora se estenderiam a acompanhar Agatha em um passeio pelos pontos turísticos locais no caminho de Bagdá, onde todo o grupo se reencontraria. Agatha achou uma imposição temerosa, que "um jovem que trabalhava arduamente em um sítio arqueológico difícil e estava prestes a ser liberado para descansar e se divertir", devesse ser obrigado a levar por aí "uma mulher desconhecida, muito mais velha e que pouco sabia de arqueologia". Ela confiou seus temores a Archie Whitburn, arquiteto da expedição, além de contemporâneo e amigo de Mallowan, que ela conheceu na visita anterior. Whitburn garantiu que, se Katharine assim decidira, tudo estava certo.

Portanto, Agatha estava bem nervosa quando ela e seu guia saíram para o passeio. Mallowan era um jovem calmo e sério, que depois escreveu: "Eu a achei, de imediato, uma pessoa extremamente agradável, e a perspectiva, promissora." De fato, eles não formavam um par tão discordante quanto Agatha inicialmente temia. Max era um especialista disposto a explicar as origens e associações dos lugares visitados por eles, e o conhecimento de árabe lhe dava ainda mais autoridade. Todas as mulheres que ele conheceu tinham sido incomuns: a mãe parisiense, praticante da ciência cristã e escritora de poesias líricas ("algumas das quais tinham mérito, acredito eu"), que dava palestras sobre arte e pintava imensas telas serpenteantes; Lady Howard, esposa do embaixador britânico em Madri e, depois, em Washington; a mãe do melhor amigo de Max em Oxford, chamado Esmé; Gertrude Bell, então com cinquenta e poucos anos e diretora de Antiguidades no Iraque, que ia a Ur brigar com Woolley em relação à disposição dos achados, além da própria Katharine. Portanto, Mallowan não se perturbava com a companhia de uma mulher de sucesso e conhecida que, de toda forma, agora dependia dele. De sua parte, Agatha ficou empolgada e interessada e mostrou seu irônico e atraente senso de humor. Após a atmosfera disciplinada e claustrofóbica do acampamento, no qual todos pisavam em ovos para não provocar Katharine, a viagem feita por Agatha e Max deve ter sido um alívio.

Ambos descreveram o que aconteceu a seguir, Max em suas memórias e Agatha na autobiografia. Houve o zigurate em Nipur, um dos locais mais antigos da Suméria, além de uma noite desconfortável em Diwaniya, com um político venenosamente ofensivo, sua esposa sociável e dois assustados missionários. Depois eles foram para a cidade murada de Nejeif e ao castelo de Ukhaidir, onde Max levou Agatha pelos estonteantes parapeitos. Àquela altura das recordações, ambos, compreensivelmente, ficam confusos. Quando eles visitaram Karbala? Antes ou depois do banho improvisado em um lago de água salgada e borbulhante, com Agatha decentemente vestindo um colete de seda rosa e dois pares de calçolas, e Max de short e colete? Foi a caminho de Karbala ou Bagdá que o carro enguiçou no deserto e Agatha tomou a sensata decisão de se deitar à sombra do veículo e tirar um cochilo? Haviam se passado cinco minutos após o beduíno sair para procurar ajuda, deixando a água que tinha ("somos o Esquadrão Camelo do Deserto. Não precisamos beber em uma emergência", Agatha o ouviu dizer, com mau pressentimento) ou uma hora quando um Ford Modelo T chegou milagrosamente com o beduíno para resgatá-los da areia? O policial hospitaleiro da estação em Karbala, onde eles passaram a noite em quartos vizinhos, recitou o poema "Ode to a Skylark" em inglês (lembrança de Agatha) ou a música "Twinkle, Twinkle, Little Star" em árabe (de acordo com Max)? Não importa. A questão era que um desenvolveu respeito pelo outro, e ambos começaram a se divertir. Max e Agatha chegaram a Bagdá atrasados e fortemente unidos. Katharine ficou aborrecida. O coronel Dwyer, velho amigo de Agatha foi à estação se despedir do curioso grupo, avisou que Agatha precisaria se defender pelo resto da jornada. Ela resolveu fazê-lo após várias demonstrações do comportamento insidiosamente possessivo de Katharine (ela sempre conseguia pegar o maior quarto, a cama mais seca, a lâmpada mais brilhante) e após testemunhar a capitulação automática dos homens. (O pior momento foi quando Agatha descobriu que Max tinha permitido a Katharine o banho que havia preparado para Agatha "porque ela queria".)

Com viagens curtas e retiros ocasionais de uma parte e, depois, da outra, eles chegaram a Mossul, Alepo e em seguida foram de barco até a Grécia. Lá, Max deixaria os outros seguirem caminho para o Templo de Bassas, enquanto os Woolleys levariam Agatha para Delfos, uma visita muito esperada por ela, apesar dos riscos de ficar sozinha com essa dupla instável. Mas em Atenas uma pilha de telegramas acumulados esperava no hotel: Rosalind havia contraído pneumonia; estava muito doente e tinha sido levada para Abney, ainda estava em estado grave, mas ligeiramente melhor. Não havia serviço aéreo de Atenas para Londres: a viagem mais rápida para casa era de trem, que levava quatro dias. Enquanto os homens correram para a agência de viagens, Agatha andou a esmo, atordoada, tropeçou na rua e torceu o tornozelo. Foi Max que sem demora providenciou curativos, ataduras e anunciou que tinha mudado seus planos e viajaria com Agatha para ajudá-la e cuidar dela.

Eles partiram na noite seguinte, e como as pessoas fazem, conversaram no trem sobre a vida, e Max distraiu Agatha contando sua história. Anos depois, quando Max pareceu a alguns um modelo de inglês em seus compromissos (membro do All Souls College e do conselho de administração do British Museum), aparência (tweeds, cachimbo e chapéu de tecido) e hábitos (alternar entre o clube e o instituto, apreciar vinhos, ser bom de prato e críquete), seus colegas mais novos comentavam divertidamente que ele "não tinha uma gota de sangue inglês". A família Max era realmente cosmopolita. O avô, austríaco, morara em Viena, onde tinha uma moenda de farinha movida a vapor tão bem-sucedida que ganhara vários prêmios importantes, incluindo uma medalha de ouro dada pelo imperador Francisco José. A moenda, que não tinha seguro, acabou incendiada. O desastre deixou a família na pobreza e inspirou o pai de Max, Frederick, a trocar a Áustria pela Inglaterra, onde passou o restante da vida.

Em Londres, Frederick obteve emprego em uma empresa de mercadores, e após algum tempo estabeleceu o próprio negócio, vendendo gorduras, óleos e copra. Ele era tão respeitado como especialista que foi nomeado examinador oficial de matérias-primas para o Ministério da Alimentação. Após a Primeira Guerra Mundial, foi árbitro-chefe de qualidade para a Unilever. Max adorava contar a história de como Frederick, diante do tribunal no caso sobre uma suposta intoxicação alimentar, ofereceu-se para comer ali mesmo um pouco da margarina que supostamente estaria contaminada. A história ilustrava o quanto as convicções de Frederick eram firmes e lembra um episódio nos anos 1890 quando, liderando seu esquadrão em manobras no meio do verão na Bósnia-Herzegovina, ele desafiou as ordens de levar as tropas para casa sob o sol do meio-dia e, ao movê-las à noite, garantiu que chegassem inteiras e sem insolação. Esse desafio bem-sucedido à autoridade que lhe rendeu uma condecoração foi um dos incidentes que levou Agatha a comentar que Frederick lembrava Monty. Em alguns aspectos, Frederick era um homem difícil, muito preocupado com a ordem e a exatidão, irascível quando seu ponto de vista era questionado. Max admitiu que isso levou a um casamento cheio de brigas. Frederick, gentil, mas egocêntrico, casou-se com uma mulher encantadora, porém inquieta e igualmente inflexível: Marguerite Duvivier, nascida em Paris em 1876, filha de um engenheiro e uma cantora de ópera. Ela herdou da mãe a irresponsabilidade, a alegria, a empolgação por tudo o que é artístico, a preferência pela vida urbana e o apetite pela vida em sociedade. Max, o filho mais velho dos três, nasceu em 1904.

Em suas memórias, ele descreveu o que se lembrava da infância, um relato consideravelmente mais breve que o de Agatha. Ao contrário dela, ele nem sempre foi feliz. Também ao contrário dela, Max teve uma educação ortodoxa. Da escola preparatória, na qual aprendeu a amar grego, ele foi a Lancing, escola pública anglicana em Sussex, que achou particularmente maçante. Um problema era a capela, na qual se esperava que os garotos rezassem duas vezes ao dia e cinco vezes nos domingos. Max estava tão farto desse regime que, para espanto do diretor, quando chegou a hora da crisma, ele se recusou a participar e, consequentemente, não poderia receber a comunhão. A outra irritação era a exigência de passar várias horas dedicadas ao treinamento e desfiles militares. Isso fazia sentido durante a guerra. O próprio Max, de família militar, admitia desejar o dia de ir para o front, mas quando a guerra acabou, era diferente. As crianças na casa de Max, lideradas pelo principal rebelde, Evelyn

Titia-vovó tomando ar em Torquay.

A mãe de Agatha, Clara, pouco antes da Primeira Guerra.

Agatha, o pai, Frederick, e Toby em Ashfield.

Madge e Clara no conservatório em Ashfield.

Monty com as xícaras de café em Ashfield.

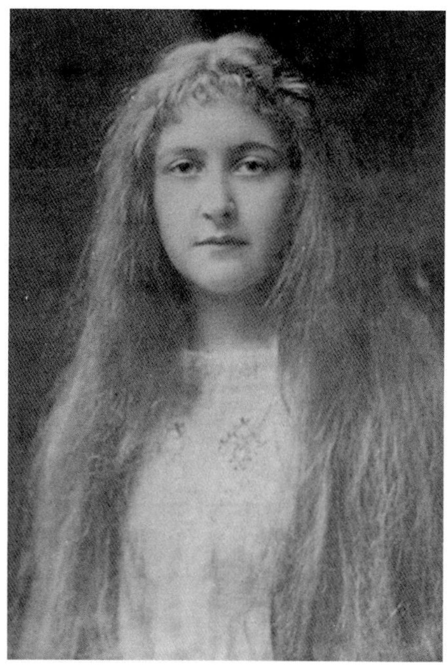

Agatha quando jovem.

Agatha de chapéu de penas patinando com as Lucys no píer.

Madge com Jack montado em Matilda.

No píer de Torquay.

Agatha e Archie após sua investidura em 1919.

Rosalind aos 6 anos com Peter.

A Missão zarpando: O Sr. Hiam, Belcher, Bates, Archie, Agatha e um passante.

Agatha na época de seu desaparecimento, deixando o hotel em Harrogate.

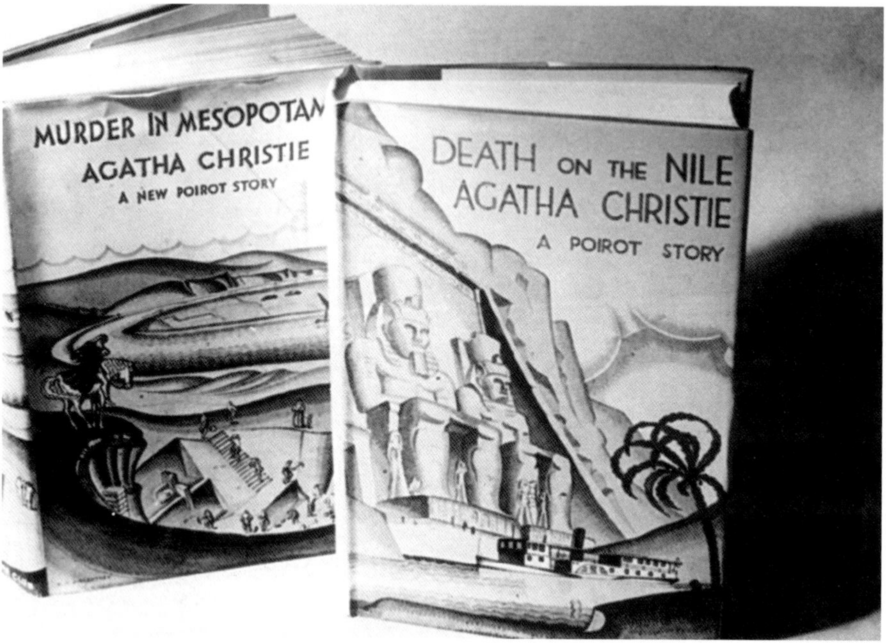

Quatro capas das histórias de detetive de Agatha; as duas acima foram feitas por Robin Macartney. A capa abaixo, à direita, foi feita por Tom Adams.

As sombras artisticamente fotografadas de Agatha.

A casa de Agatha em Bagdá.

Escavação em Nimrud.

Rosalind, Mathew, Agatha e Oliver Gurney em piquenique em Dortmoor, no ano de 1948, com animais e a garrafa de Água Pura de Agatha.

Greenway.

Winterbrook, com a biblioteca de Max à direita.

No Old Bailey — no set de *Testemunha de acusação.*

Agatha, Peter Saunders e um dos bolos de aniversário de *A ratoeira*.

Agatha e a Rainha na estreia de *Assassinato no Expresso do Oriente*. Nat Cohen, presidente da EMI Film Productions, está entre as duas.

Anthony e Max no jardim da New College, Oxford.

Waugh, eram passionalmente antimilitaristas, mas se viam obrigadas a participar de exercícios militares.

Max saiu de Lancing mais cedo, pouco depois de completar 17 anos, após apenas um ano na última etapa da educação secundária. Ele já tinha lugar garantido em New College, Oxford, e o argumento com o diretor sobre a crisma o convenceu de que era melhor ir embora, visto que, provavelmente, não receberia os privilégios usuais ou autoridade em seu último ano de escola. Frederick concordou, não por ser ele mesmo agnóstico (Max não contou ao pai o que houve), e sim porque Lancing era, obviamente, inferior à educação continental completa dele. É significativo que Max tenha uma posição tão forte sobre a religião. Ele não o fez à toa, e realmente continuou a sofrer em relação a isso. Seu relato do episodio foi, em particular interessante para Agatha, que era tranquilamente devota e, como já vimos, ansiosa quanto às implicações religiosas do divórcio de Archie. Os problemas espirituais de Max foram renovados ao longo do fim do período em Oxford e no ano seguinte. Descobriu-se que seu amigo Esmé Howard sofria de uma doença degenerativa e fora mandado para uma clínica na Suíça. A caminho de Beirute, Max visitou a clínica, na qual Esmé implorou para que ele se convertesse ao catolicismo e recebesse a comunhão (os Howards eram uma família profundamente católica), alegando sofrer com as dúvidas religiosas de Max. No diário que manteve de 1922 a 1926, Max contou como fez e cumpriu a promessa, percebendo, quando considerou o assunto encerrado, que na verdade sua convicção era sincera.

Esmé morreu no ano seguinte. A doença e a morte dele tiveram profundo efeito em Max, ainda mais pela amizade ter se desenvolvido em Oxford, que Max adorava. Segundo ele, após Lancing, Oxford foi "um passo do purgatório ao paraíso". Ali era possível expressar sentimentos mais livremente do que se considerava adequado na escola. Ele não ficava grudado aos livros, apesar dos esforços que fez no semestre de verão do terceiro ano, quando o diário começava de modo promissor com uma lista de horários de despertar (8h45 nos bons dias) e de descanso (entre meia-noite e 3h) e um relato de suas leituras nas férias (um pouco da *República*, de

Platão, tudo de Keats, o *Discurso do método* de Descartes, *As novas mil e uma noites* e um pouco de Robert Louis Stevenson). Segundo Max sempre dizia, o mais importante que ele aprendeu foi a beber vinho com os amigos. Ele tinha 21 anos, e embora soubesse o que queria fazer, ainda era imaturo em vários aspectos quando entrou no sítio de Woolley.

Quatro anos em Ur o endureceram: ele aprendeu a dar ordens, administrar os homens e até a gerenciar Katharine Woolley. Ele conhecia os próprios pontos fortes e habilidades: conseguia suportar o desconforto, tinha grande facilidade para aprender idiomas e possuía a intuição além do conhecimento que um arqueólogo precisa. Houve também tempo para refletir sobre o casamento de seus pais, as mortes de Esmé e de outros amigos, além dos vários e complexos relacionamentos de seus colegas. Apesar disso, quando ele e Agatha se conheceram, Max não tinha muita experiência de vida. Ele não era tão imprudente quanto Archie na mesma idade, mas era igualmente sensível, magoava-se com facilidade, e quando longe do terreno seguro do assunto que dominava, era pouco confiante. Também como Archie, ele tinha pouco dinheiro. E novamente como Archie, até esse encontro ele nunca tinha ficado tão "profundamente perplexo" por alguém, como definiu um de seus amigos mais velhos. Agatha gostou do jovem culto e atencioso e, com toda a recém-descoberta independência, era um alívio ter um companheiro divertido e discretamente solícito na longa viagem à Atenas, especialmente com relação ao tornozelo que ela machucara e a preocupação com Rosalind.

Houve mais uma aventura antes de chegar a Londres. Em Milão, eles saíram do trem para comprar laranjas, e enquanto estavam fora, o trem partiu com a bagagem. Não havia o que fazer, além de alugar um carro potente a preço alto e correr atrás do trem pelas montanhas até Domodossola, onde eles o pegaram de novo (em cima da hora) e foram saudados com empolgação pelos passageiros enquanto eram levados à cabine. Como resultado desse contratempo, Max e Agatha não tinham dinheiro para a última etapa da jornada. Assim, o primeiro encontro de Agatha com a mãe de Max, que o esperava em Paris, resumiu-se em cumprimentá-la brevemente e pegar emprestado tudo o que ela tinha. Devidamente abastecida, Agatha foi para Londres sozinha.

Embora estivesse anormalmente apática, Rosalind se recuperava bem, e após alguns dias Agatha a levou de Abney para Ashfield. Max agora trabalhava no British Museum e pediu a Agatha para avisá-lo se fosse a Londres. A princípio não havia perspectiva de visita, até a editora Collins convidá-la para uma festa no Savoy a fim de conhecer seus editores norte-americanos. Ela se organizou para viajar no trem noturno e convidou Max a Cresswell Place, "a única pessoa que já convidei para tomar café da manhã", escreveu ela para ele depois. Após a pressa das confidências do primeiro encontro e antes da confortável reminiscência de um terceiro, o segundo encontro foi esquisito. Inicialmente sem saber o que falar, eles logo estavam suficientemente relaxados para Agatha pedir que Max ficasse em Ashfield. Em um fim de semana em abril ele deixou o santuário intelectual do British Museu, viajou com Agatha no trem que saía à meia-noite de Paddington, conheceu Rosalind e Peter em Torquay e foi levado para piqueniques e cansativas caminhadas em Dartmoor na chuva. Na última noite da visita, após Agatha ter se retirado, Max bateu em sua porta, sentou-se na beira da cama e a pediu em casamento.

Agatha ficou surpresa. Na hora e por algumas semanas ela produziu todos os argumentos contra o casamento: Max era 15 anos mais jovem, católico, entre outros senões. Max insistiu. Em todo caso, como Agatha admitiu nas cartas para ele, o verdadeiro motivo da hesitação era medo: "Sou uma terrível covarde e tenho um medo extremo de ser magoada." A autobiografia revela isso quando ela escreve sobre a forma pela qual esse "relacionamento fácil e feliz" os surpreendeu: "Se eu tivesse considerado Max como possível marido quando o conheci, eu estaria na defensiva."

Segundo a *Autobiografia*, Agatha não demorou muito para aceitar o pedido de Max. O livro descreve as vezes em que mudou de ideia, as idas e vindas e inumeráveis conversas com Rosalind, Punkie, James e os Woolleys. Como sempre acontece, a cronologia de Agatha fica desordenada quando recorda os momentos mais importantes da vida. É impossível estabelecer ao certo quando ela finalmente sucumbiu à pressão gentil de Max, visto que poucas cartas entre o turbilhão enviado por ela tinham data e nenhum dos envelopes com carimbo do correio sobreviveu. Mas uma carta datada com algo além do dia da semana foi escrita em 21 de maio. Não só era uma carta perfeitamente confiante e apaixonada para o homem com quem ela estava prestes a se casar, como algo que acabava com as dúvidas anteriores. Max tinha perguntado se Agatha se importaria de passar o futuro com alguém cuja profissão era "desenterrar os mortos". Ela respondeu: "Eu *adoro* cadáveres e defuntos." Quanto à diferença religiosa, Agatha escreveu: "Eu posso me converter no leito de morte e morrer como católica romana [...] onde deveremos ser enterrados?" No fim das contas, como a Igreja Católica não reconheceu seu casamento, Max, furioso, abandonou sua fé.

É verdade que James e Punkie aconselharam Agatha a ser prudente, e a irmã era particularmente firme. Quando Max levou Agatha a um baile de verão para conhecer alguns dos seus amigos de Oxford e ela soube que o sobrinho Jack tinha sido contemporâneo dele em New College, ela ficou aturdida e voltou a argumentar que era velha demais para se casar com ele. A oposição de Punkie era particularmente perturbadora quando Max não estava presente para sustentar Agatha com sua lógica racional e calma. Ela escreveu: "Sempre tenho uma espécie de pânico depois que você vai embora. Quando você está aqui, sinto que tudo está bem. Eu me sinto calma, segura e feliz. Querido Max, eu sinto isso com você praticamente desde o início. E aí uma onda de realidade desaba e digo a mim mesma: 'Idiota, perdeu a razão? O que você diria para outra pessoa que fizesse isso?' Eu me sentia muito segura desconfiando da vida e das pessoas. Não fique com raiva de mim, Max, eu sou realmente *muito* lenta e preciso de um *longo* tempo para aceitar algo. Tenho que me ajustar a uma ideia que jamais considerei [...]" A decisão de adiar o casamento até setembro, acrescentou ela, "fornecia tempo para termos certeza". Mas ela tinha certeza o suficiente para prometer a Max "estar arrumada amanhã e ser pontual no dia seguinte" se ele retribuísse: "Você sempre pegará trens por *aquela* margem tão estreita ao longo de toda a nossa vida de casados?!"

Para evitar o interesse da imprensa que tanto assustava Agatha, eles mantiveram o noivado em segredo. Há um eco da garotinha que não gostava de "ceder informações" na carta de Agatha para Max sobre "acontecimentos secretos", ela escreveu. "Penso que existe um instinto de esconder [...], provavelmente, é um instinto sábio, pois o espetáculo da felicidade alheia não parece ser entendido com tranquilidade. Há muitos Iagos por aí! Possivelmente, Desdêmona e Otelo pareciam carinhosos em público, então, todos poderiam dizer (com satisfação): 'Não vai acabar bem — pobres coitados —, mas o que esperar disso?'"

Rosalind, a quem Agatha consultava indiretamente, descobriu o segredo no início de agosto. "Querido Max", anunciou Agatha, "Rosie ADIVINHOU. Ela vai consentir se você mandar em troca duas dúzias de pirulitos de caramelo da Selfridges (os legítimos)." Agatha achou que Rosalind tinha recebido a notícia como "uma imensa *piada*", mas Max levou a sério e ficou feliz por Rosalind ter lidado tão bem com a situação. Quando Agatha sugeriu que ele levasse um presente para Rosalind, possivelmente um livro, "no DIA", foi Max quem pensou em comprar um broche para comemorar o casamento e ajudar a menina a fazer parte dele.

No fim de agosto, Agatha e Rosalind foram com Carlo e a irmã Mary para Broadford, em Skye, onde o anúncio de casamento poderia ser feito. Em um lugar tão distante, a imprensa, provavelmente não notaria, e ainda havia outras atrações. Agatha tinha em Carlo e Mary duas amigas que apoiavam totalmente sua decisão e com quem Rosalind também se sentia segura. Um mês passado em uma ilha distante, vivendo com tranquilidade e de modo simples, no ar limpo do verão, deu a Agatha um importante intervalo entre a antiga vida e a nova. De certa forma, Skye era como o mundo no qual ela conheceu Max, um lugar antigo e vazio, afastado da vida diária. Ao mesmo tempo, isso permitiu que os dois se afastassem, como se esse período de separação partilhado apenas com a filha e duas mulheres purificasse e renovasse Agatha antes do casamento. Não que ela estivesse totalmente afastada de Max: eles se escreviam diariamente. As cartas de Agatha eram reflexivas e ainda levemente ansiosas, enquanto as de Max eram firmes e encorajadoras. É como se ele fosse o mais velho, como Max contou em sua obra e nos documentos para emitir os passaportes. Ele garantiu a Agatha que era normal ficar nervosa antes da "grande empreitada" e prometeu que não havia motivo para se preocupar por ele ser "muito erudito", embora tivesse começado a mandar exigentes listas de leitura para ela. Max também não reprimiria a liberdade de Agatha. Ela podia se ver como um cão fiel, provavelmente levada em aventuras, mas não seria "um cão na *coleira*". Max e Agatha também pareciam já ter chegado a um acordo razoável em relação a dinheiro. Agatha ganhava bem mais do que Max (e era proprietária de duas casas, com um apartamento prestes a ser acrescentado ao patrimônio). Eles parecem ter decidido falar sem qualquer vergonha sobre como a renda conjunta devia ser gasta, além de considerar algumas despesas mais apropriadas para um do que para o outro. Assim, Max escreveu para Agatha que ela deveria informá-lo das "taxas do cartório, pois é certo que eu pague tudo isso".

No final de agosto, eles estavam prontos. Max mandou fazer um blazer branco para a lua de mel em Veneza, seguida por cinco semanas no litoral da Dalmácia. Ele deveria estar em Ur em outubro, e ainda esperava que Agatha pudesse ir com ele até Bagdá. Katharine Woolley não ficou tão ultrajada com a notícia das intenções de Max e Agatha como eles temiam. Após muita deliberação, Agatha escreveu a Katharine, que tinha apenas observado que Max deveria ser obrigado a esperar pelo menos dois anos para o casamento: "um bom e longo aprendizado." Agatha escreveu para Max: "Não adianta. Nunca terei essa atitude olímpica em relação ao sexo masculino [...]." Katharine já tinha, obviamente, percebido, no fim de agosto que Max e Agatha estavam determinados a não esperar, e ela havia perdido seu acólito, mas Max informou alegremente que ela fora comprar um massageador elétrico.

O casamento aconteceu na Igreja de São Columba, em Edimburgo, no dia 11 de setembro. Rosalind permaneceu com Carlo no Hotel Roxburghe, enquanto Max e Agatha, já com seu novo passaporte (no qual ela diminuiu *levemente* a idade), foram para a Itália equipados com tapetes, travesseiros e uma garrafa térmica, seguindo a orientação dele.

O relato da lua de mel ocupa quatro parágrafos nas memórias de Max e quatro páginas na autobiografia de Agatha. A descrição dele é circunspecta, enquanto a dela é mais cheia de vida, repleta de conversas sobre refeições e pessoas estranhas. Agatha sempre foi uma escritora mais impressionista que Max, menos exata, porém mais vívida e imediatista. A diferença também foi revelada pela letra, como mostra o diário feito em conjunto. As palavras de Max são pequenas e equilibradas, escritas de modo preciso, com uma caneta-tinteiro de ponta fina, enquanto a de Agatha tomava a página em grandes floreios, frequentemente quase ilegível, com a tinta apagando onde ela se esquecia de pressionar a caneta por estar com pressa. As frases de Max são completas, enquanto Agatha substitui verbos por traços, usa exclamações, além de destacar palavras com maiúsculas e sublinhados. Max fala dos fatos, Agatha, de sensações.

Eles viajaram, primeiro, para Veneza. Max observava prédios e a luz, ficando especialmente feliz quando "a Ange arqueóloga" observava o entalhe de uma cruz em uma placa antiga. Agatha, por sua vez, era mais pé no chão: "Triste queda do romance — *mordida por mosquitos* — meu tipo especial — no trem!!!" Ela gostou muito da visita ao Lido: "Conversa incrível de uma dama (trilíngue) que perdeu o guarda-roupa em uma gôndola que virou. '*Mais, c'est la fin de saison!*'" Depois eles foram para Split (Max: "Refeições *al fresco* sob a sombra do Peristilo de Diocleciano." Agatha: "Começo definitivo de náusea graças ao excesso de gótico veneziano! O queijo lá é maravilhoso! [...] Um lugar realmente *bom* para banhos. Intrusão de dois brancos tímidos entre iugoslavos marrons."). Max ensinava a Agatha o alfabeto grego e ela o convencia a tomar banho de mar em todas as oportunidades. Em Dubrovnik eles tomaram banho de dia e à noite. (Agatha: "Oh! Os banhos!! [...] Será que a tocha traiu nosso segredo culpado?") Eles conseguiram afastar outros visitantes ingleses, primeiro, pegando uma barca e, depois, contratando um carro, no qual foram para a velha capital de Montenegro nas montanhas e depois até Kotor, a fim de pegar o barco para a Grécia, o impronunciável Sbrin.

Era um pequeno barco de carga, com um capitão atencioso e um excelente chef. Após a primeira parada, Max e Agatha eram os únicos passageiros, que desciam em todos os portos até o navio apitar. Eles estavam radiantemente felizes. "Caminhadas gloriosas pelas oliveiras", escreveu Max. "Sensação de Teócrito e que Ange era minha Amarilis." Agatha registrou como "um dos raros momentos de felicidade — muito calmo e intenso —, é uma espécie de luz interior vibrante — o SBRIN APITA —, mas só por diversão, aparentemente".

Max, que planejou a jornada como surpresa para Agatha, programou ao final uma visita aos lugares que cada um havia perdido no ano anterior: Delfos, para Agatha, e o Templo de Bassas, para ele. O primeiro dia na Grécia foi sofrido. Agatha escreveu: "Patras, um buraco horrível! [...] Insetos insalubres se alimentaram das pernas de Ange — confiantes demais, infelizmente! — Não usamos pó de crisântemo no momento em que mais precisamos." Ela teve o que descreveu como "o cabelo lavado *à la Grecque* (muito esquisito e abaixado com gel!)". Max registrou: "Raspei o bigode e Ange quer vê-lo de volta [...] constantemente dizendo que pareço diferente." O dia seguinte foi um sofrimento. Agatha questionava se as pernas, inchadas apesar de "um banho curativo e primitivo no Alfeu", entrariam em calças de esquiar, mas ela e Max sobreviveram à viagem em um ônibus infestado de pulgas para Olímpia. A entrada final do diário de Max tinha um tom erudito. (Esperançosa, Agatha deixou páginas alternadas em branco, mas ele não escreveu mais, talvez sentindo que o registro trivial era irreverente demais para templos gregos.) "É possível identificar quase todos os prédios", escreveu ele, extasiado, "graças ao infatigável pedante Pausânias e ao perseverante Curtius, que liberou Olímpia do espesso cinturão de areia depositado pelo voluntarioso Alfeu nos tempos medievais." Agatha foi lírica a seu modo: "Agora pelo menos é possível entender o significado de um bosque sagrado [...]" Eles passaram a tarde no monte lendo *The Testament of Beauty* antes de voltar para casa à luz da lua.

O dia seguinte foi um teste pior, uma viagem de 14 horas em lombo de mula para Andritsena, subindo e descendo ravinas, cruzando um rio (Agatha: "isso pareceu perigoso, do ponto de vista dos guias, para quem ravinas, onde ficamos pálidos, são normais.

Então, começou a chover ...") Eles subiram repetidamente os caminhos de pedra. "Imensa sensação de sofrimento e arrependimento por ter me casado com Max — Ele é jovem demais para mim!! Cheguei mais morta do que viva. — Max cuidou de mim tão bem que fiquei feliz de ter casado com ele no fim das contas. Mas ele não pode fazer isso de novo!!" Bassas, Trípoli, Náuplia, Epidauro — Agatha se deliciava com os templos, mas especialmente com os banhos. E finalmente eles chegaram a Atenas, que "era muito estranha. Não parecíamos mais as mesmas pessoas. Uma *suíte à deux lits* com banho fez com que nos sentíssemos tímidos e civilizados. Lá se foram os lunáticos felizes das últimas duas semanas [...]". Havia cartas esperando, bem como a bagagem de Max para Ur e a de Agatha para a viagem de volta. Dessa vez a correspondência era reconfortante, mas o desastre não demorou, conforme Agatha contou quase na última entrada do diário: "Refeição alegre de Camarões e Lagostas [...] Retribuição pelos Camarões e Lagostas." À pergunta do médico: "*Mangez-vous jamais du poisson, Madame?*", Agatha, que adorava peixes e especialmente crustáceos, sentiu que a única resposta era "Melhor descrever com pontos...".

Eles não saberiam definir exatamente qual refeição com peixe os intoxicara, mas ela ficou muito doente. Max foi obrigado a ir embora, tendo sido firmemente instruído por Woolley a encontrá-lo e a Katharine em Bagdá, no dia 15 de outubro. Pouco antes do casamento, ficou claro para Agatha que as esposas eram consideradas um estorvo em Ur, e Leonard (motivado por Katharine, Agatha tinha certeza) até tentou sugerir que ela não acompanhasse Max a Bagdá: "Os diretores estranhariam." Embora Agatha e Max já tivessem aceitado se separar em Atenas, Agatha não revelou isso, enfatizando para Woolley que seu destino de viagem com o marido nada tinha a ver com o acampamento. A questão ficou clara, mas Leonard destacou que Max deveria chegar pontualmente em Bagdá para receber instruções sobre a primeira tarefa da temporada: supervisionar a construção de várias extensões para a casa da expedição. Com Agatha ainda extremamente fraca, Max relutava em ir embora. Mas Agatha insistiu, por saber que Katharine atribuiria a culpa a ela, caso Max se atrasasse. Com sorte, aquela seria a última temporada que ele passaria com Woolley. Ao saber que havia espaço para apenas uma mulher em Ur, ele decidiu procurar outro lugar, para ter a companhia de Agatha e também adquirir novas experiências. O Dr. Campbell Thompson já o havia sondado sobre ir a Nínive, e essa parecia ser a resposta, embora nada estivesse acertado. Sabendo que seriam os últimos seis meses em que precisariam ficar separados, Agatha incentivou Max a manter sua promessa a Woolley.

Para espanto do médico de Agatha, Max partiu: "O *Monsieur* foi embora por muitos dias?" Agatha falou da pergunta dele na primeira carta para Max: "Eu disse que por cinco meses. Ele perguntou se eu iria ficar aqui o tempo todo, evidentemente avaliando senhoras como peças de jogo de xadrez, que seriam movidas de casa a casa, sem vontade própria!" Dois dias depois, ela pegou o trem para Londres. Enquanto isso, Max chegou a Bagdá e descobriu que os Woolleys só chegariam na semana seguinte. Furioso, ele levou o capataz Hamoudi direto para Ur, contratou 100 trabalhadores e mandou que eles terminassem os prédios o mais rápido possível, de acordo com suas especificações. A sala de estar era espaçosa, com uma lareira inspirada na existente em Cresswell Place e uma chaminé semelhante à que havia no quarto onde ele e Agatha ficaram em Veneza. Ele fez o banheiro de Katharine o mais apertado possível. Teria que ser derrubado e reconstruído, esta seria a vingança de Max. A ira de Agatha queimou mais devagar, e com mais intensidade. Ela esperou até 1935 para fazer uma piada literária com a relutante saída de Max. Ela pode ser encontrada em *Morte nas nuvens*, no qual o jovem arqueólogo conta a história de um inglês "que abandonou a esposa e partiu para estar 'à disposição para o dever' a tempo. E tanto ele como a esposa acharam isso bem natural. Eles o consideraram um ato nobre, altruísta. Mas o médico, que não era inglês, considerou o homem um bárbaro".

Uma vez em casa, Agatha também precisou começar o trabalho. Embora se sentisse frágil e Max não estivesse presente para animá-la, ela estava calma e esperançosa, escrevendo do Paddington Hotel: "Sabe, Max, é a primeira vez em vários anos que cheguei na Inglaterra sem a sensação de sofrimento terrível que sempre tive, como se eu tivesse escapado de tudo ao viajar ao exterior onde o sol brilha e depois voltasse para eles, para as lembranças sombrias e tudo o que eu desejava esquecer. Mas dessa vez, não. Foi apenas: 'Ah, Londres. Chuvosa como sempre, mas um bom e divertido lugar, afinal.'" Ela percebeu que Max havia tirado de seus ombros "tanto que eu nem sabia que estava lá". Ela podia sentir as lesões se curando: "elas ainda estão presentes, e bastaria pouco para reabri-las, mas elas vão se curar novamente."

15

"... cadáveres e defuntos..."

Escrever livros é mais difícil do que redigir cartas, e conseguir escrever livros fica ainda mais difícil quando há várias desculpas para se corresponder com um marido distante. Agatha foi rápida ao pensar em títulos sedutores e tramas complicadas, mas isso não facilitava o processo de se sentar diante da máquina de escrever e se dedicar ao que ela considerava a "obrigação" de começar um livro. Ela tinha várias outras ocupações. Agatha e Max haviam comprado outra casa, situada em 47 e 48 de Campden Street, e como era perto do metrô para o British Museum e tinha um jardim na cobertura do qual Agatha gostou, ela pretendia alugar Cresswell Place. As cartas para Max no fim do outono e no inverno de 1930 são cheias de detalhes sobre compras em liquidações: "um baú de nogueira todo envernizado", um jogo de chá em porcelana Worcester, que dava a ela a mesma diversão que o pai sentiu em seus passeios diários em Torquay.

Houve, também, um surto de ansiedade em relação ao cachorro de Rosalind, que desenvolveu um tumor no ombro. Agatha despejou seu desespero em uma longa carta para Max. Ela acreditava que nem ele seria capaz de entender o quanto ela era profundamente ligada a Peter: "Você nunca viveu um momento *realmente* ruim tendo apenas um cão em quem confiar." Max parece ter aprendido a gostar dos cães de Agatha porque eram dela e faziam parte da casa, mas ele não partilhava a simpatia por animais que algumas pessoas têm desde a mais tenra infância, e é difícil para outros entenderem totalmente. Agatha sempre considerou os pássaros e animais como amigos próximos, cada um com uma personalidade tão individual quanto os seres humanos. A foto da infância na *Autobiografia* e os relatos ficcionais baseados em alguns romances de Mary Westmacott falam muito sobre a natureza e o comportamento do pintassilgo e dos cães, além do companheirismo e a infelicidade casada pelo desaparecimento (geralmente temporário) deles. A proximidade de Agatha com seus animais não era apenas por que ela passava boa parte do tempo sozinha com eles, brincando, conversando e cuidando deles, considerando os animais como parte da vida, como as pessoas fazem quando há poucos ou nenhum contemporâneo presente, mas também porque ela se identificava com eles. Animais sabiam de fatos, embora não falassem. Eles sentiam dor e afeto, embora não pudessem expressá-los em palavras.

Quando criança, Agatha sentia-se, basicamente, dessa mesma forma. Atenciosa, desconfiada, confortável com quem ela conhecia, mas desconfiada com desconhecidos efusivos, ela queria transmitir sentimentos que não conseguia expressar em palavras. Uma das histórias mais significativas e memoráveis em sua autobiografia acontece quando um guia de montanha, levando Frederick e suas filhas a uma excursão aos Pireneus, pegou uma borboleta e a prendeu ainda viva no chapéu de Agatha, no qual para horror dela, bateu asas e se agitou até morrer. A questão da história, como Agatha enfatiza, nem é tanto o sofrimento pela borboleta e sim a incapacidade desesperadora de expressar seus sentimentos confusos: aflita ao aparentemente rejeitar o esforço do guia de ser gentil, tristeza pelo destino da borboleta, nojo do barulho bestial das asas batendo, mas encontrar alguém que intuitivamente entendesse. Apenas Clara viu a causa de suas lágrimas, pois Agatha olhou para ela "naquela longa sujeição de silêncio". A mãe era uma amiga para quem Agatha não precisava se explicar. Agatha partilhava com Peter essa compreensão básica e instintiva: ela sentia que ele reconhecia o seu estado infeliz e doente nos dias sombrios em Styles e a recebeu de volta sem questionar quando aquele momento terminou. "Cão

Fiel" era a expressão de Agatha para definir um ser humano leal, e a confiança em Max se baseava na crença de que ele também entendia seus sentimentos e necessidades silenciosos. Como ela descreveu, Agatha era um "Cão para ser levado a Caminhadas" por Max.

Peter se recuperou e Agatha retomou as outras distrações. Ela começou aulas de desenho, embora tenha escrito a Max que "jovens mulheres competentes [...] desenhando modelos vivos", "jovens ruivas em macacões sujos de tinta", davam a ela complexo de inferioridade. Contudo, tendo perdido quase 6 quilos após a doença em Atenas ("A vida de casada me fez emagrecer"), ela se sentia "elegantemente magra, ou pelo menos magra para *mim*". Agatha também tentou modelar argila, sem muito sucesso, mandando para Max fotos de "um grande pote, com elevação lateral do Nordeste, do Sudoeste etc.". Ele mandava listas para leitura de Ur (Heródoto foi a última adição) e Agatha tinha a própria programação. Ela se interessou por teorias científicas e matemáticas; a referência aos estudos de Sir Claude Armory sobre a desintegração do átomo em *Black Coffee* mostra que se mantinha atualizada, especialmente com as hipóteses da época sobre as noções de tempo e da natureza da identidade.

Na primeira viagem ao Oriente Próximo, um conhecido apresentou Agatha a um livro que teve alguma influência no fim dos anos 1920, *Um experimento com o tempo,* de J. W Dunne. Agatha foi profundamente afetada por ele, escrevendo na autobiografia: "De alguma forma, eu vi tudo de modo mais proporcional e também me vi menor, como apenas uma face do todo, em um vasto mundo com centenas de interconexões." Então, em novembro de 1930, ela ficou igualmente emocionada com o livro de Sir James Jeans, *The Mysterious Universe*: "Eu entendo muito pouco dele, mas me enche de ideias nebulosas", escreveu ela para Max.

> Como seria estranho se *Deus* estivesse no futuro — algo que jamais criamos ou imaginamos, mas que ainda não é — imaginando que ele não seja *Causa* e sim *Efeito*. A criação de Deus é para onde estamos nos movendo — é um objetivo —, a intenção e o propósito de toda a evolução —, todas as nossas crenças em

> Deus criando o mundo (em um plano muito devastador e cruel) e permitindo dor etc. — são *erradas*. Mas toda a dor e o desperdício não importam — o simples custo de produção, por assim dizer. Sou muito incoerente — mas você entende o que quis dizer [...]. É divertido brincar com ideias: — Que Deus fez o mundo como ele é e está satisfeito não parece verdade. Originalmente, os homens morriam de fome e frio (em cima de jazidas de carvão subterrâneas) e todas as pragas e pestilências causadas pela estupidez do homem foram resumidas à "Vontade de Deus". Se a vida neste planeta é um acidente, bastante imprevisto e contra todos os princípios do sistema solar — o quanto seria incrivelmente interessante —, e quando ela pode acabar? Em alguma Consciência completa e maravilhosa [...]?

Nessa época havia uma série de novas teorias para Agatha enfrentar e uma tentativa de enquadrá-las em ensinamentos familiares: "Se o tempo *é* infinito — nós poderíamos nos mover através dele da mesma forma. Mas gosto da minha ideia de Deus estando no futuro e nós trabalharmos todos os dias e horas para ficar mais perto Dele. Em cada célula da matéria (até nas águas-vivas!!), cada potencialidade do homem está presente — apenas latente — então imagino que Deus esteja latente no homem?" (Agatha acreditava menos em novas invenções do que em novas ideias. Esta carta para Max continuava: "Seu p.c., para Carlo, chegou hoje — então o correio aéreo é bem mais rápido — ou, pelo menos, é o que acontece. Imagino que após matar aquelas pessoas na semana passada, eles tenham voado com muito mais cuidado essa semana.") Com alívio ela se disse "um tanto acabada" e trocou o *Mysterious Universe* pelo *Scarab Murder Case* (Caso do assassinato do escaravelho, em tradução livre) [...] "muito reconfortante após tanta Relatividade".

Agatha era impedida de procrastinar demais pelas demandas profissionais mais imediatas. A mais urgente era um pedido de Dorothy Sayers para ajudar outros cinco escritores de romances policiais a fazer uma série para a BBC, que seria exibida em algumas semanas, em janeiro de 1931. Essa foi a segunda empreitada do tipo, com sua predecessora sendo uma série de seis partes, exibida em junho e julho de 1930, pouco antes de Agatha sair para Skye. Os colaboradores da primeira série foram Hugh Walpole, Dorothy L. Sayers, Anthony Berkeley, E. C. Bentley, Ronald Knox e Agatha, que tinha escrito o segundo episódio da história, cujo título geral era *Behind the Screen* (Por trás da tela, em tradução livre). A ideia para a série foi do então produtor-assistente no departamento de rádio da BBC, de J. R-Ackerley, e a tarefa dos colaboradores era complexa, visto que cada episódio tinha que se juntar aos outros. Mesmo assim, cada escritor buscava dificultar a situação para os que viriam depois. E apesar dos esforços do produtor para deixar a história coesa e coerente, cada autor teve sucesso em colorir os episódios com seu estilo idiossincrático (Agatha apresentou várias pistas falsas, inúmeros detalhes quanto à cronologia e muitos diálogos), e ao dar um sabor especial na forma pelo qual ele ou ela lia o texto em voz alta. Como os imensos microfones da BBC se comportavam de modo imprevisível, praticar um discurso à nação era complicado. Três dias antes da transmissão de Agatha, em 21 de junho, ela fez um teste de voz e, após ter lido sua parte, a plateia foi convidada a mandar ao editor da revista *The Listener* as respostas para várias perguntas complicadas sobre os motivos do crime e a solução dele.

A versão anterior foi suficientemente bem-sucedida para a BBC repetir a empreitada e, no início de novembro, Dorothy Sayers disse a Agatha: "Como a organização da última vez fora um tanto instável", eles agora pediram que ela cuidasse do assunto e abordasse os colaboradores. A BBC esperava que os outros escritores fossem Anthony Berkeley, E. C. Bentley, Clemence Dane e Freeman Wills Crofts, "seis *eminentes* escritores de histórias de detetive", conforme Max soube na carta escrita por Agatha. Agora a série teria 12 episódios e a reunião preliminar, realizada no dia 5 de dezembro, estabeleceu que Agatha escreveria o segundo e o quarto episódios da história, chamada *Um furo jornalístico*. O método da equipe consistia em fazer um esboço conjunto da trama e depois cada autor rascunhava seu episódio, consultando os outros sobre os detalhes. Os produtores da BBC foram sábios ao deixar a tarefa de organizar tudo para a Srta. Sayers, pois isso se mostrou extremamente complicado.

A trama de *Um furo jornalístico* (que foi publicada pela editora Gollancz junto com *Behind the Screen* em 1933) diz respeito à morte de um repórter de jornal que cobria um caso de assassinato. As complicações da trama e a confusão de vítimas, suspeitos, armas e motivos refletem o quanto foi preciso ceder para atender aos caprichos de cada autor. Como Dorothy Sayers disse a Agatha, houve também "um grande problema com a BBC, que ligava quase todos os dias para exigir que a história fosse simples, com pouquíssimos personagens, sem tabela de horários e praticamente nenhuma complicação ou suspeitos". Mal sabia a BBC como as histórias de mistério são criadas. As questões ficaram muito mais difíceis pelo fato de, ainda na fase de planejamento, os autores terem se separado para o Natal. Dorothy Sayers achou Agatha particularmente difícil de localizar, pois ela se mudava entre Campden Street, Cresswell Place e Abney. Elas tiveram várias conversas nervosas pelo telefone e trocavam cartas frequentemente com embelezamentos para partes da trama já bastante ornadas. Um dos memorandos da Srta. Sayers para Agatha começava com um parágrafo de elogios a *Assassinato na casa do pastor*: "A querida velha Tabbies", observou ela, "é o único tipo possível de detetive do sexo feminino e a Srta. M é adorável [...]. Creio que este é o seu melhor livro até agora. Ou quase, pois gosto muito de *Roger Ackroyd*. Mas prefiro este, porque não tem um ditafone. Eu sou contra ditafones e gramofones." Contudo, a preocupação atual da Srta. Sayers era unir a equipe para *Um furo jornalístico*: "O Sr. Crofts acabou de me ligar (em uma linha na qual, é preciso dizer, a companhia deve ter pendurado roupas para secar, pois estava cheia de ruídos estranhos) para dizer que algo saiu errado com o álibi e que 9.48 talvez entre tarde. Espero que não, pois isso vai atrapalhar muito a minha cena da redação de jornal [...]"

Enquanto isso, alheia a essas ramificações, a BBC mandou a cada colaborador um solene aviso: "Complicações muito grandes, como a importância de minutos ou segundos devem ser evitadas [...]. O diálogo deve ser escrito de tal modo que o ouvinte jamais tenha dúvida sobre quem esteja falando [...]. Os personagens da história devem ser mantidos ao mínimo [...]." A Srta. Sayers deu pouquíssima atenção à emissora, dizendo rapidamente para Agatha que

"Ackerley me disse que mandou a você uma de suas cartas tolas. Eu não daria atenção alguma a isso. Se ele continuar nos importunando, sugiro que escrevamos como grupo para dizer que ele aparentemente não quer uma história de detetive, mas uma simples história de amor ou algo do tipo."

Ackerley não sabia do lamaçal em que os colaboradores estavam atolados. Desesperada, Dorothy Sayers organizou para todos se encontrarem em um almoço, mas até isto foi confuso: "A linha estava bem barulhenta, mas *pensei* que você havia falado segunda-feira." No início do Ano-novo, Agatha, quase levada à loucura por essas correspondências, as reuniões na BBC e os ensaios para *Black Coffee*, fugiu para a Suíça com Rosalind. "Jamais iremos a um desses lugares juntos", escreveu para Max. "Já conheci duas mulheres que perderam seus maridos para belas amazonas que desciam montanhas em esquis." O desaparecimento de Agatha jogou Ackerley em um turbilhão. "Já são uns 15 personagens nesses dois episódios [...]", escreveu ele para Agatha. Revelando seu desespero, Ackerley enfatizou: "é preciso ser escrito quase como se fosse para crianças."

A segunda metade da série ainda não estava escrita quando começaram as transmissões. A Srta. Sayers leu o primeiro capítulo no dia 10 de janeiro e Agatha transmitiu o dela na semana seguinte, após convencer a BBC a permitir que ela fizesse isso "de uma estação em Devonshire". A BBC mandou uma carta de última hora ameaçando terríveis consequências caso ela ultrapassasse o tempo. Algumas ansiedades dela eram mais importantes, como saber se Max conseguiria encontrar um rádio com sinal bem forte para ouvi-la no Iraque. Ele conseguiu fazer isso ao galopar pelo deserto (andando a cavalo pela primeira vez na vida) até o major Berry, comissário político em Nassíria que tinha "um belo aparelho sem fio e recebia transmissões de Londres regularmente". A carta elogiosa de Max para "minha EMINENTE Ange" só chegou várias semanas após o fim da série. Ele acrescentou: "Espero que você consiga inserir uma mensagem críptica!" A ideia também tinha ocorrido a Agatha, cuja carta cruzou com a dele: "Tive um resfriado aterrador e quando transmiti no sábado eu *não* consegui pensar em algo adequado para colocar em sua homenagem. Além disso, a BBC pergunta se cada frase é 'relevante ou não'. Devo ter inteligência melhor no dia 31, talvez — Vou falar algo sobre o Leste!"

Um furo jornalístico envolvia muito trabalho, mas para Agatha a recompensa tangível era relativamente pequena: um valor de 50 guinéus, incluindo a escrita e a transmissão dos dois capítulos além da primeira publicação em série na revista *The Listener*. Naquele momento, os royalties para um conto publicado em revista eram de pelo menos 100 libras. Agatha participou de mais uma empreitada colaborativa, intitulada *A morte do almirante,* publicada em 1931, na qual o capítulo dela se chamava "Principalmente conversas". Contudo, como ela se lamentou para Max, embora tenha sido divertido ser considerada uma das "eminentes" romancistas de mistério, "leva *horas* para escrever e não consigo obter diversão alguma com isso". Em fevereiro de 1931 ela mandou para Dorothy Sayers o conto *The Adventure of the Clapham Cook* (A aventura do cozinheiro de Clapham, em tradução livre) para uma coletânea que sairia ainda naquele ano. "Um probleminha muito intrigante para Hercule!", observou Miss Sayers, "Meu último volume ficou muito mais pobre com a ausência dele." Mas Agatha e seu agente não achavam tais exercícios um gasto útil de tempo e energia. Miss Sayers escreveu: "Tenho uma sensação horrível que Hughes Massie queria uma terrível quantia em dinheiro (ou várias). Não posso realmente oferecer mais do que libras pelos direitos na Grã-Bretanha." Agatha, agora, era suficientemente profissional para colocar um preço adequado em sua obra, e seu agente não recomendava baixar seu valor de mercado. Ela preferia vender seus escritos a um valor realista e dar o dinheiro do que cobrar barato demais. Às vezes era difícil para compradores em potencial entenderem tal atitude. Em setembro de 1932, por exemplo, J. R. Ackerley propôs que ela escrevesse outra série: "Sua ideia de propor alguns problemas para serem discutidos por diversas pessoas seria exatamente o que procuramos." Ele perguntou se ela escreveria "pequenas peças [...] apenas diálogos, omitindo a parte do texto e as descrições", "com a Sra. Marple [*sic*] saindo por cima". Após algumas idas e vindas, Agatha escreveu uma carta breve, porém firme: "A verdade é que odeio escrever contos, e eles realmente *não* são lucrativos. Não me importo de fazer algo assim de vez em quando, mas a energia para desenvolver uma série é empregada mais adequadamente escrevendo livros. Então, é isso. Com minhas desculpas."

Ackerley não compreendeu, de forma alguma. Quem trabalha como assalariado em grandes empresas, por mais criativo que seja, pode achar extraordinariamente difícil entender que os colaboradores freelancers precisam ganhar a vida e têm despesas gerais para pagar. Esse comportamento obtuso é particularmente irritante quando vem acompanhado da suposição, em geral transmitida em linguagem condescendente, de que a organização está concedendo um favor ao colaborador. Os produtores (felizmente nem todos) que eram condescendentes com Agatha prejudicavam mais a opinião dela sobre a BBC do que a corporação imaginava. O temperamento de Ackerley talvez tenha ficado mais irritado pelas gloriosas complicações de *Um furo jornalístico*. Quando foi perguntado sobre suas recordações, ele disse ao seu sucessor, em 1938:

> Até onde me lembro de Agatha Christie, ela era surpreendentemente bonita e extremamente irritante. Ela sempre atrasava seus textos, era muito difícil assumir compromisso com qualquer empreitada e invariavelmente se atrasava. Eu me lembro disso com pesar, pois é minha escritora de histórias de detetive favorita. A atuação dela como locutora não me causou uma impressão tão boa. Acredito que foi bem-adequada, nada mais. Até um pouco débil, se eu lembro bem, mas até então qualquer pessoa naquela série pareceria débil, comparada à incrível vitalidade, ameaça e vigor daquela mulher espantosa, Dorothy L. Sayers.

O julgamento dele foi injusto com ambas, mas o homem ainda estava obviamente traumatizado.

Além desses textos menores, Agatha publicou apenas um livro em 1931: *O mistério de Sittaford*, ambientado em um vilarejo de Dartmoor tomado pela neve. Ele começa com uma sessão espírita, cujos participantes são informados sobre o assassinato do capitão Trevelyan, que vivia a 10 quilômetros de distância. A história é inteligente e levemente bizarra. Ela reflete um lado da atitude de Agatha em relação ao oculto e aos que recebiam (não sem uma dose de culpa) médiuns, debruçavam-se sobre tabuleiros ouija e maravilhavam-se com manifestações ectoplásmicas. Boa parte dessa indulgência caduca estava presente nos anos 1930 e, de certa forma, Agatha via tudo com um ceticismo tolerante. Por outro lado, algumas histórias escritas por ela para revistas e que apareceram na coletânea *O cão da morte,* em 1933, mostram grande interesse em fenômenos hipotéticos como telepatia, percepção extrassensorial e similares. Sua antiga história "O chamado das asas", publicada novamente nesse volume, era um lembrete de que o poder e o propósito da arte, além da importância da emoção e dos sonhos, a intrigavam desde a adolescência. Como *O mistério de Sittaford,* são histórias inteligentes que agradam tanto aos céticos quanto aos crédulos.

Na primavera de 1931, Agatha viajou a Ur para se juntar a Max nos últimos dias da escavação. O bigode dele voltara a crescer (Katharine tinha sido a única a falar da ausência dele), e veio para ficar, pois Agatha não suportava o marido sem ele. Cartas educadas para Katharine e uma cópia de *Assassinato na casa do pastor* (enviada por sugestão de Max: "Não se esqueça de PROTHEROE", lembrava ele, citando apenas o nome da vítima) prepararam o caminho de Agatha, e ela foi muito bem-recebida. Os Mallowans voltaram para casa pela Pérsia, que Agatha implorou para conhecer, pois estava "simplesmente louca de empolgação" após ver a Exposição Persa em Londres em janeiro. A autobiografia de Agatha faz um extasiado relato da jornada deles para casa pela União Soviética. Uma das principais lembranças daquela viagem foi o consumo de grandes quantidades de caviar delicioso e muito barato, iguaria que ela continuou a amar pelo resto da vida. (Um típico convite-surpresa enviado por Agatha a um amigo em 1931 dizia: "Maldito seja esse seu telefone! [...] O que você pensaria de vir por volta das 8h30 e comer uma *Grande Quantidade* de Caviar. Além disso, haverá apenas café. Contudo, se comermos bastante Caviar não devemos querer mais nada. De qualquer modo, sempre há Presunto." A aparência granulada e cinza também deu a Agatha uma vaga ideia para uma trama, escrita em um caderno de anotações: "Arsênico [...] parece Caviar — pudim de ameixas — maracujá."

Naquele verão Agatha trabalhou em dois livros, *A casa do penhasco* e *Treze problemas*, uma coletânea de histórias com a Miss Marple. *A casa do penhasco* parece ter sido um exercício de estilo direto. Agatha pensou na trama e, em um caderninho preto até então usado para anotar as conexões de trem entre Stockport e Torquay, listou os personagens e rascunhou todos os capítulos em estilo telegráfico: "Os Crofts. Srta. Buckley está morta. Agitação Atemorizante. Então — aparentemente algum alívio [...]. Na Casa de Repouso, P diz — você não me contou tudo?" Um caderno de Rosalind, apropriado por Agatha que escreveu "Ideias 1931" no alto da primeira página, fornece a origem de *Os treze problemas*, que une as histórias contadas por Miss Marple e um grupo de amigos que se reúne todas as noites de terça-feira. No esquema inicial de Agatha, a reunião teria alguns de seus colaboradores nas empreitadas coletivas do inverno e da primavera: o "Sr. Wills Crofts e esposa, Sr. Bentley, Srta. Sayers e marido [...]", mas ela pensou melhor. Miss Marple é a integrante que percebe tranquilamente a solução para cada problema graças às suas analogias e ao que sua criadora descreve como "conhecimento especial". Esse livro foi dedicado aos Woolleys.

O primeiro título de trabalho para *Os treze problemas* foi *Thirteen at Dinner*. Descartado por ela, acabou virando o título da edição norte-americana (e brasileira) do livro seguinte de Agatha, *Treze à mesa*. A maior parte dessa história foi escrita em Rhodes. Agatha passou algumas semanas lá no outono de 1931, antes de encontrar Max em Nínive, onde ele agora trabalhava, com Campbell Thompson. Sentindo muitas saudades de Max, Agatha mandava cartas longas e loquazes do Grand Hôtel des Roses. A rotina dela era simples:

> Café da manhã às 8h (agora eu não o surpreendi); Meditação até às 9h. Bater violentamente à máquina até as 11h30 (ou o final do capítulo, às vezes, se for um dia bonito, eu trapaceio e faço um capítulo curto!), depois, para a praia e mergulhar no mar — depois deitar na praia com as costas nuas o máximo possível. 13h30 almoço — depois, uma volta pela cidade — ou, então,

> uma conversa no terraço. Após o chá, um pouco mais de trabalho (às vezes, nada de trabalho e sim uma soneca) — 20h30, jantar — e depois trabalhar caso eu tenha tirado a soneca — caso eu tenha sido produtiva, conversa intelectual [...] pontuada por bater em mosquitos. Depois para a cama, sozinha dentro do meu mosquiteiro.

Como todas as histórias de detetive de Agatha, *Treze à mesa* foi meticulosamente planejada antes de começar a ser escrita. A ideia central para a trama surgiu de observar a artista norte-americana Ruth Draper, que vinha apresentando dramáticos monólogos em Londres desde os anos 1930, transformando-se com disfarces leves e sutis em uma pessoa após outra. Após definir a trama, o próximo passo de Agatha foi montar os personagens. Ela escreveu para Max de Rhodes: "Lorde Edgware está indo bem. Ele está morto — Carlotta Adams (Ruth Draper) está morta — e o sobrinho que herdou a propriedade está falando com Poirot sobre seu belo álibi! Há, também, um ator de cinema com o rosto de um 'Deus Grego' — mas ele parece um pouco cansado no momento. Na verdade, é uma mistura bem popular, eu acho. Talvez seja apenas um pouco vulgar." O romance foi terminado em Nínive, em uma mesa comprada por 3 libras de acordo com Max e 10 libras segundo Agatha. Em todo caso, de acordo com o notoriamente econômico Campbell Thompson, foi uma extravagância.

Pouco antes do Natal de 1931, Agatha deixou Max e voltou sozinha no Expresso do Oriente. Foi uma jornada catastrófica, que fica hilária quando analisada em retrospecto. Assim que entrou na Campden Street, às 6 da manhã, ela mandou um relato de suas aventuras ao marido. É uma carta longa, que vale a pena ser lida mesmo assim, não só por mostrar como ela conta histórias de modo rápido e divertido, como pelo fato de ter lhe dado o cenário e alguns elementos dos personagens para o romance que ela escreveria em 1933, *Assassinato no Expresso do Oriente*.

> Meu querido. Que jornada! Tudo começou em Istambul durante uma violenta tempestade com trovões. Fomos bem lentamente durante a noite e paramos por volta das 3h da manhã.

Achei que estávamos em uma fronteira por volta das 8h. Até para um país subdesenvolvido, a parada na fronteira pareceu excessiva, então eu levantei, descobri que estávamos no meio do nada e funcionários perturbados corriam para cima e para baixo no trem, dizendo que os trilhos estavam inundados mais à frente: *"C'est une inondation, Madame — mais nous ne savons rien — mais rien!"*

A seguir, tivemos um desjejum tagarela no vagão-restaurante em um espírito de "Todos juntos!". Havia uma senhora norte-americana que ia pegar o Acquitania [*sic*] em Cherbourg no dia 16 — um inglesinho engraçado de Esmirna — um homem meio inquieto, mas muito interessado em arqueologia — um senhor de 85 com a esposa *muito* divertida de 70, que tinha um rosto horrível, mas muito atraente — acho que eles eram gregos, mas eram algumas das pessoas mais ricas de Istambul e o marido ia a uma conferência em Budapeste. Sentado com eles estava um ministro húngaro e sua esposa, e os quatro falavam sobre escândalos diplomáticos muito divertidos, em francês. Havia também duas missionárias dinamarquesas, que nunca estavam presentes porque tinham pouca comida e apareciam apenas para o café da manhã. Felizmente havia também um diretor da Wagons Lits Company. Mas se dependesse da presença dele, creio que ainda estaríamos lá! O homem estava na mesma cabine que eu, e como todos vinham se reportar a ele, eu estava sempre a par de informações exclusivas. Eu costumava ir até a porta para entreouvir as conversas: *"Oui, M. le Directeur. Non, M. le D. On répond qu'on ne sait rien."*

Ficou terrivelmente frio após o desjejum e o engenheiro foi mandado para buscar água e *"chaudron pour le chauffage"*. Passamos a manhã enrolados em cobertores e o maquinista trouxe minha garrafa de água *quente* e disse que, da última vez, eles precisaram ficar naquele lugar específico por três semanas!! Ele disse que, obviamente, os passageiros se cansaram e acabaram voltando para Istambul. Segundo ele, foi tudo muito difícil, porque a linha foi inundada em três locais: dois em território grego e um na Turquia, e a questão de quem deveria consertar o que era muito complicada. Ele acrescentou "*C'est un sâle pays. Ces gens là ne feront rien.*"

A Sra. Hilton estava cheia de perplexidade norte-americana: "Mas por que não estão *fazendo* nada? Nos Estados Unidos, eles teriam trazido alguns automóveis imediatamente. Ora, teriam até trazido aviões [...]."

Contudo, corria o boato de que o atraso seria de apenas 12 horas. Além disso, o aquecimento foi restaurado, nós comemos usando o cupom de "almoço na Iugoslávia" e todos ficaram mais alegres. Depois veio um boato que iríamos fazer parte da viagem de trem e outra de carro, então todos se prepararam e vestiram roupas quentes.

Com grande triunfo fomos até a estação seguinte, Pythiou, onde funcionários gregos subiram a bordo e, com imensa educação, disseram para não nos preocuparmos com visto, desejando que nos sentíssemos em casa e nos divertíssemos. Como estava caindo um *dilúvio* sobre a neve lamacenta e, visto da estação, aquelas cabanas pareciam ser tudo o que havia em Pythiou, ficamos quietinhos onde estávamos! E tivemos um "jantar na Iugoslávia". No meio da noite, o próximo Expresso do Oriente chegou atrás de nós e cinco passageiros foram transferidos para o nosso trem: um italiano grande e jocoso, um alemãozinho careca, uma moça búlgara, um homem magro e *terrível* de Chicago e um homem de origem turca vestindo um terno laranja, muitos colares e objetos de ouro e uma gravata de seda azul-real com ferraduras. Ele também ia pegar o *Acquitânia*, e era devastadoramente amigável!!!

Domingo foi um belo dia — muita neve caiu durante a noite, mas estava ensolarado. Após o "café da manhã na Itália", todos nós decidimos mandar telegramas, apesar de o maquinista ter avisado de modo sombrio: "*'Ça n'arrivera jamais.*"

O grupo foi a uma agência do correio, na qual um funcionário grego com a barba muito por fazer nos recebeu com uma mesura. Alguns telegramas foram escritos — para os EUA, Inglaterra, Berlim, Esmirna, Paris, Budapeste!

Obviamente, ele queria ser pago em dracmas, mas ninguém tinha a moeda. Os vagões-restaurantes levaram tudo! Os educados funcionários gregos vieram nos resgatar, trazendo um jornal de alguns dias atrás e organizando trocas de modo que pagamos em dólares, francos e marcos. Foi o telegrama mais barato que já mandamos: o meu custou 1 dólar (e chegou lá em uma hora, além disso!!).

À tarde ocorreram vários acontecimentos. Todos foram levados para um vagão e o resto do trem voltaria a Istambul. Como o senhor havia perdido a conferência, a esposa queria voltar, mas ele estava levemente gagá e muito animado. Ele tinha se preparado para Budapeste, então, iria a Budapeste, com enchente ou não!! Ele arranjava biscoitos e os oferecia a mim de maneira graciosa. "*Mais mangez donc, Madame.* A — senhora — não — sabe — quando — vai — comer — de — novo."

Ficamos muito felizes com a partida — o motor foi para trás e empurrou (então creio que *nós* deveríamos sentir o tranco!). A princípio nada aconteceu, porque os freios estavam funcionando, mas todos os homens do vagão-restaurante saíram e soltaram os freios manualmente, aí nós *realmente* nos movemos [...] e saímos da Grécia com segurança e depois fomos ao lugar onde a água tinha descido da montanha e lavado tudo. Então saímos e andamos — em tábuas colocadas por cima do abismo (você sabe como *odeio* andar sobre tábuas!). Uma cena de grande confusão, pois mais adiante estava um vagão do *outro* trem e todos saíam *dele* em *nossa* direção. Os funcionários pararam de cuidar dos trilhos e carregavam malas com muito zelo, tanto que trouxeram de volta as que outros tinham levado e começaram a devolvê-las ao mesmo trem. Todos gritavam e tentavam ficar de olho em seus objetos ao mesmo tempo — e houve as Grandes Bagagens e as Correspondências.

Foi *muito* bonito porque a lua [?] tinha se erguido [...] com Adrianópolis ao longe e todos os seus minaretes lindos ao pôr do sol.

Contudo, o sentimento poético não durou muito! Em nosso novo vagão, tudo tinha sido retirado. Não havia nada para comer, nem água na pia, muito menos água para beber. Todos nós colaboramos de alguma forma. A americana descobriu que tinha perdido sua cabine com leito e a perspectiva de ser trancada com a búlgara *muito* tagarela por uma noite foi demais para ela, que chorava amargamente. "Minha filha disse que eu não teria problema algum, problema algum. Nunca viajei pela Europa e nunca mais viajarei de novo." Todos a consolamos, as missionárias dinamarquesas fizeram chá para todos com os restos de garrafa de água, eu colaborei com biscoitos e chocolate e o Terrível Homem de Chicago cedeu laranjas e queijo — e a búlgara comeu tudo que estava à vista!

Pelo menos todos ficaram calmos, se acomodaram e desembalaram as bagagens, que estavam todas misturadas. O aquecimento foi ligado (tudo o que importa para mim!) e o maravilhoso maquinista de Ostend fez a minha cama e a das dinamarquesas. Acho que foi porque não ficamos tão zangadas quanto os outros. Foi uma noite tranquila, exceto pelo turco da cabine ao lado da minha, que continuamente tentava abrir a porta entre os nossos compartimentos. Esperamos que não tenha sido pelos piores motivos. Creio que ele pensou ser o banheiro!!

No meio da noite, começamos a seguir na direção de Sófia. Chegamos por volta da 6h e fomos colocados em um desvio a cerca de 2 quilômetros da estação. Havia quase 1 metro de neve àquela altura, então, todos acordamos com muita fome e frio por volta das 8h e nos vimos presos. Às 22h30, fomos anexados novamente a um trem e voltamos a ser o Expresso do Oriente de praxe, apenas com dois dias de atraso! E como apreciamos o Café quente!!

Em Belgrado, o rei e a rainha entraram no trem. Eles tinham ótima aparência e lançaram encantadores olhares. Imediatamente o trem se encheu de detetives, exatamente como no Cinema e no teatro. Eles passaram a maior parte do tempo tão fortemente inclinados na porta do lavatório que era quase impossível desalojá-los. Na quarta-feira, em vez de segunda, eu cheguei [...].

16

"... um belo caminho paralelo..."

Max agora estava ansioso para liderar uma expedição própria, e passou a arrecadar fundos. Agatha partilhava desse objetivo. Na verdade, em uma carta para ele, no Natal de 1932, ela relatou alegremente que tinha sido abordada por algumas "pessoas do cinema que queriam envolver autores bem conhecidos", e embora a sugestão de que ela pudesse "ganhar 200 mil libras" fosse obviamente ridícula, poderia trazer "uma soma e com ela nós poderíamos demolir uma montanha inteira!". Esses contatos não levaram a nada, embora ela talvez os tivesse em mente quando fez o rascunho de uma versão dramatizada de *O segredo de Chimneys,* que permaneceu inédita.

Agatha estava escrevendo bem, de modo prolífico. Ela, agora, estava com quarenta e poucos anos, feliz e criativa. Houve um momento triste, quando ela perdeu o bebê que esperava no ano anterior, mas um aborto espontâneo levou Max a entender que não deveriam tentar ter outro filho no momento. Ela estava em Abney quando isso aconteceu. Punkie ficou preocupada e Rosalind demonstrou estar assustada por ver a mãe frágil e doente, até Agatha garantir que, embora abalada, estava perfeitamente bem. Essa tristeza foi conhecida apenas por alguns amigos, incluindo duas ou três jovens arqueólogas na época de suas próprias gravidezes. Apesar da crença de Agatha que a esposa sempre devia ir com o marido em suas viagens, ela aconselharia essas mulheres a ficar em casa no período, evitando jornadas ao deserto. O casamento com Max foi um sucesso, e Rosalind se dava bem com o padrasto, que era um professor nato. Ele até teve sucesso com a jovem, onde falhou com Agatha, fazendo Rosalind se interessar por filosofia e vinhos. Ela se ajustou bem à nova situação e via Archie regularmente, embora ele e Agatha não tenham voltado a se encontrar após o divórcio. Rosalind gostava das brincadeiras e provocações do pai e permanecia firme e leal a ambos os pais.

Na primavera de 1933, Max acabou conseguindo atrair o patrocínio do British Museum e da Escola Britânica de Arqueologia no Iraque. O monte escolhido por ele ficava em Arpachiya, alguns quilômetros a noroeste de Nínive, e após umas semanas de ansiedade, ele provou ter escolhido bem, pois uma grande quantidade de peças de cerâmica lindamente decoradas veio à superfície. Toda a expedição de Max, incluindo a publicação dos resultados, custou apenas 2 mil libras. A equipe era pequena: além do cozinheiro, servente, os trabalhadores e Gallaher, um irlandês que dirigia o caminhão, havia apenas três pessoas: Max, o amigo e arquiteto John Rose e Agatha. Ela não era passageira, de forma alguma. Os deveres de Agatha incluíam manter um registro escrito e ajudar na organização e remontagem dos fragmentos de cerâmica. Ela continuou suas lições para desenhar em escala, e embora não fosse a desenhista mais confiante, fez o melhor que pôde. Ela também continuou a prática iniciada em Nínive, de escrever um capítulo ou dois nos momentos calmos. Assim, duas histórias de detetive, duas coleções de contos e um romance escrito sob o nome de Mary Westmacott foram todos terminados em 1933.

Uma das histórias de detetive completas era *Assassinato no Expresso do Oriente*, dedicada a "M.E.L.M Arpachiya, 1933". O outro recebeu o título de uma frase que Agatha tinha anotado em sua lista de ideias para 1931: *Por que não pediram a Evans?* Ela fazia parte de uma trama complexa na qual Poirot buscava um envenenador ("o veneno que deixa tudo *amarelo* [...] veneno aplicado a vestido — muito enganador, pois outra garota tinha um vestido amarelo!"). Como o Evans da história, "Evans" no rascunho é uma empregada, e para confundir ainda mais, também é nome do jardineiro e do padeiro. "Por que não pediram a Evans?" é uma frase estranha e memorável, o tipo de pergunta que, uma vez entreouvida, estimularia Agatha a criar uma história.

As duas coleções de contos escritas em 1933 eram *O detetive Parker Pyne* e *The Listerdale Mystery* (O mistério de Listerdale, em tradução livre). Uma das histórias de *Listerdale*, chamada "Philomel Cottage" (O chalé do rouxinol, em tradução livre), foi adaptada para o teatro e posteriormente, filmada com o nome de *Receios*. Outra, de nome "Accident" (Acidente, em tradução livre) quase teve um destino mais interessante: em 1957, Alfred Hitchcock revelou interesse em usar a trama para um filme, mas a sugestão não deu em nada. O primeiro título provisório da outra coletânea era *The Reminiscences of Mr. Parker Pyne* (As reminiscências do Sr. Parker Pyne, em tradução livre). Algumas dessas histórias descrevem os clientes que responderam ao anúncio colocado no jornal *The Times* pelo funcionário público aposentado, dizendo: "Você está feliz? Se não estiver, consulte o Sr. Parker Pyne, 17 Richmond Street." Outras mostram como o Sr. Parker Pyne ajuda pessoas angustiadas que conhece em suas viagens (em "A casa de Shiraz" e "O oráculo de Delfos", Agatha relembrou alguns lugares e pessoas que ela e Max tinham visto juntos). São histórias encantadoras, especialmente por serem a mistura inteligente e generosa das observações do Sr. Parker Pyne sobre a natureza humana — por ser estatístico, ele concluiu que há um número limitado de formas identificáveis pelas quais as pessoas podem ser infelizes — e das observações e preocupações da própria Agatha: o conhecimento dela sobre o desejo de aventura, o interesse no ciúme conjugal, a compreensão (como em "O caso da milionária") da gloriosa liberdade gerada por uma perda de memória. Agatha gostava de Parker Pyne, pois o considerava uma figura mais realista do que, digamos, Poirot: "Muito mais adequado para uma série radiofônica norte-americana", ela diria ao agente em 1947. (Mesmo assim, a exuberância de Poirot esmagou Parker Pyne e a série estreou com o nome de "Estrelando Hercule Poirot".)

O último livro escrito por Agatha em 1933 foi *Retrato inacabado*, o romance no qual dois protagonistas, Celia e Dermot, vêm da própria Agatha e Archie. Ela agora estava segura o bastante para refletir com mais calma sobre o primeiro casamento. Em 1930, no que tinha até então sido um aniversário triste, ela escreveu uma carta cuidadosa para Max, agradecendo por tudo o que ele havia devolvido a ela. Não que ela falasse sobre o fim do primeiro casamento, sua doença e recuperação, nem mesmo com os amigos mais próximos. O choque foi profundo demais. Em todo caso, era uma questão particular, e falar do assunto seria invadir a privacidade de Archie, tanto quanto a dela. Além disso, era provavelmente melhor não dissecar tais questões em conversas. Agatha fazia parte de uma geração que conhecia o valor do silêncio discreto. É interessante que ela tivesse analisado e aludido a experiências particulares em seus livros, como se não conseguisse evitar algo tão importante. Ao inserir suas recordações daquele período terrível em outros personagens e outras histórias, ela expunha apenas o que desejava. "Mary Westmacott" era outra proteção. Na verdade, o contrato feito no início de 1934 com a Collins para esse e outros dois romances proporcionava outro disfarce, pois foi feito entre a editora e "Nathaniel Miller", sendo corrigida, antes da assinatura, para "Daniel Miller".

A escavação em Arpachiya foi a última feita por Max no Iraque em vários anos. Havia um clima cada vez mais nacionalista no país, cujas manifestações incluíam preocupantes disputas e adiamentos sobre a partilha dos achados entre o governo do Iraque e as expedições. Assim, Max achou prudente se retirar. Ele e Agatha concordaram em passar os últimos dois meses de 1934 na Síria, com a bênção da Escola Britânica de Arqueologia no Iraque, pesquisando o vale do Khabur e examinando uma série de montes ou "tels", montículos de terra resultantes da erosão que podiam ser adequados para escavação. Eles foram auxiliados por um jovem arquiteto tímido, calado e cuidadoso, chamado Robin Macartney. Além de ser habilidoso desenhista, ele era ótimo pintor. Duas de suas aquarelas do deserto, repletas de curvas sinuosas pintadas com traços firmes, ficaram penduradas na parede de Agatha até o fim de sua vida. Ela sempre foi hipnotizada pelo ar limpo e pelas cores frias do deserto, e quando voltou para a invernal Londres, pediu a Marion Mackintosh, uma de suas amigas mais artísticas, para costurar um par de pijamas com a calça cor de damasco e o casaco azul, lembrando a areia e o céu do deserto. (O esforço não foi totalmente bem-sucedido, visto que o crepe da China tendia a escorregar dos ombros curvados de Agatha.)

Max e Agatha passaram várias semanas em Beirute, preparando--se para a expedição. Durante esse período e depois, quando estabeleceram o acampamento-base, Agatha rascunhou e datilografou seus livros, três deles em 1934. Um foi *Morte nas nuvens*, no qual usou outro "círculo fechado" ao fazer um passageiro ser assassinado durante um voo de Le Bourget a Croydon. A piada de Agatha sobre ingleses dóceis que abandonam esposas doentes não foi o único entretenimento que ela e Max tiveram com esse livro, pois ele também apresenta uma piada interna do casal sobre as deficiências das recém-estabelecidas companhias aéreas. A própria Agatha sentia pouca confiança nelas desde um primeiro e lamentável encontro com a Imperial Airways em 1930: "Creio que todas as companhias aéreas sejam amadoras", escreveu resignadamente para Max: "eles ainda não tiveram tempo de se profissionalizar." Ela também cometeu um raro erro nesse livro: como um leitor indicou, o tubo de soprar que aparece na trama era comprido demais para caber em um aeroplano do tipo por ela descrito, que dirá ser usado. Os dois outros romances escritos por Agatha naquele ano e publicados em 1935 foram *Tragédia em três atos*, no qual o Sr. Satterthwaite reapareceu, e *Os crimes ABC*, onde Hercule Poirot investiga uma série de crimes em que uma cópia da tabela de horários dos trens "ABC" aparecia com destaque. Esse foi um romance astuto, inteligentemente enganoso, que foi transformado em filme, com o novo título de *Os crimes do alfabeto* para que o público não evitasse a cadeia de cinemas ABC que o exibia.

Além de escrever e ajudar Max, Agatha se ocupava com amigos e imóveis. Outra aquisição foi o 48 Sheffeld Terrace, uma casa de quartos grandes e simétricos em Campden Hill. Havia espaço suficiente para Max ter uma biblioteca com uma grande mesa na qual ele podia espalhar pedaços de cerâmica, e para Agatha apreciar pela primeira e última vez na vida um quarto só seu para trabalhar e se recolher. Ela tinha uma "mesa grande e firme", uma cadeira de espaldar alto para datilografar, uma poltrona e um sofá, um piano de cauda Steinway e nada mais. Em dezembro de 1934 ela também comprou uma casa no campo, pois Ashfield agora usada principalmente nas férias de Rosalind e Torquay era longe demais de Londres para visitas rápidas de fim de semana. Como Max era particularmente aficionado por Oxford, ele e Agatha escolheram aquela região do vale do Tâmisa para buscar um pequeno chalé de campo, mas acabaram encontrando Winterbrook House em Wallingford. Era uma casa ao estilo rainha Ana situada perto da estrada, na época muito mais silenciosa do que hoje, mas protegida do mundo exterior por arbustos um pouco sinistros. Os fundos da casa eram a parte mais atraente, pois a janela da sala de visitas dava para o jardim, uma ravina e a margem do rio. No meio de um campo, logo aproveitado como parte do jardim, ficava um grande cedro, embaixo do qual Agatha imediatamente decidiu que eles tomariam chá nas tardes de verão. Na verdade, a casa dava tão naturalmente para o jardim que Agatha e os visitantes costumavam ir para fora após as refeições em dias bonitos, carregando suas xícaras. Winterbrook House era grande, com três quartos e três salas de estar. Agatha decorou a sala de visitas em seu tom de malva favorito, com madeiramento e cortinas brancas, além da mobília coberta com chita branca acolchoada. O triunfo da casa era a biblioteca de Max, uma sala que ele aumentou para o dobro do comprimento original, de onde podia olhar o rio. A horta murada era o paraíso de Agatha: ela costumava emprestar a casa aos amigos, mas *nunca* na época das frutas.

O vale do Tâmisa é frio e úmido no inverno, especialmente em janeiro e fevereiro, mas os Mallowans estavam no Oriente nessa época. Em 1935, eles começaram a escavar em Chagar Bazar. O local era muito conveniente, pois havia uma cidade a apenas 40 quilômetros ao norte, com lojas, banco e agência dos correios. Primeiro, eles alugaram uma espaçosa casa de tijolos de barro tomada por camundongos, que Agatha odiava, até eles adquirirem um gato inteligente. Depois, o casal se mudou para uma casa construída no próprio local. Na primeira temporada a equipe era composta de Robin Macartney e Richard Barnett, com uns 140 trabalhadores, a maioria árabe e curda, além de, conforme Max os descreveu, "um punhado de yazidis, os adoradores do diabo de Jebel Sijar, e alguns cristãos isolados". Alguns dos melhores trabalhadores eram turcos, que cruzaram ilegalmente pela fronteira nessa turbulenta parte da Síria, controlada na época por militares franceses. Agatha e Max passaram as temporadas de 1935 e 1936 em Chagar Bazar. Ela achava a vida no acampamento agradável e gostava de sua simplicidade, do ar livre, da intimidade da expedição. Não que os acampamentos dos Mallowans fossem desconfortáveis: Agatha organizava o suprimento de boa parte da mobília e das provisões, garantindo o uso de produtos locais frescos (incluindo creme feito com leite de búfalas-d'água), sempre que possível, e complementando com alimentos enlatados e secos da Inglaterra. Os trabalhadores a consideravam mãe e rainha, e ela e o cozinheiro dividiam seus mistérios. A essa altura Agatha também tinha aprendido muito sobre arqueologia. Sua contribuição particular e gentil era remover a poeira e a sujeira dos fragmentos de cerâmica com suas ferramentas favoritas: pau de laranjeira e creme facial.

A reputação de Max aumentava. Ele era eficiente em publicar seus resultados e tinha fama de trabalhar arduamente, além do instinto sortudo fundamental para um arqueólogo. Ele continuou a ganhar confiança e falava de forma divertida sobre seu trabalho. Em parte era porque estava mais velho, agora com 30 e poucos anos, e também, como os amigos notaram, devido à influência de Agatha. Ela gostava do fato de o marido ser um arqueólogo: meio cientista, meio historiador, uma profissão tanto prática quanto intelectual. (O que ela não gostava, mas nunca disse, era o seguinte gracejo que apareceu no *Gothemburg Trade and Shipping Journal* e a seguiu desde então: um dos prazeres de estar casada com um arqueólogo era o fato de você ficar mais interessante para ele à medida que envelhece.)

Os acampamentos dos Mallowans eram conhecidos por estar entre os mais calmos do Oriente Próximo. Agatha não era nenhuma Katharine, mas não tinha se esquecido dela. Em 1935, encorajada pelo velho amigo e arquiteto de Woolley, Archie Whitburn, ela criou o esboço de uma história de detetive no qual aparecia uma figura à moda de Katharine: *Morte na Mesopotâmia*. Os primeiros três nomes na lista que está no rascunho são de velhos conhecidos: "Woolleys, C.T.s, Padre Burrows (os Campbell Thompsons e o epigrafista em Ur)." Ela desenvolveu duas ou três tramas possíveis para *Morte na Mesopotâmia,* clareando seus pensamentos com um esboço do mapa da casa da expedição, um cronograma dos movimentos de seus ocupantes e pensando em voz alta sobre vários dispositivos: "Podemos inserir a ideia da janela?", perguntava-se ela. A casa da expedição se parecia com a de Chagar Bazar, mas o clima era o de Ur. As anotações diziam: "A esposa — muito estranha — (? Ela está sendo dopada contra seu conhecimento) — atmosfera aumenta de intensidade aos poucos — uma bomba pode explodir a qualquer minuto [...]." Agatha dedicou, de forma travessa, o romance a "meus vários amigos arqueológicos no Iraque e na Síria", e um ou dois ficaram aborrecidos. Mas nunca ficou totalmente claro se era por acreditarem que estavam em suas páginas ou por não estarem. Robin Macartney fez uma esplêndida capa para a edição do Crime Club, em que um sábio barbudo montado em um cavalo olhava para dentro de um poço profundo diante de terras que se curvavam ao longo do rio. No poço, trabalhadores cavavam e peneiravam o solo de um sítio arqueológico semelhante a um túmulo.

No segundo livro de 1935, *Cartas na mesa,* Agatha usou o papel de romancista de crimes para fazer uma piada consigo mesma. A Sra. Ariadne Oliver, que havia aparecido em um conto anterior como assistente do Sr. Parker Pyne, tinha algumas características e hábitos de Agatha, especialmente o gosto por comer maçãs durante o banho. *Cartas na mesa* é sobre um assassinato durante uma partida de bridge, um passatempo típico dos anos 1930: amigável com um toque de ousadia (como uma sessão espírita), instigante para quem gosta e entediante para quem não gosta, além de gerar eventuais discussões. A própria Agatha costumava jogar bridge após o jantar. Ela gostava de cartas, e quando estava sozinha com Max, eles jogavam pôquer-paciência. A partida de bridge deu a ela outro "círculo fechado", no qual um crime pode ser cometido e investigado, um cenário ao qual Agatha se referiu no capítulo 3 de *Os crimes ABC.* Também era um círculo em outro sentido, pois em *Cartas na mesa* Agatha incluiu quatro personagens familiares. Além da Sra. Oliver e de Poirot, havia o superintendente Battle (de *Chimneys* e *Sete relógios*) e o coronel Race (de *O homem do terno marrom*). Agatha explicou no prefácio: havia apenas quatro suspeitos, e qualquer um deles poderia ter cometido o crime, dadas as circunstâncias certas.

Em um dos livros escritos por Agatha no ano seguinte, 1936, estava um retrato inspirado ainda mais diretamente em sua vida: o de Peter, que apareceu em *Poirot perde uma cliente* como Bob, o cachorro cor de ferrugem da Srta. Arundell. Também há algo de Wallingford em Market Basing, lugar considerado tão evocativo por Agatha que ela pensou em usá-lo para outra trama, que não se passaria em uma pequena cidade comercial, mas em "14 Bardsley Gardens Mews". Esse rascunho virou a história principal da coletânea *Assassinato no beco,* também concluída em 1936. As anotações diziam: "Um caso de morte, aparentemente assassinato, pistola na mão *direita* (ou levada para longe), janelas fechadas, mas cheiro de fumaça no quarto." A edição do Crime Club desse livro tinha outra capa impressionante de Macartney: um arco emoldurando as cavalariças, todas as janelas escuras, menos uma, e os faróis de um carro negro, com para-lamas e para-choques aerodinâmicos, aproximando-se na rua de paralelepípedos.

O outro romance de Agatha em 1936 foi *Morte no Nilo,* cuja origem foi complicada. Em 1933, ela já tinha subido o rio com Max e Rosalind, e, no ano seguinte, publicou um conto na coletânea de Parker Pyne chamado *Morte no Nilo,* em que descrevia um envenenamento em um navio a vapor no Nilo. Durante a viagem, Agatha e Rosalind especularam sobre os outros passageiros, especialmente uma mulher sádica e dominadora em quem Agatha baseou a personagem da Sra. Boynton, ex-carcereira. Esses pensamentos foram usados por Agatha na peça *Moon of the Nile* (Lua do Nilo, em tradução livre), que ela deixou de lado por um romance de detetive também chamado *Morte no Nilo,* mas diferente do conto anterior. O primeiro rascunho desse livro apresentava a Sra. Boynton e sua família atemorizada e ressentida, mas logo Agatha dispensou a ideia. Apesar disso, ela se baseou em lembranças de sua jornada, especialmente na organização do barco. A topografia do *S.S. Karnak* é crucial para a trama. Inclusive, quando foi feita adaptação para o cinema com o nome de *Morte sobre o Nilo,* em 1978, o produtor teve dificuldade para encontrar um navio a vapor do tamanho e modelo ideais. *Morte no Nilo* foi um sucesso, e a capa foi uma das melhores de Macartney.

Nessa época, Agatha estava profundamente interessada no Egito e em sua história. Na antiga religião egípcia ela encontrou algo sinistro — uma mistura estranha de humanos e animais nas divindades, além da ênfase na morte e no ritual em torno dela — e também tranquilizador, a "estrutura confortável dos antigos deuses", como ela definiu. Agatha também andou pensando nos paralelos entre o passado e o presente, na similaridade das relações entre o velho e o novo, o masculino e o feminino, além do conflito entre o bem e o mal, que pode ser encontrado em qualquer lugar, a qualquer momento. Ela gostou de brincar com "ideias nebulosas": a forma pela qual as novas modas intelectuais e estéticas são arraigadas, a tensão entre os "instigadores", que procuram defender o tecido do Estado, e os "pacificadores", que acreditam em outros caminhos para a paz e a segurança, as diferenças entre quem via o valor do sistema e a hierarquia e quem enfatizava a importância da mudança e da idiossincrasia. Agatha não era uma pensadora rigorosa. Ela argumentava sobre esses assuntos com Max, mas suas ideias vinham à tona somente em seus livros, como temas e em conversas entre seus personagens. Ela tendia a rir de ideologias que apenas discutiam o caminho para o progresso: *Morte no Nilo* é apenas um dos livros em que o expoente de algum credo da moda é gentilmente ridicularizado.

Mesmo assim, ela admirava os idealistas e tentava colocar algumas crenças deles em prática. Em uma peça de três atos, escrita em 1937, *Akhnaton*, ela fez de Akhnaton, o rei Amenhotep IV, uma figura simpática cuja derrocada é inevitável, porém trágica. Nessa história o que chamou a atenção de Agatha foram os personagens: o rei em si; Horenheb, o soldado fiel que trai seu mestre por uma causa maior; a rainha Thy, mãe de Akhnaton; sua rainha Nefertiti; Tutankhamon, que promete restaurar os velhos deuses e tomar o trono de Akhnaton, e o Alto Sacerdote. Agatha tinha certeza quanto ao lado dramático da situação — "Ato I, Cena I: Amenhotep, o Magnífico, está à beira da morte. O rei de Mitani manda a imagem de Ishtar de Nínive ao Egito (segunda vez que tal procedimento aconteceu)", mas era frágil no lado histórico: "quando foi a primeira vez?", escreveu na margem. Ela ficou satisfeita com a peça, embora fosse muito difícil e cara para ser encenada.

Na primavera de 1937, Agatha e Max começaram a escavar Tell Brak, um grande monte que ele resolveu explorar quando o viu pela primeira vez, há alguns anos. O local ficava a uns 30 quilômetros de Chagar Bazar, onde ainda havia muitas escavações a fazer. Os Mallowans dividiram os esforços entre os dois sítios, auxiliados pelo capataz Hamoudi, que desertou da equipe de Woolley, e um grupo de jovens esforçados: Guilford Bell, sobrinho da amiga australiana de Agatha chamada Aileen; um ex-integrante do Exército indiano, coronel Burn; Louis Osman, conhecido pelo nome com o qual se referiu admiravelmente aos tels, "Protuberâncias"; e Rosalind, em sua primeira expedição. Ela assumiu alguns dos desenhos, pois finalmente se reconheceu que o talento artístico de Agatha era péssimo. Rosalind ficou profundamente impressionada com a forma pela qual Max organizava a escavação. Ela não sabia que o padrasto era capaz de levantar cedo e trabalhar tão rigorosamente ao ar livre e admirou a forma firme e paternal como ele lidava com os trabalhadores. Os jovens eram ótimas companhias para Rosalind. Agatha também era interessada e os estimulava em um momento importante na carreira deles. Ela fez um retrato carinhoso do grupo em *Come, Tell Me How You Live,* e sempre falou com orgulho do sucesso que eles tiveram depois, pois Louis Osman se destacou como artífice com ouro e prata; Guilford como arquiteto de várias casas originais; Macartney como pintor; John Rose, outro arquiteto dos Mallowans, na Síria, por reconstruir Castries em Santa Lucia; e Ian Threlfall, arqueólogo talentoso que se transformou em advogado de sucesso. Todos continuaram amigos de Agatha, visitando Greenway e Winterbrook frequentemente (onde "Protuberância" construiu uma quadra de squash). John Rose recebeu Agatha e Max em Barbados, enquanto Gilford fazia peregrinações regulares da Austrália para visitá-los.

Agatha não negligenciou a escrita enquanto estava na Síria. Como sempre, levou antigos livros de exercícios, e em um deles, etiquetado com emoção como "Hôtel de l'Expédition, Chagar Bazar", rascunhou várias ideias para a escrita daquela temporada. A segunda ideia dessa lista rapidamente se transformou em livro, um pensamento que começou com um título: "Rose Red Murder" ou "Rose Red Death".

Isso acabou virando *Encontro com a morte*, um mistério que se desenrola em Petra, que Agatha e Max haviam visitado em uma de suas viagens. Primeiro, Agatha tinha concebido a figura central e vítima como uma gananciosa e tirânica matriarca. O local do crime e o fato de a vítima, Sra. Boyton, ser a antiga carcereira que saiu do primeiro rascunho de *Morte no Nilo* foram os dois pontos a partir dos quais ela começou. Eles estavam naturalmente associados, pois Agatha guardou não só a lembrança das paredes vermelhas de Petra como a da cidade confinada dentro da garganta estreita. Agatha também queria para sua história uma mulher poderosa que fosse parlamentar, "dada a boas ações etc.". Era Lady Copeman, que depois virou Lady Bridgeman e, por fim, Lady Westholme, que não foi inspirada na parlamentar Lady Astor como alguns sugeriram, mas na "Srta. Wilbraham e sua aparência excessivamente feroz", que Agatha encontrou liderando um grupo de moças anglo-católicas ao Iraque na primavera de 1930.

A companheira de Lady Westholme se chamava Srta. Pierce e tinha semelhanças com o braço direito da Srta. Wilbraham. Agatha havia ficado particularmente impressionada com o enorme chapéu da Srta. Wilbraham, uma lembrança que invadiu o planejamento inicial do "assassinato em Petra". As anotações exploram duas ideias ao mesmo tempo: na primeira, o assassino deveria usar um chapéu específico, e na segunda, a morte deveria ser induzida por meio de uma injeção. Sempre fértil, ela passou a brincar com variações desses temas. A ideia das injeções se dividiu em outras duas: "citrato de sódio injetado no sangue antes da morte. Sangue continua líquido", "Diabetes dá rigidez p.m. [*post-mortem*] imediata. (Pista, açúcar no bolso.)" A ideia do chapéu gerou ramificações complexas: "'Mesmo homem, chapéu diferente', neste caso, 'Outro homem, mesmo chapéu'", "Y subitamente vê o morto [...]. É o Sr. X [...] Encontra Z [...] Ele o mata e deixa o corpo no chão [...] Esconde o corpo de X na caverna [...] *Chapéus*, Y usa chapéu. [...] Z usa chapéu de feltro [...]

X usa chapéu [...] Quem são Y, X e Z? Z é cirurgião plástico? Y é ex--paciente? *X é apenas um homem do tamanho exigido?* O chapéu pode ser importante nesse tipo de país?". Àquela altura Agatha descartou completamente a ideia do chapéu e recomeçou com uma trama inteiramente nova: "Método de morte. Câmera? Marido culpado. Ele é inteligente para disfarçar. Consegue uma câmera Brownie — a leva por aí — no momento certo troca pela da Sra. P. Ela está morta. Eles correm para ela. Ele deixa cair a câmera dela — pega a dele. *Depois*, a câmera da criança some OU", escreveu Agatha, recuperando-se, "ideia da insulina". A Sra. Boynton acabou sendo assassinada com uma seringa hipodérmica, mas o chapéu da Srta. Wilbraham não foi totalmente descartado. A trama de X, Y, Z apareceu três anos depois, em *Morte na praia*, amalgamada com alguns pensamentos inspirados na peruca de Punkie.

A ideia de um assassino que usasse citrato de sódio também não foi inteiramente deixada de lado. Em outro caderno (começando com uma lista de objetos para trazer a Londres: "Imagens de flores [...]. Roupas para Collins"), Agatha encabeçou uma página com mais um título provisório: "Quem poderia ter imaginado?", as palavras de Lady Macbeth: "Quem poderia ter imaginado que o velho tivesse ainda tanto sangue no corpo?" As anotações rápidas a seguir constituem um rascunho para *O Natal de Poirot*. Agatha não era econômica só com métodos de assassinato, ela também pegava um fragmento de uma possível trama deixada de lado para usar em outro lugar. O rascunho desse último livro mostra o quanto ela se tornou engenhosa em se inspirar em climas e cenas guardadas na memória. Gorston Hall é um pouco como Abney e, mesmo com a reunião familiar sendo menos festiva que os Natais de Agatha em Cheshire, o céu limpo, as convolvuláceas azuis e os arbustos de plumbago, dos quais Stephen Farr sente saudade, foram tirados das lembranças da África do Sul. Ao planejar a forma dos livros, ela também aprendia truques estilísticos com experiências anteriores. As sugestões para esse livro começavam com a ideia: "Trechos Curtos como *Morte no Nilo*?"

Uma cena parecida envolvendo um viajante que voltava a Londres dos trópicos abre *É fácil matar*, no qual Agatha trabalhou no ano seguinte, 1938, enquanto a expedição terminava seu trabalho em Chagar Bazar e Tell Brak. No outono, antecipando problemas com alguns sheiks locais determinados a convencer os trabalhadores dos Mallowans a fazer greve, eles avançaram 160 quilômetros a Oeste, para o campo alagadiço do vale do Balikh, onde rapidamente examinaram cinco montes com a ajuda de John Rose, antes que as chuvas de inverno começassem. Max continuou a passar os meses entre as temporadas de escavações redigindo seu relato dos procedimentos e descobertas. Enquanto isso, Agatha decidiu que poderia contar a história da expedição de sua perspectiva. Em julho de 1938 ela sugeriu isto a Edmund Cork, propondo um livro que, "em linhas gerais [...] lida com a vida na escavação. Nada sério ou arqueológico." Embora Cork tivesse estimulado Agatha a começar, ela só o fez nos anos 1940. Mas já mantinha anotações volumosas para se basear: anedotas ocasionais, um longo relato do que aprendeu sobre os adoradores do diabo e trechos do diário:

> [...] Jantar com os Hudsons — eles tinham encanamento *real*. Imensamente agradável. Relatos dos Hudsons do motivo pelo qual os franceses diferem inteiramente — quanto ao clima — malária — e água potável. Comecei os *Crimes ABC* [...] "Le camping" — levantava ao amanhecer. Linguiça fria, mas chá quente [...]. Voltei no caminhão — muito perigoso, pois nenhuma das portas é confiável.

Passaram-se quase dez anos desde que Agatha visitou uma escavação pela primeira vez e cinco desde que ela começou a sair em expedições com Max. Foi um período feliz, um ciclo anual e regular de verões em Ashfield com Rosalind, Natal em Abney, o fim do outono e da primavera no deserto e o resto do ano em Londres e Wallingford. Como regra, ela produzia dois ou três livros por ano. Edmond Cork gerenciava os complicados detalhes dos contratos, direitos de publicação seriada, traduções etc., e seu colega norte-americano Harold Ober cuidava dos interesses dela nos Estados Unidos. Eles trabalhavam sem dificuldade, pois um livro aparecia após o outro em um fluxo que continuaria sem interrupções, até onde se podia dizer. (Como Max instruiu uma vez um colega mais jovem: "existem dois tipos de pessoas no mundo, senhoras e cavalheiros, e ambos trabalham até cair.") Então era adequado que em meados de 1938, no final dos 40 anos, Agatha desejasse desenhar esses anos juntos escrevendo sobre suas expedições com Max no Oriente Próximo.

De algumas formas, Agatha parecia estar navegando em uma maré tranquila e confortável, mas havia sinais de mudança no padrão familiar de sua vida. Primeiro porque Rosalind agora era adulta. O período na Caledônia tinha sido estimulante: como Archie, ela foi coordenadora, mas em Benenden ela ficou entediada. Embora não quisesse ir para a universidade, a diretora insistiu que ela tivesse o Certificado Escolar antes de sair, bem perto do seu aniversário de 17 anos. Após uma busca exaustiva, ela se instalou em um pensionato em Gstaad, na Suíça, que detestou. Resgatada, ela se mudou para um pensionato em Château d'Oex, no qual não aprendeu francês. Em seguida, Agatha a enviou para uma família em Paris, que não falava inglês, para que Rosalind fosse obrigada a aprender o idioma, os hábitos e a história francesa como a mãe o fez: na prática. Depois ela passou vários meses com outra família, perto de Munique, antes de voltar para casa para ser lançada oficialmente ao mundo com uma "temporada" em Londres. Felizmente, Agatha foi poupada das exigências de organizar as idas da filha a almoços, chás, jantares e bailes, gerenciar seu guarda-roupa e investigar os amigos dela, pois Rosalind partilhou sua temporada com outra debutante, Susan North, cuja mãe supervisionou as duas. Agatha, porém, escreveu uma ideia em seu caderno: "Chás de debutante etc. Mães assassinadas em rápida sucessão." Ela não se deixou ser apresentada à sociedade quando jovem, pois sua temporada foi passada calmamente no Cairo e agora, por ser divorciada, ela não podia apresentar a filha. Rosalind, usando um vestido com penas de avestruz e cauda longa, foi levada ao palácio por uma família amiga, os Mackintoshes. Ernest Mackintosh, que tinha sido companheiro de Monty e havia dançado com Madge nos bailes de Torquay, era então diretor do Science Museum em Londres, e as famílias se viam bastante.

Agatha e Marion Mackintosh iam a matinês sem os maridos que, segundo Max, achavam várias das peças "perturbadoras".

A Sra. North também virou uma boa amiga, com quem Agatha ia a exposições, à ópera e ao balé; Allen Lane era outro. Agatha o conheceu quando ligou para a editora The Bodley Head a fim de reclamar com o tio dele, John Lane, sobre a capa de *Assassinato no campo de golfe*. Em 1935, quando Allen (agora presidente da empresa) começou uma série de livros em brochura a preços baixos, Agatha foi uma das primeiras a oferecer suas obras à Penguin Books, apesar de ter saído da The Bodley Head, e Max editou a série arqueológica. A empreitada de Allen Lane foi bem-sucedida: ele conseguiu derrubar a empresa do tio e agradeceu a Agatha pelo apoio, oferecendo auxílio financeiro além de um queijo Stilton anual para as expedições de Max.

A temporada de Rosalind na sociedade foi um sucesso. Ela era alta, bonita e direta. Foi difícil decidir o que ela e Susan fariam da vida. A primeira ideia, como elas diziam foi "se dedicar à fotografia". Quando Agatha soube que isso significava servir de modelos fotográficos posando em trajes de banho para anúncios publicitários, ficou horrorizada, e as convenceu a fazer aulas de fotografia. Contudo, ao perguntar sobre cursos, ela ficou tão interessada que acabou se inscrevendo e praticando assiduamente com fotos de baldes, espadas, vasos e novelos de barbante, pois achava que sua nova habilidade seria útil na escavação. Sombras artisticamente colocadas estavam em voga, mas quando Agatha mostrou seu esforço a Max, ele desaprovou totalmente. Ele queria os objetos mostrados claramente, e ao lado de uma régua, para fins de escala. Agatha revisou a técnica para a arqueologia, mas os experimentos com ângulos de câmera e filtros coloridos inspiraram seus livros.

Enquanto isso, a questão do futuro de Rosalind foi definida, temporariamente. A Sra. North se ofereceu para levá-la com Susan à África do Sul, a fim de visitar o filho dela, que estava em Simonstown com a Marinha. O álbum de fotografias de Rosalind acabou tendo belas imagens das duas jovens em trajes de banho bronzeando-se no deque do navio, mas apenas para apreciação particular.

Agatha nunca se sentiu limitada por Rosalind, deixando a menina com Clara durante o passeio do Império e, depois, regularmente atribuindo os cuidados dela a Punkie e Carlo. Agatha amava a filha, tinha orgulho dela, mas não repetiu o relacionamento próximo e exigente que teve com Clara. Quem conhecia Agatha e a filha, tinha várias explicações: alguns acreditavam que as lembranças felizes de Agatha com Archie e a dor do primeiro casamento criaram uma lacuna entre ela e Rosalind, outros sugeriam que Agatha se sentia culpada por se divorciar de Archie e deixar Rosalind em uma posição em que sua lealdade ficaria dividida e a infância, complicada. De qualquer modo, tanto Agatha quanto Rosalind tinham personalidade forte e uma cuidava da outra, sem se sufocar ou perder muita independência. Portanto, os anos 1930 não libertaram Agatha dos deveres maternais, pois ela nunca os considerou algemas, apenas que a agenda anual agora não era mais influenciada pelo cronograma das aulas e férias de Rosalind.

Houve outro rompimento com o passado: Ashfield, à qual Agatha se agarrou com tanta força após a morte do pai e, novamente, após a de Clara, não era mais um refúgio pacífico. Torquay estava crescendo, suas estradas e seus campos foram engolidos por pequenas casas, e as grandes mansões da infância de Agatha foram divididas, convertidas em asilos ou demolidas. Quando ela e Max compraram Winterbrook, era como ela definiu: "A casa de Max." Já Ashfield ela considerava sua e, provavelmente, de Rosalind. Agatha também pensava que Max jamais gostara de Ashfield, por fazer parte da vida antes do casamento deles. A infância de Rosalind tinha acabado, e a própria Agatha mudara imensamente, tanto quanto Ashfield. A infância passada lá moldou sua personalidade, mas o trabalho e o casamento com Max também o fez, de modo mais imediato. Ela estava livre para deixar Ashfield para trás.

Fazer isso foi fácil, pois ela havia se apaixonado por uma grande casa georgiana, construída no final dos anos 1780, em 12 hectares de florestas, na margem do Dart, a uns 15 quilômetros de Torquay. Greenway House tinha vista para o estuário, na direção de Dartmouth.

Agatha comprou Greenway em outubro de 1938 por 6 mil libras. A compra foi organizada pelo procurador dela em Torquay, cujo pai cuidou dos assuntos de Clara e Frederick. Não foi fácil levantar o dinheiro, mesmo com a venda de Ashfield, mas de alguma forma ela conseguiu. Agatha mostrou a casa a Guilford Bell e lhe fez uma das primeiras grandes encomendas: o arquiteto fez a recomendação ousada de que ela demolisse metade da casa. Agatha aceitou, removendo um grande salão de bilhar, entre várias adições feias. Guilford arrumou o lugar, trouxe de volta as proporções adoráveis, adicionou uma chapelaria com janela redonda e ajudou Agatha a instalar vários banheiros. Ao lado de uma varanda com pilares largos ficava uma sala matinal que dava para uma sala de visitas com janelas curvas e degraus para o jardim. Do outro lado da varanda ficava a biblioteca, leve e quadrada, seguida por uma sala de jantar retangular com duas portas marcantes e curvas de mogno. Um saguão quadrado levava às portas dos fundos e às cozinhas, copas e despensas. Além disso, um corredor estreito ligava a varanda da frente às escadas, amplas e de fácil acesso. Havia cinco quartos principais no primeiro andar: um virou um escritório, outro, um closet para Agatha, o terceiro ficou para Max, e o quarto, que ficava na frente da casa, era o que ela dividia com Max, com a cama grande no meio do quarto e a dele, menor, ao lado. O quinto quarto ficou desocupado, e o resto eram banheiros e um quarto para guardar remédios e organizar flores. O andar superior tinha um quarto grande, para Rosalind, cujas janelas tinham vista para o rio e para a floresta, um quarto duplo e três menores, com dois banheiros, vários armários grandes e lugar para armazenamento. Nos fundos da casa, logo acima da cozinha, ficava uma série de quartos para os empregados. Agatha era uma cliente esplêndida: interessada, confiava no arquiteto, e como era de se esperar, tomava cuidado especial com o encanamento. "Quero ir com você, Guilford", disse ela antes de uma expedição para escolher pias, banheiras e lavatórios. "Quero uma banheira grande e preciso de uma prateleira, porque gosto de comer maçãs." E lá se foram eles para Londres, onde Agatha olhou pela vitrine da loja, viu a banheira exposta e acabou atraindo uma multidão de admiradores, pois insistia que não poderia escolher uma banheira sem antes entrar nela.

A escolha de tintas e tecidos foi de Agatha, que também planejou o jardim, que já fora extremamente lindo. Uma casa tinha sido erguida lá, no século XVI, e originalmente a propriedade possuía parques naturais quase até as margens do rio. No fim dos anos 1860, novas árvores foram plantadas, e no início do século XX outro proprietário continuou o plantio. Uma revista de jardinagem de 1899 considerou o tulipeiro que crescia perto da casa como um dos espécimes mais bonitos do país. No início da Primeira Guerra Mundial a casa foi passada para Charles Williams e a esposa, ambos de famílias reconhecidas no West Country pela jardinagem. Nos vinte anos seguintes, houve novas plantações, especialmente de rododendros, magnólias, árvores raras e arbustos incomuns. Em 1937 a casa foi vendida ao pai de um amigo de infância de Agatha, Sir Alfred Goodson. Os Goodsons não moraram em Greenway, e quando Agatha comprou a residência, os jardins estavam uma bagunça. Como ela planejou o replantio, alguns dos seus rascunhos de narrativas são interrompidos por listas de rosas e botões.

Entre os caminhos intrincados do jardim, houve surpresas: um embarcadouro, com uma piscina coberta (embora assustadora) para um banho decente dentro do que agora virou um ancoradouro; uma bateria com antigos morteiros no famoso local aonde Sir Walter Raleigh chegou com as primeiras mudas de tabaco e batata do Novo Mundo. Havia imensas hortas, estábulos e uma quadra de tênis gramada. Embaixo de uma fazenda próxima ficava o túnel da principal linha de trem de Londres para Dartmouth.

Devonshire foi o cenário de outro romance escrito por Agatha em 1938, *E não sobrou nenhum*, cuja ilha foi inspirada na ilha de Burgh, no litoral de Kingsbridge. A forma da história é como a sinfonia de Hadyn chamada "Despedida", na qual várias partes da orquestra, gradualmente, somem, até o fim da música. O título foi tirado de uma canção infantil, na qual um por um, cada um dos dez menininhos, desaparece, até não sobrar nenhum. A letra da música, que é diferente nos Estados Unidos, e seu vocabulário anacrônico geraram intermináveis problemas aos editores de Agatha quando o livro foi publicado no país e em edições britânicas posteriores.

Outra obra terminada por Agatha em 1938 foi ambientada perto de Greenway: a história principal da coletânea publicada nos EUA em 1939 chamada "The Regatta Mystery" (O mistério da regata, em tradução livre), na qual Hercule Poirot descobre o autor de um roubo no navio *Royal George* no porto de Dartmouth. Parker Pyne aparece de novo nesse volume, assim como Miss Marple, que contava uma história cuja solução dependia, como sempre, do seu "conhecimento especial". Nesse caso, o conhecimento era o que Agatha havia anotado há alguns anos como "Ideia da Empregada": "Uma integrante de um grupo se vestia de empregada, então ninguém olhava para ela. *Ou* homem tem a impressão de ter visto a empregada antes." (Em outro conjunto de notas, ela descreveu como "Ideia G.K.C." inspirada na história de Chesterton *O homem invisível*, que se baseia no fato de ninguém considerar digna de nota a visita do carteiro à cena do crime.) Desde então, esse dispositivo usado por Agatha foi absurdamente malcompreendido, pois alguns críticos alegaram que a ideia indicava lamentável arrogância e uma disposição de considerar empregados como autômatos, em vez de indivíduos. A questão passava longe disso. Agatha (e sua criação Miss Marple) estava profundamente familiarizada com o fato de que jardineiros, cozinheiras e empregadas, além de militares, vigários, médicos e donzelas, têm obsessões especiais, adotam hábitos idiossincráticos ao falar e vestir e seguem uma rotina pessoal excêntrica. Ela também sabia o quanto era fácil para seres humanos assumirem papéis profissionais, realizando certas tarefas como tinham sido treinados a fazer, seguindo um estilo, discurso e comportamento adequado. Médicos se comportavam como médicos, peixeiros agiam como se esperava que agissem, bem como detetives e policiais, além de arqueólogos e romancistas policiais do sexo feminino, cada um com sua *déformation professionelle*. Os uniformes ajudam, estimulando quem os veste a se comportar adequadamente, evocando determinadas expectativas nos passantes e reforçando esses efeitos ao induzir quem os veste a agir de acordo com eles.

Esse foi o truque usado pelos criminosos de Agatha. Vestir-se de empregada não era uma forma de ser anônimo, e sim se tornar uma empregada. Em um desenvolvimento posterior, Agatha anotou a ideia que o mesmo truque poderia ser realizado por um falso policial. Uma empregada é lembrada como empregada, não como assassina, mas os críticos de Agatha reclamaram, dizendo: "Por que ela acredita que ninguém olha para uma empregada?" A resposta é que, a menos que haja motivo excepcional, não olham porque a empregada está cumprindo suas tarefas profissionais. Longe de ser cruel, é respeitoso permitir que a empregada (ou o carteiro, o garçom ou qualquer profissional) continue a fazer seu trabalho sem intromissão nos assuntos pessoais dela. De certa forma, é por isso que a empregada usa uniforme, é como um sinal informando "ocupada", e por isso seria tão conveniente para uma criminosa utilizá-lo.

Agatha ficou impressionada com a necessidade de explicação. Sua atitude tinha menos a ver com classe social, sua história de vida e a cultura da época do que com senso comum. Além disso, os leitores sabiam que ela usa esse recurso em vários livros. Seus personagens "de estoque", como ela os descreve em sua lista, do "companheiro falador", "cavalheiro afetado, irritável e respeitável" e até "estilo da BBC", são feitos não só para levar a história adiante como para enganar o leitor. Ela sabe que seu público tem determinadas expectativas, e dessa forma será mais facilmente iludido a negligenciar as pistas que acabam revelando o criminoso por trás da camuflagem.

Agatha também escreveu a maior parte de outra história de detetive, *Cipreste triste*, terminado em julho de 1938. Seus editores norte-americanos ficaram preocupados com o título, achando que os leitores iriam confundir o cipreste com a ilha de Chipre. Agatha sugeriu como alternativa *I Am Slain* (Fui morto, em tradução livre) a partir da mesma canção de *Noite de reis* que deu a ela o primeiro título. No fim das contas, os norte-americanos mantiveram o título original. Agatha depois contou a Francis Wyndham, em uma entrevista para o *Sunday Times*, em 1966, ter percebido em seguida que *Cipreste triste* tinha sido estragado pela presença de Poirot. No fim dos anos 1930, ela ficava ocasionalmente irritada com o fato de Poirot ser um favorito tão grande dos leitores e editores, especialmente dos editores da revista norte-americana *Collier's* e da *Saturday Evening Post*, que publicavam a maioria de suas obras e pagavam muito bem. "Poirot é um tanto insuportável", escreveu ela para Cork. "A maioria dos homens públicos viveu tempo demais, mas nenhum deles gosta de se aposentar! Então, temo que Poirot também não vá fazê-lo — certamente não enquanto for minha principal fonte de renda." Por mais surpreendente que possa parecer (em 1938, por exemplo, seus ganhos apenas da Collins chegaram a quase 2.500 libras), Agatha estava, mais uma vez, ansiosa em relação a dinheiro. Além disso, essa preocupação não veio desacompanhada.

17

"Tudo parece vir de uma só vez..."

A erosão do idílio de Agatha começou no verão de 1938. O fiel Peter morreu, e embora Cork tenha se oferecido para arranjar um cachorro, Agatha sentia que, por enquanto, "não podia suportar ter outro". A próxima leva de problemas chegou quase ao mesmo tempo, em uma carta de Cork anunciando que as autoridades tributárias dos Estados Unidos haviam feito perguntas tão detalhadas sobre seus assuntos financeiros que o seu colega nova-iorquino Harold Obter contratou o renomado advogado tributarista Howard E. Reinheimer, "que lida com as finanças de muitos autores importantes" para responder em nome de Agatha. O trabalho do Sr. Reinheimer iria ocupá-lo pela próxima década. Não havia o que fazer a não ser esperar e trabalhar. Após os últimos esforços no vale do Balikh, no outono de 1938, Agatha e Max não viajaram novamente, pois na primavera de 1939 a situação política europeia estava tão delicada que não era prudente viajar, que dirá escavar nos territórios do Oriente Próximo, cada um com sua teia de relações com diferentes poderes europeus. Max também recusou um convite para ir com Agatha ao Congresso Arqueológico em Berlim no fim de agosto. Foi uma decisão sensata, pois em setembro, após meses de adiamento, a Grã-Bretanha entrou em guerra com Hitler.

Os Mallowans e a Sra. North, que estava hospedada em Greenway, ouviram a declaração do primeiro-ministro no rádio da cozinha. Agatha continuou a fazer uma salada tranquilamente. Mesmo para quem, como ela, não tinha interesse nas complicações da política mundial, o anúncio não surpreendeu, embora tenha escrito na *Autobiografia* que, após o discurso tranquilizador de Chamberlain, "nós pensamos [...] 'Paz em nosso tempo' [...] pode ser verdade". A guerra não diminuía, de forma alguma, a urgência das tarefas domésticas, como Agatha sabia, pois a perspectiva dela era essencialmente mundana. Ela teve dificuldades ao longo da Primeira Guerra Mundial, e o mesmo aconteceria na Segunda. Agatha se preocupava com as pessoas que amava, celebrava e lamentava as vitórias e as derrotas nacionais, e dava sua contribuição trabalhando no hospital, mas suas preocupações e horizontes eram limitados. Ela simplesmente seguiu em frente.

Max e Agatha passaram o verão em Devon: ele escrevendo seu trabalho mais recente e ela ocupada com *Cipreste triste*, uma coletânea de contos e outro livro. Os contos eram os *Os trabalhos de Hércules*, entregues a Cork em intervalos ao longo de 1939 para publicação na revista *Strand*. Eram histórias engraçadas e inteligentes (a visita de Poirot a uma boate chamada Inferno cujas escadas estão cheias de boas intenções é especialmente hilária) e parece ter tido poucos problemas com elas, até terem sido publicados como coletânea em 1947, quando houve uma explosão de raiva em uma carta a Cork sobre o design da capa sugerido pela Collins para o livro: "Não consigo descrever a você o rascunho da capa [...]. Ele sugere Poirot entrando na banheira nu!!! Todo tipo de sugestão obscena está sendo feita pela minha família. Espero ter sido educada, porém firme. Coloque uma estátua na capa, mas deixe claro que *É* uma estátua, não Poirot sendo estranho no Hyde Park!!!"

Ao longo dos anos, Collins se acostumou a explosões desse tipo. Outra aconteceu no fim do verão de 1939, quando Agatha soube que a futura revista *Crime Club News* iria resumir toda a trama de *E não sobrou nenhum*. Billy Collins reforçava suas desculpas com pequenos presentes, e nessa ocasião mandou para Agatha cópias das mais recentes histórias de detetive escritas por G. D. H. e Margaret Cole, o novo de Rex Stout e uma cópia antecipada da obra escolhida pela Book Society, *Love in the Sun*, prometendo também alguns dos "bons livros de outono" da Collins.

Devidamente tranquilizados, Agatha e Max decidiram passar o inverno em Greenway. O "Caro W.A.R.", como Agatha chamava Billy Collins em suas cartas mais felizes, era sempre atencioso e enviara ingressos para teatro, Wimbledon, almoços e jantares, além de livros da Collins. "Posso ser gananciosa?", respondeu Agatha. "Parece uma ilha deserta aqui. Como não saímos de carro durante o blecaute, as noites são solitárias." Os que ela pediu em novembro de 1939 foram: *Paderewski, Gardens of England, Brief Return, The Dark Star, Pamela* e *Dismembered Masterpieces*. Exceto os dois últimos, eles ainda não tinham sido publicados e foram enviados na mesma semana.

Além de *Os trabalhos de Hércules* e *Cipreste triste*, Agatha também completou, em 1939, *Uma dose mortal* (publicado nos EUA como *The Patriotic Murders* [Os assassinatos patrióticos, em tradução livre]. Esse livro começa com Hercule Poirot visitando o dentista, que mais tarde, naquele mesmo dia, parece se matar com um tiro. Ela estava trabalhando com "ideias de dentistas" havia algum tempo. O tema tinha surgido, provavelmente, quando ela estava elaborando a trama de *Os crimes ABC,* e suas anotações se desviaram brevemente para um crime cometido por um "homem sem pernas — às vezes alto, às vezes baixo. Idem — com *dentes* projetados e descoloridos, ou brancos e planos". Em 1939 ela pediu a Carlo e Mary Smith um encaminhamento para o dentista que elas frequentavam em Welbeck Street (onde o dentista dela também dava consultas). Agatha disse que não precisava de tratamento e Carlo explicou a ele que a Srta. Christie desejava pagar "um valor normal", fazer algumas perguntas e examinar o consultório. A recepcionista nunca esqueceu a visão do chefe mostrando a Agatha o gabinete de venenos, enquanto ela perguntava sobre métodos e tipos de injeções. No próximo rascunho Agatha escreveu [...] "H. P. na cadeira do dentista — conversa durante a obturação — diz (1) Nunca esqueço um rosto [...]".

Assim que a guerra foi declarada, Max se inscreveu para o esforço de guerra, o que se mostrou difícil. Homens de 35 anos, que nunca tinham sido militares, não eram recrutados, e as autoridades consideravam o fato de o pai de Max ser austríaco um obstáculo. Ele também não conseguiu um cargo em Whitehall, inicialmente tão desorganizado que ninguém conseguia encontrar função para um arabista qualificado. Max então fez o melhor que pôde e se juntou à Brixham Home Guard, na qual dois fuzis eram divididos entre dez homens. No meio de 1940 ele encontrou um trabalho mais exigente. A cidade de Erzincan, na Turquia Oriental, tinha sido destruída por um terremoto, e a ajuda britânica foi organizada rapidamente, por motivos humanitários e também porque a Grã-Bretanha dependia das siderúrgicas turcas para garantir o fornecimento de cromo. Um comitê de ajuda anglo-turco foi criado pelo professor Gastang, fundador da Escola Britânica de Arqueologia em Ancara, além de amigo e colega de Max, que foi convidado para ser secretário. Max organizou os recursos e a distribuição de ajuda, deveres que o ocuparam até o início de 1941. Enquanto isso, Rosalind se envolvia no esforço de guerra procurando trabalho rural em uma fazenda nos arredores de Devon e preenchendo formulários para o corpo auxiliar feminino da Força Aérea. Ela se fazia útil da melhor forma que podia e preenchia mais formulários, agora para o serviço auxiliar territorial do Exército. No meio do verão, ela disse a Agatha que iria se casar, em poucos dias, com Hubert Prichard, soldado nos Fuzileiros Reais do País de Gales, temporariamente lotado no regimento de Jack Watts em Cheshire. Hubert visitava Abney com frequência e já tinha se hospedado em Greenway. Agatha insistiu em ir a Denbigh, onde o capitão Prichard servia, para ver a filha se casar com "o mínimo de *alarde*", segundo Agatha. Ela escreveu a Billy Collins: "Foi tudo bastante repentino, mas é um homem *muito* bom. Eu realmente penso que eles serão felizes se ele sobreviver à guerra. Contudo, até onde vejo, qualquer um de nós pode virar fumaça. Má sorte para os jovens."

A vida em Greenway não estava mais tranquila. Os Macleods, médicos que Agatha tinha conhecido em Mossul, levaram as crianças para lá, pois era longe da Costa Leste, onde os primeiros ataques eram esperados. Agatha também viu a casa "cheia de soldados praticando o que fariam se os alemães atacassem — eles mal conseguem se mexer, têm tanto o que carregar!". Os filhos dos Macleods acabaram sendo levados para a casa da avó, no País de Gales, mas logo depois Greenway foi alugada pelo Sr. e Sra. Arbuthnot, que chegaram com duas enfermeiras e dez desabrigados de guerra com menos de 5 anos. Enquanto isso, Agatha atualizava seu conhecimento sobre dispensar medicamentos. Ela havia perdido Carlo para o trabalho de guerra ("sem a Srta. Fisher, eu perco *tudo*!!") e o jardineiro em Wallingford tinha se juntado à Força Aérea Real. Agatha decidiu que era o momento de se mudar para Londres e ficar com Max, primeiro, em um apartamento na Half Moon Street, o único prédio a sobreviver em uma estrada que fora bombardeada, depois, um apart-hotel em Park Place, depois na St. James Street e, por fim, quando os inquilinos de 48 Sheffield Terrace decidiram ir embora, na própria casa em Kensington. Ela retirou a maior parte dos móveis, visto que havia "bombas caindo o tempo todo", e também fez um curso de Precauções contra Ataques Aéreos. Em outubro, Sheffield Terrace ficou muito inseguro. Com a ajuda do velho amigo Stephen Glanville, Max e Agatha encontraram um apartamento em 22 Lawn Road, Hampstead, no quarteirão de estilo Bauhaus no qual o próprio Glanville morava. O egiptólogo conhecia Max desde 1925, ajudou Agatha com *Akhnaton* e se divertiu muito com *Morte no Nilo*. Então líder de esquadrão no Ministério da Aeronáutica, ele se dedicou vigorosamente a arranjar para Max um trabalho adequado aos tempos de guerra.

Agatha manteve o ritmo constante de escrita e uma das suas poucas indicações de cansaço foi uma carta furiosa para Cork reclamando de um design proposto para uma capa. Os protestos em relação a capas tinham outro propósito. A relação de Agatha com a Collins, mediada pelo educado Cork, era, no geral, boa, e ela gostava de Billy Collins, que supervisionava pessoalmente seus negócios lá. Agatha foi apresentada a ele de modo surpreendentemente amigável, pois logo após se juntar à empresa, Billy foi enviado pelo presidente, o tio, Sir Godfrey, para se desculpar porque a Collins tinha revelado a identidade do assassino no texto da capa. Agatha estava zangada com Sir Godfrey por usar o jovem como escudo, mas a tática funcionou. Billy a desarmou e eles viraram amigos. Apesar de tudo era difícil para Agatha deixar os livros ao cuidado dos editores, por ser possessiva em relação a eles. A edição e a revisão passavam por sucessivas mãos, incluindo a dela e a de Carlo, e mesmo assim havia erros de impressão, pontas soltas e inconsistências notáveis em qualquer livro, mas os problemas eram particularmente óbvios em tramas tão rigidamente elaboradas e tão meticulosamente analisadas por leitores com olhos de águia. Agatha tendia a manter o temperamento calmo ao conferir as revisões. Ela fazia algumas mudanças solicitadas pelos editores, especialmente os de revistas norte-americanas, desde que os pedidos fossem diplomaticamente reescritos por Cork. Se a pressão fosse excessiva, ela explodia, e a ira, em geral, assumia a forma de reclamações sobre capas. Dessa vez foi a de *Cipreste triste*. "Você não pode usar toda a sua influência?", implorou ela a Cork. "Eu *realmente* penso que eles precisam me consultar antes." Cork explicou que, infelizmente, era tarde demais para mudar, "não é uma questão só dos artistas e da gráfica levar tempo para refazer, mas os suprimentos desse tipo específico de papel [...]. Collins acha que não seria patriótico destruir 15 mil cópias de uma capa nesses tempos de falta de papel". Ele prometeu que no futuro todas as capas teriam aprovação prévia de Agatha.

Apesar disso, ela continuou serena. Uma versão dramatizada de *A casa do penhasco* estreou em Brighton no mês de abril, adaptada por Arnold Ridley. Agatha foi a alguns ensaios e gostou muito da experiência, exceto pela confusão quanto ao paradeiro de um xale espanhol que ela havia emprestado para a produção. As roupas de Agatha, nessa época, eram uma mistura do bem-feito e respeitável (como vestidos e ternos da Harvey Nichols., Debenhams and Freebody) e o alegremente teatral. Ela era particularmente ligada àquele xale exuberante e ficou aliviada por ele não ter desaparecido de vez. A produção de *A casa do penhasco* despertou outro interesse nas possibilidades teatrais da obra de Agatha. Houve uma proposta que não vingou de mandar a peça para Nova York e (mais atraente a longo prazo) um pedido de Reginald Simpson para dramatizar *E não sobrou nenhum*. "Se alguém vai dramatizar, preciso tentar primeiro!", disse Agatha a Cork, que respondeu com cautela: "Em termos gerais, sou contra um tempo profissional valioso como o seu ser gasto em algo tão especulativo quanto o teatro, mas *E não sobrou nenhum* é diferente."

Agatha não entrou nesse projeto logo de cara. O primeiro livro que ela entregou em 1940 foi *N ou M?* no qual Tommy e Tuppence Beresford expunham uma rede de espiões atuando no litoral Sul da Inglaterra. "*T & T*" como as anotações iniciais o chamavam, rapidamente virou "*N ou M?*" ou "*2º ciclo*". Tudo começou com Agatha pensando em formas de código: seu livro de exercícios estava cheio de palavras compostas por letras deslocadas, pontos, traços e números substituindo frases. Então, ela decidiu usar uma canção infantil, nesse caso "Goosey Goosey Gander", como dispositivo central. O livro foi publicado em 1941.

N ou M? foi escrito com rapidez e confiança, mas o destino da obra no mercado americano enfureceu Agatha. Após um adiamento incomum, Cork soube de Harold Ober que tinha sido "recusado por prováveis compradores porque fala da guerra. Isso foi um pouco confuso, diante da insistência da revista *Collier's* para usar a guerra como pano de fundo em *Uma dose mortal*, mas eu imagino que os editores temam que uma história tão fortemente antinazista como *N ou M?* angustiaria parte substancial dos leitores". Em reposta a uma carta horrorizada de Agatha, Cork garantiu que, "quando o calor das eleições tiver passado, os editores podem ser mais razoáveis". (Franklin Roosevelt tinha acabado de ser reeleito presidente, com um Congresso democrata, mas fortemente isolacionista.) *N ou M?* foi vendido nos Estados Unidos apenas em setembro de 1941, e foram precisos mais dois meses até Harold Ober escrever aliviado para Cork: "Estamos na guerra agora. Desejava que tivéssemos entrado antes, mas este país exige muito para começar." Agatha ficou angustiada com a atitude da *Collier's*, especialmente porque *N ou M?* era um gesto patriótico dela, refletindo também seus pensamentos e experiências recentes. Logo após a destruição de Sheffield Terrace, por exemplo, ela sugeriu, empolgada, a Cork: "Creio que poderia fazer um capítulo final melhor — atualizado — passado em um abrigo quando Tommy e Tuppence acabaram de ter o apartamento bombardeado [...]"

A rejeição de *N ou M?* pelo mercado de revistas norte-americano também era preocupante, do ponto de vista financeiro. Até a situação ficar mais clara, Agatha estava sendo muito cuidadosa em relação a dinheiro. "Eu *espero* precisar daquelas mil libras", escreveu a Cork em janeiro de 1940, "mas vou deixar que você decida." Em julho ela estava menos confiante: "Vou receber algum dinheiro dos EUA em breve? Há boa parte de tinta vermelha em minha conta no momento e o banco não parece tão disposto a manter dívidas quanto antes." Em agosto as autoridades norte-americanas impediram a exportação dos ganhos dela até a questão dos impostos ser resolvida. Em outubro a audiência foi adiada. Em dezembro, parecia que tudo o que ela havia ganhado nos Estados Unidos seria retido, para descontar parte de um eventual acordo. A legislação rígida para controle de câmbio facilitava ainda mais o uso dessa restrição.

Além disso, a Dodd, Mead começava a mostrar suas garras. Não há cópia sobrevivente do contrato de Agatha feito em setembro de 1940 com eles, mas o contrato de 1939 para *É fácil matar, E não sobrou nenhum* e *The Regatta Mystery*, exigiam um adiantamento de 5 mil dólares para cada livro, com royalties de 15% sobre as primeiras 10 mil cópias e subindo para 20% depois. O contrato de 1940 cobria três livros, dos quais o último foi *Morte na praia*, entregue para Cork em 1940. Harold Ober tinha recebido uma carta triste de Frank Dodd perguntando se Agatha "consideraria um alívio nos adiantamentos que estamos pagando". Os livros dela vendiam bem, de modo consistente, mas as vendas não eram tão impressionantes como antes. Cork evitou esse golpe e nenhuma palavra disso chegou a Agatha. Cork e Ober a protegiam o quanto podiam de más notícias e críticas nocivas, suprimindo ou diminuindo algum tom do que pudesse perturbá-la. A correspondência deles, errática durante os anos de guerra, mas semanal e frequentemente duas vezes por semana nos anos 1950 e 1960, mostra o cuidado com que eles conspiravam para proteger a cliente, cujos pedidos, às vezes, os deixavam exasperados, mas por quem sempre sentiram afeto e respeito.

Agatha começou dois outros livros em 1940. Um deles, sobre Poirot, foi lançado apenas 35 anos depois, como *Cai o pano*, título que estava no alto do primeiro rascunho da trama: "Poirot inventa história de morte que se acredita causada por Ricina ou veneno de Cobra — persegue o suspeito e pega R dele?" O outro era sobre Miss Marple. O primeiro título provisório era *Cover Her Face* (Cubra o rosto dela), parte de uma citação de *A duquesa de Malfi:*

> Cubra o rosto dela. Meus olhos se ofuscam,
> ela morreu jovem...

Agatha escreveu essas palavras pela primeira vez em seus cadernos no meio dos anos 1930, e a referência aparecia em vários dos seus livros de exercícios, sempre com alusões à trama de *A duquesa de Malfi* e às vezes a *Enoch Arden,* de Tennyson. O tema Enoch Arden e uma personagem usando esse nome apareceram depois da guerra, no romance *Seguindo a correnteza,* O pensamento sobre *A duquesa de Malfi* ocorreu em outra parte das anotações de Agatha, foi crescendo gradualmente, até virar uma história sobre uma apresentação daquela peça, quando uma jovem na plateia grita e precisa ser retirada. Agatha depois colocou isso também no livro de Marple. E trouxe para seu romance dos tempos de guerra elementos de outro rascunho, originalmente centrado em Poirot, de uma história sobre uma mulher retornando para uma casa que reconhece e acaba descobrindo ser o lugar onde a jovem madrasta dela morreu.

Outra ideia que assombrava Agatha e foi utilizada em *Cover Her Face* envolvia uma criança morta. Suas anotações sobre vodu, feitas quando ela e Max estavam na Síria, entre os trabalhadores yazidi, mencionavam a importância da ideia da criança morta e seu espírito nas religiões centradas no diabo e na morte. Por algum motivo, esse tema se conectou na mente dela com outra imagem recorrente em várias tramas. Era o pensamento macabro de que uma criança morta poderia ser enterrada em uma lareira abandonada, uma alusão incorporada em *Cover Her Face* e depois em *O cavalo amarelo* e *Um pressentimento funesto.* As anotações "Uma na chaminé", "Atrás da *Lareira*", reaparecem nos livros de exercícios de Agatha. Não sabemos se elas se referem a um comentário entreouvido, lembranças de infância, a uma ideia que lhe ocorreu em Abney ou em outra casa ("O esconderijo do padre, bom lugar para ocultar corpo", anotou ela). O pensamento pode ter se originado da lareira veneziana que ela e Max tinham admirado ou do muro branco de Cresswell Place ("O que está *atrás* do muro de tijolos", dizia outra anotação). A imagem deve tê-la tocado profundamente, pois não apenas se repete várias vezes, como, em cada um dos três livros, a referência surge em um contexto profundamente perturbador.

O livro de Poirot e o da Miss Marple não seriam publicados em tempos de guerra. Agatha estava ansiosa para construir o que descreveu a Cork como seu "pé-de-meia", caso ela ficasse incapaz de trabalhar se algo acontecesse a Rosalind ou Max, por exemplo. Além disso, o livro de Poirot foi escrito quando Agatha achava seu detetive belga "insuportável", e ele morre na história. Como ele era a principal fonte de renda de Agatha, o último caso de Poirot, inevitavelmente, tinha que ser colocado na geladeira. Cork aprovou, embora não tivesse previsto as complicações geradas pela decisão de Agatha de atribuir o direito autoral de um dos livros a Rosalind e, do outro, a Max, "em consideração pelo amor e afeto naturais que sinto pelo meu marido". A intenção original era que Max ficasse com os direitos do livro de Poirot e Rosalind, o de Marple, mas no fim da guerra ela mudou de ideia. A história de Marple acabou publicada como *Um crime adormecido,* e foi dada a Max, enquanto *Cai o pano* foi cedida a Rosalind.

As cópias foram mandadas a Nova York, de acordo com um princípio geral de dispersão que Hughes Massie aplicava a todo material importante, pois o escritório da Fleet Street já havia sido bombardeado. A reação de Harold Obter foi: "A Sra. Mallowan devia estar desesperada quando decidiu matar Poirot." E Agatha tinha todos os motivos para estar infeliz, como Cork disse a Ober em uma carta escrita em dezembro de 1940, implorando por notícias sobre a questão dos impostos. Ela perdeu o refúgio de suas casas, pois Greenway, Winterbrook e Cresswell Place foram alugadas e Sheffield Place era insegura. Além disso, Rosalind estava na Irlanda do Norte, com Hubert, Max estava ansioso para servir no exterior e, o golpe mais pesado, não havia Carlo. Agatha tinha lhe dado uma casa em Ladbroke Terrace Mews, e a via de tempos em tempos, mas agora Carlo participava do esforço de guerra trabalhando em uma fábrica. Essas ansiedades perturbavam a vida de Agatha muito mais do que a preocupação com dinheiro, mas a situação financeira era grave, mesmo assim. No fim de janeiro de 1941, quando a audiência sobre impostos tinha sido novamente adiada e as autoridades tributárias britânicas pressionavam para receber a parte deles, Cork escrevia mais uma vez para Ober: "A situação é bastante desesperadora sem dinheiro entrando [...]. É difícil acreditar que Christie terá que encontrar dinheiro para o imposto de renda em cima de valores que ela não recebeu. Não é preciso muita imaginação para ver o pesadelo que isso produziu para nossa cliente mais valiosa [...]"

Uma solução que ocorreu a Agatha foi vender Greenway. Ela e Max não conseguiriam usá-la enquanto a guerra durasse e, de qualquer modo, Max agora estava firmemente estabelecido em Londres. Após intermináveis apelos às autoridades, ele garantiu um cargo adequado. Max escreveu irritado ao ministro da Informação, que não dava notícias precisas sobre um possível emprego na Turquia: "Creio que já passou da hora de os burocratas terem uma visão sã e justa dos serviços que estão dispostos a obter de uma pessoa nascida na Grã-Bretanha"; Max estava tão desesperado para fazer algo útil que à lista de referências já impressionante e cheia de líderes de Esquadrão, coronéis e marechais do Ar, ele acrescentou: "Esposa, britânica. Mais conhecida como Agatha Christie, acabou de escrever um livro antinazista." E até: "Fui aceito na Home Guard." Uma cópia dessa correspondência foi encaminhada a Stephen Glanville e em fevereiro ele conseguiu pressionar a favor de Max, que se juntou ao amigo no Ministério da Aeronáutica, no que virou a Diretoria de Ligações Aliadas e Estrangeiras. Com enorme relutância, Agatha decidiu vender Greenway e escreveu com tristeza para Cork: "Dois grupos de pessoas estiveram olhando a casa, ambos desagradáveis de formas diferentes. Ainda assim, eles parecem ter o dinheiro." Ao que Cork gentilmente respondeu: "Provavelmente, você vai considerar qualquer comprador de Greenway extremamente desagradável. Tenho a sensação de que com o orçamento e uns detalhes aqui e ali, não vai haver muitas pessoas que 'terão o dinheiro' por muito tempo." Ninguém comprou Greenway.

A única outra forma de se livrar dos seus problemas era trabalhar, mas, como ela disse a Cork: "Pela sua carta entendi que você está estimulando a máquina de fazer salsichas a entregar mais alguns do mesmo tipo? Sinto-me deprimida demais com a minha situação financeira no momento. O que há de *bom* em escrever por dinheiro se não ganho *nada* com isso?" Mesmo assim, ela começou a trabalhar, pois Cork escreveu a Ober exatamente um mês depois: "A próxima história de Christie será uma tragédia perfeita envolvendo uma caneta envenenada e protagonizada por Miss Marple." Cork continuou: "como a Sra. Christie está escrevendo arduamente em um esforço para resolver a situação, parece que teremos um acúmulo de livros em nossas mãos em pouco tempo [...]."

A ideia da caneta envenenada foi outra que Agatha ruminou por anos. Magoada pelos boatos uma vez, ela falou do poder destrutivo deles em várias histórias. Uma delas foi "Os estábulos de Áugias" em *Os trabalhos de Hércules*, no qual a fofoca é usada pelo astuto Poirot contra os difamadores. *A mão misteriosa* teve um nascimento relativamente fácil, exceto pelo fato de ter sido recusada pela revista *Saturday Evening Post*, pois a ação demorava demais a começar, impedindo o sucesso da publicação em série. Mesmo assim, o livro saiu primeiro nos EUA. Também houve dificuldade com o título. Agatha sugeriu *The Tangled Web* (A teia intrincada, em tradução livre), que Collins achou parecido demais com o recém-publicado *Spider's Web* (A teia da aranha, em tradução livre). Ela então sugeriu *A mão misteriosa*, mas Cork, por algum motivo, preferia *Misdirection* (Desorientação, em tradução livre). Agatha venceu. Cork e Ober concordaram que esse foi um dos seus melhores livros. Quando terminou, ela sentiu uma espécie de anticlímax, e as preocupações reapareceram. Cork novamente atacou a questão financeira, implorando a Ober para pressionar Reinheimer: "Ela está sendo implacavelmente pressionada pelas autoridades tributárias daqui e pelo banco para pagar os impostos, que para este ano serão de aproximadamente quatro vezes a renda total a ser recebida por ela [...]" Ele também encontrou um modo engenhoso de dar a Agatha algum alívio financeiro. A empresa americana Milestone fez uma oferta sobre os direitos de *N ou M?* para o cinema, e como tais direitos eram "mundiais em seu escopo", Cork mandou um aviso a Ober: "seria possível que somas fossem pagas nesse país, onde a Sra. Mallowan, em primeira instância, e o chanceler do Erário Público, na segunda, precisam desesperadamente de dinheiro." Também surgiram alguns ganhos de fontes inesperadas: *A casa do penhasco*, por exemplo, rendeu 514,17 libras no Lyceum, em Sheffield, na primeira semana de maio.

Outra irritação surgiu em junho, quando a Collins propôs um novo contrato: um adiantamento de 1.150 libras em vez de mil para cada livro, mas iniciando com royalties de 25% após 6 mil cópias vendidas, em vez de 3 mil. A Collins alegava "um aumento chocante nos custos de produção". Cork não cedeu. A Collins, depois, provocou o que Cork classificou como "uma pequena discordância" em relação a *N ou M?* As principais objeções do editor eram que, embora fosse "uma história de espionagem muito empolgante", faltava o "elemento de assassinato e mistério e detetive", era curta demais e tinha excesso de pontas soltas. Agatha escreveu uma carta rígida e Billy tentou confortá-la. "Ele sente muito", respondeu a secretária, "Tivemos que pedir para deixar o conto um pouco mais longo, mas um dos motivos para tal é que as livrarias veriam que as pessoas estavam lendo rápido demais e não renovariam o pedido tão rapidamente, pois o pedido original duraria mais tempo que o usual." Agatha não se convenceu com essa explicação sobre a economia editorial e sugeriu mudar de editora. Cork delicadamente a dissuadiu, confessando-se "com muitas dúvidas de que, sob as atuais condições editoriais, o Sr. Gollancz ofereceria algo melhor a você [...] Admiro a inteligência dele, que se saiu muito bem com vários livros que vendi este ano", Mas Cork acreditava que a Collins tinha relações melhores com os livreiros. Agatha ficou e, embora "bastante antiCollins [...], um grupo muito tapado", voltou a trabalhar.

"Tudo parece vir de uma só vez", disse ela a Cork em uma carta triste no outono de 1941. "Como tudo isso é interminável." Como Reinheimer aconselhou, ela deu aos representantes norte-americanos uma procuração para resolver seus negócios e até concordou em permitir que as editoras norte-americanas incluíssem na publicidade que antecedia o lançamento de *N ou M?* "qualquer novela tola que você goste" sobre o seu trabalho na guerra. Ela agora dedicava vários dias por semana ao dispensário no University College Hospital, e isso foi publicado na imprensa norte-americana. "'O Hospital ainda está de pé, embora existam prédios destruídos em todo o seu entorno'", disse ela a Cork. "Se eles precisarem fazer algum tipo de fotografia, deixe que o façam." Havia limites ao tipo de histórias que eram permitidas. "Não faz mal dizer que Max faz parte da Reserva da Força Aérea, mas é melhor não ir além disso", não só devido aos onipresentes avisos oficiais contra revelar qualquer informação, por mais trivial, que pudesse ser usada pelo inimigo, como também devido à repulsa a ser alvo de fofocas. "Eu NÃO serei a 'Mulher Misteriosa'", ela escreveu, furiosa, para Cork, anexando um recorte "irritante" da revista *Saturday Evening Post* sobre o seu passado e o segundo casamento. Igualmente enlouquecedora foi uma carta efusiva enviada por um admirador norte-americano bem-intencionado, afirmando que "Agatha era maravilhosa, com um senso de humor incrível e uma sabedoria diabolicamente afiada. Todo o poder para você".

Ao final de 1941, no entanto, tudo pareceu melhorar. Agatha terminou outro livro, *Um corpo na biblioteca*, com o qual Collins ficou extasiado. Ele tinha uma abertura esplêndida, com a Sra. Bantry acordando calmamente com a empregada dizendo a ela que há um corpo na biblioteca, algo simultaneamente tão adequado e inadequado que provavelmente só acontece em sonhos ou em uma história de detetive. Outro fato reconfortante foi que dois estúdios cinematográficos norte-americanos, RJO e Warner Brothers, estavam interessados nos direitos sobre *E não sobrou nenhum*. (A primeira produção, contudo, acabou sendo feita em 1945 pela Twentieth Century Fox, com o nome de *O vingador invisível*, dirigida por René Clair.) Cork e Ober também conseguiram que a opção sobre os direitos cinematográficos para *N ou M?* fosse paga pela Milestone, em Londres. Ober até tinha alguma esperança que, com a entrada dos EUA na guerra, talvez houvesse alterações na legislação tributária para estrangeiros não residentes. Collins abriu mão de adiantamentos para *A mão misteriosa* e *Um corpo na biblioteca*, e quanto às autoridades tributárias britânicas, Cork aconselhou Agatha a "não reparar nesta avaliação nominal ridícula [...]. Todos estão recebendo isso". No meio de dezembro, Agatha, mais uma vez, pôde dizer que estava "escrevendo apaixonadamente, e em consequência não paguei contas, nem respondi cartas e estou de fato arranjando problemas por toda parte!". Uma semana depois ela mandou a Cork as provas revisadas de *Um corpo na biblioteca* e a cópia datilografada de outro romance, *Hora zero*. Ela disse, triunfante: "Isto deverá ajudar um pouco com a Depressão de Ano-novo!"

Agatha pediu a Cork para "reservar um tempinho" e pensar na publicação em série de *Hora zero*. Foi nessa carta que ela falou do sofrimento quando se obrigou a terminar *Os quatro grandes* e *O mistério do trem azul* e mencionou o desejo de ter pelo menos "um livro na manga." Segundo ela, *Hora zero* era "razoavelmente não datado". É compreensível que Agatha se sentisse insegura. Como todos os seus compatriotas, ela vivia sem saber com seria o dia seguinte. Prédios e ruas sumiam do mapa da noite para o dia e casas que ainda estavam em pé podiam ser confiscadas. Ninguém sabia se sobreviveria ao dia seguinte, muito menos os familiares, conhecidos e amigos. Ao guardar esse livro, Agatha estava armazenando suprimentos, como fez a avó. (Os Mackintoshes tinham um pequeno depósito de presunto enlatado e azeite de oliva para ela, caso Lawn Road fosse destruída.) Além disso, Agatha agora estava sem Max ou notícias imediatas dele. Em fevereiro ele foi um dos dois oficiais voluntários para estabelecer uma filial da diretoria no Cairo, partindo após ser promovido a líder de Esquadrão. Lá, em uma cobertura no Hotel Continental, ele viu o irmão Cecil tomando café. Cecil tinha sido internado pelos Finns em 1940, evacuado para a Suécia, onde trabalhou como lenhador, e acabou repatriado para a Inglaterra via Alemanha, França e Portugal. Ele agora tinha sido enviado pelo British Council para dirigir os institutos da organização no Egito, e após esta feliz coincidência, estabeleceu-se amigavelmente com Max em uma casa com vista para o Nilo.

Exausta, com saudades de Max e com frio, apesar ter ganhado um roupão da marca Jaeger como presente de despedida, Agatha passava a maioria das noites e fins de semana escrevendo. Ela garantiu a Cork que, mesmo se ele não publicasse *Hora zero*, "Estou começando outro, para que o mercado de serializações não seja negligenciado".

Era *Os cinco porquinhos*, uma das "ideias de Artista" de Agatha. O cenário batizado de "Alderbury" era Greenway, e a trama, "a história de um homem que tem casos amorosos — ama mesmo a esposa — a amante tem a intenção de se casar". Foi publicado nos EUA como *Murder in Retrospect* (Assassinato em retrospecto, em tradução livre). Reunidos, *Os cinco porquinhos* e *Hora zero* mostram o quanto o estilo de Agatha de armar tramas e sua técnica eram flexíveis na época. *Os cinco porquinhos* é uma história íntima de ritmo frenético, enquanto *Hora zero* é o retrato de uma vingança longamente planejada, uma história tão impressionante que, anos depois, levou Claude Chabrol a falar que gostaria de transformá-la em filme.

Ainda não havia notícias de Reinheimer. O melhor que Cork podia dizer era que um formulário de restituição de impostos norte-americanos tinha sido preenchido para 1941. Ele escreveu: "Espero que esta empreitada terrível finalmente seja resolvida." Ober, por sua vez, não mandava mais mensagens encorajadoras. O desejo mais urgente de Agatha era se juntar a Max no Cairo, e Cork aceitou ver o que poderia ser feito. Se ele conseguisse que uma revista aceitasse artigos por encomenda, ela poderia receber a permissão para viajar. Enquanto isso, ela recebeu uma oferta: "O trabalho exato que eu gostaria de fazer na Inglaterra se *não* fosse ao Cairo [...] dispensar medicamentos para um médico em Wendover." Cork disse que ela "deveria estar fazendo um trabalho muito mais importante" do que aquele, "mas você é a melhor juíza". Contudo, o *Saturday Evening Post* se interessou em material sobre o Cairo, aumentando as esperanças de Agatha.

Cork passou as orientações para Agatha: "artigos sobre o Oriente Médio, de interesse dos EUA, descrevendo como a guerra afetou a vida na região", e marcou um almoço com "o todo-poderoso Quentin Reynolds", distinto jornalista norte-americano cujas matérias na imprensa escrita e no rádio sobre os esforços da Grã-Bretanha em tempos de guerra foram importantes para manter o apoio aos aliados nos EUA. Segundo Cork, até Reynolds achava impossível remover os obstáculos oficiais. Em julho, Agatha ficou mais resignada com a ausência do marido. Em todo caso, ele logo seria realocado, embora tudo fosse duvidoso, conforme ela disse a Cork. Havia também muito a fazer em Greenway, agora solicitada pelo Almirantado para uso eventual pelos oficiais de uma flotilha norte-americana. Os Arbuthnots partiram, deixando Agatha e um jardineiro idoso para levar a mobília até a sala de estar, a única parte da casa que o Almirantado permitiu que ela usasse. "Estou farta de carregar baús e ficar imunda com teias de aranha e estou farta de modo geral!", escreveu ela para Cork no outono. Ele ponderadamente a convidou para almoçar no Ecu de France.

Agatha escreveu para Max: "Apesar da minha tristeza em relação a isto, pode haver dois prêmios de consolação. Primeiro, devo dizer que é bem provável que eles possam trazer eletricidade" (Não o fizeram). "E, em segundo lugar, o velho Hannaford" (o jardineiro) "pode ser removido sem dor". (Ele ficou.) Ela se preocupava com as árvores e com os arbustos, escrevendo para o antigo proprietário Charles Williams e pedindo que ele ficasse de olho em tudo. Como representante parlamentar de Torquay, ela esperava "que ele pudesse ter mais influência naval e política do que eu". Ela também disse que houve uma oferta por Winterbrook. "Devemos decidir algum dia qual casa vamos manter. Não creio que seja possível manter ambas." Winterbrook não foi vendida, mas como estava alugada a amigos dos Goodsons em Torquay, Agatha ficou em 17 Lawn Road. (Ela não tinha mais 47 Campden Street.) A esperança de uma visita ao Cairo voltou, ao receber uma carta de Ober dizendo que a *Collier's*, definitivamente, a enviaria, mas Cork agora descobrira o motivo da obstrução oficial. Não havia objeção insuperável do Ministério da Informação, segundo ele, mas o ministro Brendan Bracken escreveu para dizer que o Escritório de Guerra não estava preparado para credenciar mulheres como correspondentes no Oriente Médio. Cork tentou dar um ar alegre à notícia: "De qualquer modo, agora sabemos o que vamos enfrentar: o Escritório de Guerra deve ser induzido a abrir uma exceção ou precisamos esperar a situação militar se resolver."

Agatha se consolava escrevendo longas cartas para Max, datilografadas, primeiro (embora James, seu novo cachorro, não gostasse do barulho da máquina), e, depois, escritas à mão, em frágeis "aerogramas". Muitas cartas dela naquele outono descreviam Greenway e as árvores, com Hannaford "tirando folhas mofadas e acinzentadas antes de assumir seus deveres com a Marinha". No fim de outubro, a casa estava vazia.

> Fiquei um pouco após os homens terem ido embora, depois, eu saí e me sentei no banco com vista para a casa e o rio e fiz de conta que você estava ao meu lado [...]. Tudo parecia muito branco e adorável — sereno e isolado como sempre. Senti um tipo de pontada com a beleza. Descobri hoje que não há perda *pessoal* em deixá-la — porque, estranhamente, eu não consigo me lembrar de ter sido muito feliz aqui — quando penso nela sempre pareço ter me sentido tão cansada [...]. E, depois disso, a Guerra — e então os Turcos, e graças a isso você não poderá estar aqui na primavera. Todas as minhas lembranças felizes são do jardim, com você plantando suas magnólias e eu fazendo meu novo caminho ao lado do rio. Ainda assim, a casa não é um lar *in*feliz, e eu a amo. É intocada pelo que as pessoas nela sentem e pensam, mas queria ser linda — Eu considero que a *fiz* linda ou, na verdade, exibi sua beleza. Greenway vem sendo uma amante em vez de esposa! "Querida demais para ser possuída." Mas que empolgação é possuí-la! Pensei hoje à noite sentada lá — é o lugar mais encantador do mundo —, chego a perder o fôlego.

Como presente de aniversário de casamento para Max, Agatha comprou "dois rascunhos do Sr. Arbuthnot, uma visão lateral da casa mostrando as magnólias e outra retratava a bateria". Ela pergunta: "Diga-me, isto está bom [...] ou você prefere receber um anel?"

Ela não precisava ter se preocupado com a casa. O Almirantado e os marinheiros norte-americanos eram solícitos: "Um comandante deveras gentil chamado Kirkwood (Marinha de verdade) ficou realmente muito preocupado com nossas belas portas de mogno, especialmente as curvadas [...]." Elas foram prontamente removidas e, segundo Agatha contou a Max, "um construtor naval importante está vindo [...] para conversar sobre elas e talvez protegê-las com compensado". O comandante Kirkwood tinha interesse em árvores e arbustos, dizendo a Agatha: "Eles sugeriram Dittisham para o quartel-general, mas eu disse que aqui era mais distante e melhor." Já sem teto, Agatha escreveu: "Como diz a velha canção: 'Não há mais morada no mar ou litoral, apenas em seu coração' — É um ótimo lugar para ter como morada e me mantenha lá, amor, até a Guerra acabar.'"

18

"... apenas uma interrupção..."

Agatha e Max guardaram todas as cartas do período de separação durante a guerra. Foi uma correspondência incomum, que mais se assemelhava a uma conversa prolongada, pois além de mandar fofocas e novidades Agatha escrevia muito sobre suas teorias e ideias, e Max respondia com os próprios comentários e muitas informações detalhadas sobre antiguidades locais e formações geológicas incomuns. As cartas de Agatha são fluentes, imediatas, menos legíveis e vastamente divertidas. Em comparação, as cartas de Max são solenes e meticulosas, mas confortava e alegrava Agatha o fato de ele se esforçar e escrever com tanta regularidade.

Boa parte da correspondência durante o outono e o inverno de 1942 foi sobre Shakespeare. Agatha estava cheia de teorias sobre *Otelo*:

> Desdêmona *não* era boba. Ela era incomum, ousada, com grande força de caráter [...] Iago e Emília são realmente um casal de trapaceiros comuns, impostores [...] ciúme sexual puro e simples é o centro do ódio de Iago pelo Mouro [...] Ele sofreu muito por Emília — não porque se importasse com ela especificamente e sim devido à profunda humilhação para ele como homem [...]

Depois Agatha ficou intrigada com a personagem de Ofélia em *Hamlet*:

> Todas as mulheres de Shakespeare são caracterizadas de forma muito clara — ele era feminino o bastante para ver os homens através de seus olhos [...]. Sinto que em Ofélia ele está descrevendo algum personagem real que conheceu, ouviu ou viu e que ela está correta, mas ele ignora o fato que a levou a agir como agiu. Assim como Shylock, ele colocou o vilão como um usurpador, mas colocou a emoção e a injustiça do tratamento dispensado aos judeus de modo quase inconsciente, porque estava *lá*.

Agatha, nesse momento, ia ao teatro o máximo que podia, lia muitas críticas de peças e passava horas com amigos do teatro. E escreveu a Max: "Sabe, não penso que haja algo que afaste tanto você da realidade dos acontecimentos como o mundo da atuação. *É* um mundo próprio, e os atores nunca pensam em nada além de si mesmos, suas falas e seus assuntos, e o que eles vão vestir!" O interesse era mais do que casual, pois no outono e no inverno ela começou a adaptar *E não sobrou nenhum* para o teatro.

Em dezembro de 1941, Cork começou a procurar financiadores, mas teve dificuldade. Charles Cochran ficou interessado, embora ele e Larry Sullivan (que interpretou Poirot em *Black Coffee* e na adaptação teatral para *A casa do penhasco*) não tenham ficado felizes com o final dado à história. Assim, Cork examinou algumas obras anteriores de Agatha para ver para qual poderia encontrar apoio financeiro e um teatro caso fosse adaptada. "Que venda haveria para esses livros se houvesse papel suficiente disponível", comentou ele. A primeira ideia foi para que ela adaptasse *Tragédia em três atos*, mas ao relê-la, pareceu melhor pegar "Triângulo de Rhodes", de *Assassinato no beco*. "Uma situação dramática perfeitamente maravilhosa e não é um Poirot tardio, altamente caracterizado", comentou ele.

Enquanto isso, Agatha começou a pensar em formas de mudar o capítulo final de *E não sobrou nenhum*. A rima que inspirou a história tinha realmente um final alternativo. "Ele se casou e então não sobrou nenhum", e segundo a carta escrita para Max em 1942, ela certamente "pensou nesta possibilidade *se* eu puder fazer do meu jeito [...]". Em setembro de 1942 ela fez a proposta a Cork: "Aqui está o produto bagunçado [...] não creio que gosto desses efeitos tolos de comédia barata para criar interesse amoroso, *a menos que* (bem possível) você termine a peça com Vera e Lombard virando a mesa para cima do juiz, após ter fingido a morte para capturá-lo." Cork observou lealmente: "Sacrilégio, mas seria um teatro de consumo mais fácil." Ele mandou a proposta para Bertie Meyer, que tinha financiado *Álibi* e, "sujeito a certas alterações por Agatha", eles concluíram que podiam fazer um contrato.

Cork continuou entusiasmado com "uma peça de Poirot"; Agatha, que ainda era "bastante antiPoirot", nem tanto. Então Cork relatou que Larry Sullivan estava interessado no antigo roteiro *Moon on the Nile*. Pressionada tanto por Cork quanto por Sullivan e tendo Bertie Meyer disposto a patrocinar uma segunda peça, Agatha concordou em tentar fazer isso também. Uma série de almoços divertidos com Cork, Sullivan e Meyer resolveram a questão, pois Agatha estava profundamente enamorada pelo teatro. Suas cartas para Max eram cheias de comentários sobre peças e trechos de críticas.

E não sobrou nenhum se mostrou fácil de adaptar, mas Agatha teve repetidas discussões com Sullivan sobre *Moon on the Nile*, como eles pretendiam que a outra peça fosse chamada. A dificuldade era Poirot, ao qual ela passou a detestar imensamente. No final de outubro, ela sugeriu a Max, que transmitiu gentilmente para Sullivan a ideia de cortar Poirot: "sugerindo usar um advogado de tribunal aposentado no lugar dele — ou outro tipo de advogado — um ex-diplomata — um clérigo — cônego ou bispo. E subitamente ele aceitou! Com os olhos meio fechados — 'Ah, sim — traje de seda púrpura e uma *imensa* cruz' — ele o *viu*, sabe? Não as partes faladas, mas a *aparência*! Aposto que o ator que foi Hamlet argumentou bastante sobre se deveria interpretá-lo de chapéu ou não!" Coincidentemente, Agatha tinha acabado de ler *Bath* de Edith Sitwell: "Discussões adoráveis do tempo de Beau Nash, vários atores, *todos* falando sobre o que vestiriam, Garrick interpretou Otelo de *uniforme*, outra pessoa em trajes árabes etc." *Moon on the Nile* foi terminada no início de dezembro. Agatha disse a Max que pensou ter escrito para Larry Sullivan, "um bom papel como Canon Pennefather, uma espécie de arcebispo de Canterbury nascente e Sir William Beveridge em um só personagem". Os comentários empolgados do tipo: "Por que você não está aqui para conversar?", são um lembrete do quanto os interesses dela se entrelaçavam: disfarces, uniformes, teatralidade, códigos e convenções, música e mistério. No teatro, ela perdia a timidez. A "garota serena com sotaque de Cockney e um jovem intenso com imensos cabelos negros", com quem ela discutia alterações em *E não sobrou nenhum,* não a intimidavam, pois eles eram matéria-prima. Ela também entrou no espírito do seu papel e relaxou: "Sou muito teatral agora e chamo todas as pessoas mais aterradoras de 'querido'", confessou a Max.

Com o Natal se aproximando, Agatha sentia uma saudade desesperadora de Max. Rosalind, "que vive uma vida de judia errante", ocasionalmente passava por Londres e ia com a mãe ao teatro. Ela brigava com Agatha por "tricotar demais. Devo acabar virando uma dessas mulheres que tricotam tudo o que vestem! Contudo, minha roupa íntima de 'elefante' é um grande sucesso". Não houve visita a Greenway, ela vendeu metade das ferramentas de jardinagem ao arrendatário da horta, fazendo um acordo prudente para comprá-las de volta após a guerra, e também leiloou porcelanas que não podiam mais ser usadas, algumas das cadeiras menos confortáveis e "aquela na qual o Sr. Arbuthnot fez um buraco com o charuto", para cobrir os custos de ter o conteúdo avaliado e segurado. Quando o inverno chegou, ela passou a perambular por Londres em busca do presente de Natal de Max, mas "as livrarias estão ficando muito difíceis: ou são homens muito *muito* velhos e *ranzinzas, muito* zangados, que não querem vender ou arranjar nada para você, ou garotas metidas que conhecem apenas economia ou planejamento urbano". Como presente de Max para ela, Agatha comprou um anel quadrado de jade, mas, sem ele, Agatha estava sofrendo muito. "Estou triste hoje à noite e chorei um pouco." Ela tinha as cartas dele para reler, "uma sombra microscópica", e cartões que podia "gerenciar com uma boa luz, meus óculos e uma lente de aumento à mão". Isso a reconfortava. O fato de ele conseguir escrever cartas tão amorosas "Após tantos anos de casados [...] faz com que eu sinta que, afinal, não fracassei na vida e tive sucesso como esposa. Foi uma mudança e tanto, da pessoa infeliz e desamparada que você conheceu, em Bagdá. Você fez *tudo* por mim [...]". Max tinha levado a cópia de *The Testament of Beauty*, presente de despedida de Agatha em 1941. Agora ele pediu que Agatha procurasse o poema Número 11 no *Oxford Book of Sixteenth Century English Verse*, e ela foi a Winterbrook para fazê-lo. "É este que você desejava? *To His Lady* (Para sua dama, em tradução livre)? Se for, eu me senti cheia de orgulho."

Em fevereiro Max saiu do Cairo e foi para Tripolitânia, seguindo de trem até o litoral, onde não encontrou o avião prometido e sim um navio carregando equipamentos de guerra que lhe daria uma carona. A primeira atribuição dele foi servir como assistente para o oficial sênior de Assuntos Civis na Província Oriental, um posto glorioso, pois o quartel-general da província ficava em Sabrata, uma antiga cidade fenícia com ruínas romanas, um teatro clássico restaurado pelos italianos, um museu "com seu belo mosaico de pavão [...] e um carpete de *Mesembryanthemum*", além de uma biblioteca bem-provida de literatura clássica e obras sobre história e arqueologia. Nos primeiros seis meses, Max morou em uma mansão italiana com quintal e pátio, com vista para o mar, na qual jantava peixes frescos e azeitonas. Era um marcante contraste com a dilapidada Londres e as refeições de Agatha, compostas de S.B.C. (salsichas, batatas e cebolas), compradas em uma barraca a caminho do hospital.

Após o Natal e o Ano-novo, o otimismo de Agatha voltou. O projeto de *E não sobrou nenhum*, que a certa altura parecia perto do colapso, ressuscitou. Agatha disse a Max que agora pensava em escrever "um ousado drama de espionagem" sobre o corpo auxiliar feminino da Força Aérea. As provas de *Os cinco porquinhos* foram recebidas e não houve problemas em relação a elas, embora Agatha tenha reclamado com a Collins sobre erros recorrentes de impressão em seus outros títulos: *Death on the Hill* (Morte na colina em tradução livre), por exemplo, em vez de *Morte no Nilo*, que levou várias pessoas a procurar um novo livro de Agatha Christie. Billy Collins pediu desculpas e, junto com o design da capa de *Os cinco porquinhos*, enviou um livro sobre rosas.

A primavera foi difícil. Max, ao ser lembrado de mandar o cartão usual de Valentine's Day para Katharine Woolley, mandou outro, para Agatha: "Você lembra que quando nos casamos eu disse que seríamos como Disraeli e Mary Anne? Bom, é assim que vem sendo, e espero que cheguemos à velhice juntos." (Mary Anne era dez anos mais velha que Disraeli quando eles se casaram, em 1859.) No fim de março ela foi a Greenway, "ainda ocupada apenas pela guarda", o jardim estava "incrivelmente lindo e todas as mimosas em floração e indo bem após um inverno suave". Ela "mal podia suportar" pensar em Max em sua mansão à beira-mar, "e quem gosta do mar? *Eu* gosto. Ah, a injustiça da vida!".

Ele estava longe há um ano. Inquieta, Agatha se mudou por uma ou duas semanas para o apart-hotel Park Place, basicamente, para estar perto dos ensaios de *E não sobrou nenhum*, e depois para o Marine Hotel, em Salcombe. Ela passava os fins de semana com amigos no campo: Allen e Lettice Lane, Larry e Danae Sullivan, e as pessoas eram gentis em Londres. Havia Dorothy North, Ernest e Marion Mackintosh e alguns dos colegas arqueólogos de Max, como Sidney e Mary Smith. Mas Agatha queria Max. Embora cansada, ela sentia que não usava toda a sua energia. Ela tentou organizar o trabalho voluntário em uma cantina, mas não deu certo. "Não estaremos juntos na primavera", escreveu Agatha em uma carta lembrando a separação. Ela estava lendo sonetos: "Que primeiras linhas adoráveis Shakespeare escreveu. O 'ataque' dele é sempre mais impressionante que o clímax." Ela pegou o primeiro verso de um, "De ti me afastei na primavera", para título de um romance, escrito rapidamente como presente para Max. "A vida me deve uma primavera — com você!", escreveu ela.

É um livro poderoso. Como tudo o que Agatha escreveu como Mary Westmacott, analisa o tema do amor possessivo e seus perigos. A figura central, Joan Scudamore, examina a vida e, como as outras criações de Agatha como Miss Marple e Hercule Poirot, percebe que há muitas formas de ver a mesma experiência e que ela interpretou mal os próprios motivos e também as pessoas que acreditava serem mais próximas. Se essas reflexões lhe faziam bem, é outra questão. Agatha escreveu *Ausência na primavera* em três dias, com as costas doendo, e mandou uma cópia para Max em julho. "Creio que é *bom*", escreveu ela de Winterbrook, onde havia passado um mês com Rosalind, "à la Turgenev", comendo uma abundância de salmão, que estava em falta em Londres mas era jogado em todos os clientes pelo peixeiro de Wallingford, "rechaçando quem exigia um belo pedaço de arraia ou merluza".

Rosalind esperava bebê para setembro. Ela morou em um apartamento em Lawn Road por algum tempo e agora, após quatro semanas em Wallingford, ela e Agatha iriam para Abney, "com o 'antigo Baú' cheio de roupas de bebê". Abney tinha sido invadida com dez dias de antecedência em novembro de 1942. Punkie e uma corajosa ex-empregada doméstica cuidavam dos oficiais alojados naquela casa enorme (Punkie, ocasionalmente, se disfarçava de empregada quando levava o desjejum para eles). Agatha estava mais nervosa com o nascimento do bebê do que Rosalind parecia estar. "'Eu fico (todas as mães parecem iguais) em pânico, às vezes', disse ela a Max", embora nunca demonstre. "É bobagem, eu sei, mas a corda salva-vidas [de Rosalind] está partida dos dois lados e penso nisso às vezes. Quero apenas a felicidade dela [...]" O bebê, "um menino [...] que parecia tanto com Hubert em minha mente que só precisa de um monóculo", nasceu no dia 21 de setembro. Agatha correu para Cheshire, para onde Hubert telefonava repetidamente, perguntando ansioso sobre Rosalind: "Ela *gostou* dele?" Sim. E Agatha ficou extasiada.

Em um momento de tanta emoção, Agatha desejava a presença de Max. Ela sonhou que almoçava com ele, "em uma grande casa no campo, cheia de canteiros de flores", mas não o encontrava. "Acordei em pânico e tive que dizer repetidamente: '*Não* é verdade [...]. Tenho a carta dele', então, acendi a luz e a li." Durante o verão ela tentou se acalmar, começando uma história de detetive ambientada no Antigo Egito. Isto foi sugestão de Stephen Glanville, e ele emprestou a ela "uns livros ótimos. Até agora estou apreciando todos, sob falsos pretextos [...] mas logo devo ter que tentar escrevê-la ou então admitir a *derrota*! Cork ficou horrorizado com a ideia, o que me estimula". A "língua de serpente" de Glanville persuadiu Agatha e durante o mês de julho ela datilografou o começo de *E no final a morte* na biblioteca de Max em Winterbrook, "uma obra da baixa cultura no seu santuário da alta cultura". Um dos livros que Agatha pegou emprestado discutia os Documentos de Hekanakdhe, encontrados em uma tumba na rocha perto de Luxor no início dos anos 1920 pela Expedição Egípcia do Metropolian Museum of Art. Essas cartas, escritas por um dono de terras que cuidava da tumba, deram a ela inspiração para começar. O caderno de anotações estava cheio de citações e Glanville foi pressionado com perguntas. Ele ficou feliz em ajudar, pois era um momento difícil. A esposa e filhos estavam no Canadá, e embora ele tenha entrado em uma aventura romântica após outra, estava se sentindo solitário. Bom amigo dos Mallowans, ele agora cuidava de Agatha, que tinha lhe dedicado *Os cinco porquinhos,* e celebrou a publicação do livro organizando um jantar para Stephen: "Um pouco de patê (substituto, mas coloquei algumas trufas para dar a ilusão certa), uma lagosta — quente — ainda na casca, e Petit Pois — e cerejas cozidas." Eles abriram "uma garrafa do vinho que restava [...] aparentemente era muito bom", disse ela a Max, "e Stephen fez um brinde devidamente em seu nome". (A própria Agatha preferia beber "Água Pura", pedindo álcool para si apenas uma vez em sua vida adulta, quando um fundamentalista excessivamente empertigado veio almoçar e pregou tanto sobre os males da bebida que ela fez questão de pedir, alegremente e de modo ostentoso, "Cerveja Engarrafada".)

No fim de julho, Agatha terminou o primeiro rascunho da "minha 11ª História de Detetive da Dinastia Egípcia", e o enviou a Glanville: "Será estranho se ele pensar que é perfeitamente assustador! Como o seu famoso tato vai superar isto?", disse ela a Max: "Eu mesma fiquei muito desanimada em relação a isso no meio do caminho (mas até aí isto sempre acontece nesta etapa). Quase desisti de tanto desespero! Na verdade, escrevi uma carta furiosa para S dizendo que não conseguia fazer isso e que era tudo culpa dele! Então, R leu e disse que 'não via nada muito errado' — Grande elogio de R?! Então eu fui e terminei." Max escreveu ansiosamente para Agatha e para Glanville, que o tranquilizou: "Nenhum aparato arqueológico que não fosse essencial ou pelo menos perfeitamente natural para contar a história foi utilizado. Não é para se exibir, de forma alguma. Ao mesmo tempo, era preciso haver um sentimento egípcio implícito o bastante para fazer com que seja impossível ao leigo sentir que esta história específica poderia ter acontecido em

Pimlico e fazer o egiptólogo sentir que não havia motivo pelo qual não poderia ter acontecido em Tebas. Era algo extraordinariamente difícil de fazer, e ela conseguiu."

Glanville, Max e Agatha formavam um trio interessante. Max cuidava de Glanville e escrevia carinhosamente sobre ele para Agatha, feliz por ela estar de olho no amigo e grato pelo companheirismo que ele proporcionava. Agatha relatava a Max quando Stephen estava infeliz e consolava Stephen, que confiava totalmente nela. Agatha também implorava a Stephen para encontrar um trabalho que trouxesse Max para casa ou ajudá-la a achar algo em Trípoli, possibilidades que Stephen discutia em sua correspondência com Max, cartas que também falavam da importância do seu relacionamento com Agatha. Ela agora estava na casa dos 50 anos, não era mais magra, mas estava pesada e estranha. Contudo, ela continuava muito atraente, pois era receptiva, boa ouvinte, interessada, inteligente, instintivamente compreensiva e diplomática. Não surpreende que Glanville confiasse tanto em sua vizinha em Lawn Road quando se sentia esgotado pela pressão do trabalho em Whitehall e as complicações de sua vida particular. Ele passava várias noites despejando seus problemas para ela e, quando se separavam, Stephen escrevia para Agatha em busca de conforto, que ela fornecia em doses cuidadosas. Agatha escrevia frequentemente para Max sobre Stephen, sem revelar todas as confidências dele nem reclamar do tempo e da energia emocional que ele exigia. Parecia não haver ciúme da parte de Max, embora a ansiedade em relação a *E no final a morte* pode ter vindo de uma sensação de que Stephen e Agatha estavam conspirando para produzir algo que ele não teria aprovado. Apesar disso, o entusiasmo de Stephen dava segurança a Max, assim como o fato de Cork ter gostado do livro e da Collins tê-lo aceitado.

Stephen também ajudou Agatha com *Moon on the Nile*, embora apenas criando gritos para vendedores árabes. A peça estava demorando por falta de elenco e teatro, mas acabou estreando no Wimbledon Theatre em setembro e no West End em novembro de 1943, com críticas favoráveis. "Eu me senti *péssima*, é claro", escreveu Agatha a Max quando voltou a Lawn Road após a estreia. "*É* mesmo uma agonia, mas Stephen veio novamente e foi muito gentil e reconfortante. Ele e Rosalind me ajudaram ao longo da noite. Festa no Prunier's depois. Salmão defumado e ostras, lagosta ao Termidor e mousse de chocolate. Éramos nove — o décimo estava em Tripolitânia (ou talvez Cairo?)." Foi a última festa frequentada por Agatha por algum tempo, pois na semana seguinte ela ficou gripada. "Nada para comer e aspirina me deixaram em uma forma muito elegante", escreveu ela a Max, feliz. (Uma afilhada de 6 anos de idade comentara recentemente "com franqueza assustadora [...] 'Você está *gorda*. Eu me lembro de você magra!' Eu disse que ela estava lembrando errado. 'E pensei que você tinha cabelo louro. Está branco!' Depois, um pouco mais tarde: 'Estou me acostumando com você agora'".)

Não surpreende que Agatha tenha adoecido. Tinha sido um ano longo, com o trabalho no hospital, duas peças, um romance de Mary Westmacott, uma história de detetive, várias idas ao teatro e ensaios. ("É tudo novo para mim. Mais ou menos como um árabe no cinema.") Agatha também ajudava Rosalind a cuidar de Mathew. Rosalind e o bebê não puderam se mudar imediatamente para a casa de Hubert em Pwllywrach, Glamorgan, onde a mãe e a irmã dele estavam solidamente instaladas. Eles ficaram em Londres por um mês. Felizmente, encontraram uma babá para Mathew, que disse à família quando eles contaram que "a melhor peça que eles tinham visto foi *E não sobrou nenhum* de Agatha Christie.": "É, eu sei. Ela é nossa cozinheira." O erro era compreensível, pois Agatha chegava de tempos em tempos para ajudar com refeições e compras. Ela admitia estar muito cansada. E também vivia caindo: "Muito doloroso e péssimo para meias-calças (três cupons!)"

No Natal, Agatha estava em Pwllywrach com Rosalind e Mathew. Ela disse a Max que a casa era "adorável, mas em estado semelhante ao de Greenway antes de nós morarmos lá". Ela ansiava pelos dias antes da guerra, quando ela era "plutocrata" e "capaz de manter (eu digo gastar!) uma quantidade razoável do dinheiro que ganhava". Não é uma lamúria financeira, "apenas com saudades da 'decoradora de interiores' para fazer algo na casa de Rosalind". Não que Agatha tivesse a disposição, pois ainda se sentia muito cansada e deprimida após a gripe, "como se estivesse apagada como farol de carro".

Agatha ia frequentemente ao País de Gales, para ficar com Rosalind e Mathew. Ela gostava do neto, mas reconhecia que cuidar de um bebê era cansativo. Agatha escreveu a Max algumas cartas sentimentais sobre bebês e crianças pequenas. Uma delas, enviada após uma visita a Allen e Lettice Lane, descrevia como Agatha e Allen tinham "cozinhado algumas de suas batatas e cebolas favoritas e feito pães doces com um tipo de molho cremoso" e os alimentara, com direito a pudim de leite e ameixas para Clare, "o bebê mais adorável que já vi". Max sabiamente mandou a descrição de um colega que se hospedou com ele e com um bebê: "Minha palavra, parece ser um trabalho árduo [...] levantar para alimentá-lo sabe-se lá Deus em que horas, examiná-lo em busca de gases, e os banhos eternos. Sorte que [Mathew] pode ter Agatha toda para si e ninguém para ter ciúmes."

Ainda não havia notícias sólidas de Reinheimer. *E não sobrou nenhum* rendeu algum dinheiro, bem como os royalties sobre obras publicadas na Grã-Bretanha e nas colônias, mas em fevereiro Agatha relatou a Max que "*E não sobrou nenhum* é uma baixa de guerra (ou melhor, a residência dele foi)". A Collins também foi completamente bombardeada. Os registros que sobraram, cópias de cartas e fragmentos de extratos de royalties datilografados com tinta manchada sobre restos de planilhas de reedições, indicam a luta do escritório para continuar funcionando. A vida era irregular, imprevisível e precária para todos. Agatha estava determinada a não entrar em pânico com as dívidas que se acumulavam, mas sentia uma tristeza terrível. Ela novamente sugeriu que Greenway fosse vendida, escrevendo para Max em busca de conselhos. Ele não ajudou, apenas garantiu que apoiaria qualquer decisão tomada por ela e observou delicadamente: "Como você diz, é óbvio que devemos nos conformar com a ideia de abrir mão daquele lugar maravilhoso."

Max era igualmente pessimista em relação ao seu trabalho após a guerra: "como você sabe, minha tendência e propensão é toda para a arqueologia, onde tenho muito a publicar e ainda muito a fazer, mas é preciso ser prático. Não devemos ser mais capazes de colocar dinheiro para nos dar o luxo de escavar, e é uma profissão incerta." Ele começou a pensar em um futuro como administrador colonial, o tipo de trabalho que agora se via fazendo em Tripolitânia. Após seis meses felizes em Sabratha, boa parte dos quais supervisionando a alocação de grãos na Província Ocidental, ele se mudou para um oásis solitário chamado Hun, na Província Oriental. O próximo cargo foi na cidade litorânea de Misurata. Ele disse a Agatha: "Como magistrado, também julgo casos nas cortes regularmente, e esse tipo de trabalho é mais satisfatório porque recebo um problema definido e preciso chegar a uma solução definida de acordo com determinados princípios bem definidos [...]." Max se adaptou bem a essas funções, e pressionava Glanville para encontrar algo do tipo para o futuro, especialmente se nenhum cargo arqueológico aparecesse. Mas os planos eram, na melhor das hipóteses, possibilidades. Em outubro, quando se mudou para Trípoli como conselheiro de Assuntos Árabes, ele passava o dia em uma biblioteca arejada e lembrava que tinha treinamento e temperamento de intelectual. A promoção a substituto do chefe dos secretários para assuntos árabes com o cargo de comandante de voo apenas confirmou a consciência de que ele não era realmente um administrador, pois achava os "altos escalões" menos agradáveis do que "administrar as províncias de modo mais humilde [...] em contato com os nômades, pequenos proprietários de terra, camponeses e personagens pouco sofisticados do campo".

Uma vantagem de continuar no Norte da África após a guerra seria permitir que Max mostrasse a Agatha os lugares que ele visitou: Léptis Magna, Zlitene e locais menos celebrados: "Penso que seu trabalho soa interessante e *real*", escreveu ela. "Quero um dia ir aos lugares onde você esteve na guerra e, de certo modo, me recuperar." Mas ela o estimulou a pensar nessas visitas como parte de um futuro que se concentraria na arqueologia, profissão ideal para ambos. Agatha escreveu: "Uma questão particular, pois [nós] somos pessoas discretas."

Ela tentava animar Max com coisas pequenas. Uma descoberta prazerosa foi que, por dois anos, ela vinha gastando um quarto do espaço de seus aerogramas, deixando a primeira página vazia. "Max, somos ladrões. Sempre deixando uma página em branco", escreveu, tendo ao menos descoberto como dobrar o papel frágil.

E eles tinham um ao outro. Agatha se lembrou disso quando passou uma semana com Hubert, Rosalind e Mathew no País de Gales. Ela escreveu para Max: "Eu posso imaginar como seria voltar a Londres, apenas uma pessoa solitária, pensando em Ros, Hubert e o bebê, uma unidade em si, mas não tenho lugar na vida deles. Fico muito feliz ao pensar neles e saber que posso visitá-los quando desejar, sentir-me útil e ainda ter uma vida real própria." O regimento de Hubert agora estava estacionado na França. As cartas ocasionais de Rosalind para Max consistiam, basicamente, de relatos da luta com uma casa sem aquecimento, gado desobediente e um bebê. Agatha admirava o ânimo de Rosalind, mas se preocupava especialmente com a segurança de Hubert.

No início de 1944, parecia que Agatha seria capaz de ir à África com um grupo da Associação Nacional de Serviços de Entretenimento. Seria uma forma de ver Max, mas o projeto não deu em nada. Ela praticava a paciência, mas sentia falta dele, "uma espécie de sentimento de saca-rolhas". Ao que Max respondeu: "Emoção definitivamente [sua], comigo é uma espécie de vazio, sensação de não estar completo, não diferente de estar com fome." Sem a constante exposição às conversas e brincadeiras de Agatha, as cartas ficaram mais rígidas. Ela mandava livros para afastar a mente dele da burocracia e dos casos criminais: dois volumes de Heródoto em grego e traduzido, *A Preface to Paradise Lost*, a tradução feita por Arthur Waley de poesias chinesas, os últimos romances de Monica Dickens e Compton Mackenzie e, uma concessão às especulações de Max sobre seu futuro profissional, o romance de Nigel Balchin sobre a vida administrativa, *The Small Back Room*.

Agatha trabalhava. Os ensaios para *Hidden Horizon* (o novo nome de *Moon on the Nile*) começaram em janeiro, em Dundee. Ela gostava disso: "Larry é um Cônego e está brincando com a ideia de ser bispo na produção londrina (se houver uma produção londrina!!)" Danae Sullivan fornecia figurinos e objetos de cena "como uma loja de departamentos". "Um descanso e tanto, e me diverti imensamente", escreveu ela a Max. Na primeira noite, ela ficou "bem escondida nos balcões com Danae". Um amigo dos Sullivans "(de Cabaret)" fazia "ruídos árabes em Abu Simbel durante o segundo ato, e realmente dava a sensação do deserto". A casa estava cheia e foi "tão bom [que] muitas pessoas assistiram de novo na segunda noite".

Cheia de entusiasmo, ela dramatizou *Encontro com a morte*, terminando em março. Foram publicados também *Ausência na primavera* e *Hora zero*, um de seus livros mais originais, que havia sido adiado no ano anterior. Ela tinha várias tramas prontas para serem transformadas em histórias de detetive, mas houve uma "dessas terríveis pausas brancas em que nada acontece. A sensação é desesperadora". Ela considerava isso parte do "trabalho criativo [...] uma libertação da prisão do corpo [...]" sempre seguida por "uma abstinência, uma ausência de lugar. Faz parte do mesmo escopo de vodu ou levitação". Agatha continuava intrigada com a levitação: "*Todas* as crianças sonham com isso", escreveu para Max, e lembrando-se dos sonhos de infância: "os sonhos de voar que a pessoa tem não são voos de pássaro, de forma alguma. Elas estão sempre flutuando acima do chão e não se pode sonhar com algo de que ninguém tem lembrança e ninguém ouviu falar."

"Ideias para junho de 1944", Agatha escreveu firmemente em seu livro de exercícios. Uma era para uma peça sobre o tema Arlequim ("R. Helpmann?", escreveu, esperançosa, ao lado porque tinha visto o ator naquele mesmo ano em *Hamlet*). Ela pensou em um balé, com Arlequim e Colombina dançando com uma mortal ("uma Pavlova"). Era interessante que Agatha pesasse nisso e estranho que ninguém tivesse feito algo do tipo antes, pois muitas de suas histórias de detetive são meticulosamente coreografadas. Movimento, tempo e lugar eram a base de suas tramas, cujas pistas eram geralmente visuais, em vez de verbais. Em 1944 ela também explorou uma ideia familiar: assassinato doméstico, tema ao qual ela havia voltado em suas correspondências com Max sobre dramas gregos. Agatha notou: "um ponto interessante era a distinção feita entre matar uma mãe e matar um marido." Outra preocupação era com o que ela chamava "Questão moral", provocada pela leitura de um livro de ensaios sobre Shakespeare e particularmente um sobre Ricardo III. "Será que homens maus reconhecem que são maus?", perguntou, acreditando que "a maioria das pessoas 'más' *não* se considera como tal. Para elas, não tem problema fazer o que fazem [...]".

A trama que Agatha usou foi um amálgama livre dos últimos dois temas, assassinato doméstico e a natureza do mal, unidos em um romance que ela chamou de *Um brinde de cianureto*. Não parece ter sido fácil de escrever. Agatha começou com uma lista de personagens e uma brincadeira com os nomes Rosemary e Rue, mas tentou diversas variantes antes de escolher quem era o assassino e por quê. Collins disse que os livreiros se sentiam desconfortáveis com o título original, *Remembered Death* (Morte relembrada, em tradução livre), alegando que "poderia aborrecer muitas pessoas nessa conjuntura". Eles preferiam *Um brinde de cianureto*, mas Agatha não gostou: "Um título irreverente para um livro muito sério", disse ela a Collins. Contudo, não havia tempo para pensar em alternativas, então *Remembered Death* foi mantido como título da edição norte-americana.

"Nossa separação é apenas uma interrupção", Agatha garantiu a Max e a si mesma em 1943. O período parecia estar se arrastando eternamente. Agatha continuava a escrever. Ela terminou *A mansão Hollow*, uma história de detetive dedicada aos Sullivans, "pedindo desculpas por usar a piscina deles como cena do crime" e começou a adaptar *Hora zero* para o teatro. No Natal, reuniu uma coletânea de contos e poemas sobre temas religiosos da qual um deles, *Promotion in the Highest* (Promoção no altíssimo, em tradução livre) é muito engraçado. Agatha mandou esses textos timidamente para Cork, no Ano-novo: "Algo de bom em algum lugar? Mal consigo acreditar que haja." O volume foi deixado de lado por 20 anos.

O outono de 1944 foi pesaroso. Hubert foi considerado desaparecido e em agosto Rosalind recebeu a notícia da morte dele. Max soube apenas em outubro, de tanto tempo que o correio levava para chegar. A carta de Rosalind foi breve e direta. Agatha se impressionava com a objetividade e a coragem da filha. Ela descreveu a bravura com que Rosalind deu a notícia e lembrou a Max e a si mesma que eles já esperavam, mas ela não conseguia escrever mais.

Na metade de seus 50 anos, Agatha ficava muda quando se emocionava, do mesmo modo que na infância. Ela não confiava na família, nem nos amigos, eles podiam sentir as emoções dela, como ela geralmente adivinhava, e buscava confortar a dor deles, mas nada era dito. Ela sempre foi taciturna. Choques sucessivos, como a deserção de Archie, a morte de Clara, o divórcio, o aborto espontâneo e a morte do genro não destrancaram o discurso, apenas aprofundaram seu silêncio. Ela conseguia comunicar os sentimentos apenas por meio de sua obra: nos romances que escreveu como Mary Westmacott, protegida pelo pseudônimo, em peças e histórias de detetive, nas quais a convenção e a forma a limitavam. Como esposa, mãe e amiga, ela se fechava para se proteger. Como escritora, ela oferecia o que sentia de modo generoso e incessante, livro após livro. A maior parte da sua obra era de um tipo: ficção, que propunha um mistério, dava pistas, fazia conexões e resolvia o problema, com uma virada no final. Em seus livros, Agatha "cedia informações", mas mesmo ali era de modo oblíquo, do jeito dela.

As sensações e as crenças que Agatha revelava em sua escrita (e apenas nela) eram genuínas e fortes. Isso, além do fato de sua obra lidar com temas familiares e universais, explica o sucesso de seus livros e de suas peças. O estilo não é gracioso ou mágico, seus personagens são estereótipos e as tramas geralmente implausíveis, mas sua obra é sincera e, mesmo com todos os artifícios, espontânea. Agatha se importava imensamente com a forma como as pessoas deveriam tratar umas às outras. Ela tinha posições firmes sobre o bem e o mal, a justiça e a misericórdia, a inocência, a crueldade e a vingança. Dizia o que sentia em seus livros, e cada vez mais, à medida que envelhecia, também nas peças. Visivelmente, passiva e contida, ela se via confortável no teatro. Era uma arena na qual podia vivenciar e expressar emoções em segurança.

No final de 1944, Agatha saiu do dispensário, não tanto por estar exausta, embora estivesse, mas porque o fervor teatral frequentemente a afastava de Londres. "Estou bem esgotada com os desafios da vida teatral", escreveu para Cork em janeiro de 1945, "com a gripe [...] resfriados, neve, filmes, matinês e costureiras [...] a maior parte do elenco nunca está presente". *Encontro com a morte* estrearia em fevereiro, mas, segundo Agatha, "parece bem impossível que a peça *consiga* estar pronta para Glasgow! *Contudo*, já tive essa sensação antes. Sullivan parece ter todas as datas agendadas, mas nenhum produtor ou elenco ou nada acertado. Que grupo estranho eles são!".

A peça estreou no Piccadilly Theatre em Londres no fim de março. Os críticos foram duros. Cork mandou um lote de recortes desfavoráveis da imprensa, com uma carta gentil: "O público parece gostar e os números de Bertie Meyer mostram que está indo melhor do que *E não sobrou nenhum* no começo." A má recepção para *Encontro com a morte* aumentava as dificuldades de Sullivan a fim de encontrar um teatro londrino para *Hidden Horizon*. Também ocorreram outros problemas. Um oficial do Ministério do Trabalho fez objeção à presença de uma empregada no palco: "muito pouco razoável a essa altura", Cork prometeu resolver a questão com "o diretor-geral de recursos humanos, um vizinho meu". Esta questão só foi resolvida em setembro, quando a peça estreou em Cambridge. Agatha estava presente para analisar o trabalho e dar sugestões: "Como seria colocar Simon no comando e fazer a peça definitivamente pós-guerra, possivelmente 1946. Uma ou duas falas de Simon precisariam ser alteradas, o que você acha?"

A guerra europeia tinha acabado em maio e a guerra no Japão, em agosto. A vida de Agatha havia voltado a um tipo de normalidade alguns meses antes, pois em fevereiro ela começou a "lutar para entrar em Greenway", preenchendo a frente de um livro de exercícios com detalhes sobre os procedimentos de limpeza ("Casacos e chapéus (pesados): Pendurar ao Ar Livre por 24 horas. Mandar para passar."), tarefas a cumprir ("Empacotar: lençóis e toalhas, Garrafa térmica, Geleia, Mel") e, de modo otimista considerando o desabastecimento, itens que precisavam de substituição ("Panos para limpeza, Limpador de caçarola, 60 metros de carpete quarto de A..."). Os inquilinos deixaram a casa em melhor estado de conservação do que ela esperava. As portas de mogno foram recolocadas e, na biblioteca, Agatha decidiu manter um lembrete da ocupação por marinheiros norte-americanos: um friso longo em azul e branco, pintado em volta da sanca, que mostrava a flotilha e os lugares nos quais seus navios ficaram, com Greenway, as árvores e, no fim da jornada, a atraente figura do que Agatha batizou apropriadamente na autobiografia de "uma húri".

Ela ficou extasiada por ter a casa e o jardim de volta. Melhor ainda, Max voltou para casa, chegando inesperadamente em Lawn

Road uma noite em maio, via Sicília e Swindon. Agatha sabia que ele voltaria ao Ministério da Aeronáutica dois meses depois, e estava anormalmente ansiosa em relação às mudanças no relacionamento que a separação poderia ter causado. "Tenho tanto medo, às vezes, de que estejamos seguindo caminhos opostos em vez de um belo caminho paralelo", escreveu. Não convergente, mas "paralelo" porque Agatha agora era suficientemente sábia para reconhecer que, em vários aspectos, ela e Max eram diferentes. Ela também tinha consciência de que o tempo e o aumento de responsabilidade e autoridade, além da separação, podiam ter mudado seu marido. Um ano antes do retorno, maio de 1944, trouxe o 40º aniversário de Max. Agatha escreveu: "Faz tanta diferença para mim [...] diminui um pouco a lacuna." Enquanto Agatha ouvia os problemas de Stephen Glanville, ela se perguntava se ela e Max estavam "idealizando um ao outro na ausência. Isso partiria meu coração".

Seus temores eram infundados. Max encontrou a esposa mais velha, cansada e grisalha, mas tudo em casa estava envelhecido e danificado por seis anos de guerra. O retorno dele recarregou as baterias de Agatha. *Come, Tell Me How You Live*, que conta suas lembranças da Síria, foi terminado no fim de junho e enviado para que vários amigos e colegas comentassem. A opinião deles foi mista. Stephen Glanville, por exemplo, achou "delicioso", enquanto Sidney Smith, mantenedor do departamento de Antiguidades Egípcias e Assírias no British Museum (que tinha ajudado Agatha durante a guerra ensinando a álgebra que ela havia esquecido) sentia que, "embora seja uma leitura altamente agradável, não estou tão certo que seria sábio publicar tudo". Cork também gostou do livro, e Max aprovou imensamente seu presente de boas-vindas, que Agatha insistiu que deveria ser publicado com seu nome de casada.

A posição dela na Collins naquela época era alta, e isso era gratificante. Os valores das vendas de seus livros no fim de janeiro de 1945 mostraram que as últimas três edições na Grã-Bretanha e nas colônias quase se esgotaram (*Hora zero* e *A mão misteriosa* com uma tiragem de 25 mil cópias cada um e *Os cinco porquinhos* com 24 mil). Apesar da dificuldade para obter números desses registros que sobreviveram ao bombardeio, os editores de Agatha tinham a impressão que as vendas dela, no geral, eram enormes e a perspectiva, promissora. Estimulados por Cork e seu pensamento de que a Collins agora "dava os livros dela como certo", no meio de 1945 eles dobraram o adiantamento de Agatha para 2 mil libras. Isso os acordou. Cork disse a Ober que "os livros são promovidos com maior intensidade e as vendas chegaram a triplicar". *Um brinde de cianureto* foi serializado pelo *Daily Express* no verão. Consultada a tempo sobre a capa, Agatha foi até obrigada a confessar que não tinha "nenhuma ideia sólida [...] algo envolvendo um buquê de flores, ramos do mesmo tipo em uma Mesa de Restaurante posta para o jantar com uma tigela de alecrim no centro?".

As finanças de Agatha estavam melhorando, no geral, pelo menos em perspectiva. Em fevereiro de 1945, as autoridades tributárias da Grã-Bretanha chegaram a um acordo com o contador de Agatha sobre o valor dos impostos adicionais que ela devia. Em maio, Harold Ober revelou que os Estados Unidos iam concluir um tratado de taxação dupla com o Reino Unido, com todas as questões em disputa sendo resolvidas em termos favoráveis, mas observou, com prudência: "seja lá o que isso signifique." Foi um alívio pensar que Agatha seria capaz de receber a renda dos Estados Unidos, que superava muito até o total da renda da Collins e de outros países. Além disso, a adaptação cinematográfica de *E não sobrou nenhum,* de René Clair, chamada *O vingador invisível,* estreou no Roxy em Nova York, no outono, configurando "um imenso sucesso para a Twentieth Century Fox", Cork disse a Agatha: isso deveria ter um efeito importante "no valor cinematográfico de suas obras". A BBC também mudou de opinião e solicitou a participação de Agatha em um "Programa de Perguntas e respostas [...] no rádio, pelo qual ofereciam uma taxa de cortesia de 5 guinéus", e o Ministério da Informação se desculpou por não aprovar sua visita ao Cairo em tempos de guerra, pedindo a Agatha para escrever um artigo "sobre os quatro principais escritores de detetive deste século (incluindo a senhora, é claro) para ser publicado em russo em uma revista de Moscou". Cork enfatizou que o Ministério "parece acreditar que histórias de detetive podem até rivalizar com o futebol para gerar uma reaproximação mútua". Agatha se viu indisponível na data do programa da BBC (ela detestava tais apresentações), mas estava pronta para ajudar o Ministério da Informação: "Não sou contra escrever os artigos para a publicação russa. Penso que é muito importante 'nos unir' à Rússia em qualquer escopo não político."

Agatha ficou menos produtiva agora que Max estava em casa. "Que tédio!", reclamou ela para Cork quando Ober pressionou por uma resposta aos comentários do editor de uma revista norte-americana sobre *A mansão Hollow*. A *Collier's* queria encurtar a história para ser publicada em série, com o assassinato entrando na trama muito mais cedo, "um trabalho muito considerável de reorganização e revisão", eles reconheceram. "Enlouquecedor [...]", disse Agatha, devolvendo a cópia "adequadamente mutilada", acrescentando, esperançosa: "O dinheiro dos Estados Unidos vai aparecer algum dia?" Collins também pediu revisões, obrigando Agatha a passar parte do outono modificando o livro. "Eu me senti imensamente culpado em impor esses trabalhos ingratos quando você tem algo melhor a fazer", assegurou Cork, prometendo que o cheque da Collins, de 2 mil libras, podia ser sacado a qualquer momento. Mas "Temo que haja outra tarefa [...]".

Era a adaptação de *Hora zero* para o teatro. O empresário norte-americano Lee Shubert tinha comprado os direitos no fim de 1944, mas propôs algumas alterações: "Espero que eles busquem minha aprovação, e não queriam nada que exigisse qualquer concentração", escreveu Agatha em janeiro de 1945, assoberbada de trabalho com *Encontro com a morte*. A proposta de Shubert era que os Mallowans fossem aos Estados Unidos em 1946 para Agatha fazer as revisões necessárias lá. Inicialmente, ela ficou empolgada, mas ao final de 1945 ela estava bem feliz, alojada em Greenway: "Tentando restringir as galinhas que voam para a horta [...] mas elas *estão* pondo ovos!" Ela estava disposta a sair de Devon apenas para passar o Natal em Pwllywrach: "Vamos para o País de Gales. Trabalho árduo lá, mas comidas maravilhosas!! Patos, gansos, um peru, todos andando por aí, esperando seu destino." Suas cartas ao final de 1945 eram felizes e relaxadas, assinadas simplesmente "Agatha"; as que iam para Cork eram encerradas com divertidas admoestações Ela não estava mais escrevendo compulsivamente, e sentia travesso prazer em ser preguiçosa. Cork explicou a Ober: "A Sra. Mallowan está passando por uma daquelas fases em que precisa de algum estímulo *psicológico* para escrever, e sinto que você talvez seja capaz de fornecê-lo. [...] Algum tipo de relato é necessário: o quanto as obras dela estão indo bem. Ele acrescentou que essa fraqueza pode parecer estranha para você, mas achamos bastante usual que pessoas sensíveis se sintam mais cansadas da guerra desde o dia da vitória dos aliados do que quando temiam o desconhecido."

19

"... uma certa quantidade de festas..."

Analisando retroativamente, Agatha percebeu em sua autobiografia que havia produzido "uma quantidade *incrível* de obras" durante os anos de guerra. Segundo ela, isso aconteceu devido às poucas distrações sociais e porque, até 1945, ela não tinha percebido que o gasto de tempo e energia cada vez mais preciosos era inútil em termos financeiros, pois boa parte da renda era gasta com impostos. Essa explicação estava incompleta. Como vimos, Agatha esteve extremamente ocupada ao longo da guerra, lendo uma série de ótimos livros novos, além de velhos favoritos e os títulos de história e literatura clássica prescritos por Max. Ela ia frequentemente ao teatro e ao cinema e via muitos amigos. Archie Whitburn era um dos velhos amigos que ela encontrava na rua e levava para almoçar ou jantar, e ao teatro, e quando os colegas de Max passavam por Londres, ela preparava uma refeição para eles. Era como se ela escrevesse *por que* estava ocupada, com energia total, ansiosa em relação a Max e Rosalind, a falta de um lar e em relação a dinheiro.

Cork tinha razão. Após a guerra, as pessoas estavam esgotadas, tanto pela prolongada incerteza quanto por viver constantemente com o perigo e outras privações. Levava tempo para se livrar dessa profunda exaustão e voltar à vida normal. Em todo caso, as circunstâncias da Grã-Bretanha mudaram imensamente. Após a euforia imediata pelo fim da guerra, houve uma longa luta não só para reconstruir o tecido do país como para refazer a estrutura da sociedade. Embora isso fosse empolgante, exigia que as pessoas se adaptassem a novos sistemas de educação, saúde e bem-estar, novos planos para o funcionamento dos transportes e indústrias de energia, novas formas de planejar o crescimento das cidades e proteger o campo. Regulamentações e restrições não deixaram de existir quando a guerra acabou. Elas continuavam na forma de licenças, formulários e controles. Ainda havia filas e racionamento. O resto da década de 1940, de certa forma, foi esperançoso e promissor. E também sombrio, com falta de pão, de combustível. Os móveis eram banais, e as roupas, nada empolgantes. Não havia mais o estímulo nervoso da guerra. Foi um percurso longo, frio e deprimente.

Max e Agatha não correram para os Estados Unidos para ver o que poderia ser feito a *Hora zero*. Já haviam feito viagens suficientes. Eles gradualmente se acomodaram em Greenway, adicionando mais árvores, arbustos e supervisionando uma pequena produção de frutas e verduras que ganhou vida durante a guerra, mas não foi muito próspera. Max passou a maior parte de 1946 escrevendo o relato de suas escavações antes da guerra e consultando colegas arqueólogos sobre possíveis cargos acadêmicos. Ele e Agatha começaram a arrumar a casa e o jardim em Winterbrook e a mudar de residência em Londres, deixando Lawn Road e voltando para Cresswell Place. Lá também havia muita limpeza a fazer. A vida parecia vazia, de certa forma. Carlo, que agora sofria de grave artrite, acabou se mudando para Eastbourne, a fim de viver com a irmã Mary. Madge, na casa dos 60 anos, raramente ia a Londres. O filho dela, Jack, contudo, era fonte certa de entretenimento em Londres e Greenway. Ele tinha uma casa em Chester Street, da qual ia até Chelsea para divertir a tia. O gosto deles para livros e pinturas era semelhante, pois Jack gostava de Dickens, Compton Mackenzie e "*todos os* Primitivos", e também apreciava música, embora preferisse Bach a Wagner. Como Agatha, Jack tinha interesse em teologia (ele nunca passava por uma igreja sem visitá-la, e sabia muito sobre várias religiões), e partilhava com ela o prazer por uma refeição simples e cuidadosamente preparada. Ele sempre carregava azeite, vinagre, pimenta fresca e sal para temperar uma salada, que então mandava ao motorista para aprovação, hábito conhecido por garçons em toda a Inglaterra, do Savoy (no qual diz a lenda que uma vez ele levou o regimento inteiro) até o vagão-restaurante no qual viajava de Cheshire.

Muitos dos velhos amigos de Agatha viviam tranquilamente no campo, e alguns de seus contemporâneos estavam mortos. As pessoas mais jovens que ela e Max conheciam de expedições à Síria antes da guerra estavam dispersas por aí, enquanto os amigos da comunidade diplomática assumiam novos postos. Levaria algum tempo até o círculo dos Mallowans se reunir, com amigos e parentes voltando a frequentar Greenway no verão e no outono. No momento, a vida de Agatha estava mais cheia de livros do que de amigos, pois sua obra era tão procurada agora quanto durante a guerra. As edições se multiplicaram, novas tiragens foram feitas tão rapidamente quanto era possível obter papel. A própria Agatha, contudo, estava cansada de guerra.

Ela escreveu pouco em 1946. Uma ode ao aniversário de Rosalind, escrita em agosto, era terrível:

> "Em minha juventude", disse a anciã, "eu tinha pernas elegantes
> E meus olhos eram de um azul lindo de se ver,
> Eu participava dos jogos de salão e saía com o prêmio,
> Eu tinha muito mais talento que você!"
>
> "Você é velha", disse a filha, "E duvido muito
> Que seja verdade o que acabou de dizer,
> Admito que você conseguiu um belo estipêndio
> Mas e agora, o que mais pode fazer?"

Não havia dúvida de que Agatha ainda "conseguia um belo estipêndio". Desde o ousado *O assassinato de Roger Ackroyd*, todos os seus livros venderam bem, e eram imensamente esperados. É verdade que nos anos 1930 e 40 o público tinha um apetite particularmente ávido por ficção detetivesca, especialmente a "clássica" história de detetive: um quebra-cabeça intelectual criado pelo autor para o leitor, que recebia diversas pistas, algumas delas falsas. O praticante bem-sucedido da técnica de escrever romances policiais era o autor que conseguia enganar o leitor engenhosamente. Era uma categoria especializada de ficção. Os editores, livreiros e publicitários e o público faziam de tudo para mantê-la desse modo, os primeiros ao publicar histórias de detetive em selos distintos, dando prêmios especiais (geralmente na forma de armas de ataque) para o imenso sucesso popular, e ao enfatizar a engenhosidade e a perspicácia dos seus autores, e o último com a fome por novos métodos de assassinato e formas de descobri-los, além de um gosto incansável por determinados detetives. Em outubro de 1944 o crítico norte-americano Edmund Wilson escreveu um celebrado artigo no qual buscava desvendar o feitiço da história de detetive, um tipo de ficção que ele confessava ter superado por ter "gerado todos os seus melhores frutos no fim do século XIX". Quebra-cabeças engenhosos, como os oferecidos pela obra de Agatha, não faziam mais do que entreter e surpreender levemente. Wilson estava na verdade desdenhando do estilo de Agatha, que ele considerava ridículo e banal a ponto de ser "literalmente impossível de ler". Ela deve ter esbarrado com esse artigo, até mesmo em 1944, pois estava interessada na opinião dos críticos sobre a ficção detetivesca em geral e o trabalho dela em particular, mas não mencionou a opinião de Wilson para a família ou os amigos. Qualquer desalento seria aliviado pelas vendas constantes e a confiança tranquila na própria habilidade. Ela pode ter se consolado também com a admissão de Wilson que ele tinha lido apenas *E no final a morte*, que pode tê-lo desconcertado.

Há várias explicações para a popularidade da ficção detetivesca nos anos 1930 e 1940: que nos anos pré-guerra o público, agora vastamente letrado, queria livros empolgantes, independentes e não muito exigentes; que as histórias de detetive vendiam bem nas livrarias das estações de trem cada vez mais bem-abastecidas; que no período entreguerras as pessoas procuram os romances policiais para fugir de um momento de turbulência e depressão econômica ou que o público se voltava para o mundo ordenado dos romances de mistério para acalmar os nervos após a guerra de 1914-1918 e (supondo uma presciência) antes da guerra de 1939-1945.

Contudo, a Grã-Bretanha, nos anos 1930, era, para muitos, um lugar agradável de se viver, especialmente em Londres e no Sul.

A renda real estava aumentando (para quem tinha um emprego), mais pessoas tinham carros e rádios e compravam a própria casa. A vida, de certa forma, era tranquila, e se os jornais falavam de crises no exterior, eles diziam o que você deveria pensar sobre elas. Esse clima talvez explique a moda dos romances de detetive. A clássica história de mistério tinha uma escala pequena, meticulosamente criada e doméstica, oferecendo uma alternativa aos labores da vida diária, mas não tão diferente dela. Insular, paroquial e, exceto pelo drama inicial do crime em si, razoável, sua natureza servia ao clima da época. Talvez a explicação para a popularidade do gênero fosse até mais simples: todas as classes, em toda sociedade, precisam de alguma forma de "novela", sagas populares cujos temas centrais (amor, morte, ciúme, jornadas, ganância, conflito entre o bem e o mal) sejam representações altamente distorcidas das preocupações da época. Quanto aos anos 1940, durante a guerra, a existência era precária e as pessoas queriam distração do caos circundante. Elas procuravam ficção barata, fácil de carregar e cativante para ler em jornadas intermináveis e tediosas e durante os longos períodos de espera que pontuam irregularmente uma guerra. O romance policial fornecia um abrigo, e alguns dos personagens eram velhos amigos. Era bastante trivial para ser lido rapidamente, como as circunstâncias exigiam. Não era preciso fazer um trabalho intelectual pesado, pois a prosa não era difícil e o principal requisito era que o leitor estivesse alerta, condição na qual a maioria da população passou todos os anos de guerra. As tramas variavam, mas a moral era previsível: o bem devia triunfar e a ordem, ser restaurada. O leitor podia não só viver uma série de outras vidas, como também esperar que elas fornecessem lições reconfortantes para a própria vida.

Nos anos 1930 e 40 havia um grupo de autores especialmente versados na clássica técnica da história de detetive. Eles produziam obras arrebatadoras e escreviam abundantemente. Alguns, como Agatha, continuaram a escrever por várias décadas. Muitos pertenciam a um grupo levemente organizado, o Detection Club, fundado por sugestão de Anthony Berkeley no fim dos anos 1920. Agatha era uma das integrantes, embora com toda a sua dignidade e senso do ridículo ela deve ter achado difícil manter a expressão séria quando os integrantes passavam pelas "Cerimônias" inventadas por Dorothy Sayers, Por exemplo, "Eric, o Crânio", era transportado em uma almofada preta, com os olhos iluminados com pilhas. Agatha se submeteu à própria iniciação fazendo um juramento sobre Venenos, por diversão e pelo mesmo motivo: trinta anos depois, concordou em ser presidente do clube, na condição de que um copresidente fosse indicado para fazer discursos e orquestrar os procedimentos. Ela fazia de tudo para não falar de negócios com outros escritores de histórias de detetive nos jantares ocasionais do clube, realizados antes da guerra em restaurantes e, depois, em quartos na Kingly Street, atrás da loja Liberty na Regent Street, cuja conexão da Srta. Sayers com autoridades da Igreja permitia que eles usassem por um aluguel simbólico. Mais ao gosto de Agatha eram os jantares de primavera e verão, no Garrick Club e no Café Royal, aos quais os integrantes podiam levar convidados e nos quais um orador (um policial sênior, juiz etc.) falaria àqueles aprendizes e expoentes sobre sua profissão. Vários amigos de Agatha foram entretidos nessas festas agradáveis e excêntricas.

Além disso, ela era não era reverente às regras do Detection Club (elas podem ser lidas no *Detective Decalogue* de Ronald Knox), que definem as convenções que a clássica história de detetive deve adotar: esconder uma pista vital do leitor era abominado, por exemplo, assim como o uso de conspirações, alçapões e "Venenos Misteriosos desconhecidos para a Ciência". A celeuma em torno de *O assassinato de Roger Ackroyd* indicava que esses princípios tinham se enraizado na cultura popular. Após a experiência de *Behind the Screen, Um furo jornalístico* e *A morte do almirante*, Agatha também se recusou a participar de qualquer outra aventura colaborativa. No entanto, mesmo para alguém que não era sociável ou organizadora, era estimulante pensar em si mesma como parte de uma escola reconhecida de escritores como John Dickson Carr, Margery Allingham, Freeman Wills Crofts, Craig Rice, Elizabeth Daley e os Lockridges, em cujas ficções ela ficava absorta. Contudo, a obra de Agatha era diferente do trabalho de seus colegas. Ela produziu uma sucessão de tramas incrivelmente perspicazes, cuja elucidação era o único propósito de cada livro. Ao contrário de outros escritores de histórias de detetive, ela não era ambiciosa em termos de estilo: sua prosa é simples, porém não distrai o leitor. Ela não buscava capturar a simpatia do leitor por um ou outro personagem, nem obter apoio para visões e teorias próprias. Seus personagens, os lugares e as circunstâncias nas quais se encontram, são apenas esboços. Ela não faz questão de mostrar familiaridade com vários tipos de pessoas e seus mundos. A própria Agatha é tão discreta quanto possível. Alguns veem essas características como falhas e criticam a obra de Agatha pela monotonia da escrita e pela falta de cor emocional e topográfica. Os admiradores consideram isso parte de sua força e defendem sua obra por apelar à razão pura. A fascinação de Agatha Christie, como Robert Barnard descreveu no elogio *A Talent to Deceive*, não está em agradar o apetite do leitor por sensações ou emoções e sim em satisfazer a curiosidade dele.

Seus livros não fazem o sangue correr mais rapidamente. Como Barnard explica, eles não apresentam uma sucessão de incidentes que levam a um clímax, e sim uma acumulação de evidências a partir das quais é possível fazer deduções. Cada obra tem um padrão de "mistificações e esclarecimentos progressivos", em que as revelações e as complicações, aparentemente causadas por elas, recaem em um todo ordenado e convincente. Essa abordagem fundamenta a popularidade da obra de Agatha. Suas histórias de detetive exploram dúvidas, esperanças e medos universais na forma de exercícios intelectuais. É uma mistura viciante. No meio dos anos 1940, os leitores de Agatha sabiam que podiam confiar nela para produzir isso. As tramas eram surpreendentes, o instinto dela, infalível.

Os editores reconheciam isso oferecendo altos preços por sua obra. Em 1945, por exemplo, um produtor cinematográfico propôs 5 mil libras pelos direitos de *Love From a Stranger*, e a revista *Good Housekeeping*, 15 mil dólares por um conto entre 30 e 40 mil palavras. A *This Week* oferecia 2 mil dólares por 4 mil palavras, enquanto Frederick Dannay, que reconhecidamente pagou aos colaboradores da *Ellery Queen's Mystery Magazine* valores considerados maiores que outras revistas concorrentes, concluiu um contrato para republicar os contos de Agatha pelos próximos dois anos por 150 dólares por conto, pagando 12 antecipadamente. A Mutual Network organizou uma série radiofônica nos EUA estrelando Hercule Poirot: 65 libras por semana, Cork disse a Agatha, "mas valores exorbitantes são possíveis". Em casa, edições em brochura de 9 centavos dos livros de Agatha e outras edições baratas vendiam de modo tão constante após a guerra quanto antes dela, enquanto as edições um pouco mais caras vendiam entre 17 e 20 mil cópias no primeiro ano de publicação. A mãe de Max constantemente estimulava Agatha a se dedicar a algo "sério" (a nora achava que ela queria dizer "a biografia de alguma figura mundialmente famosa"), mas ela se mantinha fiel a seu estilo. Agatha reconhecia onde estavam seus pontos fortes e, como admitiu ao preparar o artigo para a Rússia, sua primazia. Ao definir "os quatro principais autores de histórias de detetive", ela disse a Max: "o Ministério da Informação sugeriu Dorothy Sayers, mas [...] penso [...] que ela agora é um tipo totalmente diferente de escritora, com peças religiosas e por aí vai [...]. Um tanto odioso destacar quatro. Deixando a modéstia de lado — Eu (!!), Margery Allingham? Dickson Carr? E depois quem? Bentley? Ngaio Marsh? Anthony Berkeley? Para a Rússia deve ser alguém que esteja escrevendo *agora*, com força total."

Embora a própria Agatha tenha escrito pouco no outono de 1945 e início de 1946, seu nome estava em toda parte. *Hidden Horizon* estreou em Wimbledon em março e em Nova York com o nome de *Murder in the Nile* (Assassinato no Nilo, em tradução livre) por um breve período, em setembro. *Come, Tell Me How You Live* apareceu em *A mansão Hollow*, não sem discussão sobre elogios (Agatha preferia escrever os próprios) e capas: "Eu *não* gosto de capas naturalistas contendo um incidente real ou cena do livro, e não gosto de figuras humanas na capa." Collins cedeu. Billy forneceu ingressos para Wimbledon ("Quase como a paz, mais do que qualquer sensação desde a guerra [...]", Agatha escreveu em êxtase) e, ainda mais difícil de obter, bolas de tênis enviadas por encomenda registrada para Devonshire.

Agatha acabou iniciando dois novos textos. O "estímulo psicológico" que Cork acreditava ser necessário veio na primavera, ironicamente da BBC. A corporação perguntou à rainha Maria, mãe do rei Jorge VI, como o seu 80º aniversário poderia ser celebrado na rádio. Como a rainha era admiradora da obra de Agatha, a BBC sondou Cork pelo telefone e convidou Agatha para escrever uma peça de meia hora que seria transmitida pela rádio no dia 26 de maio. Como Cork disse a Agatha no meio de maio: "[...] todos os itens do programa foram escolhidos oficialmente por ela." Houve um minueto majestoso para decidir o valor que Agatha desejava doar para o Southport Infirmary Children's Toys Fund. A corporação mandou um cheque de 100 guinéus para o fundo, Cork recusou a comissão e todos ficaram felizes. A peça resultante dessas negociações foi *Três ratos cegos*, que Agatha baseou em uma ideia formulada em 1945 quando leu sobre a morte do jovem Daniel O'Neill, colocado com o irmão menor aos cuidados de pais adotivos que maltratavam os dois. A tragédia a tocou profundamente. *Três ratos cegos* depois virou um conto, comprado pela *Cosmopolitan* nos EUA, após muita disputa, e virou a história-título de uma coletânea publicada nos EUA em 1950. Ela teria outra encarnação como *A ratoeira*, dois anos depois.

A outra preocupação de Agatha em 1946 era um romance. No início de 1945, quando Cork relatou que Mary Westmacott seria publicada pela Rinehart nos EUA, ela lhe disse que estava ansiosa para "MW trabalhar de novo, mas quando?!!". Como *Ausência na primavera*, o livro não teve origem em uma lista de personagens ou trama, mas em uma citação. Em seu livro de exercícios, após uma anotação sobre a melhor marca de creme de castanhas (Clermont Faugier, decidiu ela), Agatha citou versos de vários poemas: de Laurence Binyon, Cecil Day Lewis, W. K. Turner e, especialmente, T. S. Eliot, cujo "Quatro quartetos" forneceu várias possibilidades de títulos. A escolha acabou sendo *O conflito*, a partir de uma imagem de *Little Gidding* de Eliot, poema do qual ela gostava imensamente. Agatha ficou interessada na combinação de religião com filosofia, a elevação do comum e a percepção do espiritual na obra de Eliot. Ela também admirava sua técnica teatral: *Murder in the Cathedral*, escreveu ela para Max em 1943, era "uma revelação sobre o efeito das vozes humanas, em tom e ritmo, nos sentidos musicais". Eliot, por sua vez (segundo o livro de memórias de W. T. Levy), observou que Agatha Christie era sua escritora favorita de histórias de detetive, com "as tramas mais bem-construídas" (ele recomendava *O assassinato de Roger Ackroyd*). É adequado que a personagem responsável por revelar os mistérios na peça de Eliot *The Family Reunion* fosse batizada de "Agatha".

Cork gostou de *O conflito*, mas teve muitas dificuldades com o livro. A história é narrada por um convalescente, aleijado não pela guerra, mas em um acidente de carro, para vergonha dele. A trama se passa no distrito da Cornualha, durante a campanha eleitoral de 1945, quando o comitê conservador local não escolheu como candidato "um sujeito antiquado", mas o *self-made man* e dono da Victoria Cross, que embora "escorregadio" "sabe todas as respostas". Assim como seu narrador, o conhecimento de Agatha de política era apenas de um observador arguto, e ela destilou nesse romance o que aprendeu com Madge e com o sobrinho Jack, que depois seria parlamentar conservador e conselheiro em Manchester. O editor de Agatha na Collins achou uma parte da obra questionável. Um exemplo foi a descrição de um jogo de cartas, visto que durante uma campanha eleitoral as "Atividades sociais são suspensas". Billy Collins disse a Agatha: "Talvez seja um tanto infeliz publicar uma história em torno da última eleição geral, tendo uma pessoa tão indesejável como candidato em um momento como esse." Magoada, ela respondeu friamente: "Eu sinto que o novo Westmacott não seja muito o seu estilo. Talvez devamos nos ater ao crime?" Para Cork ela foi mais direta: "*Deixe* M. W. ser publicada por outra pessoa. Collins nunca apreciou a moça, e você já viu algo mais *idiota* que a carta de Billy Collins, não entendendo todo o objetivo do livro? Definitivamente, eles *não* terão uma 'ovelha', então você pode apresentá-lo a outra pessoa — Michael Joseph?" (Na mesma semana, Collins também foi tolo o bastante para mandar a capa proposta para *Os trabalhos de Hércules* com "o Poirot Nu" aumentando a ira de Agatha.) Cork foi obediente e mandou *O conflito* para Michael Joseph e, depois, para Heinemann, que pensou "Billy está louco" e o aceitou para publicação em 1948. A Rinehart and Co. novamente foi a editora norte-americana.

Ocorreram outras irritações. No fim de 1946, Agatha iniciou nova história de Hercule Poirot, *Seguindo a correnteza*. As revistas norte-americanas foram simpáticas, e Ober explicou a Cork que eles acharam Poirot "um tanto insistente" e afastado da realidade da história. Na verdade, estava ficando difícil vender "uma história de mistério resolvida por um dos detetives de sempre. Esse tipo de história vai continuar vendendo bem na forma de livro, mas é o tipo de mistério de assassinato à moda de Ngaio Marsh que os editores provavelmente vão buscar". Ele sugeriu que a serialização seria possível caso Agatha "reescrevesse e retirasse Poirot", mas, "obviamente, eu quero que você use seu julgamento quanto a mencionar isso para a Sra. Mallowan". Cork se absteve diplomaticamente de se referir a Ngaio Marsh (outro de seus clientes) e convenceu Agatha a mudar o texto. Contudo, para irritação de todos, Ober disse, em dezembro, que o editor norte-americano que tinha pedido para comprar a versão sem Poirot o decepcionou. O *Toronto Star* comprou *There is a Tide* (o título americano), com Poirot, mas Agatha ficou aborrecida: "Foi realmente um trabalho brutal fazer as alterações [...]"

Para coroar sua raiva, Agatha descobriu que a identidade de Mary Westmacott fora revelada em uma das resenhas norte-americanas de *Ausência na primavera*. Cork tinha pedido à Biblioteca do Congresso para catalogar a obra de Agatha como "M.W." apenas sob o pseudônimo, mas ele acreditava que "algum sabujo jornalista" havia descoberto o segredo através do Escritório de Registros de Direitos Autorais. Os problemas pareciam se suceder, também aborrecendo Agatha: "Uma 'entrevista' na revista *News Review*", escreveu ela com tristeza para Cork. "Terrível — dizendo que eu tinha cabelos ruivos —, meu pai era um corretor de valores norte-americano e eu, uma das mulheres mais ricas do mundo [...]. Eles *podem* fazer isso?"

Agatha ficou gripada no Ano-novo. Ela estava no País de Gales com Rosalind, ajudando a cuidar de Mathew, que estava com bronquite. "Como tudo é difícil hoje em dia sem *empregados* — com todas as tarefas domésticas e refeições para fazer, eu realmente me pergunto como Rosalind consegue aguentar tudo isso." Após a própria doença, Agatha se sentiu "mergulhada em uma depressão apática", até que no final de janeiro, subitamente, "as nuvens se levantaram". Mesmo assim, Cork foi sábio e recomendou que ela não tentasse trabalhar, enviando ingressos a pedido dela para as peças *Born Yesterday*, *The Man from the Ministry* e, em junho, *Annie Get Your Gun*. Ele ajudou a organizar uma viagem à Suíça e ao Sul da França no início da primavera, a primeira expedição ao exterior de Agatha desde o início da guerra, com cinco dias em Lugano e cinco em Cannes. (Cap. Martin, sua preferência, tinha sido terrivelmente destruída pelos bombardeios italianos.) Obter moeda estrangeira foi complicado, mas ele conseguiu. Cork também elogiou Agatha pelo sucesso da transmissão televisiva da BBC de *Três ratos cegos*, fez com que uma história chamada *Star over Bethelem* (Estrela sobre Belém, em tradução livre) fosse impressa em uma revista norte-americana no Natal e comentou que Sullivan podia ser capaz de levar *Álibi* para uma turnê pelos Estados Unidos. Houve deliciosos almoços e frequentes, além de apostas amigáveis sobre o resultado das corridas de cavalo.

Cork e Ober também protegiam Agatha de uma questão específica: a objeção de muitos leitores a alusões "antissemitas" e "anticatólicas" em sua obra. Leitores sensíveis certamente ficaram espantados com as referências grosseiras e em geral pouco elogiosas de Agatha a seus personagens judeus (não há alusões pejorativas a católicos). A trivialidade desses comentários não fazia com que fossem menos prejudiciais. *O misterioso Sr. Quin*, por exemplo, tinha uma passagem sobre "homens de extração hebraica, pálidos e com narizes curvos, usando joias exuberantes", e *A casa do penhasco*, uma referência condescendente ao "Sr. Lazarus de nariz comprido", marchand a quem outro personagem descreveu como "um judeu, é claro, mas terrivelmente decente". Contudo, foi pouco depois da guerra que os editores de Agatha (na época apenas os editores norte-americanos) começaram a receber cartas de protesto, como esta, enviada à editora Dodd, Mead: "É simplesmente uma vergonha ver uma instituição como a de vocês, que poderia ser usada no interesse de uma paz permanente, publicar tamanho lixo." Em 1947, a Liga Antidifamação enviou uma objeção oficial à Dodd, Mead, que a encaminhou para Ober, que disse a Cork: "Esta carta é típica de várias que vieram recentemente." Ele não recomendou que Agatha visse ver as cartas, sugerindo apenas a Cork para avisá-la, a fim de omitir quaisquer referências a judeus e católicos em livros futuros, pois "são dois temas muito delicados por aqui". Uma referência não identificada em *A mansão Hollow* foi considerada particularmente ofensiva. Cork lidou com esse fato desconfortável com o tato de sempre. Ele não escreveu para Agatha sobre isso, embora possa ter falado com ela, mas para Ober garantiu que nos livros subsequentes os comentários ofensivos desapareceriam. E a Dodd, Mead teve permissão para mudar tais referências. Ober também fez com que a editora abrisse mão de encaminhar correspondências do público diretamente para Agatha. Ele descobriu recentemente que desde 1938 eles continuavam a mandar cartas a Ashfield.

Agatha mostrava em seus livros as atitudes de sua classe e geração, "o antissemitismo britânico tedioso de sempre", como o historiador Jacques Barzun definiu em *A Catalogue of Crime*, preconceitos que também eram exibidos, por exemplo, na obra de John Buchan e M. R. James. As generalizações pouco sofisticadas de Agatha sobre judeus e o judaísmo são um lembrete de que ela não partilhava as inibições de uma geração sensibilizada pelo sofrimento do povo judeu desde 1933, embora o retrato feito dos Levines em *Giant's Bread* mostra que ela também podia escrever de modo delicado e empático sobre os preconceitos que uma família judia encontrava entre os ingleses de classe alta. As frases com as quais Agatha ofendeu doíam não por serem maldosas, mas por parecerem irreverentes. Quando acabou encontrando o antissemitismo realmente fanático, ela ficou incrédula, como vários de seus compatriotas. Ela descreveu na *Autobiografia* o primeiro encontro com o Nacional Socialismo em 1933, quando o diretor de Antiguidades em Bagdá, um nazista feroz, a espantou com uma explosão de raiva: "o rosto dele mudou de um modo extraordinário, que eu jamais havia notado no rosto de ninguém."

Pois Agatha não notava muitos fatos, a menos que ocorressem em ambiente conhecido e entre pessoas que ela conhecia. Embora viajasse e fosse familiarizada com a arte clássica e europeia, além de literatura e música, Agatha era insular. Se ela morava em um lugar, conseguia entender seu povo e sua cultura, também podia simpatizar com todo tipo de amigos, independente da raça, idade, religião, hábitos e tendências. Ela se sentia confortável com o que era básico e local. Agatha não era nem cosmopolita nem intelectualmente sofisticada. Seus horizontes eram limitados e sua perspectiva, a de uma inglesa eduardiana de classe alta. Mas sua compreensão era instintiva e seu apelo, universal, o que a fazia transcender esse isolamento em suas obras. É por exemplo notável que uma adaptação amadora de *E não sobrou nenhum* (uma história macabra cujo título original era ofensivo) foi pensada e realizada por um grupo de prisioneiros no campo de concentração de Buchenwald. Como um sobrevivente depois disse a Agatha, eles acharam que a história os ajudou. Também é interessante que Agatha, embora tocada por essa revelação, não tenha visto nada incomum nela.

Max era o intelectual e o cosmopolita. Ele amava a complexidade e as intrigas acadêmicas. Nessa época, ele estava no início dos 40 anos, e já era imensamente respeitado pelo trabalho na Síria antes da guerra, pelos relatos cuidadosamente descritivos das escavações e pelo estímulo que dava aos jovens. No outono de 1947, sua busca por um cargo rendeu frutos e ele foi indicado como primeiro-chefe de Arqueologia da Ásia Ocidental no Instituto de Arqueologia na Universidade de Londres. O instituto entrou oficialmente em vigor em 1934 e acabou se mudando para uma casa confortável em Regent's Park com uma rotunda, para deleite de Max. Durante a guerra, o instituto foi acomodado na universidade, que depois assumiu responsabilidade por ele. O novo cargo de Max exigia que ele ministrasse palestras e aulas. E também lhe dava acesso a uma fonte de renda que poderia usar para viajar e fazer pesquisas, então, depois de tudo, os Mallowans continuariam a escavar. Agatha imediatamente pensou em formas de justificar um retorno ao Oriente Próximo. A quantidade de viajantes que os britânicos podiam levar ao exterior era rigidamente limitada, mas Cork não teria dificuldade em obter uma permissão de negócios para Agatha se ela baseasse um livro em suas viagens, garantindo: "Afinal, um livro escrito por você, em um cenário mesopotâmico, traria muitos dólares ao Tesouro!" Como precaução, Ober sondou a revista *Collier's* e a editora Dodd, Mead, que mandaram cartas demonstrando entusiasmo por *The House in Baghdad* (A casa em Bagdá em tradução livre), como ela chamava o novo projeto.

Havia duas tarefas a cumprir antes de os Mallowans partirem. Uma, era se mudar de Cresswell Place, que eles alugaram, para 48 Swan Court, apartamento a um quarteirão da King's Road em Chelsea, que a Sra. North ajudou Agatha a encontrar. A outra era a palestra inaugural de Max. A própria Agatha deu os últimos toques em um conto, *The Witness for the Prosecution* (Testemunha da acusação, em tradução livre), e um novo romance de detetive, *A casa torta*. Houve uma advertência final a Billy sobre *Seguindo a correnteza*: "NÃO coloque *qualquer* representação do meu pobre Hercule na capa, limite-se a um mar tempestuoso (ou iluminado pelo sol) ou navio sintético etc." Agatha e Max partiram alegremente depois disso.

Eles passaram quase cinco meses em Bagdá, negociando com as autoridades sobre o local onde Max poderia retomar as escavações. Morando, primeiro, no Zia Hotel ("Até os estudantes rebeldes se comportam com grande preguiça", escreveu Agatha a Cork), eles em seguida se mudaram para uma casa com vista para o rio, como em várias residências de Agatha. Ela se sentava na varanda toda manhã, vestindo um suntuoso roupão e lia "milhares de histórias de detetive americanas [...]. Nenhuma das minhas, exceto uma edição muito peculiar de *E não sobrou nenhum*, com imagens de todas as cenas do filme — Bem Divertido". Durante sua ausência, Cork, Ober e os conselheiros de finanças lutavam com as demandas das autoridades tributárias norte-americanas e britânicas. Reinheimer acreditava ter chegado a um acordo do lado norte-americano. "Não tenho orgulho dele", Cork relatou. "Mas, segundo os advogados, parece o melhor que pode ser obtido amigavelmente." Parece que Agatha finalmente poderia receber os lucros congelados nos Estados Unidos. O problema agora seria com as autoridades tributárias britânicas, que não sabiam os detalhes dessa história e veriam esses ganhos chegarem subitamente. Cork adicionou com tristeza que isso "Admite várias permutações à vista de taxas variáveis de impostos e câmbio durante o período [...]".

Todos os assuntos de Agatha tinham sido resolvidos juridicamente e com presteza na época. Mas tudo era extremamente difícil, os ganhos estavam sujeitos a vários tipos diferentes de leis e regulamentações e se acumulavam por muitos anos. Além disso, quanto maior a frequência com que os conselheiros de Agatha eram instados a produzir informações, mais complicada ficava a situação, porque os conjuntos de contas e valores, cada um com diferentes correções e emendas, multiplicavam-se, eram extraviados, contradiziam uns aos outros e causavam uma confusão geral. Uma autoridade queria os números apresentados de uma forma, enquanto outra exigia uma forma diferente. Cartas e telegramas eram trocados. Erros surgiam e eram perpetuados. Aconselhado pelos advogados, Ober agora consultava Cork por telegrama ou carta para qualquer oferta de trabalho para Agatha Christie recebida de qualquer lugar do mundo. Cork escreveu a Agatha: "Ainda não chegamos ao final. Obviamente, o melhor a fazer é tirar isso de sua mente até alguém conseguir produzir o valor final."

Quando Agatha voltou de Bagdá, a questão estava longe de ser resolvida, e não foi fácil seguir o conselho de Cork. O seu humor no verão de 1948 variava entre a ansiedade e o prazer imprudente a cada momento: "Ah, é tão lindo, devo aproveitar e depois decretar falência!!!" Cork temia que ela chegasse a esse ponto. No fim de setembro, ele escreveu para Ober nos mesmos termos dos anos anteriores: "Parece haver pouca probabilidade de a Sra. Mallowan evitar a bancarrota. É quase incrível para mim que ela deva ser responsabilizada por impostos sobre ganhos oriundos de um país estrangeiro e não puderam ser repassados a ela devido à ação do governo daquele país, mas, aparentemente, é assim que nossa lei funciona." Ele disse ao contador Dickson que essas incertezas afetavam o trabalho de Agatha: "Ela não escreve uma palavra há mais de 12 meses, uma situação desastrosa para ela e, incidentalmente, muito séria para nós, pois é, de longe, nossa cliente mais lucrativa." A carta de Cork foi feita para assustar Dickson e levá-lo a trabalhar ainda mais vigorosamente em nome de Agatha, mas havia base para a ansiedade dele.

Agatha não conseguiu escrever uma palavra sequer, apesar de uma breve viagem a Paris com Max no outono para ver o editor francês e animar o espírito. Ela não ficou motivada a começar outro livro pelas cartas elogiosas da Pocket Books nos EUA, anunciando a conquista da "Golden Gertrude", "uma réplica do nosso mascote Canguru [...] o equivalente a um Oscar na indústria cinematográfica", marcando a venda de mais de 5 milhões de cópias de sua obra. Segundo Cork, que desembaraçou "Gertie" na Alfândega, esse era um prêmio sem qualquer valor comercial, apenas "pelo mérito, na mesma classe de um cinturão Lonsdale". Felizmente, a editora tinha duas histórias de detetive e *O conflito*, para 1948, e nos EUA havia a coletânea *The Witness for the Prosecution*. *O conflito* foi bem-recebido e, mesmo com a revelação antecipada, a identidade de Mary Westmacott desnorteou os críticos: "[...] promete muito" disse o *Books of Today*. O trabalho anterior de Agatha também estava sendo muito procurado. A Penguin queria títulos antigos e Cork foi obrigado a vender edições velhas, pois seu próprio estoque e o da Collins tinham sido destruídos na guerra. Ober procurou cópias de arquivos e Rosalind foi convencida a emprestar sua cópia de *Murder at Hazlemoor* (Assassinato em Hazlemoor em tradução livre, título americano de *O mistério de Sittaford*), enfatizando para Cork que ele deveria tomar o maior cuidado: "Mamãe sempre recomendou não deixar minhas cópias norte-americanas saírem de casa."

Os pedidos de autorização para adaptar a obra de Agatha para o palco, a televisão e o rádio eram cada vez mais frequentes. O solicitante mais persistente era um empresário e ator norte-americano que interpretou Poirot em uma série para o rádio e agora queria televisionar suas empreitadas. Como Agatha não deu sua bênção, ele pressionou Ober para escrever para Cork uma carta altamente tecnológica sobre o crescimento da audiência televisiva nos EUA, perguntando se a hesitação da Sra. Mallowan seria porque ela desejava esperar o término do "cabo coaxial que vai cortar o país", deixando o público ávido por material e aumentando os preços, o que não era uma explicação provável no caso de Agatha. O dramaturgo Ben Hecht perguntou se poderia adaptar *Murder on the Calais Coach* para o teatro, pois a edição norte-americana de *Assassinato no Expresso do Oriente* tinha esse nome. Porém, Cork disse a Ober que Agatha não havia abandonado a ideia de algum dia adaptar o livro por conta própria, "não como um convencional 'quem matou', pois ela viu a peça 'começando em Nova York na época do sequestro'". (Bem semelhante ao filme que acabou estreando em 1974.) Ela foi mais simpática a uma abordagem de Barbara Toy e Moie Charles, que gerenciavam uma pequena companhia teatral chamada Farndale, para a qual Bertie Meyer levou *E não sobrou nenhum* durante a guerra. No fim de 1948, eles perguntaram a Agatha se ela adaptaria outro livro, e para surpresa de todos ela concordou imediatamente. O escolhido foi *O assassinato na casa do pastor*. "Sexo e religião sempre desce bem", disse a Srta. Toy a Agatha, que terminou sua versão para o palco em 1949.

Após o réveillon, Agatha voltou a escrever prolificamente. Em janeiro, ela e Max saíram da Inglaterra e foram a Bagdá, e no início de fevereiro começaram a escavar no local escolhido, Nimrud. Layard tinha sido o primeiro a explorar aquele adorável lugar havia exatamente um século: um grande monte verde, cheio de ovelhas pastando e flores selvagens na primavera. Três quilômetros a Oeste, o rio Tigre corria rapidamente, entre margens inclinadas; ao Norte havia planaltos; ao Sul, ficava uma planície fértil, e a Leste, as montanhas do Irã, brilhando em tons de púrpura. Agatha e Max começaram a procurar uma casa, por ser "muito melhor do que um hotel", escreveu ela a Cork, "uma vida muito tranquila e feliz". Eles foram auxiliados pelo Dr. Mahmud al Amin, do Departamento de Antiguidades do Iraque na Universidade de Bagdá, que mantinha os registros em árabe, e Robert Hamilton, pesquisador e classicista. Os quatro moravam em uma ala da casa de um sheik feita com tijolos de argila e eram alimentados com deliciosos curries, bolos e a excelente maionese do cozinheiro dele. Agatha estava pronta para trabalhar. Ela perguntou a Cork se era possível achar uma máquina de escrever decente, mas antes mesmo de conseguir que Ober mandasse "a mais moderna Remington sem barulho" dos Estados Unidos, ela se equipou com uma pequena máquina suíça "muito graciosa — nada saiu dela ainda, mas algumas ideias estão flutuando pelo meu cérebro idoso!".

As ideias eram, principalmente, sobre Miss Marple. No verão anterior, Agatha tinha mencionado a Cork que estava pensando algo para a personagem, e ele a estimulou, talvez acreditando que a forma de facilitar a volta à escrita poderia ser por meio de uma das criações favoritas dela, o que, definitivamente, não seria por meio do "insuportável Poirot". "*Conto Marples*" ela escreveu em seu livro de exercícios, listando diversas ideias que incluíam "Crime no Comitê (Copo de *água* Envenenado?)"; "Fotografia Infravermelha", uma ideia favorita desde que ela passou a estudar fotografia, "Criptograma em uma carta" e "curso extra no jantar. Creme? Camarões?". Havia ainda um velho amigo: "Homem sem pernas. Alto? Baixo?" Ela também anotou mais do "conhecimento especial" da Miss Marple: "Dia de folga da empregada — nunca segunda-feira"; "*Motivos* para 'Molho de Maçã'. Presunto e espinafre [...]" Uma olhada em *Três ratos cegos*, a coletânea publicada em 1950, mostra o que aconteceu a alguns desses conceitos.

Ela também começou a trabalhar em uma história longa de detetive, *Convite para um homicídio*. Agatha já havia começado a pensar nos detalhes da trama no outono anterior e fez pesquisas preliminares com a ajuda dos vizinhos em Wallingford, os Severns: "Quero que vocês atuem para mim", disse ela à velha Sra. Severn e seus dois filhos adultos uma noite, mandando todos para fora da sala de visitas enquanto movia os móveis, e depois os orientou a entrar carregando uma tocha: "Agora, o que vocês estão vendo?", perguntou a todos no recinto. Guy Severn só percebeu quando o livro foi publicado que o teste era, na verdade, sobre o que eles *não conseguiram* ver.

Enquanto isso, Cork supervisionava os detalhes para a publicação de *A casa torta*, que a revista *John Bull* iria serializar antes que a Collins o publicasse em maio. O mercado norte-americano era mais complexo. Ober precisou dizer a Cork que os planos de serializar o livro para a televisão tinham fracassado, pois "a National Broadcasting Company nesse país ficou muito moralista". O departamento de censura da rede de TV decretou que *A casa torta* não era adequado para transmissão pública aos lares nas noites de domingo porque, no fim dos anos 1940 e início dos 1950, os Estados Unidos passavam por uma de suas fases periódicas de correção moral. Ober continuou: "Parece que o público anda reclamando sobre a quantidade de assassinatos cometidos no ar [...]"

A casa torta foi publicado logo depois de Agatha e Max terem voltado à Inglaterra, em maio de 1949. Mas havia uma distração imediata: avaliar o trabalho de Barbara Toy em *Assassinato na casa do pastor*. A Srta. Toy fez algumas mudanças, mas Agatha achava que a peça precisava de mais. Ela disse a Cork que, no geral, "foi feito um trabalho muito bom. Ainda tem a atmosfera muito aconchegante de romance do tipo 'vamos sentar e perguntar quem matou' — mas eu nunca soube como evitar essa configuração nesse livro em particular". Contudo, ela gostou da ideia de "uma espécie de duelo" entre Miss Marple e Lawrence no fim da peça: "Excelente." Agatha tinha confiança que a plateia partilharia de seus conhecimentos de jardinagem e criminologia: "Todos conhecem bem os sintomas de um herbicida — morte após horas ou dias de doença, vômitos etc. Sugiro cianeto. Miss M sempre o tem à mão para os ninhos das vespas (é a época certa do ano)." Ou, então, "soluções concentradas de nicotina, que é usada na forma diluída para matar moscas verdes etc.". Por outro lado, ela mostrou conhecer o afeto popular por velhinhas vilãs: "mais divertido fazer Miss M dizer que foi muito Providencial ter cianeto à mão! A plateia pode facilmente pensar que ela estava louca e *cometeu* o crime."

A produção de *Assassinato na casa do pastor* foi adiada porque Bertie Meyer estava ocupado excursionando com *E não sobrou nenhum* para o Exército de Ocupação na Alemanha. Os ensaios acabaram começando no verão, com Agatha fazendo sugestões enquanto a diretora Irene Hentschel dava forma à peça, que estreou em Northamptom no mês de outubro. Barbara Toy levou Agatha de Londres até lá em seu carro e a ajudou a subir as escadas do hotel — algo estranho para Agatha, cujos tornozelos, agora, tendiam a inchar. A peça foi um sucesso, "nem um pouco ruim", Cork disse a Agatha, "que eles devem ter apresentado para mais de 1.200 pessoas na mesma semana do circo de Bertram Mills". Era um momento feliz para Agatha, que estava confortável com o elenco na festa dos bastidores. Era a única pessoa que não bebeu álcool, mas estava intoxicada pelo teatro, como sempre.

Agatha também estava feliz da vida com o segundo casamento de Rosalind. Em outubro, ela e Max receberam uma carta apressada informando que o casamento aconteceria em um ou dois dias, em Londres. Rosalind e o futuro marido, Anthony Hicks, chegariam de trem, mas não haveria tempo para almoçar, porque eles precisavam voltar correndo a Pwllywrach para alimentar os cães. Se Agatha e Max pudessem participar, seriam bem-vindos, mas não havia necessidade. Agatha achou a situação imensamente divertida — e ficou extasiada. Ela gostava de Anthony, que conheceu Rosalind em Somerset. Era um homem culto, conhecedor de todo tipo de assunto, graduado em direito e em estudos orientais, cheio de curiosidade sobre as pessoas e o mundo, além de borboletas incomuns, selos raros. Como Agatha, gostava de uma aposta ocasional, era capaz de divertir a futura sogra e, também como ela, tinha paixão por viagens.

Agatha estava com a disposição nas alturas. Ela pensava em adaptar uma história que publicou em 1948, *The Witness for the Prosecution*, após uma consulta dos Estados Unidos sobre os direitos cinematográficos da obra. Uma charge da revista *New Yorker*, publicada em meados de maio, a havia divertido (Ober mandou a prova do gravurista), e ela recebeu bem uma transmissão cheia de acidentes da BBC em agosto: "Desde que eu *não* veja *E não sobrou nenhum* na televisão! Ouvi dizer que em uma transmissão o general MacArthur levantou e saiu andando com as mãos nos bolsos após ter sido esfaqueado, sem saber que estava 'à vista'. Eu teria ficado *lívida*." Ela agora seguia a recomendação de Cork para deixar de lado os pensamentos sobre as finanças, dizendo: "Carta magnífica de Reinheimer. Não entendo uma palavra dela! De qualquer modo, o que sinto agora é que o imposto de renda se resume a: que diabos?" Cork lidava então com outro inspetor fiscal, pois o escritório de Torquay tinha recuado temporariamente. No momento havia uma carta da City e parece que toda a saga recomeçaria, pois o último ataque claramente ignorava tudo o que já havia acontecido. "Eu entendo", terminava a carta (o que talvez seja ironia burocrática), "que Agatha Christie é para todos os fins um pseudônimo, e parece que o distrito fiscal do marido é o necessário." Após comer o presente de Natal de Billy Collins, um faisão que "derretia na boca — bem diferente das produções duras do meu açougueiro", Agatha fugiu com Max para Nimrud.

20

"... desenterrar os mortos..."

Aos 70 anos, Agatha continuava animada e produtiva. Com a inteligência afiada e bem de saúde, nos dez anos seguintes ela produziu obras que continuavam interessantes e populares, embora sem o brilho dos livros escritos no pós-guerra. A década seguiu uma rotina: a criação de pelo menos uma história de detetive por ano, às vezes acompanhada de um romance, uma peça, uma coletânea de contos e uma expedição anual ao Iraque. Os Mallowans saíam da Inglaterra em dezembro ou janeiro, indo, primeiro, a Bagdá e, depois, a Nimrud, voltando em março, após uma temporada de escavações. Durante essas expedições, Agatha planejava e escrevia seus livros. A simplicidade da vida no deserto e a ausência da Inglaterra durante o pior período do inverno, além de sua constituição forte e seu vigor extraordinário, explicam sua resistência física e intelectual. Por outro lado, Max, a família dela e um grupo de amigos muito queridos animavam seu espírito. Na Escola de Arqueologia em Bagdá ou no acampamento do deserto, Agatha estava serena, ocupada e se sentia em casa.

Em vários aspectos, a arqueologia se assemelhava à resolução de crimes: ambos exigiam que seus praticantes reconhecessem, combinassem e organizassem fragmentos de pistas para reconstruir o que podia ter acontecido, a partir de evidências remanescentes. Para isso, sorte e intuição eram necessárias, além de persistência. Como a resolução de crimes, a arqueologia também mudou, desde que

Agatha ficou embevecida por ela pela primeira vez, nos anos 1930. Mesmo na época, não era mais um trabalho de amadores entusiasmados que patrocinavam expedições com sua fortuna particular usando métodos frequentemente brutais e descuidados. Na época que Max se juntou a Woolley, em Ur, arqueólogos geralmente eram profissionais treinados competindo por cargos, equipes e financiamentos dentro de universidades, museus e sociedades letradas. Eles procuravam recursos nas instituições públicas, e as descobertas não eram carregadas em triunfo para casa, e sim distribuídas entre os benfeitores, incluindo os países que davam permissão para escavar. Os objetivos deles — peneirar os restos de um monte em vez de descobrir construções monumentais — eram mais modestos que os dos seus antecessores do século XIX, e as técnicas eram mais sofisticadas, porque, após a Primeira Guerra Mundial, foram feitos avanços significativos nos métodos de escavar, registrar estratificações, analisar e catalogar descobertas.

Nos anos que Agatha passou na Síria e no Iraque, a arqueologia, gradualmente, se tornou mais científica, à medida que técnicas complicadas de detecção e datação se desenvolveram em laboratórios, reduzindo o papel do instinto e do acaso para desvendar o passado. Poucas pessoas do público eram familiarizadas com a literatura bíblica e clássica, mas outros meios de popularizar a arqueologia, incluindo a televisão, mantinham o público atento — consequentemente gerando um fluxo de doações, pequenas e grandes. O passado ainda era acessível, embora os que desejassem investigá-lo tivessem mais dificuldades para fazê-lo. As autoridades dos países onde ocorriam as escavações estavam ficando cada vez mais sensíveis à exploração de seu território, embora o nacionalismo e o isolacionismo ainda não fossem tão intensos a ponto de proibir todo o acesso a estrangeiros.

Contudo, os arqueólogos, entre os quais Max e Agatha, que trabalhavam nos anos 1950 e 60, se pareciam, em temperamento e atitude, com os colegas de antes da guerra e, também com seus antecessores vitorianos. Integrantes de uma profissão coesa, com ferozes rivalidades entre escolas diferentes que beiravam a obsessão, mas capazes de extraordinária paciência, eles trabalhavam em equipe. Uma expedição unia vários especialistas diferentes: arquiteto, agrimensor, epigrafista, historiador, pessoas que entendiam de teologia, geologia, fotografia, desenho e por afora. Como as expedições de Max eram pequenas e econômicas, cada integrante realizava mais de uma função. Agatha era parte importante da equipe.

O registro fotográfico das descobertas era amplamente responsabilidade dela: em 1951, Agatha pediu a Cork para que Ober adquirisse uma câmera especial com flash. Ela também estava responsável por limpar as peças quebradas, parte do tesouro encontrado em Nimrud, espalhando os fragmentos em toalhas e esfregando meticulosamente com um leite de limpeza chamado Innoxa, método que ela mesma criou. Agatha era igualmente inventiva em seus arranjos domésticos, inspirando a criação de éclairs com creme feito do leite de búfalas-d'água e suflês de nozes ou chocolate feitos por vários cozinheiros, "bêbados, loucos ou ambos", conforme lembrou um convidado. Se o suflê solava, o cozinheiro se desculpava para ela falando um inglês "macarrônico". Segundo Max, comparada a outras expedições, a equipe dos Mallowans vivia "como galos de briga", apreciando queijo Stilton enviado por Allen Lane da Inglaterra e a cópia do jornal *The Times* enviada pelo correio aéreo e especialmente entregue em Mossul. Cork encaminhava as correspondências, que levavam apenas quatro ou cinco dias para chegar. Em Nimrud, como em todo lugar, os Mallowans se trocavam para o jantar; Agatha usava um blazer de pele com volumosas mangas, que tendiam a derrubar copos de água no colo do vizinho. Ela se vestia no deserto do mesmo jeito que em casa: tweed assentado, seda e casimira, com vestidos do estilista Worth para ocasiões especiais e roupas de lojas com preço acessível para os dias comuns. Há uma fotografia marcante de Agatha andando pela areia, com a silhueta contra o monte como um pássaro pensativo, usando meia-calça, sapatos sociais e carregando uma bolsa. Os chapéus eram amarrados com echarpes para evitar que voassem, devido ao vento constante. Ao voltar para Londres a cada ano, sempre arrumada, Agatha corria imediatamente para um cabeleireiro para um novo corte. Ela dormia em uma tenda, como todos na escavação, mas tinha um quarto próprio para escrever. Lá, ela não deveria ser perturbada, mesmo que grupos de visitantes chegassem de repente, nem tanto para ver as escavações, segundo alguns colegas de Max, e sim para ter um vislumbre de Agatha — ao menos no caso de finlandeses e suecos, entre os quais seus livros eram imensamente populares.

O acampamento era esparsamente mobiliado, mas a Escola Britânica de Arqueologia em Bagdá rapidamente virou repositório para os objetos que Agatha adquiria nas frequentes expedições de compras a cada estação. Acompanhada de amigas da comunidade diplomática britânica e da escola, ela ia a bazares adquirir ornamentos, lâmpadas, tecidos e grande quantidade de tapetes. Nem sempre estava totalmente claro para quem as compras eram feitas. Às vezes, as companhias de Agatha, recrutadas ostensivamente para ajudá-la a comprar presentes para outras pessoas, acabavam recebendo os artigos recém-comprados de presente, no caminho para casa. As compras podiam ser enviadas a Londres ou levadas ao instituto, onde permaneceriam por uma ou duas temporadas, até serem despachadas subitamente para a Inglaterra, pois Agatha e Max consideravam o instituto como extensão de casa em vários aspectos e viam os colegas, particularmente os mais jovens, como parte da família. Como prova disso, uma cláusula do testamento de Max dedicava uma soma para financiar um jantar anual aos integrantes da Sociedade Britânica de Arqueologia na Pérsia e no Iraque, no qual pelo menos um integrante das famílias Mallowan, Hicks ou Prichard, tentaria estar presente, e no qual um brinde seria feito em memória de Max e Agatha.

Eles formavam, no entanto, uma família imensa, pois as pessoas iam e vinham em diversas etapas de suas carreiras, com um núcleo que ia a Nimrud todo ano, cujos integrantes mais fiéis e indispensáveis talvez fossem o capataz Hamoudi e a incansável Barbara Parker, que organizava os detalhes da expedição e levava a culpa quando algo saía errado. Como uma mãe excêntrica — bem parecida com Clara, aliás —, Agatha comandava, observando divertidamente os integrantes da expedição se apaixonarem uns pelos outros ou enfurecerem uns aos outros, aconselhando as jovens casadas sobre os perigos de um aborto espontâneo no cenário difícil do Iraque (quase sempre antes que elas soubessem da gravidez) e fortalecendo os jovens magros com uma dieta à base de trufas de chocolate. Max descreveu os integrantes das sucessivas expedições em suas memórias, nas quais incluiu trechos de alguns *Cautionary Verses for Archaeologists* (Versos admonitórios para arqueólogos, em tradução livre), com os quais Agatha homenageava cada pessoa. As memórias também tinham algumas das *Nimrud Odes* (Odes a Nimrud, em tradução livre), que ela usava para marcar os aniversários e outras celebrações, como fazia em Greenway e Pwllywrach. Havia, também, um *Livro dos sonhos de Nimrud*, resultado dos protestos de Agatha porque Max se recusava a ouvi-la contando no café da manhã o que havia descoberto enquanto ele dormia, na noite anterior. Ela escreveu na carta de apresentação: "Caro professor Mallowan, foi trazido à minha atenção que o senhor adota uma atitude pouco simpática em relação aos sonhos. O senhor certamente ouviu falar do famoso livro dos sonhos de Napoleão. Estou enviando para sua apreciação o *Livro dos sonhos de Nimrud*. Ele contém determinados sonhos bem-autenticados [...] tanto curiosos quanto interessantes, [que] lançam valiosa luz sobre a psicologia dos sonhadores [...] Esperamos publicar uma série posterior em breve e esperamos poder recrutá-lo como assinante regular [...]. Fielmente sua, Ronco e Luz da Lua. Assinado: A. Soneca." (Pois Agatha agora tendia a cochilar.)

A equipe de Max trabalhava arduamente, e no início de 1951 as escavações começaram a produzir interessantes descobertas. Além do Palácio do Governador e do Palácio Queimado na parte oriental do monte, nessa época eles examinavam os prédios no setor ocidental, procurando especialmente nas alas norte e sul do Palácio Noroeste de Assurbanípal. As escavações de Layard há um século se concentraram nas residências de Estado, enquanto Max e seus assistentes vasculharam a ala doméstica e encontraram uma rica coleção de marfins, incluindo uma grande figura de um touro e o que as memórias de Max descreviam como "pequenas bugigangas femininas", entre elas uma coleção de conchas, algumas entalhadas, contendo cosméticos. Um túmulo continha os restos mortais de uma princesa usando um pingente com o que foi batizado de "a joia de Nimrud" e a túnica presa por um alfinete de 26 séculos e meio de idade. Na ala administrativa do palácio estavam tesouros de outro tipo: os arquivos reais e, o mais maravilhoso, um monumento de arenito erguido por Assurbanípal que registrava o fim da cidade em 879 a.C. e concluía apropriadamente com "o relato de um banquete suntuoso" realizado na Acrópole ao longo de dez dias para quase 7 mil pessoas. Segundo Max, o relato fornecia uma visão perfeita dos banquetes realizados na primavera de 879 a.C.: vastas refeições ao ar livre servidas nos pátios espaçosos.

Em 1952, Max decidiu explorar a área administrativa do palácio, uma operação difícil e perigosa. Apesar do aviso de um especialista norte-americano em petróleo de que "todo poço tira uma vida", a empreitada foi concluída sem mortes. Em escavações anteriores, Layard investigou os poços até o nível da água, mas a equipe de Max foi mais abaixo, descobrindo, no primeiro buraco, os restos de vários textos, fragmentos de escrita cuneiforme em cera, capas e placas em marfim antes de o fundo do poço desabar. Depois disso, Max foi mais prudente ao investigar o segundo poço, perdendo descobertas extraordinárias que o Departamento de Antiguidades do Iraque faria, 40 anos depois, incluindo cabeças e tigelas de marfim pintadas e decoradas em folhas de ouro, entre outras peças. Contudo, ele fez descobertas impressionantes no terceiro poço, coberto de tijolos e muito fundo, com uma dobra estilo saca-rolha no meio. Entre 20 e 25 metros de profundidade, escavando a lama por baixo da água que se infiltrava, cavando o dia inteiro e à luz de lampiões a querosene durante a noite, eles desencavaram um grande tesouro: uma linda cabeça de marfim e outra que, pelo contraste, eles batizaram de "A Irmã Feia", além de arreios de cavalos decorados com o relevo de uma esfinge e uma cobra alada, objetos que Max descreveu posteriormente em *Nimrud and Its Remains* e que podem ser vistos no British Museum, no Metropolian Museum em Nova York e no Museu do Iraque em Bagdá. Agatha embalou cuidadosamente esses objetos em toalhas úmidas, notando que eles precisavam secar lentamente após 2 mil anos. A descoberta mais sensacional foi um par de placas em marfim e ouro, uma das quais permaneceu em Bagdá e a outra foi levada para Londres, em maio. Max descreveu em suas memórias a cena brutal retratada nelas: um homem sendo mutilado por uma leoa em um emaranhado de juncos de papiro e flores de lótus movendo-se ao vento. As cores das flores eram indicadas por toques de lápis-lazúli e cornalina, e o cabelo cacheado do homem era de marfim fino e folheado a ouro. Esse tesouro foi exibido em um pôster feito pelo British Museum, do qual uma cópia ficou pendurada em Winterbrook e está em Greenway até hoje.

O risco dessas empreitadas algumas vezes era aumentado pelo clima, especialmente na temporada de 1953: "Viver na umidade constante parece ser a cura para o reumatismo. Não consigo imaginar o motivo!!!", escreveu Agatha para Cork. O começo daquele ano foi excepcionalmente difícil: "O clima está terrível. Estradas fechadas, além de pontes. Neve nos contrafortes, e estamos quebrando gelo em banheiras de água todas as manhãs." O maquinário enviado pela Companhia Petrolífera do Iraque para explorar o segundo poço teve a utilização adiada quando o caminhão ficou atolado na lama. "Tempestades de raios, chuvas, e todos nos embrulhamos em jérsei e roupas íntimas de lã. As tendas protegem bem da chuva, mas, ah, como é úmido entrar debaixo dos lençóis todas as noites, e as roupas se assemelham a um peixe úmido de manhã." Era um ambiente desconfortável para uma mulher de 63 anos, mas Agatha mantinha o bom humor. As refeições eram importantes para manter o ânimo da expedição. Ela escreveu: "Gostaria de trazer para casa nosso encantador cozinheiro persa. Ele faz maravilhosos suflês de nozes e acabou de discursar sobre carne. 'Você pode dizer quando quiser peru. Eu mato. No dia, muito duro. No dia seguinte, duro. No outro dia, não muito macio. No dia depois, bem macio. A galinha bota bons ovos. Se não bota ovos, é galo.'"

A temporada de 1955 também começou de modo pouco promissor, quando eles foram atacados por tempestades de areia e de raios. Agatha encarava tudo com alegria, subindo e descendo de caminhões com os outros, apesar de seu corpo robusto e dos tornozelos inchados, suportando estradas esburacadas e travessias de rios que eram verdadeiros pesadelos. Contudo, quando chegou a primavera, o deserto voltou a ser lindo, com campos de delicadas flores selvagens em cores brilhantes sob um céu limpo.

Após sete anos em Nimrud, parecia que o trabalho de Max na Acrópole estava encerrado. Ele começou a falar com Cork sobre os planos de publicar um livro grande e ricamente ilustrado sobre Nimrud e suas ruínas. A expedição recuperou e distribuiu uma impressionante coleção de descobertas. Além disso, parecia que a situação política do Iraque estava cada vez mais instável. O jovem Rei Faiçal (a quem Agatha tinha presenteado com um de seus livros quando ele foi colocar a pedra fundamental do novo museu em Bagdá) e seu primeiro-ministro, Nuri-es-Said, estavam sendo ameaçados por várias facções adversárias, algumas veementemente nacionalistas. A atmosfera estava ficando hostil e desconfiada. Até os livros que Cork enviava a Bagdá para Agatha eram confiscados pela alfândega, pois acreditavam que as encomendas sigilosas poderiam conter, na pior das hipóteses, bombas e, na melhor, propaganda comunista.

Em março a expedição descobriu traços de outro palácio, Forte Shalmaneser. Era uma espécie de arsenal, imenso, com mais de 200 quartos, espalhados ao longo de 5 hectares. As laterais do forte eram protegidas por torres, muralhas e canais, e no lado ocidental havia dois grandes montes de tijolos de barro. A equipe de Max começou a investigar o monte oriental, mais alto, no qual descobriram os escombros da sala do trono do Rei Shalmaneser, cujas enormes paredes ruíram. Após dias de escavação, eles desenterraram a imensa base do trono, na qual estavam inscritas cenas dos triunfos do rei. As memórias de Max descrevem as outras descobertas, feitas pelo infatigável grupo de 12 pessoas, incluindo Agatha, além de uma grande equipe de trabalhadores: murais lindamente executados, um talismã em cinco cores, mostrando o rei embaixo de um disco com asas e a árvore da vida cercada de folhagens e gazelas, além de marfins soberbos, alguns "em tons de azul e cinza, queimados pelo fogo cruel", encontrados nos quartos que Max acreditava terem sido os aposentos da rainha e do harém, incluindo uma luneta de marfim com uma esfinge alada com corpo de leão e uma cobra alada. Apesar do clima político incerto, ele decidiu continuar as escavações, que levariam outros três anos para terminar.

Durante os dez anos de trabalhos de Max e Agatha em Nimrud, Edmund Cork passou a ser mais do que agente literário de Agatha. Ela deu uma procuração a ele, que sabia os detalhes das finanças e dos assuntos literários dela. Cork também se viu agindo como faz-

-tudo a cada primavera, importunando o inquilino de Agatha em Cresswell Place, que constantemente se esquecia de pagar o aluguel, lidando com as contas de gás, telefone e eletricidade e encaminhando correspondências para o cônsul britânico em Mossul. Ocorreram alguns problemas nessas operações feitas a distância: "Aliás, eu geralmente tenho que pagar alguns centavos de cartas suas", Agatha escreveu a Cork em uma temporada. "Não é o dinheiro que me preocupa! Mas ocasionalmente, se eu e o cozinheiro persa (razoavelmente opulento) estamos fora, sobra apenas o lavador de garrafas, que nunca tem moedas suficientes em sua posse, e assim o carteiro não as entrega! Além disso, não gostaria que o Consulado tivesse que pagar por elas no futuro."

Cork mandava provas de livros para Agatha (*Cem gramas de centeio*, suspeito de ser "propaganda agrícola", foi confiscado pela alfândega) e outros livros. Em 1953 ela pediu "romances franceses recentes, que não sejam pesados demais"; em 1957 a lista incluía *The Fountain Overflows*, *The Comforters*, *In Defense of Colonies*, *Maine Architecture* e *The Life of Marie Antoinette*. Alguns pedidos feitos a Cork eram estranhos: "Pode haver uma encomenda de presunto da Austrália. É melhor ser passado à Srta. Fisher para comer ou guardar [...]" e, "por favor, encaminhe meias-calças de nylon para Mossul, minha única esperança na vida, pois nada aqui me serve!".

Em 1958 houve uma revolução no Iraque. O jovem Rei Faiçal, seu tio e o primeiro-ministro foram assassinados. Os Mallowans ficaram profundamente abalados, não só porque temiam as consequências internacionais desses eventos, como muitos no Ocidente, mas porque eles os conheciam e gostavam de boa parte dos que agora sofriam nas mãos dos revolucionários. Agatha e Max não foram incomodados pelo novo regime, mas era hora de partir. A própria Nimrud estava mudando. A extensão de um caminho áspero ligando o poço à estrada principal e o asfaltamento de boa parte da estrada principal para Mossul trouxeram muitos visitantes nos últimos três ou quatro anos de trabalho da expedição, mais do que o recomendável. Agatha escreveu em *The Last Days of Nimrud* (Os últimos dias de Nimrud, em tradução livre): "O último resort de Férias. Todas as amenidades. Altamente mecanizado.

Visitantes bem-vindos. Tragam as crianças. Misture cultura e diversão. Estacionamento para visitantes, 50 fils. Entrada no monte: um quarto de dinar. Subida ao Zigurate e vista para a paisagem ao redor através de telescópio: 100 fils. *Não* perca *NIMRUD NO TIGRIS*:

Um Epigrafista garantido
  Em calças curdas ganhou fama
Por 50 fils escreve o seu nome
  Em cuneiforme na lama
Uma famosa Escritora à vista
  Por 40 fils a olhadela
Mas se quiser uma fotografia
  Não custará uma bagatela!

O monte já havia perdido a beleza de qualquer modo. Marcado pelas escavadeiras dos arqueólogos, não tinha mais a simplicidade inocente na qual as cabeças de pedra brotavam dos campos verdes e salpicados de flores da primavera. A última *Nursery Rhyme of Nimrud* (Rima infantil de Nimrud, em tradução livre) não era alegre:

Calma, criança, a tempestade logo chega.
O teto vaza e a Casa não resistirá à refrega.
Quando o vento subir, as tendas cairão.
E aí será o fim, RIP, pois todos sumirão.

No início dos anos 1960, Max e Agatha deixaram Nimrud pela última vez. O chapéu de palha dela ainda está pendurado na escola britânica de arqueologia.

21
"... todo o arsenal e a desorientação da arte do ilusionista"

Mudanças dramáticas não são comuns em pessoas na casa dos 60 anos. Agatha recebia bem novos amigos, livros, peças e filmes, além de discutir novas ideias e visitar novos lugares, mas seus gostos e hábitos eram fixos. Embora ela aceitasse e se ajustasse a mudanças, a idade avançada reforçava seu tradicionalismo natural. Isso também valia para sua obra. Ao longo dos anos 1950 ela produziu uma sucessão de histórias de detetive que mudavam em aspectos superficiais de acordo com a época. Do mesmo modo que sua obra dos anos 1940 refletiu atitudes, circunstâncias e o jeito de falar do fim dos anos 1930, os livros escritos por ela entre 1950 e 1960 mostravam os costumes, a situação e as expectativas da sociedade inglesa de classe média na década após a guerra. Contudo, essas mudanças eram tão sutis e os livros vinham tão regularmente que ficavam praticamente imperceptíveis. Além disso, mudanças em seu tom de voz eram facilmente negligenciadas, porque Agatha fazia poucos experimentos em termos de estilo. Ela continuava a impressionar o público pela forma de manipular os personagens e a prestidigitação de suas tramas. Ela não desejava experimentar novos formatos.

Isso é decepcionante para quem acredita que Agatha poderia ter aperfeiçoado o estilo e explorado outros rumos se tivesse escrito menos livros, com mais cuidado. Trata-se de uma suposição ilusória. Agatha conhecia os seus pontos fortes, e se mantinha neles. Escrever não era o aspecto mais importante da vida dela, que rascunhava os livros nos interlúdios entre outras ocupações (jardinagem, cozinhar, passear, ajudar Max) e abandonava de bom grado um capítulo por uma caminhada, uma conversa ou um piquenique. Agatha não mencionava as histórias de detetive e os amigos sabiam que não deveriam falar disso com ela. No que dizia respeito à escrita, Agatha era autossuficiente: entendia seu público, sabia satisfazê-lo, e estava contente com isso.

Era um trabalho árduo que ela chamava de "tarefa". Ideias para tramas ocorriam facilmente, mas ela considerava o ato de escrever difícil e tedioso. É um erro pensar que, como a técnica não variava e o estilo continuava simples livro após livro, Agatha não se esforçava em suas obras. Não era fácil. Ela desenvolveu um estilo que precisava de constante prática. Ela não era ambiciosa, mas era habilidosa.

Como admitiu a Max, Agatha não era propensa a aventuras. Se fosse convidada, ela iria com um guia, mas a tendência era esperar prudentemente em casa. Quando criança, ela se divertia sozinha e quando desejava. Adulta e envelhecendo, passou a ser reflexiva e sem pressa, mas sempre foi imensamente vigorosa. Aos 60 anos, ela caminhava, cuidava do jardim, dirigia e resolvia a própria vida com empolgação, e embora corresse mais devagar na quadra de tênis, batia na bola com a mesma firmeza. As emoções dela também eram ativas. Não havia demonstrações, pois Agatha nunca foi de brigar ou reclamar, mas se preocupava intensamente com a forma pela qual as pessoas se comportavam umas com as outras, o comportamento deles com crianças e animais, a beleza e o sofrimento do mundo. Ela parecia calma, mas de tempos em tempos a psoríase, sinal claro de tensão, inflamava seus pés, suas mãos e o couro cabeludo.

A imaginação de Agatha era incessantemente movimentada. Ela sonhava à noite e pensava durante o dia, anotando ideias para tramas e personagens em qualquer pedaço de papel disponível. Essa energia alimentava a escrita e dava força aos livros, mas não os mudava. Embora cada trama fosse uma surpresa, a técnica pouco variava. As histórias de detetive continuavam a seguir um padrão de mistificação progressiva entremeada com iluminação progressiva, e o período teria apenas mais um livro de Mary Westmacott. O estilo de Agatha se mantinha inalterado, embora ela tivesse um ouvido afiado para o discurso coloquial e conseguisse criar diálogos convincentes. Escrever livros era um trabalho exigente, mas rotineiro. Agora, em vez de produzir outro tipo de livro, ela se voltava cada vez mais para o teatro e, no final da década, Agatha se mostraria tão popular como dramaturga quanto como romancista.

Inicialmente, houve poucos sinais disso. A primeira entrega para Cork antes de ir para Nimrud no início de 1950 foi um manuscrito datilografado que ela terminou em Greenway no verão anterior, *Aventura em Bagdá*, o livro sobre o qual as autoridades tributárias ouviram dizer que Agatha pretendia escrever quando ela e Max voltassem ao Iraque após a guerra. Ela cumpriu a promessa: tanto suspense quanto história de detetive, o livro se passava nos lugares nos quais ela se hospedou, como o Hotel Zia e a própria casa, em Karradet Mariam, 17. A quarta edição de *Baghdad: How To See It*, da editora Brentano, guardada desde 1939, também foi útil. E havia algo familiar em um dos personagens: a figura de Sir Rupert Crofton Lee, com "cabelos grisalhos e cacheados crescendo sobre um pescoço bronzeado e musculoso", tinha forte semelhança com o colega arqueólogo de Max, Mortimer Wheeler. Cork e Ober gostaram desse livro, e Ober o considerou, em certos aspectos, o melhor romance feito por Agatha nos últimos tempos, embora tivesse se incomodado com "uma sensação de irrealidade" no final.

O editor da Collins foi direto: "difícil acreditar que a Sra. Christie considere isto como algo além de uma piada [...]. Trama e várias situações forçadas e pueris demais." Contudo, ele foi obrigado a admitir que o livro "certamente era de fácil leitura", pois, como em todos os romances de Agatha, o leitor tem a atenção envolvida na primeira página e geralmente lê a história até o fim, desconsiderando a improbabilidade da trama, a artificialidade da situação ou até a banalidade do estilo. Agatha, que certamente não considerava o livro uma piada, estava ansiosa para vê-lo publicado o mais breve possível, pois a situação política no Oriente Próximo era precária e ela temia que a história ficasse datada. A Collins prometeu que ele seria lançado no início de 1951, e a edição norte-americana da Dodd, Mead sairia logo em seguida.

Agatha chegou a Bagdá em 1950, com um forte resfriado, ficando muito doente por duas semanas: "deitada na cama e gemendo", conforme informou a Cork, mas "a meditação forçada rendeu várias ideias brilhantes". Em Nimrud, ela foi recebida por um clima glorioso e pelo tesouro descoberto por eles no Palácio do Governador. Ela começou a trabalhar com entusiasmo, rascunhando quase todo o livro que seria *A morte da Sra. McGinty*, pensando em planos para Mary Westmacott e trabalhando com ideias antigas. Um manuscrito datilografado desenterrado por ela foi o livro de Miss Marple escrito durante a guerra. Agatha disse a Cork: "Pensei que poderia analisá-lo meticulosamente, pois muitos trechos parecem estar bastante datados. Retirei todas as referências políticas ou comentários que parecem ecoar as tendências de então. O cenário deve continuar naquele período, pois boa parte da ação depende de empregados (abundantes na época), refeições amplas etc.!" Ela também observou, com razão: "São mais palavras-chave e frases específicas que parecem deixar um livro fora de moda." Mesmo assim, concluiu: "Ao reler, penso que é muito bom. Tenho dúvidas se a partir dali não passei a ir ladeira abaixo!"

Agatha também analisou a versão para o teatro de *Hora zero*, com a qual Lee Shubert ficou vagamente insatisfeito no fim da guerra. Ela também se sentiu desconfortável com essa peça, como disse a Cork, o "'quem matou' com diversos suspeitos e várias pistas falsas realmente me enoja no palco a essa altura! E *Hora zero* não é esse *tipo* de história!". Ela continua: "Vários livros meus *são* o que descrevo como 'suspense leve' (como *E não sobrou nenhum*), e se você quiser esse tipo de peça, adapte um desses. Não distorça um livro que não tem a atmosfera certa. É perfeitamente possível partir de uma história inteiramente nova." Agatha continuou: "Francamente, nunca vi *Hora zero* como bom material para uma peça [...] o tema central *não* é todos serem suspeitos, mas a suspeita, com tudo apontando para incriminar *uma* pessoa e o resgate daquela vítima no momento em que parece irremediavelmente condenada. Mas se você deseja diversão e suspense, procure outra entre as minhas 50 obras!" Ela concluiu: "Pode ser melhor deixar tudo de lado. O que você acha?" Cork aconselhou Agatha a esperar.

Na ausência dela, ele fez questão de mantê-la informada sobre o progresso da peça *Assassinato na casa do pastor* e de *Convite para um homicídio*, romance que estava na fase de provas. ("Nada a objetar", escreveu ele sobre a capa, "nada de figuras encapuzadas tolas".) A peça ainda tinha bom público no fim de janeiro de 1950, embora Bertie Meyer tivesse se decepcionado com a tentativa de obter mais publicidade dando uma festa no palco "para dizer adeus a uma famosa autora indo para o Oriente Médio escavar com o famoso marido". Cork estava cético, e Agatha se contrapôs firmemente à ideia. Segundo Cork, a plateia sumiu no início de fevereiro, por causa do "clima mais chuvoso e terrível já registrado" e, provavelmente, também devido à eleição geral iminente. Todos aceitaram cortes nos ganhos (incluindo Bertie Meyer), esperando pelo que Cork chamava de "uma melhoria". Cork também organizou a publicação de *Convite para um homicídio* em série no *Daily Express*. Isso talvez lembrasse aos leitores que *Assassinato na casa do pastor* ainda estava em cartaz. Em abril, contudo, a peça chegou "a uma conclusão humilhante", nas palavras de Cork, mas ele garantiu a Agatha que "ficou em cartaz o suficiente para ser uma ótima peça de repertório e também para amadores". Ele agora estimulava Agatha a buscar outra ideia: adaptar *A mansão Hollow* para o teatro. Foi assinado um contrato com Bertie Meyer e o plano de Cork era que a peça fosse "apresentada de maneira luxuosa a tempo para o festival do ano que vem". (O Festival da Bretanha começaria em março de 1951 para celebrar a "fé no futuro da Nação" após a difícil luta nos anos sombrios do pós-guerra, segundo o guia oficial.) Agatha disse a Cork: "Estou realmente extasiada. Espero *mesmo* que vá bem quando chegar a hora (ou *se*, é claro. É sempre 'se' nas questões teatrais, não é?)."

Ao retornar para a Inglaterra, Agatha trabalhou furiosamente, terminando de datilografar dois manuscritos (*A morte da Sra. McGinty* e *Um passe de mágica*) e também a adaptação de *A mansão Hollow* para o teatro. Enquanto isso, a Dodd, Mead reuniu uma coletânea de histórias antigas, incluindo o conto sobre o cozinheiro de Clapham que Agatha mandou para Dorothy L. Sayers a fim de que fosse publicado nos EUA como *The Underdog* (O azarão, em tradução livre). E havia mais: no outono, ao jogar fora papéis antigos, Agatha esbarrou em algo de Mary Westmacott escrito no fim dos anos 1930, uma peça chamada *Filha é filha,* sobre o tema da possessividade tão familiar a Westmacott. *Filha é filha* é centrada em uma jovem viúva que deixa de lado um pretendente e um novo casamento devido à objeção da filha de 19 anos. É um tema óbvio para Agatha, considerando o interesse dela na natureza do amor maternal, na independência e individualidade dos filhos. O relacionamento descrito aqui nada tinha a ver com ela ou Rosalind, embora as pessoas próximas conseguissem identificar toques da velha amiga de Agatha em Abney, Nan, e a filha dela, Judith.

Não está claro quando essa peça foi escrita, embora Cork tenha registrado em carta de em janeiro de 1940 que Basil Dean estava interessado nela. Agatha mandou a Cork outra cópia: "Algo de bom [...]?" Ele a encaminhou para Peter Saunders, jovem empresário que comprou os direitos de *A mansão Hollow* de Meyer e cujo entusiasmo e empolgação eram admirados por Agatha. Saunders devolveu a peça no início de dezembro de 1950, sugerindo alterar basicamente pequenos comentários que datavam o original. Edith, por exemplo, "não pediria 6 centavos de gelo", "Muffins", provavelmente, significavam "torradas com manteiga", e "não acho que hoje em dia alguém 'confie em empregadas austríacas'. Isso é de antes da guerra". Agatha aprovou as alterações e Saunders mandou a peça para várias atrizes. Para decepção dela, nenhuma ficou suficientemente interessada. "Tenha certeza de que é bastante sentimental para ser um sucesso, se alguém aceitasse encená-la", disse Agatha a Cork. No fim a peça, creditada a Mary Westmacott, foi encenada em Bath. A identidade da autora não ficou secreta por muito tempo, e o teatro lotou. Saunders não acreditava que a peça sobreviveria no West End, mas Agatha pela primeira vez não fez críticas. (Segundo ele, a autora julgou *Filha é filha* com menos rigidez que outras peças.) Saunders não disse mais nada, e em suas palavras, "Agatha permitiu que ela sumisse de sua lembrança". Contudo, o sumiço não foi total, porque ela transformou *A Daughter's A Daughter* em outro romance, "feito sem dizer uma palavra a ninguém", disse Cork a Harold Ober, que vinha perguntando repetidamente em nome da Rinehart quando haveria uma nova obra de Mary Westmacott.

O clima naquele verão estava pavoroso. Agatha ficou em Greenway, que era linda mesmo quando o jardim estava encharcado e o estuário, obscurecido pela garoa. Foi lá que ela soube da morte de Madge, no final de agosto. Agatha correu para o Norte, rumo a Abney, e ao voltar para Devonshire sentiu que o verão e as férias tinham acabado. "É possível mandar papel de datilografar para Greenway?", implorou a Cork, pois era impossível encontrar papel na região. "Pretendo trabalhar, veja bem." A geração dela da família estava desaparecendo, mas Greenway não estava abandonada. Rosalind e Anthony trouxeram Mathew no fim da primavera, colegas e estudantes se hospedavam lá no verão e a Sra. North era uma visitante regular. Agatha passava os dias tranquilamente, mas sempre estava disposta a fazer uma expedição ao estuário, às charnecas e à praia para um banho de mar ou fazer um piquenique em Dartmoor. Como Agatha explicou a Max uma vez, ela ainda era "um cão a ser levado para passear", entretendo-se calmamente, mas participando de qualquer diversão proposta.

Com o meio de setembro veio o 60º aniversário de Agatha. Cork havia avisado que uma certa quantidade de festas era inevitável, e ela respondeu que aceitava bem, desde que não precisasse discursar. A Collins celebrou o aniversário e o 60º livro, *Convite para um homicídio*, com uma festa. Agatha não havia se esquecido das brigas recentes: "Obrigada por me convidar para conhecer Agatha Christie", respondeu ao convite oficial. "Se você não se importa, vou levar minha velha amiga, Mary Westmacott [...]." A Penguin Books marcou a data com a reedição de uma lista anunciada como "o Milhão de Christie", quando na verdade os livros tinham vendido 2,5 milhões de cópias, enquanto a Dodd, Mead fez um acordo com a Avon Publishing Company para reeditar oito títulos nos EUA, começando com *O misterioso caso de Styles*.

Contudo, Agatha realmente celebrou o aniversário em Greenway, divertindo-se imensamente. Ela disse a Cork: "Ainda bem que temos uma cozinheira temporária maravilhosa. Os Vol-au-Vents! Os Suflês! Embora a chuva caia pesadamente, comer é sempre comer!"

O ano de 1951 foi marcado pelo sucesso. Tudo começou com a adaptação de Peter Saunders da *Mansão Hollow*, que foi batizada de *O refúgio*. Dirigida por Hubert Grett, ator conhecido pela comédia leve, mas até então inexperiente como diretor, a peça estreou em Cambridge no início de fevereiro. Agatha estava ansiosa, porque Peter Saunders queria produzi-la como suspense: "Não gosto disso [...]. Publicidade do tipo 'Quem matou'", reclamou para Cork. Ela também se preocupava com as fotografias. "Qual será a minha? [...] Não vou deixar utilizarem fotos que não vi ou autorizei. Provocação!" Ela não conseguiu ir à estreia da turnê na província, mas do Iraque enviou flores para a "minha atriz [...] algo um tanto exótico para Jeanne de Casalis" (que interpretou Lady Angkatell) "e provavelmente tulipas de cores diferentes para os outros". Ela estava nervosa: "Ah, nossa, *espero* que seja um sucesso. Realmente penso que tem um bom elenco e é bem-produzida e *quero* que seja um sucesso. O presságio é bom visto que estreia no dia de santa Agatha. Uma vela para santa Agatha."

Peter Saunders mandou um telegrama para Agatha para dizer que a peça fora um sucesso, e Cork confirmou por correio aéreo, acrescentando a preocupação de que "o drama poderia ser atrapalhado pela comédia" na estreia, especialmente porque Jeanne de Casalis aproveitou o máximo de um papel adequado a "uma pessoa naturalmente engraçada". Em uma conferência de seis horas feita depois, ele, Saunders e Gregg discutiram ajustes e ele garantiu a Agatha na noite seguinte que "não houve risos inesperados e parece já ter alcançado um bom equilíbrio". Ela respondeu: "O fato de não poder vê-la é enlouquecedor. Precisa estar em cartaz em Londres em maio." Saunders a agradava muito, enviando telegramas regulares sobre o progresso da peça. Foi difícil encontrar um teatro adequado no West End, mas ele acabou conseguindo o Fortune Theatre, com estreia na primeira semana de junho. A peça saiu de cartaz por algumas semanas após a turnê provincial, sofreu leves mudanças no elenco e voltou ao Fortune e, depois, ao Ambassadors. Como a adaptação ficou em cartaz em Londres por 11 meses, Agatha finalmente conseguiu vê-la.

Saunders estava favorável, mas Bertie Meyer não. Cork, contudo, disse que Meyer deveria levar *Hora zero* ao palco se pudesse adaptá-la, "devido a acordos antigos". Meyer enviou a peça para Gerald Verner, que ofereceu algo acima de qualquer objeção. Cork até arriscou um comentário: "Pensamos que está muito bom." Agatha respondeu com espírito esportivo: "Deveria dá-la a Bertie Meyer pela dedicação por tanto tempo!!" Na verdade, nada aconteceu, nem aconteceria, por outros cinco anos.

Agatha aprovou completamente Peter Saunders. Ele era bem preparado e sabia que ela gostava de se manter bem-informada. Além disso, era deferente ao sugerir mudanças e sabia quando elogiar. E, mais importante: ele parecia se importar com a obra de Agatha tanto quanto ela, considerando suas peças altamente divertidas, mesmo não as vendo como veículos para declarações importantes. Além disso, Saunders era cheio de engenhosas ideias para atrair publicidade. Agatha sempre ficava angustiada quando o trabalho dela era malpromovido em livrarias. Ela gostava que os editores e produtores sentissem orgulho visível deles e, embora não gostasse de publicidade em nível pessoal e fizesse ressalvas ocasionais às ideias mais exóticas de Saunders, ela recebia bem os esforços dele. Mesmo não gostando de autopromoção, Agatha aceitava os esquemas dele, talvez porque Saunders conseguisse bajulá-la ou porque o teatro e tudo a ele associado fossem, de certa forma, irreais.

Houve uma tristeza no início de 1951. Um mês após Agatha e Max terem chegado a Bagdá, eles souberam por Philip Mallowan, diretor de escola em Surrey e irmão caçula de Max, que a sogra de Agatha, provavelmente, não viveria muito mais que duas semanas. A saúde dela estava precária havia algum tempo, mas quando os Mallowans saíram da Inglaterra eles achavam que a mãe de Max sofria apenas de exaustão após uma bronquite: "Se eu soubesse, teria ficado", escreveu Agatha para Cork. Cecil Mallowan também estava no exterior. Na verdade, Marguerite tinha um câncer incurável. Levada inicialmente a uma casa de repouso, ela preferiu voltar para casa. Agatha programou para que fossem enviadas enfermeiras e flores duas vezes por semana. "Imagino que seja mantida sedada a maior parte do tempo", escreveu para Cork, "mas ela *realmente* ama flores." Agatha também estava muito ansiosa para que a Sra. Mallowan recebe uma cópia antecipada de *Aventura em Bagdá*. "Se você conseguir alguma e enviar [...] imediatamente, penso que seria um ótimo prazer. Não que ela consiga ler, mas toda vez que eu ia visitá-la, Marguerite me perguntava pelo livro e dizia: 'Não posso esperar. Quero *agora*.'" Contudo, antes que Marguerite pudesse voltar para casa, ela morreu, rápida e tranquilamente. Foi um grande choque para Max. Por sorte, havia muito a fazer em Nimrud.

Eles ficaram tão ocupados naquela primavera que mal houve tempo para escrever. Mesmo assim, Agatha deixou dois manuscritos datilografados: *A morte da Sra. McGinty* e *Um passe de mágica*. Hughes Massie enviou cópias corrigidas a Nimrud via Robert Hamilton. "Ainda sinto um brilho de gratidão por você produzir todos esses manuscritos do nada", escreveu Cork para Agatha. *A morte da Sra. McGinty* era o nome de um jogo infantil desconhecido nos Estados Unidos, onde a frase causou perplexidade, mas a Collins ficou contente: "É uma lufada de ar fresco", disseram eles a Agatha em uma correspondência meio estranha, "fugir das velhas fórmulas de sangue, assassinato e morte das nossas folhas de rosto". Por outro lado, houve uma discussão sobre a capa. A Sra. McGinty, aparentemente morta pelo inquilino, era atingida na cabeça "com algo mais assemelhado a um facão de cortar carne com a ponta bem afiada". A arma acabou sendo trocada por um martelo para cortar blocos de açúcar (*sugar hammer*, em inglês), ou, como Agatha o chamou na carta para Cork, um cortador de açúcar, e era isso que ela queria na capa, enviando uma foto do que tinha em casa como amostra.

As ideias desse livro são familiares — a complexidade das relações entre mães e filhas, o fardo que os inocentes carregam até os culpados serem identificados e, como em várias outras histórias de Agatha, a importância das pistas visuais, nesse caso fornecidas por velhas fotografias. *A morte da Sra. McGinty*, em alguns aspectos, é um livro horripilante, como percebeu o designer de uma capa posterior, chamado Tom Adams, ao pintar uma grande mosca-varejeira voando maleficamente sobre o que poderia ser discernido, apenas, como o cadáver da Sra. McGinty. Até o título era pouco atraente para o *Woman's Journal*, que iria publicar o livro em série na Grã-Bretanha. Eles queriam mudá-lo para algo mais inócuo. Agatha escreveu furiosa para Cork: "Penso realmente que o *WJ* não deveria *aceitar* histórias de assassinato se eles têm medo de rotulá-las como tal. *Assim como a Sra. McGinty* não faz sentido algum, pois o segundo assassinato não acontece até metade do livro. Por que não colocar só *Sra. McGinty* ou algo débil como *Um homem condenado* ou *O convidado pagante*?" Agatha dedicou *A morte da Sra. McGinty* a Peter Saunders, "em gratidão pela gentileza dele com os autores".

Um passe de mágica, o segundo mistério que Agatha deixou para Cork em 1951, também aludia ao tema do amor maternal e a possessividade que Agatha acreditava atingir com mais força as mulheres que não eram mães em relação a crianças pelas quais assumiam responsabilidade. O livro abordava também outro pensamento que sempre a interessou: a natureza da realidade e da ilusão. Parte da história aborda os preparativos para a produção de uma peça (*O Nilo ao crepúsculo*) pelos integrantes de um reformatório para delinquentes juvenis. Na descrição de Agatha, não só algumas dessas crianças estão confusas em relação à própria identidade e motivação, como os adultos que cuidam delas estão em sua maioria igualmente confusos, embora suas teorias e seus objetivos estejam claros como água. "A ilusão está no olho do espectador", como disse um dos personagens, um cenógrafo cujos comentários dão a Miss Marple a dica para resolver o mistério. A teatralidade do crime deixou todos perplexos: "Este é um cenário", percebe ela, "apenas papelão, tela e madeira." Miss Marple vê como a ilusão é criada: "Aquários com peixinhos, metros de fita colorida... Moças que desparecem... Todo o arsenal e a desorientação da arte do ilusionista." Agatha, tão perspicaz ao enganar seus leitores e construir uma narrativa para transmitir informações enganosas, falou através de Miss Marple, e nesse livro revelou novamente o fascínio pela suspensão da descrença que pode ser produzida no palco. "Eles fazem com espelhos" (*They Do It With Mirrors*, título original do livro) é uma expressão usada para explicar a prestidigitação realizada pelos mágicos e também descreve a obra de Agatha, que envolvia espelhos e vidraças capazes de refratar e refletir, como os rios, que ela amava e ao lado dos quais vivia. É uma pena que nos Estados Unidos o título original tenha sido considerado intrigante demais e alterado para *Murder With Mirrors* (Assassinato com espelhos, em tradução livre). Perdeu completamente o sentido.

O afeto de Agatha por Peter Saunders era também por ele ser um colega ilusionista, um produtor teatral inteligente que também era habilidoso para atrair atenção com truques de publicidade — festas de aniversário, apresentações especiais, matérias na imprensa sobre o elenco —, nos quais a rapidez da mão enganava os olhos. No verão de 1951 ela terminou uma obra que aproveitaria ao máximo o dom de Saunders para a publicidade: a adaptação para o teatro da história *Três ratos cegos*. A peça radiofônica original de 1947 vinha fazendo grande sucesso nos Estados Unidos, mesmo sendo muito curta, e Agatha estava sendo procurada por estúdios cinematográficos norte-americanos, embora ela não tenha permitido que Cork negociasse os direitos da obra. Então, ela expandiu a peça e batizou de *A ratoeira*, título fornecido pelo marido de Rosalind, Anthony. Saunders adorou a peça e declarou que, se conseguisse encontrar um teatro, ela seria produzida em 1952. Feliz, Agatha pediu a Cork outra tarefa: conseguir encenar uma antiga adaptação de *O segredo de Chimneys* para o teatro, que "seria feita na Embaixada" e era "totalmente sobre concessões de petróleo". Ela nunca foi produzida; Cork deixou o roteiro de lado e pressionava por mais uma obra de Mary Westmacott. Agatha prometeu que algo estava a caminho, mas, além do livro baseado em *Filha é filha*, não haveria mais nada da autora por um ou dois anos. Como alternativa, ela mandou cópias da edição norte-americana de *Testemunha de acusação* e pensou em adaptá-la para o teatro.

O verão e o outono foram felizes. As vendas norte-americanas de *Aventura em Bagdá* superaram todos os livros anteriores de Agatha. Segundo Frank Dodd, ela foi escolhida pelos leitores da *Ellery Queen's Mystery Magazine* em uma votação internacional como uma "das maiores escritoras de mistério vivas". Na verdade, foi uma das "dez maiores escritoras de mistério ativas", pois o critério foi mudado na última hora para excluir Dorothy L. Sayers porque ela, agora, escrevia mais sobre religião, e para disfarçar o embaraço dos organizadores por desqualificar Dashiell Hammett, que estava preso por simpatizar com o comunismo. Levou alguns meses para Agatha receber o prêmio: uma pequena placa de madeira com uma pistola antiga, que o Correio dos Estados Unidos se recusou a aceitar para postagem, alegando que, "mesmo teoricamente", ela poderia ser disparada. Eles acabaram conseguindo despachar outro item marcando a apoteose de Agatha: "quadrados de musselina amarela", ela disse a Cork, zombeteira, "que eu deveria assinar e mandar de volta para serem incorporados em uma colcha! Objetivo: um Banco de Leite para Mães!!! Eu *realmente* penso que os norte-americanos se expressam de modo desafortunado! Desejo escrever de volta dizendo que considero uma ideia das mais *indelicadas*, que acredito ser praticada apenas na Rússia Soviética!!". Serem acusadas de uma atividade tão pouco norte-americana certamente teria chocado as senhoras que a propunham.

Em 1952, os Mallowans voltaram ao Iraque, para o *annus mirabilis* da expedição, como Max o descreveria depois. Um mês após terem chegado, o rei George VI morreu em Londres. Agatha e Max participaram do memorial em Bagdá, "todo o Gabinete iraquiano estava presente e uma procissão de sheiks assinando o livro na Embaixada. Todas as minhas roupas infelizmente são pavorosas", disse ela a Cork, "e preciso usar meu único vestido preto em todas as ocasiões". Naquele ano, não houve dificuldade para achar uma máquina de escrever: "Elas parecem estar transbordando em Bagdá [...] então eu comprei uma Royal portátil da qual gosto muito, e espero que me estimule a ser produtiva." Ela acabou escrevendo pouco naquela primavera, conseguindo apenas criar um novo final para *A Daughter's A Daughter*, "menos desleixado, acredito eu".

Explorar os sítios arqueológicos de Nimrud não foi a única distração dela, pois houve uma troca de correspondências interminável com Cork sobre uma crise doméstica. Agatha contratou alguém para supervisionar o jardineiro e dois garotos que cuidavam da pequena produção de frutas e verduras em Greenway. Em 1952, a nova supervisora assumiu o posto e em seguida começou a bombardear

Hughes Massie com pedidos preocupantes de livros sobre estufas domésticas comerciais e similares. "Até agora, ela parece bastante zelosa", foi tudo o que Cork precisou relatar a Agatha no Iraque. Três semanas depois, enquanto estava de férias no Sul da França, ele foi convocado: a supervisora, deprimida por não conseguir organizar os jardineiros e, como se descobriu depois, por não apostar em cavalos vencedores, tentou tirar a própria vida. A polícia ligou para Rosalind e Anthony no País de Gales. Enquanto isso, o mordomo e a governanta de Agatha decidiram emigrar para a Austrália. Rosalind e Anthony procuraram um novo jardineiro, "preferivelmente muito bem-casado", e Cork precisou enfrentar uma enxurrada de contas. Como ele escreveu para Agatha, o ponto crucial da situação era todo o futuro da pequena produção agrícola. Aquela foi sua primeira e única visita a Greenway (pois ele seguiu até o fim o conselho de Hughes Massie de manter distância de seus autores), e ele ficou impressionado com sua extensão e as despesas. "O frescor e a graciosidade de tudo era um sonho", garantiu ele a Agatha, "mas é um sonho grande e caro, cujas despesas, cada vez maiores, dificultaram imensamente a manutenção". A equipe de Agatha tinha como único objetivo o fornecimento do que ela desejasse em vez de plantar para o mercado: "Há uma colheita excepcional de pêssegos e eles estão extasiados com o quanto você vai apreciá-los. Desculpe a digressão, mas isso realmente ilustra o conflito de pontos de vista [...]." Pelo menos os cogumelos estavam mostrando sinal de vida e poderiam ser vendidos localmente. Contudo, os esforços heroicos de Rosalind, Anthony e Cork salvaram o jardim: eles contrataram um novo funcionário; o novo contador, Sr. Heaven, conseguiu acertar tudo para satisfazer as autoridades tributárias, e no final de 1952 Agatha conseguiu dizer a Cork que "o jardim está *maravilhoso*. Repleto de plantas, alfaces etc. Parece realmente profissional, enfim".

Agatha escreveu pouco em Nimrud em 1952 e voltou para casa cheia de planos, não para livros e sim peças. Ela terminou um drama curto para a rádio BBC chamado *Personal Call*, sobre uma mulher que se joga ou é empurrada pelo marido na frente de um trem. Agatha escreveu: "Qualquer estação serve. As cabines telefônicas de Newton Abbot e a geografia da estação teriam que ser verificadas, obviamente." E "é possível se divertir razoavelmente com trens e a BBC". O produtor adorou a peça: "faz uso total das técnicas e possibilidades do rádio." Quanto ao palco, Peter Saunders garantiu Richard Attenborough e a esposa, Sheila, para o elenco de *A ratoeira*, que pretendia estrear em Nottingham em outubro e levar ao West End em dezembro, a tempo para o Natal. Os ensaios começaram em agosto, e em setembro Saunders contratou Peter Cotes como produtor. (O plano original de contratar John Fennel não deu certo.) Bertie Meyer ainda estava pensando sobre *Hora zero* ("Nunca senti que é propriamente meu filho", lamentou Agatha para Cork) e Lee Shubert, embora constantemente fazendo o que Cork chamava de "ruídos empolgados", ainda não tinha feito nada sobre a encenação norte-americana de *O refúgio*, embora a peça continuasse indo bem em Londres, praticamente não sendo afetada pela queda na frequência teatral após a morte do rei.

A ratoeira estreou em Nottingham em outubro de 1952. Embora a peça precisasse de pequenos ajustes, Peter Saunders ficou feliz com ela, "extremamente empolgado". Agatha achou "uma ótima peça" e previu uma temporada de aproximadamente seis meses. Há um mito de que ela teria chorado e declarado a peça um desastre, mas isso está longe de ser verdade. Também não foi o caso de a recepção em Londres ter sido fria, como disseram alguns. O jornal *Sunday Dispatch* não gostou da peça, mas outros críticos ficaram entusiasmados. Todos os lugares foram ocupados nos primeiros três meses, e para espanto de Saunders, a peça continuou a prosperar. Agatha ficou calmamente surpresa, e acompanhava sua criação indo discretamente ao teatro de tempos em tempos e relatando eventuais falhas de polimento. O lançamento de *A ratoeira* marcou um momento importante: Agatha tinha aprendido a aplicar seu estilo ao teatro e também entendeu, instintivamente, o que o público desejava. Como nos livros, as peças tinham uma história forte, uma mistura de tragédia e comédia e um ritmo acelerado. Seus atos e cenas, como os capítulos e parágrafos, fechavam no ponto certo, e, assim como ela estimulava os leitores constantemente fornecendo novas informações, a peça apresentava à plateia uma sucessão de personagens e relacionamentos possíveis. Como seus livros, as peças eram intelectualmente exigentes, mas seguras. A violência ocorria fora do palco. Àquela altura Agatha conhecia seu público teatral do mesmo modo que conhecia seus leitores, e seus produtores, como seus editores, reconheciam isso. Ela decidia sobre elencos e cenários com tanta frieza quanto títulos e tramas, e raramente estava enganada. O tato teatral dela era certeiro.

O verão de 1952 foi particularmente úmido no Sudoeste. Em Lynmouth o estuário transbordou e Agatha doou a renda de uma das matinês de *O refúgio* em cartaz em Exeter para o fundo para desastres. Confinada em casa, ela compensou o tempo perdido criando duas histórias de detetive: *Depois do funeral* e *Cem gramas de centeio*. O primeiro desses mistérios foi entregue no fim de agosto. Em novembro, Agatha escreveu laconicamente "Não!!!" no rascunho da sinopse e das *blurbs* a serem publicados pela Collins. Ela enfrentava dificuldades para terminar *Cem gramas de centeio* antes do outono, pois no seu aniversário, em setembro, ela caiu e quebrou o pulso, não podendo datilografar. Cork arranjou um ditafone, e apesar de odiar dispositivos do tipo, em outubro ela o havia dominado suficientemente bem a ponto de entregar vários capítulos para transcrição. Contudo, apenas em novembro ela conseguiu mandar para Cork uma nota escrita à mão, em letra tremida: "Que peste eu devo ser para você! Mas, ah, querido, todo esse dinheiro entrando e muito mais vida de trabalho do que na época das 400 libras por ano, quando eu levava um carrinho de bebê ao parque todos os dias!!"

Cem gramas de centeio foi entregue à Collins em fevereiro de 1953. O editor de Agatha gostou especialmente do "elemento exótico [...] emprestado pela insistência curiosa do assassino na parafernália da canção infantil 'Sing a Song of Sixpence'". (O conto foi traduzido aqui como "Uma canção de meio xelim".) Essa rima macabra foi a primeira que Agatha usou como tema de um romance policial. O conto com o mesmo título fez parte da coletânea *Um acidente e outras histórias*, publicada em 1934, e uma história chamada *O caso das amoras pretas* também apareceu em 1940. A Collins iria publicar *Cem gramas de centeio* no inverno, e a Dodd, Mead na primavera, com o *Daily Express* publicando inicialmente em série na Grã-Bretanha e o *Chicago Tribune* nos Estados Unidos. A única apreensão de Ober era o fato de a assassina ser uma personagem tão atraente, embora Cork discordasse: "Patricia era a minha querida." Ao ouvir Agatha ler em voz alta cada capítulo nas noites de verão em Greenway, Rosalind acertou a identidade da assassina desde o início. Os royalties do livro foram dados à Escola Britânica de Arqueologia no Iraque e parte da doação foi reservada para ajudar a publicação do livro de Max sobre Nimrud.

A Collins estava mais empolgada do que nunca com sua autora de *best-sellers*. As vendas das edições em brochura de Agatha dobraram, e, em alguns casos, triplicaram, entre 1951 e 1952, retornando aos níveis fenomenais de 1948. Para as novas edições em brochura da Fontana, ela deveria receber royalties maiores do que os negociados com outros autores: 1,5 centavo por cópia para vendas domésticas e 1 centavo para exportações. (Ela vinha recebendo menos que isso pelas edições White Circles.) Enquanto Agatha estava no exterior, Collins fez os preparativos para a aquisição de um novo carro. Antes de sair para Bagdá, em 1953, ela inspecionou vários modelos. Como escreveu a Cork, o novo Humber Imperial "é muito o nosso estilo. Tem uma abundância de *espaço*. Com o transporte contínuo de livros de Max, flores e vegetais que trago de Wallingford, podendo levar sete ou oito pessoas para a praia ou piqueniques no verão, creio que *espaço* é crucial". Billy Collins sugeriu que um Jaguar seria mais divertido, mas Agatha respondeu: "Penso que diversão pura é menos importante para mim agora do que conforto e *espaço*. Você não faz ideia da quantidade de objetos que arqueólogos carregam!" Assim, um Humber Imperial preto de sete lugares foi encomendado para o retorno de Agatha em maio. Collins ainda teve mais trabalho, pois perguntaram a Cork: "A Sra. Mallowan deseja algum opcional como rádio, aquecedor, capas removíveis?"

Agatha passou o verão de 1953 em Bagdá, "sentada na varanda, ao sol, recuperando-se do EXCESSO DE TRABALHO!". Contudo, ela ajustou o fim de *Testemunha de acusação*, que agora discutia com Peter Saunders após ele ter tentado fazer a adaptação por conta própria. Agatha detalhou para ele a forma de escrever suas peças. Era como se alguém dirigisse um carro sabendo o ponto de partida e o destino final, mas escolhendo uma entre várias formas de chegar. Ao ler o rascunho de Saunders para *Testemunha de acusação*, ela propôs um destino que o surpreendeu. A conclusão desejada por Agatha era muito ambiciosa, em termos de encenação, porque desejava colocar o fim da peça em um tribunal. Era igualmente ambiciosa dramaticamente, pois definia uma virada final para deixar a plateia de queixo caído. O próprio Saunders engoliu em seco, mas concordou em tentar. Agatha agora arrumava o rascunho, enviado para casa "por um dos rapazes da Embaixada". "Espero sinceramente que esta não acabe sendo uma das Loucuras de Saunders", disse ela a Cork. "De qualquer forma, ele parece estar correndo para a própria perdição!"

Segundo Cork, Saunders tinha certeza de que *Testemunha de acusação* seria um tremendo sucesso. Ele planejou uma boa quantidade de "diversão jurídica", e a peça foi enviada para a análise e aprovação do ator Leo Genn, famoso por interpretar advogados, e do advogado Humphrey Tilling. Se houvesse um filme, Charles Laughton, que interpretou Poirot na peça *Alibi* em 1928, poderia fazer o papel do profissional que defende o suspeito de assassinato. O arranjo de Saunders para trazer *Testemunha de acusação* a Londres dependia, em certa medida, de Bertie Meyer encenar ou não *Hora zero*. Houve mais conversas, mas nada acontecia. "Estou realmente farta de Bertie", escreveu Agatha para Cork. "Ele teve *anos* [...]. Peter realmente *consegue* encenar minhas peças." Cork e Saunders estavam mais irritados com Lee Shubert e o adiamento para encenar *O refúgio* nos EUA. Saunders estava ansioso para comprar os direitos norte-americanos, mas obtê-los se mostrou impossível, então o único jeito era esperar. *A ratoeira*, no entanto, continuou a ter sucesso, embora os negócios teatrais fossem mal como um todo. As reservas antecipadas de ingressos também estavam excepcionalmente fortes, conforme Cork relatou a Agatha.

As perspectivas teatrais eram empolgantes, mas não havia sinal de livro novo. Para o inverno de 1953, a Collins teve *Cem gramas de centeio* (dedicado a Bruce Ingram, que publicou as histórias de Agatha na *Sketch*) e *Depois do funeral*, mas eles pediam ansiosamente um romance para 1954. Agatha não trouxe nada de Nimrud, e em agosto disse alegremente a Billy Collins: "Ainda não comecei outro livro. Pelo menos pensei, mas fiquei irremediavelmente empacada. Realmente não *quero* fazer trabalho algum!! Você já se sentiu assim?" Tinha sido um verão agradável demais para trabalhar: foi a época da coroação. Sem se abalar com vários pedidos de ingressos, o incansável Cork conseguiu assentos de 50 guinés na 145 Piccadilly para a grande festa de Agatha, "com almoço fantástico embaixo da tenda e tudo mais", prometeu ele. Houve também Wimbledon (graças a Billy Collins), uma breve viagem a Paris com Max e expedições a Dartmoor e à praia. Apesar de Agatha jurar a Billy Collins que "o velho calhambeque" serviria para as estradas de Devon, "o carro foi *divino*. Levamos 11 pessoas nele a um piquenique outro dia". A única falha foi revelada quando Max levou Agatha de Torquay para Greenway. A janela ao lado dela explodiu. "Você quase perdeu uma escritora", contou ela a Collins. "Pensei que tinha levado um tiro."

Quando era estimulada, no entanto, Agatha trabalhava rápido. Em setembro de 1953 um agente teatral perguntou a Peter Saunders se ela escreveria uma peça para uma cliente dele, Margaret Lockwood, que tinha atuado no West End apenas em uma versão popular de *Peter Pan*. Agatha foi apresentada à Srta. Lockwood em um almoço no Mirabelle e entregou *Na teia da aranha* em um mês. Na peça, ela não só atendeu ao pedido e escreveu papéis para a Srta. Lockwood e Wilfrid Hyde White, como também para a filha de 14 anos da Srta. Lockwood, Julia, sem ser solicitada.

Esse roteiro foi terminado nas últimas semanas de preparação para *Testemunha de acusação*. Isso foi bom, pois manteve Agatha ocupada, evitando que ela acompanhasse os ensaios finais. Cork explicou educadamente que a presença dela não era necessária naquele momento. *Testemunha de acusação* estreou no dia 26 de setembro em Nottingham. Cork escreveu a Ober: "Foi uma produção muito cara, então precisa dar certo desde o início." Boa parte das despesas veio do elenco de 30 pessoas, com dois cenários, um deles sendo uma imensa réplica do Old Bailey. A peça estreou em Londres no dia 28 de outubro. Saunders tinha vivido a dificuldade usual para garantir um teatro e foi obrigado a aceitar o Winter Garden em Drury Lane, um lugar cavernoso com mais de 1.600 lugares. A produção foi um imenso sucesso, a única estreia de que Agatha gostou. Ela ficava exultante e acenava quando a companhia e a plateia se voltavam para o balcão no qual ela estava e aplaudiam. Agatha se lembrou disso no fim da vida, com as palavras ditas por uma mulher em frente ao teatro: "É a melhor que você já escreveu, querida."

"É a peça de maior sucesso feita por Agatha Christie", disse Cork a Ober no meio de novembro, "embora eu não acredite que ela fique mais de alguns meses em cartaz, por ser uma produção mito cara." Duas semanas depois, ele escreveu de novo: "Entrou em cartaz no pior período do ano, no pior teatro do West End, e está lotada. Estamos vendendo os direitos em toda a Europa, em termos dos quais só poderíamos imaginar!" Lee Shubert ousou fazer um lance no leilão pelos direitos de produzir a peça nos Estados Unidos, mas não houve negócio dessa vez: Peter Saunders se juntou ao Sindicato dos Dramaturgos dos Estados Unidos e Gilbert Miller assumiu a produção norte-americana. Em Londres, a peça teve 468 apresentações. Começaram a surgir também pedidos de Hollywood, com a United Artists, a Warner Brothers e a Twentieth Century Fox mostrando interesse. Foi um triunfo para Agatha e um alívio para Saunders, pois o custo da produção superou em muito as expectativas, e antes da estreia em Londres ele sabia que o capital tinha esgotado. A empreitada poderia realmente virar uma das "Loucuras de Saunders", mas, como ele admitiu anos depois, o instinto de Agatha estava certo.

O Natal foi celebrado em uma onda de deleite. "Um pouco confusa pelo excesso de comida", Agatha ofereceu uma imensa festa em Plymouth e outra para *Testemunha de acusação* em janeiro. No início de fevereiro de 1954, ela convidou 100 pessoas ao Savoy: Dorothy North, James Watts, Barbara Toy e Moie Charles, Dorothy L. Sayers e Margery Sharp, o advogado Humphrey Tilling, Campbell e Dorothy Christie (cuja *Carrington VC* também fazia sucesso no West End), além de todos os amigos, colegas de trabalho e parentes. "Você pode me mandar um convite para que eu veja!", escreveu ela alegremente para Cork, que fazia a ligação com o gerente do bufê sobre questões como flores, champanhes, extensão de licença e fornecimento de "um pequeno mapa". Agatha também celebrou de modo menos chamativo, propondo a Cork doar uma história em prol da Restauração da Abadia de Westminster. O escolhido foi *Santuário*, primeiro conto escrito por ela em oito anos. Como sempre, a única dificuldade foi pagar os impostos norte-americanos. "O fundo para salvar a abadia não paga impostos nesse país, então, não foi possível assinar o Certificado de Isenção de impostos", confidenciou Cork a Ober. "Como vamos resolver *isso*?" De alguma forma, eles conseguiram.

A Collins estava ficando cada vez mais preocupada com a ausência de livros novos em 1954. Eles consideraram a ideia de publicar um volume de contos, mas isso não funcionou, porque as dificuldades em resolver os direitos autorais se juntavam ao fato de Agatha não desejar a reedição de *Três ratos cegos* enquanto *A ratocira* estivesse em cartaz. Ela também sentia que reimprimir o original de *Testemunha de acusação* decepcionaria os leitores, pois a versão de 1948 era bem diferente da peça atual. Apesar disso, não houve reprovação de Billy Collins, que a presenteou com dois livros: *Hardy Rhododendrons* e uma história de detetive chamada *The Cretan Counterfeit*, "que também pode agradar a Max".

Agatha de fato vinha planejando uma história de detetive, *Um destino ignorado*, prometida a Cork em fevereiro de 1954, mas que ela só conseguiu terminar quando pôde trabalhar em Nimrud, longe das distrações causadas pelo teatro. A história de suspense retratava a busca por um grupo internacional de cientistas e sua eventual fuga de uma prisão remota e extraordinária. A história, considerada "bobagem ridícula" por um editor de revista norte-americano, foi um sucesso nos Estados Unidos e na Grã-Bretanha, talvez porque lidasse com fantasias populares de conspiração e escapismo e também com um tema — as causas e consequências da deserção — que obcecava o público desde a condenação do cientista nuclear Klaus Fuchs em 1950.

Agatha trouxe o rascunho final desse romance do Iraque em maio, mas, novamente, a principal preocupação dela eram as peças. *Na teia da aranha* estrearia em Nottingham em setembro e seguiria para o Savoy Theatre de Londres em meados de dezembro, enquanto a produção americana de *Testemunha de acusação* era encenada em New Haven, com estreia marcada para dezembro em Nova York. Ela já tivera sua dose de publicidade e recomendou que Cork a poupasse dessa vez: "Pode fornecer qualquer detalhe pessoal que você possa imaginar ou inventar. Não consigo ter mais fotógrafos fazendo imagens minhas, mande todos embora!" No verão, quando havia pedidos constantes de reuniões com ela em Winterbrook, Agatha escreveu de forma dura: "Entrevistas, sim, *se* você assim o desejar. Fotos: *não!* Olhe para o pobre Allen Lane no *Sunday Times* desta semana, parecendo um velho de *70* anos. Penso em escrever uma carta indignada para eles!"

Nova York aceitou *Testemunha de acusação* com tudo: a peça ficou em cartaz por quase dois anos na Broadway e foi escolhida pelo New York Drama Critics Circle como a melhor peça estrangeira de 1954. Enquanto isso, *Na teia da aranha* foi sucesso imediato em casa, ficando ainda mais tempo em cartaz. Agatha e a plateia ficaram igualmente encantadas com Margaret Lockwood, que atuou durante os primeiros 15 meses da peça. Ela interpretava Clarissa, a esposa esquisita e inteligente de um diplomata que tenta se livrar de um corpo descoberto em sua sala de visitas. Embora Clarissa tivesse o nome e a impulsividade da mãe de Agatha, ela não foi inspirada em Clara. Havia, no entanto, um eco do próprio sonhar acordado de Agatha no jogo de "imaginar" da heroína, mas quando Clarissa fantasiava sobre encontrar um corpo na biblioteca, era piada. Para Agatha, isso não só era divertido, como era sua profissão, praticada de modo mais convincente do que nunca.

22

"...estou dedicando muita atenção a me divertir..."

"Tantos banhos de sol nas férias que não encontro tempo para trabalhar", escreveu Agatha para Cork no verão de 1954. Foram meses lânguidos em Greenway, com todo o jardim florido. O novo jardineiro de Agatha, Frank Lavin, ganhou tantos prêmios no Brixham Flower Show que ela criou uma competição para jardineiros amadores. Havia novos vegetais da horta, morangos, pêssegos, uvas, nectarinas e figos. As frutas eram servidas nos pratos de sobremesa de borda verde da titia-vovó, cada um contendo uma fruta diferente pintada no centro. Gowler, o mordomo, gerenciava tudo com habilidades mediúnicas para distribuir os pratos de modo que, ao se sentar diante da tigela de lavanda e do jogo americano, cada integrante da família encontrava seu prato favorito uma vez por semana. O de Agatha era o figo, enquanto Rosalind preferia a groselha. Havia também salmão de Dart, linguado e moluscos de Brixham. A conta de laticínios da Sra. Gowler era fenomenal, embora Max e Anthony, cujas discussões sobre vinho pareciam intermináveis para Agatha, não estivessem em posição de reprová-la por seu gosto pelo creme espesso. Contudo, nem todas as refeições eram sofisticadas, pois ela gostava de alimentos simples tanto quanto de banquetes, especialmente se pudessem ser saboreados ao ar livre.

Anthony, Rosalind e Mathew passavam parte do verão em Greenway. Agatha tinha enorme satisfação em ver o neto crescer. Ele estudava em Elstree, escola preparatória em Berkshire, e no período de aulas, ela saía de Wallingford para levá-lo de carro a piqueniques. Agatha mandava para ele todas as suas histórias assim que eram publicadas. Verificadas, primeiro, pela equipe da escola, elas eram devolvidas a Mathew já bem manuseadas. Max tentou ensinar a Mathew a escrita cuneiforme, e ele e Agatha estimulavam o gosto do jovem pelo críquete. No verão, Gowler passava horas jogando com Mathew e fazendo truques de mágica, nos quais era especialista. (Mas Gowler não tinha múltiplos talentos: ele, invariavelmente, perdia o concurso de culinária em Brixham para "Uma salada", apesar de suas obras artísticas com maionese; ele ficou em segundo lugar até no ano em que o prato dele foi o único participante.)

Greenway serviu de modelo para o cenário do livro escrito por Agatha naquele outono em Wallingford, *A extravagância do morto*, no qual uma agitada Sra. Oliver convoca Poirot a uma festa para a qual ela organizou uma "caça ao assassino", em que alguém acabou morto de verdade. O livro tinha boa parte de Greenway, da bateria até o ancoradouro, passando pela extensa ladeira verde que levava aos "jardins altos" e a um albergue da juventude nas proximidades, como o que ficava ao lado das terras de Agatha (a partir do qual mochileiros errantes às vezes entravam pelo jardim, olhando abismados pelas janelas altas o almoço de domingo da família, em traje a rigor). Agatha geralmente era solicitada a emprestar o jardim para festas e inundada com pedidos, sempre recusados, de realizar outras tantas. Ela se deliciava em organizar caças ao tesouro para Mathew, os filhos de Cecil — John e Peter — e os filhos dos amigos diplomatas e arqueólogos que se hospedavam em Greenway. Tudo isso se entrelaçava em uma história que começava ensolarada e terminava sombria. A preocupação de Agatha com perucas também faz uma aparição na forma dos cabelos postiços da Sra. Oliver e nas trocas de itens de chapelaria de outras pessoas.

Outro romance foi rascunhado em Nimrud nos primeiros meses de 1955, *Morte na rua Hickory* (*Hickory Dickory Dock*, em inglês), o último com título inspirado em uma canção infantil, embora Agatha tivesse um livro de exercícios cheio de outras ideias: "*Ding Dong Bell, Pussy's in the Well* (Ding Dong, fato, o gato está no buraco, em tradução livre) — uma antiga empregada assassinada; *One, Two, Three, Four, Five, Catching Fishes All Alive* (Um, dois, três, quatro, cinco, pescando com afinco, em tradução livre) — Sra. C. tem filha do primeiro marido (não prestava) [...]; *Mary, Mary, Quite Contrary, How Does Your Garden Grow?* (Maria, Maria, que só contraria, como cresce o seu jardim?, em tradução livre) — [...] flores em cada corpo: violetas, tamareiras." Algumas dessas tramas foram utilizadas posteriormente. A história se passa no albergue para estudantes da Sra. Nicoletis. Agatha desenhou a personagem de modo bastante realista, levando um Sr. Nicoletis a escrever quando o livro foi lançado, alegando que a mãe dele se lembrava de ter hospedado Agatha em seu pensionato e fora difamada na obra. Agatha admoestou Cork: "Eu *inventei* o nome. Tenho certeza de que é tudo bobagem [...]. Se isto supostamente aconteceu na França, eu jamais fiquei em um albergue para estudantes de qualquer tipo [...]. Quando lá estive com minha mãe, sempre ficamos no Hotel d'Iéna, e nos últimos anos sempre foram Hotéis em torno da rue de Rivoli e o querido Bristol." (Agatha sempre escrevia Hotéis em maiúsculas, junto com Banheiros, Banhos e seus alimentos favoritos, Caviar, Presunto, Vol-au-Vents, Lagosta etc.) Ela acrescentou firmemente: "O Sr. Nicoletis deve estar apenas obcecado por ter uma mãe desagradável. É terrível inventar personagens que saem tão reais. Definitivamente estranho!"

Agatha doou os royalties de *Morte na rua Hickory* para seus sobrinhos, John e Pete Mallowan, e celebrou o término de mais um livro indo a bazares para adquirir um tapete de seda e retratos de artistas iraquianos, admitindo: "Este é um lugar onde meu imenso poder natural de gastar tem pouco escopo." Max também estava feliz, pois estava escavando um local promissor: "Caixas e caixas de gênios e demônios alados para evitar o mal estão chegando", Agatha disse a Cork: "e ontem apareceram: um grande pedaço de marfim quebrado e madeira queimada!" Contudo, o clima ficou tempestuoso e no fim de março ela pegou um resfriado tão grave que a levou ao hospital em Mossul. Ela se recuperou na Páscoa, desculpando-se pelas cartas ranzinzas que enviou e atribuindo a "esteira de mau humor" aos "remédios que mataram a minha amabilidade". A cura foi acelerada pela gentileza de Cork, que mandou o livro perfeito para ela: a exposição como farsa de um crânio "pré-histórico" do assim chamado "Homem de Piltdown": "Que boato *maravilhoso* foi tudo isso!", escreveu ela, extasiada.

Igualmente estimulante foi o telegrama de Cork para dizer que a rainha assistiria a uma apresentação especial de *Testemunha de acusação* no Windsor Repertory Theatre. A peça continuava a fazer sucesso, e quando Agatha voltou à Inglaterra, em maio de 1955, Cork disse que isso gerou uma enxurrada de pedidos visando adaptar outras obras para o teatro, que ele continuava a recusar em seu nome. Todas as aventuras teatrais de Agatha estavam prosperando. E parecia que Peter Saunders finalmente conseguiria tirar *Hora zero* de Bertie Meyer, enquanto a disputa jurídica sobre os direitos norte-americanos para *O refúgio* entrou em um estágio mais emocionante com a morte do bicho-papão norte-americano Lee Shubert em novembro de 1954. Embora *A ratoeira* tenha começado a enfraquecer em fevereiro, após o término da participação de Richard Attenborough, Saunders decidiu que valia a pena mantê-la até a milésima apresentação, pois apenas 14 peças na história do teatro britânico tinham ficado tanto tempo em cartaz. Ele preparou o assessor de imprensa e ofereceu um programa comemorativo de seda, gratuito, para todos os integrantes da plateia naquela noite. Foi um imenso sucesso. Saunders escreveu para Agatha em êxtase, mas a carta se extraviou: "Envelope chegou sem nada, escrito Sem Conteúdo", disse ela a Cork. "Diga a ele para fazer menos programas de seda e lamber mais os envelopes!"

Choveram cartas de admiradores e empresários. Agatha preferia ser chamada de Sra. ou Srta. Christie? (Sra. Christie.) Ela contribuiria para um livro de pratos favoritos dos famosos? (Não.) A BBC poderia tirar fotos de Greenway para a TV? (Não.) Ela participaria de um programa da BBC chamado *Falando francamente*? (Cork aconselhou: "Penso que você deveria recusar pessoalmente.") A BBC desejava entrevistar Agatha havia algum tempo. Em 1953, eles a convidaram para participar de um novo programa, chamado *Panorama*, para "ficar sentada em uma poltrona" e ser "gentilmente entrevistada". Cork disse ao produtor: "Lamento que a Sra. Christie sinta que, definitivamente, não gostaria de aparecer na televisão, em quaisquer circunstâncias. Como lhe disse, ela é deveras tímida e odeia publicidade de qualquer tipo, então, temo que não haja o que fazer em relação a isso." Mesmo assim, a BBC transmitiu em fevereiro de 1955 um programa de rádio chamado *Close-Up*, escrito por Gale Pedrick, que teve contribuições de vários amigos e colegas de Agatha. Ela não gostou.

As relações dela com a BBC nem sempre foram turbulentas. Embora Agatha desconfiasse da televisão, ela gostava de trabalhar para o rádio e com um produtor específico: Martyn Webster. No fim de 1955 ele produziu uma peça escrita por ela com base em uma de suas frases favoritas da Bíblia, *Butter in a Lordly Dish* (Manteiga em prato de nobres, em tradução livre). Esse drama macabro, com uma hora de duração, contava a história de Sir Luke Enderby, advogado distinto e mulherengo. Aparentemente, Sir Luke persuadiu o tribunal a enforcar um inocente. Essa morte foi vingada de modo terrível, pois ele foi destruído, assim como Jael destruiu Sísera quando, após ter lhe servido "manteiga em um prato de nobres", ela martelou um prego em sua testa. Felizmente, Agatha forneceu apenas efeitos sonoros para a peça.

Em setembro de 1955, Agatha e Max celebraram as bodas de prata, levando Billy Collins a visitar Greenway pela primeira vez: "Smoking para as celebrações, e o banho ainda é bom e morno", avisou Agatha. Cork não pôde comparecer, mas enviou um candelabro de prata: "Felizmente *sem* cortador para decepar nossas cabeças", brincou Agatha. Problemas de última hora foram transformados em pontos positivos: "Alguns convidados tiveram gastroenterite e tivemos problemas domésticos. Resultado — MUITO Caviar!!"

Agatha também podia celebrar o fato de estar bem adiantada em seus compromissos. Não só o livro *A extravagância do morto* estava pronto para 1956 como desde a primavera de 1955 ela vinha trabalhando "em ritmo oriental" em um novo texto de Mary Westmacott: "Há vários bons nomes cristãos possíveis", escreveu ela a Cork. "Não consigo começar a escrever até encontrar nomes que sinto estarem *corretos*." Esse romance virou *A carga*. Agatha definiu o tema desde o início: "Duas irmãs — A mais velha, amorosa, possessiva e determinada para que a mais nova fosse feliz." Ela acrescentou uma frase que costumava citar: "Leve o que quiser e pague por isso, disse Deus." Enquanto trabalhava no romance em Winterbrook no outono, Agatha desenvolveu esta metáfora: "Às vezes você não tem a moeda certa. E aí outra pessoa precisa pagar."

Desde o início Agatha tinha certeza de uma das ideias centrais do romance: as conjunções entre vidas separadas e a forma pela qual elas podem ser afetadas por interferências deliberadas ou coincidências. Os títulos provisórios nessa etapa foram *Double Entry* (Partidas dobradas, lembrado de suas lições de contabilidade), *Cross Reference* (Referência cruzada, em tradução livre), *Angels of Attack* (Anjos de ataque, em tradução livre) e *Point of Interception* (Ponto de interceptação, em tradução livre). Esse esboço logo se misturou a outra trama, curiosamente tirada de *Retrato inacabado*. Ela fala de uma menininha chamada Hazel, enviada para viver com a tia, mais ou menos como Clara foi enviada para morar com Margaret. A "Bruxa Hazel" acredita (também como Clara) que tem intuições, e seu dom incomum acaba sendo explorado por um empresário. Embora Agatha tenha abandonado essa narrativa antes da conclusão, ela serviu de base para a trama do pastor cuja história está, de alguma forma estranha, ligada à das irmãs de *A carga*. "Que lucro tem o homem se ele ganha o mundo inteiro, mas perde a própria alma?", escreveu Agatha no meio de suas anotações para "Projeto Geral 1955: M.W.", fornecendo a chave para esse romance idiossincrático.

Agatha deixou o manuscrito datilografado de *A carga* com Cork quando viajou para Nimrud no início de 1956. Ela recebeu o título de C.B.E. (Commander of the Most Excellent Order of the British Empire — Comandante da Excelentíssima Ordem do Império Britânico, em tradução livre) na lista de honrarias do Ano-novo. "Um ponto para os Sem Cultura!!", escreveu ela a Cork de Bagdá, relatando: "Minha posição social subiu muito aqui. Sou convidada para festas com embaixadores e ministros, e o *Times* iraquiano me promoveu a Dame!!"

Instalada em Nimrud, ela terminou uma história de detetive que havia começado no outono. Agatha usou uma ideia que lhe ocorria com frequência e entrou sutilmente em um rascunho inicial de *A carga*: dois trens passando um pelo outro em direções opostas ou um trem ultrapassando o outro. Há muito tempo ela fez a anotação: "Homem vê garota sendo estrangulada em trem", e então a desenvolveu como um novo problema para Miss Marple: "Trem. Vindo de Londres, Reading — passa pelo local — sem corredores? [...]. Agora — o que realmente aconteceu? Homem estrangula mulher. O corpo dela é jogado de um vagão em um dique ou campo. Ou túnel? Se for túnel, o quanto fica longe de Londres? Dique ou campo [...]." Agatha mergulhou na história, apresentando a Sra. McGillicuddy e Lucy Eyelesbarrow, o "homem da perna" para Miss Marple, que achava cada vez mais difícil correr por aí, exatamente como Agatha. (Sendo excepcionalmente esperta, a Srta. Eyelesbarrow reconhecia que os cargos mais bem-pagos estavam no serviço doméstico, ilustrando uma das lamentações mais sinceras de Agatha.) Há também alguns menininhos felizes na história, bem parecidos com Mathew.

O título do novo mistério de Agatha teve várias mudanças. Primeiro foi *The 4.15 from Paddington* (O 16h15 de Paddington, em tradução livre), depois passou para *The 4.30* (O 16h30), seguido por *The 4.50* (O 16h50), e quando Agatha enviou o rascunho para Cork, em março de 1956, *The 4.54* (O 16h54). Em Nimrud ela pediu conselhos a Peter Hulin, epigrafista com paixão por ferrovias e horários, e escolheu 16h54, pois ele garantiu que nenhum trem saía de Paddington naquele horário. Segundo ela informou a Cork: "Penso que as pessoas poderiam escrever e dizer 'mas o 16h40 (ou seja qual for o horário) vai para Weston-Super-Mare'." A Collins achou tudo isso muito complicado, enquanto a Dodd, Mead sugeriu que os leitores norte-americanos não reconheceriam a estação. Exasperada, Agatha ofereceu a Cork o título *4.54 from London* (16h54 de Londres), acrescentando que se eles temessem outro Sr. Nicoletis, "podem chamar a estação de Padderloo, caso alguém viva em uma casa grande cercada por ferrovias [...]". A editora decidiu pelo título *A testemunha ocular do crime*. Entre todos esses ajustes, Agatha negligenciou a idade de Miss Marple, que agora parecia ter 90 anos. Após alguns cortes cuidadosos, o livro ficou pronto: "É fascinante sentir que eu não escrevia nada havia muito tempo!!! Basta costurar e ler!", escreveu Agatha a Cork, extasiada.

O projeto seguinte foi organizar uma visita aos Estados Unidos com Max, que tinha recebido uma medalha de ouro da Universidade da Pensilvânia. Eles foram em maio e ficaram duas semanas no país. Cork e Ober garantiram às autoridades que Agatha, que àquela altura já tinha pago milhares de dólares em impostos norte-americanos, não seria um encargo aos fundos públicos dos EUA, enquanto ela investigava rotas de trem — "Odeio a ideia de tantos voos" — e buscava hotéis *tranquilos*. "Será tudo muito caro", confessou, "mas eu preciso *viajar* confortavelmente a essa altura da vida". Ela pensou em ir de trem até Los Angeles, onde Charles Laughton, Tyrone Power e Marlene Dietrich estavam filmando *Testemunha de acusação*, mas Ober e Cork tentaram demovê-la da "ideia louca de passar por Hollywood" e Agatha prometeu fazer "outros planos para a *minha* semana de diversão". Cork disse a Ober que ela estava decidida a fazer o que considerasse necessário ou desejável durante as últimas 48 horas em Nova York, mas até lá ela gostaria de deixar claro que o astro da ocasião era Max, e ela iria à Filadélfia como Sra. Mallowan.

Agatha e Max voltaram de Nimrud mais cedo que o usual, em 1957, e após telefonar para Cork pedindo o que ela descreveu como "a última dose" e ter feito unhas e cabelo "para não chegar a Nova York parecendo uma selvagem", eles partiram. Segundo Cork soube pela colega de Ober, Dorothy Olding, Agatha chegou "cheia de energia". De acordo com o cartão-postal, Agatha e Max aproveitaram três dias de paz no Grand Canyon após a apresentação: "Estou me divertindo imensamente. Na verdade, não poderia estar me divertindo mais!! Preciso fazer tudo isto de novo!" Ela acabou indo a Los Angeles e fotografias dela e Max foram enviadas a Dorothy Olding pelo escritório da Swanson, com um bilhete de Agatha dizendo que tudo ia bem com *Testemunha de acusação*. "Ficamos enfeitiçados por ela", relatou Dorothy, e Agatha ficou tão encantada com os Estados Unidos como em sua primeira visita nos anos 1920.

Greenway e o trabalho a esperavam. Agatha avisou a Cork: sem entrevistas, nem artigos ou resenhas de livros, pois "Vai tomar todo o meu tempo e energia fazer o livro anual!!". Contudo, havia um último suplício a ser enfrentado antes de se dedicar à escrita sem perturbações: a festa de Peter Saunders para *A ratoeira*, que no dia 13 de setembro completaria 1.998 apresentações, virando a peça com mais tempo em cartaz na história do teatro britânico, como ele anunciou cheio de orgulho. Programas especiais novamente foram impressos, com uma fotografia de Agatha (aprovada por ela) na capa. "Estou apreensiva e nervosa", ela confidenciou a Cork. "Contudo, *talvez* seja divertido? (Duvido muito.)" Após deixar o evento para trás, Agatha pôde apreciar Greenway e, no fim do outono, trabalhar em uma nova trama, sugerida por Stella Kirwan, que ajudava Agatha a manter a datilografia e as cartas em ordem. Ela chamou a atenção para a história de um explorador da Antártica que tinha contado recentemente aos jornais sobre a estranheza de voltar para casa após meses sem notícias. Agatha pensou e mandou um bilhete a Cork em outubro: "Quero saber de um de nossos advogados ou conselheiros jurídicos o que aconteceria no seguinte caso:"

> Jovem A é acusado de assassinar madrasta, a quem ele acerta na cabeça. Ele é julgado e condenado à prisão perpétua. A defesa insiste em um álibi: ele estava com uma determinada pessoa B, um desconhecido, na hora do assassinato. Contudo, B nunca foi encontrado, e tudo parece claramente uma invenção.

"Se B reaparecer e inocentar A, que a essa altura morreu na prisão", perguntava Agatha, "qual seria a posição em termos jurídicos? Um 'perdão' seria concedido postumamente? Quais seriam as etapas, se isso acontecer? Além disso, a polícia reabriria o caso? A deixou família, esposa, irmãs etc. Gostaria de uma resposta o mais rápido possível, pois me ajudaria a trabalhar mais habilmente."

O livro seria *Punição para a inocência*, que examinava outra preocupação de Agatha: o mal feito pelo culpado não só à vítima do crime como também ao inocente, gerando suspeitas até que a culpa seja claramente atribuída. Outro tema familiar era o preço emocional e psicológico exigido pelo amor materno, especialmente o da mãe adotiva. O livro foi enviado à Collins com o nome de *The Innocent* (O inocente, em tradução livre). Cork sugeriu o novo título, celebrado com Agatha em um almoço no Caprice. O livro, que seus editores consideraram o melhor dela em vários anos, foi dedicado, "com afeto e respeito", a Billy Collins.

No meio do trabalho em *Punição para a inocência*, Agatha escreveu o conto "A boneca da modista". "Por favor, diga o que você pensa dele", perguntou Cork a Dorothy Olding. "Ela estava bem avançada em um novo romance de mistério quando subitamente sentiu que precisava escrever esse pequeno texto." Ele pode ser encontrado em duas coletâneas, *Double Sin*, lançada nos Estados Unidos em 1961, e *Os últimos casos de Miss Marple*, publicada no Reino Unido em 1979. Na verdade, o conto nada tinha a ver com Miss Marple, sendo mais estranho e exótico, o tipo de história que Agatha escreveu mais no início da carreira, como as de *O cão da morte*. "A boneca da modista" é exatamente o que diz o título: uma boneca em tamanho real, de "veludo, seda e um pouco de tinta", deitada no sofá, "a Boneca Fantoche, desejo das Mulheres Ricas, que vivem recostadas ao lado do telefone ou entre as almofadas do divã". Porém, essa boneca tem a capacidade sobrenatural de andar por aí quando está sozinha. Em outras ocasiões ela fica parada, "com uma naturalidade extraordinária", parecendo inteligente, "como se tivesse ciência de algo que desconhecemos". O comportamento da boneca é tão enervante que a costureira acaba jogando-a pela janela, e ela termina adotada por uma criança da rua. Horrorizada, a costureira tenta convencer a criança a ceder o objeto assustador, sem sucesso: "Se você não a odiasse, não teria jogado a boneca pela janela. Eu a amo, e digo que é isto que ela quer." A história é tão estranha e forte que deve ter surgido de algum medo ou sonho de Agatha, que ainda era calada como na infância, mas não era mais ignorada, ou pode ser apenas a história de um fantoche que ganha vida graças à ansiedade de ser amado.

Com o romance terminado, Agatha se divertiu com livros, jardins, ópera, teatro, comidas deliciosas e viagens. Ela e Max foram a Barbados, em busca do sol. Em Londres ela ia frequentemente ao teatro, vendo *O jardim das cerejeiras*, *Morning Becomes Electra* e *The Elder Statesman* em um camarote bem na frente, pois estava ficando surda. A base para essas expedições era Chelsea, onde ela ficava em

48 Swan Court, porque Cresswell Place fora alugada novamente, logo após Agatha ter retomado alegremente a posse do imóvel.

Após o Natal (Cork delicadamente agradeceu por um prato "um pouco quebrado pelos correios"), Max e Agatha voltaram ao Iraque. A revolução tinha acontecido no mês de julho anterior e apareceria em uma história de mistério criada por ela na primavera de 1958, *Um gato entre os pombos*, dedicado a Stella e Larry Kirwan. Era uma história de Poirot, que lida com os disfarces e enganos causados pelas aparências, e ambientada em uma escola de meninas, livremente baseada em Caledônia e Benenden. Parte da trama foi tirada de alguns pensamentos iniciais de Agatha para *Aventura em Bagdá*: "Ideia", ela escreveu na época, "joias escondidas no gesso em volta do braço [...]. Tudo poderia ser roubo de joias. Ou contrabando?". Agatha cogitou outra opção, mostrando que se mantinha atualizada (há menção ao foguete Sputnik em *Punição para a inocência*): "Microfilmes?"

Enquanto Agatha estava ausente, Saunders ensaiava a peça mais recente escrita por ela, *No Fields of Amaranth* (Não há campos de amarantos, em tradução livre), na qual um aluno apaixonado por uma professora refugiada de meia-idade mata a esposa deficiente física. O título foi tirado de uma frase de Walter Savage Landor: "Não há campos de amaranto deste lado da tumba." Mas como o título pertencia a uma obra escrita por grupos de teatro amador, a peça estreou no Strand em 22 de maio como *Verdict* (Veredito, em tradução livre), e foi um fracasso. Agatha acreditava que a mudança de título levou a audiência a esperar um suspense ou uma peça de detetive, embora fosse um drama mais complexo. Ela disse a Billy Collins e à esposa dele, Pierre: "Críticos são, definitivamente, contra um assassinato sem mistério. Ainda podemos ter esperança, pois muitos parecem estar gostando da peça." Cork, que não considerava *Verdict* uma boa peça, esperava que o nome de Agatha a sustentasse, mas após um mês, e devido a comentários negativos da imprensa, que a prejudicaram, ela saiu de cartaz. Peter Saunders imediatamente estimulou Agatha a terminar outra peça, *Os visitantes inesperados*, que foi entregue em julho. Ela havia escrito algumas anotações para essa peça após terminar *Depois do funeral*, então pegou esse rascunho inicial e o desenvolveu (atrás de três listas de compras, uma delas feita por Max, e um soneto para o aniversário de Rosalind). A ideia principal era "FOG" e uma voz repetindo as palavras "você consegue, Jan, você consegue", que também poderiam ser "uma gravação ou ditafone ou falada por um papagaio". Havia ainda uma brincadeira complicada envolvendo a noção de que a esperteza de uma pessoa pode na verdade significar que ela seja desequilibrada e aparentemente não muito inteligente. Agatha permitiu que algo do seu irmão entrasse no personagem do homem assassinado que tinha dado um tiro a curta distância em uma mulher que passava pelo jardim para entrar na casa, como fez Monty. Peter Saunders pôs *Os visitantes inesperados* em Bristol, e Agatha escreveu alegremente para Cork: "Cruze os dedos para dar boa sorte. Como você já deve ter ouvido a essa altura, a peça foi bem e eu tive um trabalho e tanto sendo 'modesta nos trajes de gala para o teatro'." A peça estreou em Londres no dia 12 de agosto. Mais bem-recebida do que *Verdict*, teve uma temporada de 18 meses, para alívio de todos. Sobre as críticas, Agatha comentou: "Tudo ficou como antes e *Verdict* está perdoada [...]."

Enquanto isso, *A ratoeira* celebrou mais um aniversário, pois no dia 13 de abril de 1958 ganhou o título de "produção com mais tempo em cartaz na história do teatro britânico", para deleite de Peter Saunders, que aproveitou a oportunidade para dar à peça um imenso impulso de relações-públicas. Mil pessoas foram convidadas a uma festa no Hotel Savoy, que reservou todas as mesas do restaurante para a ocasião. Havia duas salas para a imprensa, incluindo câmeras de cinema e TV. "Vejo você no 'Inferno no Savoy' domingo", escreveu Agatha para Cork na semana anterior, mas ela foi leal e se manteve ao lado de Peter Saunders para receber os convidados. Indicando o quanto a festa foi um suplício para Agatha, ela quase se permitiu ser impedida de entrar por um porteiro excessivamente zeloso ao obedecer às instruções e chegar cedo. Essa história também foi parar nos jornais.

Agatha era grata a Peter. Ela até pediu a Cork para tentar encontrar os dois textos originais de *A ratoeira,* a fim de encadernar especificamente para ele e Anthony (que não chegou a receber sua cópia). Contudo, ela acreditava que o segredo da popularidade da peça estava na trama inteligente e bem-construída, o que era verdade. Mesmo assim, ficou claro até para Agatha que *A ratoeira* virou um monumento teatral. Quanto mais tempo ela ficava em cartaz, mais tempo continuaria se Saunders permanecesse atuando como divulgador. Tornou-se evidente que Agatha, cada vez mais adversa à autopromoção, seria obrigada a participar de uma série de desvarios, pois ela celebrou vários aniversários da peça. Ela suportou tudo isso: ir às festas de Peter, doar a Taça Ratoeira para o vencedor da corrida de cavalos que ela sempre frequentava em Exeter, ser fotografada ao lado de cada elenco. Tudo virou uma piada familiar, à qual os parentes também se juntaram, presenteando Agatha e eventualmente Mathew, atual detentor dos direitos de *A ratoeira*, com ratos ornamentais, recipientes de porcelana para guardar queijo e até um anel de diamante com um ratinho escalando o dedo de quem o usaria. Essa atitude era partilhada pelos críticos britânicos, enquanto turistas de todos os países do mundo corriam para ver *A ratoeira*, com ingressos reservados por agências de viagens com meses de antecedência ou à medida que as produções eram exportadas para Tóquio e outras cidades pelo mundo. Os compatriotas de Agatha tratavam toda a empreitada com um misto de tolerante alegria e orgulho, mantendo-se dignos ao serem gentilmente depreciativos sobre algo vendido de modo tão empolgado. Mas seria injusto dar a entender que Agatha não tinha orgulho de *A ratoeira*. Impressionada e entretida com o sucesso da peça, ela a considerava excelente prova de habilidade e se importava com a mensagem transmitida pela obra. No fim da vida, ela carregava na bolsa que sempre tinha à mão um pequeno camundongo de prata, enviado por um admirador, e inconscientemente acariciava o bibelô em momentos de ansiedade.

Não houve livro novo para a Collins em 1959 e eles foram obrigados a lançar em 1960 uma coletânea de histórias longas que tinham discutido havia alguns anos. O volume chamado *A aventura do pudim de Natal* tinha seis histórias, cinco com Poirot e uma com Miss Marple, uma coletânea que até o lançamento desta obra não tinha sido publicada no Reino Unido e da qual todos os contos, exceto um, foram publicados em livro apenas nos Estados Unidos.

A certa altura parecia que esse livro nem seria publicado. Os gráficos fizeram greve de seis semanas e meia no verão de 1959 e surgiram outras dificuldades quando ela acabou, pois Agatha se recusava a permitir a inclusão de *Três ratos cegos* na coletânea. "Vai estragar o prazer da peça e muita gente ainda não a assistiu!!" Ela sugeriu aumentar algumas das histórias de modo que *A aventura do pudim de Natal* acabou saindo na primavera de 1960, após Agatha retornar das viagens de inverno.

A conclusão da expedição anual a Nimrud não encerrou a jornada de Max e Agatha. Max, que recebeu o título de C.B.E. na lista de honrarias do Ano-novo, envolveu-se em mais um projeto importante: a criação de Escolas Britânicas e institutos de arqueologia em outros países do Oriente. Em janeiro de 1960 ele e Agatha foram à Índia, Paquistão e Pérsia, mas antes tiraram férias curtas com Rosalind, Anthony e Mathew no Ceilão: "Banhos deliciosos. Boa quantidade de ruínas para Max e alguns belos cenários de montanha", escreveu Agatha a Cork. Contudo, ela não conseguiu manter o anonimato: "Dois fotógrafos mal-educados tentaram me flagrar tomando banho e foram frustrados (acredito eu) por Rosalind e Mathew correndo comigo, um de cada lado. Espero que tenham tido sucesso, pois era uma atitude rude no estado em que me encontrava naquele momento. (Praticamente um *close-up* de um grande traseiro.)" O jornal *Times* de Colombo descreveu Agatha como uma "mulher de bom coração, cuja fama não lhe tirou a modéstia", mas, "graças aos céus", ela contou a Cork que pôde ficar "despreocupada como uma menina" em Bombaim, pois "a fama ainda não me alcançou aqui". Max ficou impressionado por Agatha ter sobrevivido à jornada e relatou aos Kirwans: "Viajamos cerca de 5 mil quilômetros até o passo Khyber", procurando sítios arqueológicos, museus e participando de festas, das quais saíram "mais empanturrados de ideias do que de comida". Ele continuou: "Aparentemente, Agatha é muito lida no Paquistão, pois até nos lugares mais obscuros havia fãs pulando no trem e batendo nas portas da cabine em busca de autógrafos. Todos incrivelmente amigáveis, mas qualquer chance de privacidade em nossas viagens parece ter desaparecido." No fim de fevereiro, eles foram de Katmandu à Pérsia, de avião, onde

Agatha foi novamente assediada: no Park Hotel de Teerã sete fotógrafos se aglomeravam na saída do quarto de Agatha.

Ela voltou a tempo para a estreia de *Go Back for Murder*, adaptação de *Os cinco porquinhos*, que estreou no Duchess Theatre londrino no dia 23 de março. Ela recebeu as "críticas mais maliciosas que já tivemos, pior até do que *Verdict*", disse Cork a Rosalind, que por sua vez relatou o aborrecimento de Agatha, "embora eu tenha certeza de que ela não considerava alguns atores suficientemente bons". *A ratoeira*, no entanto, continuava um sucesso. "Qual é a ideia incrível de Peter para a apresentação de número trezentos? Uma apresentação em um avião chique para Edimburgo?", Agatha perguntou a Cork, temerosa.

O fim da década foi marcado por outro fato, além do fim do trabalho de Max em Nimrud. No outono de 1959, Harold Ober morreu de ataque cardíaco em Nova York, aos 78 anos, após ter cuidado dos negócios de Agatha nos Estados Unidos por 30 anos. Ele e Cork foram pilares gêmeos, sempre apoiando a cliente exigente, mas recompensadora, e o registro das discussões feitas por cartas, telegramas e memorandos, apenas raramente em reuniões ou por telefone, revela a confiança e a compreensão que se desenvolveu entre eles. A correspondência entre Cork e Ober e Cork e Agatha é um arquivo impressionante, iluminando um aspecto da vida de uma escritora que dificilmente chama a atenção: o papel do agente literário como representante, aliado e intermediário. Ao longo dos anos, Ober desenvolveu, com a ajuda de Cork, um instinto para o que Agatha aceitaria ou não. Por sorte, Dorothy Olding vinha trabalhando diretamente com Ober nos últimos anos e era amiga de Cork. Embora a morte de Ober tenha sido um golpe, os negócios de Agatha continuaram em mãos fortes e familiares.

Agatha estava feliz e serena. Em 1954 ela retomou as "Confissões" e escreveu uma nova entrada, definindo sua ocupação favorita como "sentar-se ao sol e não fazer nada", e a "principal aversão" como "multidões, barulhos, festas, conversa demais". No alto da página ela colocou: "*Tout comprendre, c'est tout pardonner*" e, nesse espírito, após anos de silêncio, escreveu para Archie quando Nancy morreu, no verão de 1958, dizendo saber o quanto a situação deveria ser difícil após tanta felicidade. Archie havia se aposentado após uma carreira de sucesso como diretor de vários fundos de investimentos e outras empresas na City. Ele e Nancy passaram a morar no campo com o filho, também chamado Archie e conhecido como Beau, e continuaram a ver Sam e Madge James com frequência. Quando Sam James morreu subitamente, por volta dos 40 anos, eles consolaram Madge, cujos assuntos financeiros eram diligentemente resolvidos por Archie. Agora, Madge ficava de olho em Archie, que continuou a ver Rosalind ocasionalmente. Em 1962, Archie teve notícias de Mathew, que escreveu de Eton perguntando se eles poderiam se encontrar, pois ele não conhecia o avô. Os dois organizaram um encontro em Londres, mas pouco antes do dia escolhido Archie passou mal. Madge James, que estava com ele, chamou uma ambulância e o visitou no hospital, contrabandeando uma garrafa do uísque favorito dele para aliviar a dor. Archie morreu em dezembro, sem conhecer Mathew.

Agatha estava grata pela vida calma e plena que levava. No meio de 1950, ela decidiu fazer o que chamou de "ação de graças" e ofereceu um vitral para a igreja de Churston, onde ficava Greenway. Cork entrou em contato com a autoridade diocesana em Exeter e obteve a permissão para instalar um vitral na janela oeste, a fim de substituir o que ela sempre considerou insosso e pouco inspirador. Não haveria indicação de que Agatha tinha sido a doadora, mas ela insistiu que o vitral não retrataria a Crucificação, como é comum na janela leste, e sim "a bondade de Deus". Ela enfatizou ao projetista, Sr. James Paterson, diretor da Escola de Arte Bideford, que desejava "um vitral feliz [...] para uma igreja simples de uma área com população rural". Para ela, a janela deveria inspirar o tipo de deleite inocente que as pessoas obtinham com as peças moralistas medievais. As sugestões do Sr. Paterson a agradaram, mas Agatha estava preocupada e pediu que a figura central não tivesse "um rosto muito velho e triste". Ela gostou da sugestão feita por ele de retratar os Reis Magos, mas tinha reservas sobre as outras ideias: "Nunca me senti atraída pela doutrina ou pelas imagens da Anunciação, pois para mim o anjo chegando com um lírio é um tipo de símbolo eclesiástico que me parece tolo. Se você tem um forte sentimento pelo anjo", escreveu ela ao Sr. Paterson, "ele poderia não aparecer aos pastores?". Na primavera de 1957 foi instalada a janela leste, com adereços e cinco vitrais. Nessa época, o Sr. Paterson descobriu que a Sra. Mallowan era Agatha Christie, mas apenas porque a esposa ouviu a informação no rádio.

Em setembro de 1960 Agatha tinha 70 anos e ainda trabalhava muito. Para um jornalista sul-americano que queria retratá-la como exemplo para estimular mulheres brasileiras a fazer algo mais do que passar o dia com trivialidades, ela respondeu com melancolia em uma carta a Cork: "As mulheres brasileiras são felizes e sortudas." Contudo, a passagem do tempo a deixou mais filosófica. Quando a amiga do Detection Club, Christianna Brand, avisou que Ritchie-Calder pretendia marcar o aniversário de Agatha com um artigo na *New Statesman* sobre seu desaparecimento em 1926, ela aceitou a notícia calmamente: "Ouso dizer que você já soube disso", disse ela a Cork, "e pode se preocupar sobre a notícia chegar a meus ouvidos, mas afinal é apenas o que surge de tempos em tempos, e o que importa após todos esses anos? Uma das vantagens de ter 70 anos é simplesmente não se importar mais com o que dizem a seu respeito. É algo que não pode ser evitado, sendo apenas levemente inoportuno, e quanto menos notarmos isso, melhor, você concorda?" Ela ignorou o artigo e se concentrou em aproveitar o aniversário, com direito à ópera *Rheingold* em Covent Garden, planos de ver o Auto da Paixão em Oberammergau e férias com Max na Irlanda: "O Moules Marinière e o Lagostim, quente e frio, simplesmente soberbos!!" No dia, ela jantou com toda a pompa em Greenway, em sua cadeira especial de aniversário enfeitada com flores. "Mal senti a idade!!", declarou. "Lagosta *rica* e quente para o jantar."

23

"... um espectador e um observador"

As correspondências que Agatha recebia de admiradores cresceram na mesma proporção da fama por ela alcançada. Alguns pediam conselhos, outros, mandavam tramas. Ela se recusava a ler manuscritos não solicitados (a maldição do autor de sucesso) e negava sugestões bem-intencionadas ao dizer que preferia cuidar das próprias tramas.

Agatha nunca sofreu com a falta de ideias. Uma linha de pensamento podia ser gerada por um objeto, um lugar, uma citação, algum comentário entreouvido ou visão inesperada. Um abridor de cartas com um cabo curioso que apareceu em *Assassinato no campo de golfe* (ela sempre o guardou, mesmo perigosamente enferrujado); *A calçada manchada de sangue* devia parte da inspiração a Agatha ter visto o rosto de Madge coberto de sangue, que na verdade era corante vermelho do doce que ela comera na Regata de Dartmouth e também às exsudações da alfarrobeira. "Por que não pediram a Evans?" foi uma frase tão instigante quanto "Ela terá que se decidir entre eles em algum momento". A Sra. Dane Calthorp, esposa do vigário em *Assassinato na casa do pastor*, lembrava uma amiga imaginativa e excêntrica dos Mallowans, Lady Burnett. As imitações impressionantes de Ruth Draper foram inspiração para *Treze à mesa*, e uma visita a um laboratório produziu "Ideia do isótopo: Carbono 14", que não chegou a ser desenvolvida. Borodene Mansions, em *A terceira moça,* tinha algo de Swan Court, onde uma mulher realmente se jogou de uma janela do andar de cima, e Market Basing tinha características de Wallingford. *O segredo de Chimneys* foi, em parte, produto da meditação de Agatha sobre a política sérvia. Como ela disse a Cork, meio século depois: "Não é preciso dizer ao mordomo que a rainha Draga era minha assassina!!"

Ela sempre se descreveu como desatenta, mas, para os hábitos e comportamentos alheios, Agatha tinha ouvidos e olhos bem afiados. Katharine Woolley não escapou de seu escrutínio, as personagens da enfermeira Leatheran, em *Morte na Mesopotâmia,* e da Sra. Oliver em livros posteriores mostram que Agatha também se via com frieza. Nem a família dela estava imune: "Encontrei uma velha bolsa Gladstone", disse a um jornalista, "e lá estavam o casaco de pele de foca comido por traças, uma bolsa com duas notas antigas e intactas de 5 libras, seis estojos de agulhas etiquetados 'para as empregadas no próximo Natal'. Tudo era da minha avó. [...] Você vê de onde eu tiro dados para a vida de Miss Marple [...]." Isto não significa que todos os personagens de Agatha tenham sido tirados exatamente da vida real. Os companheiros no trem atrasado foram apenas o ponto de partida para *Assassinato no Expresso do Oriente,* os outros viajantes do barco a vapor no Nilo foram apenas o estímulo para *Encontro com a morte.* Agatha estava sintonizada no comportamento e nas atitudes. Ao se declarar desatenta, ela queria dizer que assumia impressões gerais. A habilidade dela estava em discernir "tipos". Havia, por exemplo, o diplomata de meia-idade "com senso de humor idiossincrático, gosto pelo bizarro e independência intelectual" que haviam impedido de chegar ao topo da carreira, como alguns amigos de Max e Agatha. Esse tipo virou Sir Stafford Nye em *Passageiro para Frankfurt.* A mãe megalomaníaca e sádica também apareceu nesse romance, como Agatha já tinha feito em *Encontro com a morte.* Os convidados de Agatha no Grand Hôtel des Roses em 1931 também foram classificados por ela em seu caderno de anotações: "o tipo de mulher que nunca sai de Mayfair [...] e tem doenças complicadas. Um asno de mulher, mas com um verdadeiro gênio para roupas e como vesti-las. Uma família — ou melhor, um grupo [...]. Homem italiano [...] duas garotas, uma de pele escura [...] com sotaque estrangeiro [...] pernas adoráveis [...]."

É difícil explicar como escritores trabalham, especialmente porque os leitores geralmente têm o desejo perverso de se reconhecer em uma história, ao mesmo tempo ressentindo o fato de que o escritor pode estar secretamente "tomando notas" sobre eles. Escritores com tendência a fantasiar, como Agatha, não vivem sem criar pessoas e situações. Suas criações nascem como um sonho, de uma mistura de associações, inspirações e recordações aleatórias que recebem forma e sequência graças ao sonhador. Esse — e não apenas orgulho — era o motivo pelo qual Agatha não podia aceitar ofertas de tramas: as histórias de detetive feitas por outras pessoas eram um prazer, mas não um guia, fazendo com que exercícios colaborativos como *Um furo jornalístico* fossem um terror para ela, que precisava desenvolver uma história sozinha. A composição não era um procedimento, e sim um processo. Os livros de tramas mostram a mente de Agatha em funcionamento, pegando uma ideia, brincando com ela, fazendo variações cada vez mais elaboradas e virando-as pelo avesso.

Há mais de 30 desses livros, de todos os tipos e tamanhos. Eles não podem ser indexados, embora Agatha tenha feito uma corajosa tentativa, mais tarde na vida, porque as anotações para várias histórias estavam frequentemente misturadas, com uma ideia sendo desenvolvida de várias formas, abandonada e retomada ou misturada a outras. Ao explorar meia dúzia de cadernos, é possível descobrir as origens de cada trama, e isso é tentador, pois ilumina a forma pela qual Agatha decidiu por uma ideia, indo da origem ao conceito por meio de associações, hipóteses, paradoxos e lógica. Contudo, este não é o lugar para explicar a origem de cada trama e história e um único exemplo deve servir: *Uma dose mortal*, que Agatha rascunhou no início da guerra.

O ponto de partida era a ideia de que um corpo pode ser identificado pelos registros dentários. Primeiro isso pareceu material promissor para um conto. Em um livro de exercícios, Agatha escreveu: "Acidente de trem — requerente de espólio. Muito se baseia em provas com *dentes* (Morte do dentista?); Assassinato do dentista etc." Em outro caderno, ela retomou um aspecto desse pensamento: "Uma vida Privada *e* uma vida Pública. Um chantagista. Que chance maravilhosa de lidar com um chantagista, se você o tiver na cadeira do dentista. Você pode se passar por um dentista", continuou ela. "Mas então — o que fazer com o *verdadeiro* dentista? Suborná-lo — ou matá-lo?" No alto dessa página Agatha definiu as seis perguntas que o autor de histórias de detetive precisa responder: "Quem? Por quê? Quando? Como? O quê? Qual?" Na parte inferior, ela anotou uma frase que a impressionou (tirada do livro *Stalky and Co*): "'Um rapaz astuto' — Dentista?"

Uma história na qual um dentista identifica um corpo (ou, como na obra de Dorothy Sayers *In the Teeth of the Evidence*, trabalha na mandíbula da vítima) era insuficientemente sutil para Agatha. Em um terceiro livro de exercícios ela continuou: "Outra ideia: Duas 'amigas', Srta. B e Srta. R. Uma vai ao dentista. *OU* a esposa vai a um certo dentista? Srta. B marca consulta com o dentista. Srta. R vai no lugar dela. Os dentes da Srta. R são registrados na ficha com o nome da Srta. B. A Srta. B morre [...] atacada por um mendigo. Ideia é que a Srta. B (rica) deixe dinheiro para a Srta. R (pobre). A Srta. R mata a Srta. B. Começa a caçada à Srta. R. *Na verdade,* a Srta. B mata a Srta. R, então, a caçada está em andamento pela Srta. R, que *está* morta." A imaginação de Agatha agora vai longe: "A Srta. B, mulher rica — abre conta-corrente no banco — ações etc., altera investimentos, empolgada com a 'amiga', Srta. Richards — esteve em 'casa para doentes mentais' há alguns anos ou no exterior — no Canadá — ou governanta na Itália. Tanto a Srta. B quanto a Srta. R vão ao Sr. Morley — acidente de carro. *Um* corpo encontrado — Srta. B — identificada pelos dentes [...]."

Como costumava acontecer, Agatha não parou por aí. Doze "últimas ideias de Dentistas" se seguiram. Uma dizia respeito ao parceiro de um dentista ("Conduta pouco profissional?"), outra ideia mencionava o presidente de um conselho diretor, "um pouco petulante — dor de dente — na reunião do conselho". Um parágrafo inteiro envolve Hercule Poirot encontrando na porta do dentista um homem com "dentes muito brancos" ou, outra opção, uma mulher "marido serviço secreto etc. O rosto dela estava desfigurado — irreconhecível", e uma terceira era sobre uma pessoa com dentes projetados vista em silhueta. As últimas duas sugestões revelam sinais de exaustão: "Duas amigas vão juntas ao dentista. Uma infectada com difteria — *ou* o dentista assume o lugar de outro — pode injetar novocaína — ou *outro produto* — e matar seu rival." A leitura de *Uma dose mortal* revela a trama escolhida por Agatha.

Nenhuma variação era descartada para sempre. Agatha era parcimoniosa com suas tramas, como Handel era musicalmente, e às vezes uma ideia que ela não conseguiu usar para uma história aparecia em outra, décadas depois. A imaginação dela era perseverante: *O cinto de Hipólita* foi escrito enquanto Agatha preparava *Os trabalhos de Hércules*, "Diretora? Graduada em Oxford? Manuscrito precioso?". "Os estábulos de Áugias": "Assassinato simulado? H. P. pede a estudante de medicina para produzir cadáver?" Ela acumulava listas de ideias como um arquivo de receitas: "A. Caneta Envenenada. Garota grande e vigorosa; B. História de Críquete (com termos usados) [...] E. História de Enfrentamento [...] vai confessar a verdade, é morto primeiro; F. Enfermeira do Distrito. Alguém atropelado de uniforme, mas dirige *bem* o carro [...] H. Solteirona Artística faz amizade com 'outro grupo de velhas empregadas'; I. Pobre Menina Rica (casa na colina — bens de luxo etc. — dona original...); J. Duas empregadas cometem roubo [...]; K. História do Selo; Mulher/Homem retira dinheiro do banco — Miss M encontra álbum de selos do sobrinho. Encontrado em cartas de amor do exterior."

Miss Marple sempre estimulou a imaginação de Agatha. Ela precisava apenas olhar ao redor para encontrar dicas de tramas: "Tira os sapatos, muito coloridos." As analogias que ocorriam a Miss Marple derivavam da própria observação feita por Agatha do comportamento humano, pistas, como Miss Marple devaneou em *Um passe de mágica*, tiradas do "comportamento peculiar do furgão de entregas do Sr. Selkirk, o carteiro distraído, o jardineiro que trabalhava na Segunda de Pentecostes e o tema muito curioso das roupas leves para o verão".

Contudo, apesar de toda a verossimilhança, Miss Marple não era real e sim uma personagem criada e composta. Os leitores assíduos poderiam dar vida a ela, e a Hercule Poirot, Parker Pyne, inspetor Japp, Sr. Quin, superintendente Spence e Sra. Oliver, preocupando-se com discrepâncias em relatos sucessivos sobre os hábitos e a situação deles, implorando para que Miss Marple e Poirot aparecessem juntos em uma trama. A própria Agatha era mais jovial. Essas eram suas criações, integrantes de um repertório criado por ela, que os manipulava de acordo com seus desejos e o do público. Hercule Poirot e Miss Marple não eram velhos amigos por quem Agatha suspirava quando estava sentada no deserto. Os livros de Poirot e de Marple eram "seus filhos", mas eram invenções, criadas com respeito e afeto. Ao criar a Sra. Oliver, Agatha deixou isso bem claro, retratando uma escritora de romances policiais que desconsidera os leitores por levarem seu herói, um detetive finlandês, muito a sério. Foi uma boa piada de Agatha inspirar a Sra. Oliver em si mesma e dar a ela um parceiro de briga como Poirot, um egoísta que havia roubado os holofotes para si com todo o sucesso.

Não era só a possessividade que fazia Agatha resistir à bajulação dos que imploravam para televisionar seus personagens, colocá-los no rádio, no palco ou no cinema. Ela e Cork tomavam conta de suas criações com um olho no negócio e outro na arte, mas o motivo de Agatha era mais profundo. Ela preferia que seus personagens continuassem nebulosos: até retratar Poirot em uma capa de livro a afligia. Os personagens, a aparência e o ambiente eram criados por Agatha como arquétipos, inteligíveis em qualquer lugar e em qualquer época, como Stephen Glanville reconheceu ao garantir a Max que, em *E no final a morte*, o pano de fundo egípcio era, como ele definiu, "psicologicamente", não mais importante do que o cenário de Devon em *Cinco porquinhos*. Ela tinha certeza de que eles continuavam reconhecíveis, desde que os detalhes fossem deixados para a imaginação do leitor. A literatura permitia isso, ao contrário de outras formas de arte. Dar às suas criações uma voz real seria o primeiro passo para aprisioná-las: "Nem pense", ela disse a Cork em 1949, "que eu deveria ter um Poirot sintético no rádio deste país. Já não é fácil suportar que isso aconteça nos Estados Unidos." É um indicativo do descontentamento cada vez maior de Agatha com Poirot, quase como se tivesse ciúmes dele, que ela tenha mudado de ideia a ponto de permitir, no fim da vida, a utilização da imagem dele em um selo postal da Nicarágua comemorando o centenário da Interpol. "Ele parece", comentou ela em tom de zombaria, "ter grande quantidade de *intestinos* saindo da cabeça. A ideia de alguém sobre as pequenas células cinzentas, eu presumo!" Mesmo assim, ela continuou convencida de que Hercule Poirot era "totalmente inadequado para aparecer em qualquer peça de detetive, pois um detetive deve, necessariamente, ser um espectador e um observador". Tanto que ela cortava o personagem em suas adaptações para o teatro.

Agatha acreditava que obras feitas para um meio não se traduziam facilmente para outro. Ela entendia que seus livros só podiam ser adaptados para o teatro com muito cuidado, preferindo fazer ela mesma as mudanças necessárias: "Isto *pode* ser gerenciado", garantiu ela a Cork em 1942 nas discussões sobre a adaptação de *E não sobrou nenhum*, "mas *eu* teria que fazê-lo." Para levar a história ao palco, ela alterou drasticamente o final, como voltaria a fazer na adaptação de *Morte no Nilo*: "Menos explicação — mais ação — penso que havia muito *raciocínio* antes." Quanto mais Agatha escrevia para o palco e o rádio, observando as peças e os ensaios, mais confiança na técnica ela ganhava. Como Peter Saunders admitiu quando *Testemunha de acusação* fez sucesso, Agatha sabia prender e manipular a audiência. Ela também era firme sobre quais histórias funcionariam ou não nos palcos, explicando a Cork: "Há uma grande classe dos meus livros que não é repleta de 'emoções' e 'humor', como *Hora zero, Um brinde de cianureto, Os cinco porquinhos, Cipreste triste, A mansão Hollow* etc. E você não consegue transformar uma história Classe B em uma Classe A." Uma grande cirurgia pode ser necessária, "o método de matar" em *Hora zero*, por exemplo, não era "nem um pouco adequado, pois era difícil de explicar", e *Assassinato na casa do pastor* era muito complicado, "particularmente o negócio do relógio [...] deveras confuso para uma plateia e um desses fatos que em um livro você para e pensa até descobrir [...]". Mesmo assim, havia limites para a disposição dela em agradar uma plateia: "Fiquei um pouco aborrecida com o policial bem-humorado perene", informou ela a Lee Shubert em 1950, enquanto Barbara Toy foi repreendida por fazer Miss Marple desmaiar no fim do primeiro rascunho da adaptação de *Assassinato na casa do pastor*: "É realmente *brega*. Apenas feito para as cortinas — e absolutamente atípico da parte dela. Não, isso realmente não pode acontecer." Contudo, as sugestões de Agatha não eram totalmente impassíveis: "Griselda pode expressar deleite por ter uma empregada que dormia em casa — mesmo se *for* apenas Mary" e "Se a história se passa nos dias de hoje, um pouco de carne cozida certamente vai ser dura". Por fim, "sugestões hesitantes, muito hesitantes minhas. Após a saída do Inspetor etc., por que não colocar um jovem entrando pela janela, segurando caderno de anotações e dizendo: 'Com licença, represento o *Daily Blether*. Gostaria de saber se vocês poderiam me dar algumas... etc.' [...] Todos demonstram horror e consternação".

Agatha precisou aprender a técnica de escrever conversas faladas. Fazer isso parece ter soltado os diálogos de seus livros e deixado a narrativa e a prosa descritiva menos estranhas e forçadas. Ela, às vezes, escrevia extraordinariamente mal, com gramática incerta e frases cheias de metáforas batidas. Um leitor cuja atenção esteja irremediavelmente fixada em uma história pode deixar essas deficiências de lado, mas os críticos, que se apegam a todos os detalhes, ficaram estarrecidos. As frases podem soar ainda mais artificiais e repletas de clichês quando lidas em voz alta, e muitos atores, proibidos de se desviar do texto original por medo que pistas engenhosamente colocadas pudessem ser perdidas, esforçavam-se para fazer os diálogos dos livros escritos por Agatha antes dos anos 1950 soarem naturais. Escrever os roteiros e depois usar um ditafone teve um efeito notavelmente benéfico no estilo de Agatha. Ela já tinha a vantagem de um ouvido excelente para peculiaridades de discurso e frases incomuns. Seus diálogos tendem a soar verdadeiros nos livros que se aventuram em "outros mundos", seja de estudantes, ideólogos loucos, adolescentes confusos ou egípcios da 11ª dinastia. Ela lia muito: uma vasta gama de livros, incluindo qualquer obra levada por alguém — crianças, o cozinheiro, filósofos — até sua casa, e uma grande variedade de jornais, incluindo o *Daily Mirror* e o *Telegraph*. Ela não gostava de rádio nem de televisão, mas ouvia atentamente a conversa alheia, observando bordões populares assim que eles entravam em voga. Agatha não falava muito, exceto com seus parentes mais próximos, e alguns dos que recordam sua conversa como brilhante na verdade estão se lembrando do quanto eles mesmos eram fluentes, atraídos por uma ouvinte atenta que ocasionalmente os estimulava ou fazia algum comentário incisivo. Se os diálogos dos romances de Agatha sempre pareceram levemente "encenados", talvez isso venha da personalidade retraída dela. A conversa em seus livros era vicária, planejada.

Entretanto, usar um ditafone não afetou gravemente a firmeza das tramas de Agatha ou a consistência dos detalhes em suas narrativas. Nos anos 1960, as pontas soltas apareciam com mais frequência em seus livros, e havia também lapsos e omissões, mas eles se deviam mais à idade avançada do que a mudanças nos hábitos de trabalho.

Ela tentava ser meticulosa, lendo as provas duas vezes, uma para revisar o sentido e, outra, para a ortografia. Erros de impressão a irritavam muito, mas certas falhas escapavam aos seus olhos e, especialmente nas edições em brochura, ela nem sempre era bem-atendida pelos editores. "Odeio falhas bobas em um livro", reclamou com Billy Collins. Em se tratando de histórias de detetive, construídas com tanto cuidado, era ainda mais importante acertar os detalhes. A Collins pelo menos aprendeu a ser vigilante. Ano após ano Agatha censurava a editora quanto à precisão do texto, a qualidade do papel, a natureza das capas, o material de publicidade (em uma ocasião terrível, a trama de *E não sobrou nenhum* quase foi revelada na *Crime Club News*) e, com especial veemência, os textos de capa. "Não, eu não gosto disso, de forma alguma!", Agatha escreveu mal-humorada para Billy Collins ao receber a sugestão deles para *Um corpo na biblioteca*. "Acho que os textos de capa devem ter o objetivo de atrair atenção em vez de apenas recapitular os eventos que abrem o livro. Envio uma sugestão mais provocativa." Ela também não gostava de bajulação. Ao rascunho do texto para *A testemunha ocular do crime* ela anexou o comentário: "Os editores podem então acrescentar sua parte favorita e repugnante a meu respeito! Na qual, por sinal, eu recomendo a moderação. Elogios demais certamente *aborrecem* os leitores."

A Collins se esforçava. Uma série particularmente bem-sucedida de capas para as edições em brochura de Fontana foi encomendada a Tom Adams, cujo primeiro trabalho em *Convite para um homicídio,* em 1962, foi seguido por outros 90 layouts. Algumas são pavorosas — uma faca sai do casaco de Lorde Edgware — e outras, enganosamente serenas. Todas são marcantes e perspicazes, identificando as obsessões de Agatha: reflexão, refração, transformação de pessoas, animais, paisagens, a maldade insidiosamente vitimizando a inocência. Agatha e sua família achavam vários desses layout perturbadores, mas reconheceram, com razão, que todas as capas eram interessantes, engenhosas e adequadas.

Era inevitável que Agatha argumentasse sobre a edição e apresentação de sua obra como um pai luta com a vontade própria dos filhos: "É uma guerra muito antiga", escreveu ela a Billy Collins durante um incidente, "e pareço estar lutando ao longo dos anos e ficando cada vez mais furiosa [...] são *meus* livros, *meus* filhos." Para Agatha, resumir seus livros era mutilar sua prole: "Eu me oponho *totalmente* a versões *resumidas* e em Inglês Básico", avisou a Cork. "A obra de um escritor, *conforme foi escrita,* é a oferta dele para o mundo, e *não* deve sofrer interferência." Como ela escreveu a um editor: "Sei, por várias conversas, que geralmente é difícil para pessoas que não são escritores imaginativos compreenderem que escrever uma versão resumida de um livro concebido por um autor imaginativo equivale a mutilar seu filho, e não se pode esperar que isso dê qualquer satisfação ao autor, não importa o quanto a operação e a excisão sejam feitas com habilidade." Ela não fazia objeção a seus livros serem publicados em braile ou "letras grandes" ou serem gravados para os cegos, mas a simplificação era totalmente rechaçada: "*Não* sou professora e nada tenho a ver com educação para estudantes estrangeiros." Ela ficou particularmente irritada com *Thirteen for Luck,* lançada pela Dodd, Mead nos EUA em 1961 como "uma seleção de histórias de mistério para jovens leitores". Ela fez objeção, dizendo: "Meus livros são escritos para adultos e sempre foram [...]. Eu *odeio* essa tolice de adolescentes."

Alguns dos críticos e admiradores de Agatha estão menos interessados nos métodos de criação do que no fato de os pensamentos dela se voltarem quase invariavelmente ao mesmo tema. Tirando os livros que escreveu com o nome de Mary Westmacott, a peça *Verdict,* os poemas e as histórias que eram parábolas ou charadas (como a série Parker Pyne) ou abordavam fenômenos psíquicos, tudo o que ela escreveu era sobre crimes e suas resoluções. A explicação para isso é muito simples: ela conseguia fazê-lo, gostava de fazê-lo e era disso que vivia. Tranquila e competente, Agatha aprendeu os truques para escrever histórias de detetive. A duração a deixava confortável, pois ela descobriu exatamente quando terminar cada parágrafo e encerrar cada capítulo. Agatha também era genial para títulos e tramas e especialista em verificar detalhes médicos, jurídicos e topográficos. Como na infância ela abandonara uma carreira de pianista ou cantora por não ser suficientemente talentosa, ao encontrar seu *métier*, Agatha se ateve a ele. Um motivo para sua recusa a escrever para a televisão era o fato de acreditar que os produtores exigiam scripts mais sensacionalistas do que ela poderia oferecer confortavelmente. "O triunfo do Mal", explicou Agatha a um desses solicitantes após ver um filme sensacionalista, "como em *O bebê de Rosemary*, faz você se sentir mal quando assiste, e fica com você, como um gosto ruim." Para si mesma, ela disse: "Não é melhor me ater ao meu último trabalho? Você vai achar muitas pessoas — jovens — para fornecer o que você deseja — e talvez falar para o futuro."

A mente de Agatha se voltava constantemente para tramas e seu desenrolar. Reservada, oblíqua, inteligente para resolver problemas, ela institivamente escrevia viradas para as histórias. Além disso, Agatha era uma pessoa tranquila, sensata e comum, e pessoas comuns estão interessadas no bem e no mal, na inocência e na culpa. "Sou da mesma crença de Dorothy Sayers", disse ela a um correspondente, "que a história de detetive é a sucessora direta das velhas Peças Moralistas. É o triunfo do bem sobre o mal, o inocente livrando-se do agressor, que nos empolga." Com toda a fascinação pelas conspirações internacionais, Agatha também sabia que a maior parte dos assassinatos é, essencialmente, doméstica, revelando as paixões que correm por baixo de vidas aparentemente comuns. Na frente de um de seus cadernos de anotações ela copiou uma citação, como um talismã: "Rabino Hilel, via John Lockwood Kipling: 'Nada pior no mundo do que você mesmo — e nada melhor.'" E acrescentou uma anotação própria: "Substancialmente, R. H. diz que os piores homens e mulheres se encontram no mundo como apenas homens, mulheres e suas ideias." Era, de certa forma, um epitáfio para o Homem da Arma.

24

"... como um filme de trás para a frente..."

Em agosto de 1961, a UNESCO divulgou que Agatha era a autora que escrevia em inglês mais vendida do mundo, com livros lançados em 102 países (o dobro do concorrente, Graham Greene). Pelas cartas que fluíam de forma persistente aos escritórios de Hughes Massie e da Harold Ober Associates, era fácil acreditar nisso. Os admiradores ficavam decepcionados por não serem recebidos por Agatha e também por ela não manter uma correspondência duradoura, editar os manuscritos deles ou mandar dicas sobre escrita. Eles não percebiam que não só ela estava ocupada com a própria vida e trabalho como esses pedidos agora somavam dúzias por semana. Um africano que escolheu Agatha como mãe propôs morar com ela, um italiano perguntou onde era possível obter o chá Lapsang Souchong. Uma revista francesa solicitava artigos sobre "*les grands sujets féminins*" ("Nada que eu odiaria mais!"), havia pedidos de ajuda para salvar os templos de Núbia (ela mandou um cheque) e um processo devido a um bronzeador mencionado em *Morte nas nuvens*. "Era apenas uma piada que as pessoas faziam, não era uma referência a um produto específico!", explicou ela a Cork, implorando para que ele "lidasse com o anexo dizendo que estou no exterior!".

Isolada em Winterbrook, Agatha continuou a escrever o livro que a Collins iria publicar em 1961, a história bizarra na qual homenageou o farmacêutico que forneceu a ela o primeiro treinamento prático. Agatha tirou o título do *Apocalipse*: "E olhei, e eis um cavalo amarelo, e o que estava assentado sobre ele tinha por nome Morte; e o inferno o seguia." *O cavalo amarelo* misturava duas ideias. Em uma delas, com título provisório de *The Thallium Mystery* (O mistério do Tálio, em tradução livre), Agatha pensou que "iria começar com uma lista de nomes [...] todos eles mortos". A outra representava antigos pensamentos de Agatha sobre "vodu etc., Galos Brancos, Arsênico? Assuntos infantis — pensar sobre o que a lei pode fazer por você? Poções do Amor e Poções da Morte — o afrodisíaco e a xícara de veneno. Hoje em dia somos mais inteligentes — Sugestão".

A Sra. Oliver apareceu em *O cavalo amarelo* com a Sra. Dane Calthorp e o marido, que foi visto pela última vez em *A mão misteriosa*. Agatha agora tinha dificuldade para acompanhar suas criações. "Ele era reitor ou vigário?", perguntou a Cork. "E havia um hífen?"

O cavalo amarelo foi entregue em janeiro de 1961, antes que Agatha e Max partissem mais uma vez para o Irã. Ela também deixou as provas de *Duplo delito,* coletânea de oito contos a ser publicada nos Estados Unidos, incluindo "A boneca da modista". Também foi decidida uma reedição dos primeiros romances de Mary Westmacott nos Estados Unidos. Agatha continuava triste por seu disfarce ter sido revelado ("estragou minha diversão", reclamou com Cork), mas agora ela concordava que os editores norte-americanos poderiam indicar nas capas que Mary Westmacott e ela eram a mesma pessoa. Contudo, o nome de Mary Westmacott ganharia maior proeminência. A Collins estava empolgada em relação a *O cavalo amarelo* e aproveitou a publicação para lançar uma campanha especial relacionada ao fato, nas palavras de Cork, de que Agatha estava "fora da classe de escritores de suspense" e poderia ser considerada "uma romancista considerável, gerando interesse mundial".

Cork se perguntava se Agatha daria um descanso ao teatro, mas a paixão dela pelos palcos era insaciável. No verão de 1961 ela rascunhou os primeiros atos de duas peças. "Não gosto muito de nenhuma delas", informou alegremente a Cork, "mas espero algo melhor em breve." Eram os começos de *The Patient* e *Afternoon at the Seaside*, aos quais Agatha adicionou *The Rats* e outras 17 páginas de diálogo após Peter Saunders ter lido os roteiros, de modo que *Rule of Three*, como a trilogia foi intitulada, ficasse longa o bastante para ocupar uma noite no teatro. A fim de se manter informada sobre as tendências atuais, ela foi assistir às peças de Samuel Beckett, e as achou difíceis. Ela também ia frequentemente à ópera, ainda que com menos empolgação. O "Serviço de Inteligência Cork" também foi consultado sobre a possibilidade de garantir um camarote em Covent Garden e obter ingressos para o Festival de Bayreuth, pois Agatha deleitou-se em descobrir que Mathew, agora com 18 anos, também era entusiasta de Wagner. "Como você perceberá, estou dedicando muita atenção a *me divertir*", explicou ela a Cork.

A chave para o trabalho de Agatha nos anos 1940 está nos livros e nos anos 1950, nas peças. Nos anos 1960, tudo passou a ser visual — filmes e pinturas, ainda sem incluir a televisão, que ela tanto desprezava. No início de 1960, Cork assinou contrato com a Metro-Goldwyn-Mayer pelos direitos cinematográficos de algumas histórias de Miss Marple. Agatha cedeu relutantemente: "Espero que não haja 'corações partidos'", avisou a Cork. "O que talvez se perca em dinheiro pode ser um ganho em ausência de preocupações. Mas não parta o *seu* coração por isso, caro Edmund." No verão de 1961, o primeiro filme foi lançado, uma adaptação de *A testemunha ocular do crime*, com o nome de *Quem viu, quem matou*? Após uma olhada preliminar, Agatha temeu que a história fosse "incompreendida", e em setembro relatou a Cork sua reação após ver o filme em Torquay. "Meus espiões (ajudam todos os dias!) o localizaram diligentemente", relatou ela, "no Regal em Torquay e fomos *en familie* na tarde de hoje. Francamente, é bem fraco! Pensei o mesmo naquela noite em Londres, mas não pude dizer isso diante de Margaret Rutherford. A verdade é que não há manutenção do interesse — são apenas confusões com um monte de irmãos surgindo no meio e *nenhum* tipo de suspense, nenhuma sensação de que algo estava acontecendo." Ela se perguntou desde o início por que a MGM havia escolhido aquele livro específico, um livro difícil, pensava ela. Mesmo assim, Agatha acrescentou: "Realmente o considero um roteiro ruim (*eu* poderia tê-lo deixado mais empolgante)." Ela também achou o filme mal produzido e de fotografia medíocre, comentando: "Como meu sobrinho mais velho disse com voz triste quando saíamos: '*Não* foi muito empolgante, não é?', e eu realmente não poderia ter concordado mais. Nenhum de nós gostou muito." Agatha concluiu dizendo: "Não há duvida de que me poupei imensamente ao me afastar de filmes etc. *O vingador invisível* foi ruim, *Teia de aranha*, mediano. Apenas *Testemunha de acusação* foi *bom*." Mas ela garantiu a Cork em um pós-escrito: "Não pense que fiquei angustiada com *Quem viu quem matou?* Não fiquei. É mais ou menos o que eu esperava o tempo todo."

Agatha dedicou o romance que planejou no verão de 1961, *A maldição do espelho*, a Margaret Rutherford. Ela concebeu a trama como a história da "Srta. M — Resolvendo" e o título provisório inicial era *Development Murder* (Assassinato no condomínio, em tradução livre), pois ela gostava de especular sobre os gostos e hábitos dos proprietários das novas casas "desenvolvidas" nas propriedades que via nos passeios de carro pela região rural de Oxfordshire e Berkshire. No centro da trama estava a estrela de cinema Marina Gregg, e as anotações de Agatha para o livro relatam que ela o viu inicialmente como uma série de cenas:

> M compra a velha casa de Bantry. Sra. B vive temporariamente lá — mais ou menos como a cabana de le Rougetels. Bom jardim [...] Heather Beasley (?) — em uma casa de "condomínio". Srta. M — sai para caminhar — cai — Heather a levanta. Xícara de Chá. Conversam etc. Srta. M e Srta. B. Chá na casa [...]. O Penteado — Terreno graciosamente aberto (para Enfermeiras?) Ou casa? Encontro entre M & H — marido está lá [...] os olhos dela [...] encarando por cima da cabeça de Heather — como se ela visse algo terrível — o quê?

A trama foi inspirada nas reflexões de Agatha sobre os sentimentos de uma mãe por uma criança nascida com problemas mentais ou físicos. Assim que o livro foi publicado, a atenção dos norte-americanos foi atraída por dois casos semelhantes, um deles envolvendo a atriz Gene Tierney e uma tragédia recente na família real holandesa, que tinha sido amplamente divulgada na Grã-Bretanha.

Dorothy Olding e o editor da Collins, que descobriu o segredo para a trama de Agatha após ler apenas um ou dois capítulos, recomendou que ela alterasse o rascunho, tanto por delicadeza quanto pela necessidade de deixar o leitor em dúvida. Agatha o fez primorosamente, mas não sem receio, confessando a Cork que, dessa vez, sentia que estava enganando os leitores: "*Não* é muito justo — mas vocês estavam todos contra mim!"

Com o próximo romance terminado, Agatha viajou com Max durante três meses à Pérsia e à Cachemira, no outono de 1961, aproveitando que Max tinha se recuperado de um pequeno derrame no verão. Cork disse a Dorothy Olding que, embora Agatha subestimasse a saúde do marido, ele parecia ter o dobro da idade real. A vida de Max, agora, era menos exaustiva, pois em 1962 ele saiu da Universidade de Londres para um cargo acadêmico no All Souls College em Oxford, no qual não era obrigado a dar aulas ou palestras. Lá ele podia se concentrar em pesquisar e escrever, principalmente os preparativos de *Nimrud and Its Remains*, e promover os interesses de seus protegidos. Oxford tinha também fácil acesso a Londres. Ele entrou para o conselho de administração do British Museum e da British Academy e era integrante ocupado e conspiratório de várias academias e institutos. Em vez de pegar o trem, ele dirigia furiosamente pela A40 até Londres, alegando que o carro era "muito mais pesado do que qualquer objeto com o qual eu possa colidir". Era um milagre o fato de ele e Agatha terem sofrido apenas um acidente grave, derrapando na estrada gelada quando dirigiam para o País de Gales no inverno. Agatha ficou ferida e abalada, enquanto Max achou "tudo muito empolgante [...] não foi?". Às vezes os secretários e assistentes de pesquisa de Max eram convencidos a levá-lo de carro, mas isso era quase tão assustador quanto deixá-lo dirigir. Ele os estimulava a fazer retornos onde era proibido e gritava "Por que tão devagar?" quando iam a menos de 110 quilômetros por hora em locais onde a velocidade máxima era 50. As únicas brigas que ele e Agatha tiveram na presença de outras pessoas envolviam o ato de dirigir: que caminho eles deveriam tomar, quanto tempo levariam para chegar e se Max deveria dirigir de modo mais prudente.

Enquanto Max trabalhava no mundo acadêmico, Agatha escrevia ou cuidava do jardim em Winterbrook, sentindo orgulho especial das peônias brancas. Max tinha um bom olhar para objetos finos: ele e Agatha fizeram uma coleção de pratarias, com uma peça de cada ano entre 1700 e 1800. ("Ano errado", Max dizia, desgostoso, ao deixar de lado uma peça levemente interessante vista em uma loja.) Os dias de Agatha eram serenos na companhia de Treacle, um manchester terrier que ganhou de Rosalind. A casa começava a precisar de uma boa quantidade de reparos, pois o encanamento de um dos banheiros não funcionava, mas "vai durar enquanto eu durar", observou Agatha. A governanta, Sra. Belson, garantia que o encanamento não tinha problemas. Winterbrook era gerenciada com a formalidade de antes da guerra, mas os sobrinhos e netos de Agatha eram sempre bem-vindos para as vastas refeições preparadas pela Sra. Belson, por mais desarrumados que estivessem. Agatha não parecia se abalar quando um afilhado pegava carona até a porta trazendo um amigo de aparência igualmente desmazelada e corajosamente pedia para almoçar.

Agatha era igualmente generosa com crianças e adultos, pois adorava presentear: fazia doações para um grupo seleto de organizações de caridade, dava presentes inesperados. Entre eles estavam um violão, uma câmera, óculos para assistir à ópera, varas de pescar, um aparelho de jantar de 36 peças como presente de casamento, roupas de bebê (como Miss Marple, Agatha mandava sensatamente um número *maior*), garrafas de vidro, cópias de peças de Pinter e romances de Jane Austen, e objetos de cristal da marca Lalique que saíam de uma sacola de lona. Ela presenteava as crianças de seu convívio e oferecia mimos imaginativos para seus parentes (uma quadra de squash para Mathew), tesouros para velhos amigos (sementes para florescer na primavera, esponjas para pó de arroz, copos, esponjas reais). Agatha era opulenta com alimentos e bebidas: um negociante em uma loja de antiguidades em Oxford recebeu o pedido para a *maior* tigela de porcelana chinesa que conseguisse encontrar, e depois de satisfazer Agatha com uma peça especialmente preciosa, soube que era para guardar arroz. Obviamente, Agatha precisava tomar cuidado para não atender a todos os pedidos que recebia, pois eram muitos. Caso ela se desviasse da lista seleta de beneficiários, os desembolsos nunca terminariam. Cork avaliava a maioria dos pedidos, e a própria Agatha era suficientemente equilibrada para perceber que alguns dos "primos há muito desaparecidos" que escreviam para ela não eram legítimos. (Em todo caso, nenhum de seus primos mais velhos estava perdido e ela oferecia auxílio a quem precisava.)

A transferência de Max para Oxford não significou que ele e Agatha deixaram de ir a Londres. Eles continuavam a receber os amigos no Detection Club e no Boodles, onde Agatha gostava dos pratos de vitela e do Boodles' Orange Fool. Havia também o teatro e a ópera. Em 1962, Agatha foi ainda mais longe em busca de Wagner. Cork arranjou ingressos para o Festival de Bayreuth, no fim de agosto, e Thomas Cook cuidou para que Agatha e Max andassem tranquilamente pela Alemanha. "Aliás", Agatha disse a Cork, "a classe turística no avião é bem decente, pois são apenas trechos curtos. Apenas se a viagem durar a noite inteira — ou 24 horas — que preciso de espaço suficiente para meu traseiro e cotovelos." Ao chegar lá, eles se juntaram a Mathew, que, segundo Agatha, estudava as partituras com ela todos os dias. Um atencioso dono de hotel a protegia das hordas de admiradores e organizou um esquema no qual livros eram entregues para serem autografados todas as manhãs, por apenas uma hora. "Recebi uma grande ovação em Bayreuth", disse Agatha a Cork, com sentimentos conflitantes: "Tive alguns privilégios, então, não me importei tanto com isso!"

Ao voltar, Agatha começou uma empreitada hollywoodiana por conta própria. Essa não seria a primeira vez em que colocaria um pezinho nas águas turbulentas do envolvimento com estúdios de cinema. Em 1956, ela concordou em preparar um roteiro baseado *Na teia da aranha*. As sugestões feitas para a adaptação foram guiadas pelo tom e rumo da trama: "Começar com uma vasta teia de aranha gradualmente se dissolvendo para Clarissa analisando uma teia de aranha em uma casa de campo [...]. O ângulo pode ser (A) Imagens de lojas de antiguidades e da casa — todas partindo daí ou: (B) Tudo partindo de Clarissa. Depende se o aspecto a ser destacado será o sinistro ou o romântico. Pessoalmente creio que

B é melhor." O método foi o mesmo utilizado em 1962, quando a MGM pediu um roteiro baseado em *A casa soturna*, o romance de Dickens favorito de Agatha. Ela começou do mesmo modo que abriu *Os visitantes inesperados*: com a descrição do nevoeiro feita por Dickens e a cena em Chancery, onde as origens do caso Jarndyce *v.* Jarndyce se perderam nas névoas do passado. Conforme Agatha relatou a Cork, o caso e as pessoas que tiveram a vida moldada por ele representavam a essência do filme. Ela também enfatizou que a trama possuía um ar de "suspense ou história de detetive, que Dickens quase sempre teve". Ela achou difícil reduzir uma trama tão densamente trabalhada: "Dois terços do livro eu já joguei fora e selecionei para serem cortados algumas pessoas e incidentes que, embora deveras prazerosos, poderiam muito bem ter ocorrido em qualquer outra das obras de Dickens [...]." Ela também relatou a Cork: "Percebo que talvez um terço (ou mais!) do roteiro atual terá que ir embora." Essa suposição estava correta. A única preocupação da MGM era com a duração, pois um rascunho de 270 páginas duraria quatro horas. Eles pediram a Agatha para resumir a trama e ela consultou Larry Backmann, o produtor da MGM responsável por adaptar suas obras para o cinema. Contudo, a equipe dele foi implacável e o projeto foi abandonado. Em um apêndice triste a suas anotações, adicionado em 1970, ela encerrou a saga: "Duas partes foram terminadas e enviadas — eles quiseram terminá-lo por conta própria. Não gostei das ideias deles — Desejava terminar com um círculo para o começo — Jarndyce *v.* Jarndyce. Fim do caso famoso — e nevoeiro caindo sobre Londres. Do meu ponto de vista era um bom filme."

Agatha ainda parecia estar no auge da saúde, embora em 1962 começasse a apresentar problemas nas costas. Sua audição e visão estavam diminuindo e caminhar era mais difícil. Os jardins de Greenway tinham vários bancos de ferro e de madeira estrategicamente posicionados. Ela continuava apreciando banhos de mar e produzia uma quantidade prodigiosa de trabalho para uma mulher de 72 anos. Novos projetos a empolgavam. Um exemplo: Mathew levou John Wells a Greenway, seu antigo professor em Eton, e o pianista Alexis Weissenberg, com o objetivo de adaptar *Morte na rua Hickory* para um musical, com John Dankworth orquestrando a trilha sonora, Peter Sellers interpretando Poirot e Sean Kenny como cenógrafo. John Wells criou um título, *Death Beat* (Batida mortal, em tradução livre) e compôs algumas canções. Embora o projeto não tenha ido adiante, Agatha gostou do processo. Depois surgiu outra ideia para uma peça que ela batizou provisoriamente de *E não sobrou nenhum 2*: um jantar reunindo as pessoas cuja vida foi marcada pelos horrores do primeiro livro. Essa proposta também foi abortada, talvez felizmente, mas uma iniciativa triunfou. Pela primeira e última vez na vida Agatha fez um discurso. No fim de 1962, *A ratoeira* celebrou seu décimo aniversário com outra grande festa no Savoy. No evento, a atriz Dame Sybil Thorndike, amiga de Agatha, entregou a ela uma cópia do roteiro original encadernada em ouro. "Jamais deixe alguém dizer que nada empolgante acontece quando você fica velha", respondeu Agatha, tão orgulhosa, surpresa e timidamente determinada como era na infância.

Mathew saiu de Eton após ficar um ano a mais para ser o capitão do time de críquete. Diversos verões de treino em Greenway renderam frutos, pois ele virou um jogador respeitado e em 1961 e 1962 Agatha, que gostava do esporte, assistiu orgulhosamente o neto atuar na partida anual contra Harrow em Lord's. Quando Mathew foi promovido a capitão do time em 1962, Agatha celebrou o feito levando a equipe para assistir *A ratoeira*. Ela ficou radiante ao ver que a peça conseguiu divertir e impressionar aqueles jovens cosmopolitas. No entanto, houve uma sombra sobre esse primeiro jogo, pois Jack Watts morreu naquele mesmo dia. Ele não se casou (à pergunta "Quais são suas qualidades favoritas em uma mulher?" nas "Confissões", ele respondeu com a meia-verdade "Não conheço nenhuma suficientemente bem") e deixou boa parte dos bens para Mathew. Agatha herdou a casa de Londres, com os móveis que pertenceram a ele e à mãe.

A geração de Agatha também estava desaparecendo, mas Greenway vivia cheia no verão. Além dos amigos de Mathew, havia John e Peter Mallowan e os filhos dos vizinhos e velhos amigos que vinham se hospedar. Agatha comandava tudo, falando pouco, mas ouvindo com benevolência. Ela se sentia mais confortável com crianças menores. Mais de um hóspede a encontrou jogando Animal Snap e contando histórias aos pequenos em vez de tomar chá com os adultos. Contudo, esperava-se que as crianças que ficavam acordadas para a ceia fizessem parte da conversa. Isso era um martírio para algumas, pois o grupo regular de hóspedes que passavam um fim de semana ou uma semana em Greenway incluía intelectuais e diplomatas que tinham pavor de crianças e, consequentemente, precisavam de estímulo para entabular conversas triviais e adequadas. Essa casa animada e os livros, ideias e anedotas que a preenchiam estimulavam Agatha a experimentar novos livros e peças, como sempre fez, em vez de conversar. Em Greenway ela continuava aventureira, mesmo aos 72 anos.

Uma destas aventuras foi a peça *Rule of Three*, encenada em Aberdeen no final de 1962. Cork enviou boletins a Persépolis, que Agatha visitava com Max ("noites frias, sol quente, ruínas gloriosas..."). Das peças que compunham a trilogia, duas agradaram ao público. Segundo ele, *Afternoon at the Seaside* foi "um sucesso absoluto" e *The Rats* precisava de alguns ajustes para transmitir seu "senso de horror claustrofóbico". *The Patient*, a última das três peças, apresentava dificuldades mais graves. Ela falava da identificação do assassino de uma mulher que ficou pesadamente enfaixada, totalmente paralisada e incapaz de falar (uma espécie de "boneca da modista") após ter sido empurrada de uma varanda. A peça terminava com um policial dizendo ao assassino para surgir de trás de uma tela, e naquele momento, assim que as cortinas se abriam, era ouvida a voz gravada de Agatha perguntando à plateia quem eles pensavam ser o assassino. O truque foi um fracasso. Cork informou a Agatha: "Em geral, parece que os clientes estão lá em busca de entretenimento fácil e tendem a se ofender com a charada [...]." Conferências de bastidores convenceram Peter Saunders a experimentar outra versão, na qual uma voz gravada chamava a atenção da plateia para duas pistas e, portanto, para a solução indiscutível. Isso também não deu certo, e após muitas trocas de telegramas Agatha concordou que a simplicidade era preferível, e o assassino apareceu.

Ao voltar para casa, Agatha ficou sabendo das críticas ruins para *Rule of Three*, que foi encenada em Londres por apenas dois meses, mas recebeu também a boa notícia de que nos primeiros meses de 1963 *A maldição do espelho* estava entre os mais vendidos. Devidamente estimulada, ela disse a Cork: "Escrevi o primeiro capítulo da próxima obra-prima de Agatha Christie", que seria *Os relógios*. As anotações uniam duas ideias que invadiam seus pensamentos: a consciência de a passagem do tempo e dos eventos serem comunicados tanto por imagens quanto por palavras. Embora certamente fossem motivadas pela velhice e experiência atual de Agatha, essas percepções não eram novas. Em 1930, escrevendo para Max sobre *The Mysterious Universe*, ela questionava se "o tempo pode ser como um filme de trás para a frente, de modo que para nós a vida não tem sequência ou sentido porque não *podemos* entender até assistirmos ao começo [...]". Em outras cartas ela explorou a teoria em voga no início dos anos 1950 de que as convenções narrativas do teatro e do cinema interpretavam a "realidade" de uma forma bem diferente dos métodos literários.

"Especulação — apenas", escreveu Agatha em seu caderno. "A. Relógios representam um *tempo* que corresponde a casas crescentes. B. Braille de alguma forma entra nisso (ângulo do Serviço Secreto?) documentos retirados [...] fotografados durante a hora do almoço etc. O local onde estão escondidos é uma foto cheia de pontos. Os pontos estão *em relevo* e podem ser tateados." As variantes refletem outras preocupações: a forma pela qual as transformações físicas simples podem enganar as pessoas, a facilidade com que o estímulo de um dos sentidos distrai a atenção dos sinais pretendidos para outro. As anotações aludiam tanto a eventos que a afetaram diretamente, como a tradução de sua obra para o braile, quanto ao mundo em geral: há referências ao caso de William Vassall, condenado no outono anterior por espionagem. A dedicação a *Os relógios* terminou em maio de 1963, homenageando assuntos menos sérios: o livro foi dedicado ao amigo Mario Galloti, "com lembranças felizes da deliciosa comida do Caprice".

O restante de 1963 foi complicado por uma briga com a MGM. Larry Bachman corajosamente propôs que Agatha adaptasse para o cinema outro romance de Dickens, *O mistério de Edwin Drood*, encomenda que ela recusou. Depois, a MGM sugeriu adaptar *Assassinato no Expresso do Oriente* para o cinema. Agatha objetou veementemente, dizendo a Cork que o livro "exigiu muita técnica e planejamento cuidadoso e tê-lo possivelmente transformado em uma farsa alegre, com participação de Miss Marple, provavelmente como maquinista do trem, embora muito divertido, certamente seria *bastante* danoso para *minha* reputação!".

Os temores dela aumentaram com a recém-lançada adaptação de *Depois do funeral* para o cinema, na qual Poirot foi substituído por Miss Marple, que entrou em uma academia de equitação para investigar a morte de um idoso recluso. Agatha considerou o filme, batizado de *Sherlock de saias*, "incrivelmente tolo", e reclamou com Bachmann sobre "esses insultos!". Por mais que *Quem viu, quem matou?* tenha sido desagradável, ela reconheceu que a MGM tinha o direito de adaptar com relativa liberdade e que o primeiro filme ao menos tinha "satisfeito requisitos básicos" quanto ao cenário e à trama. Embora "não seja muito parecida com Miss Marple", Margaret Rutherford teve uma atuação agradável. "Se gostei ou não", declarou Agatha corajosamente, "o problema é meu!" Mas ela considerou que a MGM tinha ido longe demais com *Sherlock de saias*. Não só o livro era "um *Poirot*" e Margaret Rutherford não tinha qualquer semelhança com Miss Marple, como as alterações feitas pela MGM deixaram a história original praticamente irreconhecível, dificultando a campanha dos editores para promover outras edições de *Depois do funeral*. Agatha confessou temer o que a MGM faria em *Crime sobre crime* ("Pode imaginar um título mais banal?"), futura adaptação de *A morte da Sra. McGinty*, um de seus livros favoritos.

Enquanto isso, Agatha buscava refúgio nos rascunhos de *Mistério no Caribe*, transportando Miss Marple para a ilha fictícia de St. Honoré. O cenário era uma mistura e tinha algumas características de Barbados, onde ela notou o idoso em cadeira de rodas no qual inspirou o personagem Sr. Rafiel, que apareceria novamente em *Nêmesis*. Um livro sobre os pássaros e as flores de Tobago forneceu mais ideias, e lembranças e pessoas vistas em outra viagem de férias formaram a essência da trama: "Rodes, sereia adorável — o marido divorciado. Sombrio, cínico. Camundongo marrom, boa mulherzinha, esposa. Comum. Marido idiota. Marido sombrio realmente tem ligação com o camundongo. [...] Ou um quarteto. Amigos. Um casal parece bem feliz. Um dia a esposa confidencia que eles nunca falam um com o outro em particular. Marido (para garota) diz que o casal tem vida maravilhosa juntos (o que é mentira?)." As anotações de Agatha agora tinham mais lembretes para si mesma ("verificar envenenamento por datura [...] e reler *O touro de Creta*"), e ela começou a relembrar o passado distante com mais clareza do que o recente, como os idosos costumam fazer. O Major Palgrave, por exemplo, lembrava Belcher e suas "histórias [...] colhidas ao longo da viagem" eram bastante similares. Provisoriamente o livro se chamou *Shadow in Sunlight* (Sombra à luz do sol, em tradução livre), pois Agatha se cansou da luta para escrever corretamente a palavra Caribe (*Caribbean*, em inglês).

Max também escrevia constantemente, e em dezembro de 1963 terminou *Nimrud and Its Remains*. Ele teve uma gripe forte no inverno, mas Agatha conseguiu levá-lo ao Egito no início do ano, enviando a Cork uma carta feliz em fevereiro: "Estou sentada ao sol sentindo-me plácida como uma vaca sagrada." Foi um início enganosamente calmo para um ano difícil.

O ano de 1964 começou com uma briga enorme com a MGM. *Crime sobre crime* acabou sendo horrível, como Agatha temia, com Poirot novamente transformado em Miss Marple, agora integrante de um júri. A Sra. McGinty, originalmente empregada doméstica, virou atriz e chantagista. Cork avisou a Collins, que estava pensando como divulgar os livros de Agatha aproveitando a publicidade associada, que segundo ela os filmes tinham grande risco "de impor a imagem de Marple e Poirot decidida por eles a um público fiel". Billy Collins, envergonhado por ter apresentado Bachmann a Agatha, concordou em não usar imagens do filme nas edições de capa mole dos seus livros, nem mencionar o simples fato de um filme ter sido feito baseado na obra. Uma "Quinzena Agatha Christie" foi planejada para o início de maio, quando 10 milhões de brochuras seriam colocadas nas lojas. Embora isso coincidisse com o lançamento de *Crime sobre crime*, a Collins prometeu fazer o possível para ignorar a coincidência.

O pior ainda estava por vir. Agatha soube dos planos da MGM para outro filme, que estava sendo produzido naquele momento. Era *Crime a bordo*, no qual Miss Marple iria investigar um assassinato e uma chantagem em um navio de treinamento da Marinha britânica. A história não se baseava em um dos livros de Agatha, e isso a ultrajava mais do que as distorções anteriores. Larry Bachman tentou acalmá-la: "Palavras suaves de nada adiantam", respondeu ela com vigor. Rosalind, desestimulada e aborrecida, sentia que a família e Cork haviam decepcionado a mãe ao fechar negócio com a MGM. Ela escreveu uma carta indignada para Cork. Agatha também registrou extrema desaprovação. Ela ficou particularmente angustiada por "todo esse negócio de *Crime sobre crime*" ter sido jogado sobre ela, sendo que foi promovido antecipadamente apenas como sugestão. Depois ela soube que as filmagens começariam em 15 dias. Apesar dos protestos, a MGM insistiu em dar continuidade ao projeto. Para Agatha, isso violava sua integridade como escritora. Segundo ela, "ter os personagens incorporados na história de outra pessoa me parece monstruoso, e altamente antiético".

O próximo plano da MGM deixou Agatha e Rosalind ainda mais horrorizadas. Era uma adaptação de *Os crimes ABC* na qual, de acordo com os primeiros anúncios, o personagem de Poirot parecia ter sido intensamente alterado. "A MGM realmente pensa que esse tipo de publicidade é bom para um filme?", perguntou Agatha a Cork. "Eles não precisavam ter [Poirot]. Prefiro imensamente que não o usem — e se o diretor deles odeia Poirot e tudo em relação a ele, por que não cortá-lo e criar um personagem próprio? [...] Algo que *não* vou aceitar — H. P. transformado em algum tipo de gorila ou detetive particular — e muita violência e brutalidade. Esta é uma questão de princípios. Abomino o tipo de suspense bruto e penso que já fez um mal inominável. Possivelmente, nada do gênero será contemplado, mas nunca se sabe. Eles adoram isso nos Estados Unidos. De qualquer modo, se as pessoas gostaram de Poirot como um verme egocêntrico por aproximadamente 40 anos, provavelmente vão preferir que ele continue assim."

A MGM ficou abalada com os relatos de Cork e cancelou um contrato com Zero Mostel, cogitado para interpretar Poirot, e garantiu a

Agatha que o roteiro seria reescrito. O contrato com a MGM foi encerrado (com o estúdio alegando que o foco de seus interesses havia mudado). George Pollock, que dirigiu os três filmes de Miss Marple, comandou *E não sobrou nenhum* para a Seven Arts Films em 1965, mas, tirando isso, não houve mais nada. Em 1967, diante de outras abordagens, Agatha respondeu a Cork enfaticamente: "Não fale comigo sobre direitos para o cinema!!! Sempre faz o meu sangue ferver [...] Meus sentimentos continuam os mesmos. Já sofri bastante!"

O fim de 1964 ao menos trouxe alguma alegria. Collins perguntou se poderia publicar *Star Over Bethlehem* no Natal seguinte, propondo ilustrações e uma capa que Agatha achou "perfeita", um caso raro. Durante o inverno e a primavera ela se concentrou no mistério seguinte, uma aventura para Miss Marple baseada em um conceito planejado de modo tão habilidoso e divertido que indicava grande prazer em criá-lo. As anotações para *A mulher diabólica* não começavam com personagens arquetípicos e sim com um lugar arquetípico (para antropólogos, "um Ur-Hotel"): "Parte real da velha Inglaterra. [...] Conforto eduardiano. [...] 'Come muffins apenas em Bertrams'." É uma ideia maravilhosa, outra forma de explorar a diferença entre mundos reais e criados. O hotel é falso e os personagens não passam de respeitáveis objetos de cena. Mas eles seriam mais artificiais do que os hóspedes "reais"? "Estrelas de cinema. Cantores populares. Mulher rica, fugiu com noivo irlandês. Piloto de corridas." Em uma parte de um rascunho feito anos antes: "Velho major com cara de sapo." Apenas Miss Marple se move com facilidade entre os dois mundos, notando discrepâncias.

O truque usado por Agatha também reprovava gentilmente quem criticava seus livros por serem cheios de "personagens-tipo", ilustrando mais diretamente que seus antecessores que as pessoas realmente concebem o mundo como um lugar cheio de personagens-tipo, e isso poderia ser explorado. Por exemplo, o retrato de Agatha da adolescente Elvira representava com tanta perfeição a adolescente rebelde e mimada que a revista *Good Housekeeping*, responsável por publicar a história em série nos EUA, pediu a Agatha para alterar o texto de modo que a menina parecesse "recuperável". Ela também descreveu com tanta habilidade a atmosfera e a situação do Bertram's Hotel que por vários anos os leitores acreditavam tê-lo identificado. Charles Osborne, por exemplo, declarou ser "um segredo aberto" que a inspiração era o Brown's Hotel em Mayfair. Na verdade, se havia uma inspiração, era o Fleming's Hotel. Antes de enviarem o livro à Collins, Cork e Agatha retiraram quaisquer similaridades. "Mudei Crescent Street para Square Street", Cork disse a Agatha, e eles mudaram o nome do gerente, pois Capello era "muito parecido com Manetta, o dono real. [...]".

Montar o livro não foi fácil, graças ao equilíbrio intrincado entre real e artificial. Agatha agora navegava na superfície de lembranças reais: Miss Marple nas lojas do Exército e da Marinha, a amnésia de Canon, um trem diminuindo a velocidade à noite, um Morris derrapando na estrada. Como Canon Pennefather, ela se encontrou. "Jamais gostei de nevoeiro", diz Miss Marple quando ele cai sobre Londres, obscurecendo os objetos do dia a dia — aparentemente todos os dias —, mas distorcendo e destacando pessoas e ambientes, fazendo com que sejam percebidos de modo diferente. Foi um livro memorável para uma senhora de 75 anos (agora também a idade de Miss Marple) e o público imediatamente o acolheu. Publicado em 15 de novembro, *A mulher diabólica* tinha vendido mais de 50 mil cópias no final de dezembro.

Max e Agatha estavam particularmente felizes naquele Natal. *Star over Bethlehem* foi bem-recebido, e ela ficou realmente satisfeita com o número de pedidos de cópias autografadas. *Nimrud and Its Remains* estava pronto para publicação. Eles passaram as férias em Pwllywrach, apreciando a pilha de livros enviada por Billy Collins. "Estou começando pela ponta da Baixa Cultura", escreveu Agatha. "É tudo para o qual estou apta após uma superdieta de MUITO Peru, Pudim de Ameixas, Frutas em Conserva e Marrom Glacé!" Ela mandou a Cork um presente de Natal extra em 1965: "Espero que você não empalideça muito com o que vou descarregar sobre você! E haverá outra parcela, mas sinto que preciso me livrar disso agora." Era o rascunho ditado de parte de suas memórias: "Não é um produto acabado, obviamente. Muito terá que ser cortado — mas não sinto que possa discriminar no momento. É realmente o material disponível, a partir do qual escolhas serão feitas." Quando a autobiografia de Agatha foi publicada, após sua morte, a introdução explicava que o texto havia sido escrito em intervalos entre 1950 e 1965. Na verdade, a história era mais complicada. Ela certamente fez anotações e diários ocasionais nesse período, mas até o começo de 1962 Agatha pensava em usá-los apenas para um livro ou livros curtos, talvez algo sobre Nimrud, como *Come, Tell Me How You Live*, ou um texto sobre sua infância. Muitas pessoas escreveram para Agatha buscando permissão para escrever uma "biografia autorizada". Em fevereiro de 1962, por exemplo, ela pediu a Cork para responder um solicitante deixando claro que: "*Não* tenho desejo de uma biografia feita por mim ou qualquer outra pessoa — escrevo livros para serem vendidos e espero que as pessoas os apreciem, mas penso que as pessoas devam se interessar por *livros*, não pelos autores!"

À medida que ela envelhecia, sua atitude mudou um pouco. Três anos depois, em fevereiro de 1965, Agatha disse a Cork: "Alguém escreve para mim toda semana querendo fazer minha biografia — e eu recuso, pois ainda não estou morta —, e nenhuma dessas pessoas sabe algo a meu respeito." Então, no fim de 1965, ela disse: "Estou satisfeita porque, se eu morrer, tudo está pronto para que eu seja a primeira a contar minha história, retirando o tapete de debaixo dos pés alheios!" Pois ela agora reconhecia que haveria outros. Em uma entrevista com Francis Wyndham, publicada no *Sunday Times* em 1966, uma autobiografia foi mencionada. Não está claro como a entrevista foi montada a partir do que presumivelmente foi uma conversa irregular, mas Agatha aparece no texto dizendo que: "Se alguém escrever sobre a minha vida no futuro, prefiro que saiba os fatos corretos."

O rascunho que Cork recebeu era mais forte em impressões e reminiscências do que em fatos. "Eu o deixei informal de propósito", declarou Agatha. A cronologia seguia a de suas anotações, começando com Ashfield e "Pai e Mãe, casamento feliz", indo até o capítulo que descrevia a separação de Archie. Um caderno continua uma lista de "perguntas a fazer para Cork" e pontos especiais foram lembrados: "Descobrir data da morte de Monty", "Verificar datas de publicação — Mary Westmacott etc.", "Perguntar a Edmund datas de peças produzidas". Outros pensamentos foram agrupados em:

"Alguns itens": "A. Escambo, incidente da sopa; 'não ceder informações [...]'; B. Reading — Henty, Charlotte Yonge [...]; C. Príncipe de Gales colocando a pedra fundamental do Colégio Naval [...]; D. Guerra dos Bôeres. Atitude. Penas Brancas [...]; E. Saúde do Pai [...]; F. Nova York [...] Ealing, os Domingos da Minha Avó. [...]."

Uma vez que Agatha tinha o esboço, ela ditava com rapidez e vivacidade, relembrando a infância e a juventude. A parte mais difícil, os eventos de 1926, veio hesitante e turbulenta, tão indistinta que o ditado não conseguiu ser transcrito. O resto, da "Segunda Primavera" até o final, foi fácil. Levou mais tempo que as aproximadamente duas semanas que Agatha havia prometido a Cork, mas ficou pronto no fim de 1966. Ela estava empolgada: "Uma sugestão: um apêndice, possivelmente fornecendo uma breve seleção de cartas de fãs, algumas engraçadas, algumas comoventes etc. E talvez a primeira história que escrevi possa ser de interesse." Agora ela dizia: "Devo contar a Rosalind o que andei fazendo. Imagino que ela tenha uma ideia." Agatha sugeriu que três cópias da autobiografia deveriam ser datilografadas, "uma para você, uma para Rosalind e uma para mim [...]. Então poderemos comparar anotações e ver como vocês dois reagem".

Agatha pode ter se inspirado em enviar o rascunho a Cork após uma entrevista dada em Swan Court em dezembro de 1965 para um amigo norte-americano de Phelps Platt, o presidente da Dodd, Mead. Gordon Ramsey, professor na Worcester Academy em Massachusetts, propôs escrever não uma biografia, mas uma avaliação da obra de Agatha de acordo com Phelps Platt. Ela disse a Cork: "Isso eu deixo para você. Sou bastante indiferente." Ramsey manteve a palavra, confinando seus comentários sobre a vida de Agatha a um breve capítulo em *Agatha Christie: Mistress of Mystery*, que a Dodd, Mead publicou em 1967 e a Collins em 1972. Agatha cooperou alegremente, primeiro encontrando Ramsey em Swan Court e em Greenway e depois repassando a Cork incontáveis respostas detalhadas sobre seus livros. No fim das contas, até ela se cansou. Agatha ficou particularmente infeliz com perguntas sobre as duas histórias de detetive não publicadas escritas durante a guerra. "Por que alguém deveria saber antecipadamente algo sobre um livro que pertence a outra pessoa?", perguntou, lembrando a Cork que nem Max ou Rosalind sabiam as tramas dos livros de Marple e Poirot. Ramsey respeitou o desejo dela ao se abster de mencionar "os últimos livros de Poirot e Marple", embora o artigo de Francis Wyndham tenha aludido a ambos.

Agatha ficou com raiva, em parte porque estava cansada. Tinha sido um inverno ruim: "Nada além de preocupações domésticas, andar por toda a região de Devon em clima glacial e, em Wallingford, todo o teto mais ou menos desabando no quintal. Que bênção seria contar com três bons empregados em uma casa pequena nos dias de hoje. Não surpreende que as paquistanesas sintam tanta pena das mulheres inglesas — elas *gostam* do Purdah e ficam sentadas o dia todo, usando joias ricas e sendo servidas!" Além disso, a viagem a Paris com Max, em janeiro de 1966, não foi um sucesso total. Sempre preocupado com dinheiro, Max escreveu a Cork reclamando do preço do quarto no Ritz — 18 libras para cama e café da manhã — e de seu "*mauvais style*", comparado ao Bristol. Em março, Agatha divertiu-se imensamente, mas ficou cansada com a festa oferecida pela Collins para celebrar o término de *Nimrud*. Agora ela ficava anormalmente reticente em relação a convites para marcar o sucesso crescente de sua obra. Quando os editores propuseram uma edição completa de seus trabalhos, ela lembrou a Cork de suas objeções anteriores à tipografia usada por eles (especialmente em *Os relógios*) e dos comentários jocosos para Billy sobre o papel de carta usado pela editora ter qualidade melhor que o das publicações. "Uma edição completa é algo que considero *muito* desejável — mas a Collins precisa fazer uma boa impressão, em papel de qualidade, e, definitivamente, de alta classe!!" Embora irônica, ela ficou satisfeita com "a adulação sobre o reconhecimento literário de minha obra de alta qualidade!!". O título geral para a edição completa foi decidido, após muito pensar, como "The Greenway Edition". Agatha desaprovou: "Não é como se eu tivesse vivido aqui a minha vida inteira." Ao longo da primavera de 1966 ocorreram discussões sobre a apresentação, e em abril Agatha almoçou na Collins para falar do design. Não haveria foto dela na capa, mas um pequeno dispositivo identificador: um símbolo com três peixes interligados, que parecia um desenho visto por Agatha em Baalbek nas expedições aos bazares na década de 1930. Alguns acreditavam que eram rabiscos feitos pela própria Agatha quando estava preocupada, mas não era o caso. Era Max quem desenhava, e sempre potes, alguns dos quais decoravam os livros de tramas de Agatha. A brincadeira dela era com frases, códigos, jogos de palavras, paródias e versos tolos. Quem desenhava a esmo três peixes interligados era a vítima no conto *A casa da morte à espreita*, publicado em *Sócios no crime*. Agatha reproduziu o desenho para a Greenway Edition e ficou feliz quando Phelps Platt lhe deu um broche de prata com a mesma imagem.

Durante o verão, Agatha relaxou. Ela e Max aproveitaram cinco dias na Bélgica em junho, inspecionando um museu batizado com o nome de Hercule Poirot, e depois foram à Suíça, no fim de agosto. Mathew se hospedou em Greenway com um grupo de amigos de Oxford. Ele tinha acabado de se formar, primeiro em história e depois política, filosofia e economia, em New College, ex-faculdade de Max, e agora pretendia trabalhar no mercado editorial. Allen Lane ofereceu a ele um emprego na Penguin. Agatha também estava lendo ficção científica. Ela se atualizava com novos romances e peças e fez uma expedição a Londres para ver *The Prime of Miss Jean Brodie*. Após um início lento, ela começou um novo livro no outono: "De volta ao trabalho conforme prometido!" *A terceira moça* foi outra mistura complexa de ideias. O tema subjacente, como acontecia frequentemente em sua obra, envolvia a similaridade e a mudança. No centro da história está um apartamento cujos ocupantes publicam um anúncio em busca de uma "terceira moça" para dividir acomodações e despesas. Os cadernos de Agatha têm vários rascunhos de histórias sobre quartos nos quais a decoração é alterada ou a mobília trocada de lugar para fazer lugares diferentes parecerem iguais ou o mesmo lugar parecer diferente, um truque de relevância particular em blocos de apartamentos que se parecem por fora, mas têm interiores diferentes. As recordações de Agatha sobre o papel de parede do quarto de bebê em sua casa e as tramas de *O gerânio azul*, *O apartamento do terceiro andar* e *A aventura do apartamento barato* são instâncias dela observando como é fácil ser desorientado por tais alterações, e, consequentemente, enganado.

Em *A terceira moça* entrou também a ideia da imagem enganosa, lembrando a preocupação de Agatha com mensagens ocultas em pinturas, retratos antigos, galerias que servem de fachada para extorsões, imagens sendo tão enganosas como os retratos feitos por ela com palavras. Mais uma vez, Agatha enfatizou como as aparências podem disfarçar além de revelar: "O namorado é — um Mod? — como um Van Dyck — colete brocado — longo cabelo brilhoso — ele é o gênio do mal?", perguntavam as anotações dela sobre *A terceira moça*. Será que "uma Ofélia, desprovida de atributos físicos", uma moça de boas relações, caiu em más companhias? Um de seus personagens é habilidoso com cosméticos e outro tem interesse em psiquiatria, pois as personalidades também podem ser alteradas. "Norma pega as Flores?", perguntava-se Agatha. Os bairros também nem sempre são o que parecem. Em partes de Londres, onde Agatha viveu por anos, as ruas cheias de vida subitamente cediam lugar a extraordinárias avenidas cheias de "butiques" e restaurantes efêmeros e sempre lotadas de pessoas usando roupas estranhas, algumas desarrumadas de propósito e outras excessivamente teatrais, todas aparentando ter aproximadamente 17 anos. Praças tranquilas passavam a ser ameaçadoras à noite, estúdios e vielas tornavam-se sinistros. Ela também se baseou nisso. Muito mais assustador do que qualquer jornada feita por Miss Marple na Londres alterada de "Bertram's Hotel" é a Sra. Oliver explorando assustada uma Chelsea alucinatória.

"*Você é velho demais*. Ninguém me disse que você era velho", diz a filha dos anos 1960 que procura ajuda de Poirot em *A terceira moça*. Do mesmo modo que o detetive, Agatha não tinha idade para seus admiradores. Também semelhante ao personagem, ela manteve a competência profissional. Mesmo assim, Agatha podia ser melancolicamente engraçada sobre a própria geração. No outono de 1966, em uma viagem para os Estados Unidos acompanhando Max, que ministrou palestras em várias cidades universitárias, ela encontrou vários octogenários galantes sobre os quais escreveu cartas e diários devastadoramente objetivos. Uma noite em Princeton foi especialmente memorável: "Todos pareciam *muito* ricos, com trajes de noite, e tinham colocado luvas brancas para ir à palestra.

Tudo muito bonito, mas incrivelmente velho e enfermo — os maridos estavam, a maioria, doentes, na cama ou no hospital, e todos com quem eu falava eram surdos, paralíticos ou cegos, e uma senhora andava com aparelhos de surdez, quase cega e com 88 anos. Ela nos acompanhou até a palestra e insistiu em me ajudar caso eu caísse. 'Claro que não consigo ler nada na tela, vejo apenas luzes e sombras. Como esses aparelhos não são bons, também não consigo ouvir nada — mas eu gosto de estar *presente*. É melhor colocar o casaco novamente, querida, ou vai pegar um resfriado.'" Agatha recordou: "Ela era muito corajosa e foi para casa após a recepção ainda tão brilhante e inteira quanto antes — eu estava quase morta àquela altura —, com os gritos *e* os meus pés!!"

Dissuadida de ministrar palestras para ajudar com as despesas, Agatha se concentrou em duas resoluções inabaláveis. Uma era visitar o túmulo de Nathaniel Frary Miller no cemitério Greenwood, que era particular e só podia ser acessado com autorização. Surpresa, ela o descreveu para Cork: "Parece o Luxor [...] monumentos de granito por toda parte." O túmulo do avô era quadrado, tinha quase 2 metros de altura, feito de mármore preto, e tinha um obelisco. O outro objetivo era mais mundano: "comprar algumas roupas íntimas de tamanho maior". Cork avisou Dorothy Olding, que uma vez encontrou um maiô enorme para a cliente favorita deles. "Ela se lembrou de sua proeza e, querida, temo que isto seja trabalho para você."

As obsessões de Agatha aparecem nas anotações dessa viagem. Ela ficou profundamente impressionada com o aquecimento central do EUA, a Orquestra Sinfônica de Cleveland, as pinturas e esculturas decorando casas particulares, além dos museus em Washington e a variedade de pessoas com que ela e Max encontravam: "Supermatriarca — *femme formidable*", "um homem odioso em minha opinião, que disse 'sempre chamamos você de Aggie, sabe? Então não se importe se eu chamá-la de Aggie'. Olhar frio da minha parte", "um tipo de paralisia — bem patético — exalando admiração excessiva, mas gentil [...]", "um protótipo cultural — excelente para o trabalho", "uma loura platinada de 60 anos, gerenciando ele [...]". Ela adorava Vermont no outono gelado, "cenário adorável e a melhor manteiga *verdadeira* que provei por anos". Algumas deficiências tinham compensações: "Um trem altamente parador nos últimos estágios da decrepitude — todos haviam desistido de limpar as janelas há tempos [...] e o almoço era praticamente intragável. Na verdade, agora considero mais a British Railways." O Texas a impressionou: "Austin muito civilizada além de rica [...] uma cidade inesperadamente atraente — da neve ao calor [eles haviam estado em Ohio], 27º Celsius e quase uma sensação de Bagdá e Oriente Próximo, com jardins, árvores verdes e lazer [...] jantar no alto de arranha-céu recente e bem-construído — comida muito boa [...] Dallas [...] Rica — palestra para audiência muito selecionada. Selecionada até demais. Exposição maravilhosa de carpetes para empréstimo, ninguém sabia nada sobre eles — nem estavam interessados — um pessoal banal."

Após passar o Natal no País de Gales, Agatha voltou à fria Winterbrook, onde escreveu um livro para o qual começou a fazer anotações nos Estados Unidos: *Noite sem fim*. Ele se passava na estranha e bonita região de Gypsy's Acre (chamada de "Campo do Cigano" na edição brasileira do livro), que Agatha conheceu há alguns anos no País de Gales e ouviu de Nora Prichard, sogra de Rosalind, a lenda associada ao local. *Noite sem fim* tinha poucos personagens. O editor da Collins questionou se isso deixava o mistério fácil demais e pediram a Agatha para aumentar o papel de um deles, Stanford Lloyd, administrador dos bens da jovem norte-americana rica que é a vítima. Porém, todos os personagens são interessantes, especialmente Santonix, jovem arquiteto à beira da morte com toques do Vernon Lee de *Giant's Bread* e do amigo de Max, Esmé Howard. Outro digno de nota é Michael Rodgers, que sonha com o Campo do Cigano e a casa que Santonix vai construir lá. Nele, Agatha colocou alguns de seus sentimentos em relação a Ricardo III descritos nas cartas para Max no período de guerra: "Um fora da lei [...]." *Noite sem fim* teve alguns dos comentários mais carinhosos dos amigos, com elogios de pessoas cuja opinião ela respeitava imensamente, como o diretor de All Souls College, John Sparrow, e o historiador Steven Runciman.

Estimulada pelo sucesso, Agatha disse a Collins que pretendia continuar escrevendo um livro por ano e já pensava no próximo.

Ele foi rascunhado na primavera de 1967, após uma viagem feita por ela, Max e Mortimer Wheeler ao Instituto Britânico da Pérsia. Max recebeu o título de Cavaleiro na lista de honrarias do Ano-novo, de modo que a última mudança de nome de Agatha foi para Lady Mallowan. De alguma forma, isso disfarçava Agatha Christie com ainda mais eficiência do que Sra. Mallowan. Há muitas histórias de visitantes em Winterbrook ou ao All Souls College sendo apresentados à esposa desconhecida e modesta de Sir Max. (Contudo, Max sabia quando ceder os holofotes para Agatha: "Não penso que fomos apresentados. Sou o marido de Agatha", dizia ele nos jantares do Detection Club.) Stella Kirwan agora escrevia "A. M." ou "A. C." no fim das cartas, para lembrar Agatha de que modo ela deveria assiná-las.

Os primeiros meses de 1967 foram tão movimentados que foi bom o próximo livro ter saído com facilidade. Em maio, após o casamento de Mathew com Angela Maples, cujo nome aparecia com frequência cada vez maior no livro de visitantes da avó, Agatha e Max foram à Iugoslávia por duas semanas, para relembrar a lua de mel e, de modo mais prosaico, gastar os dinares acumulados por Agatha. "Não pretendo *realmente* fazer qualquer aquisição de Imóveis", Agatha provocou Cork, "mas Amplos fundos não significam nada. Você deve ter *alguma* ideia se eu tenho 50, 100 libras — ou 500 — ou até (esperança vã?) mil libras à disposição". Eles passaram o verão em Greenway e parte do outono na Espanha. Em julho, ela fez tratamento para a surdez intermitente. "Momentos esplêndidos com o Doutor", disse ela a Cork, "posso ouvir o tique-taque dos relógios novamente *e* a maioria das vozes ao telefone!!!". Max estava menos robusto: ele teve um segundo derrame no outono enquanto dava uma palestra na Pérsia. Ele minimizou a situação, apenas pegando uma cadeira e fazendo o resto da palestra sentado, mas depois foi levado ao hospital. Visitantes lembraram que, embora alegando não gostar de histórias de detetive, ele mostrava lealdade, exibindo os livros de Agatha na cabeceira da cama. Max foi levado para casa de avião no fim de outubro. Agatha, que ficou em Wallingford, escreveu a Cork: "Eu me sinto péssima, mas realmente acredito que foi bom não estar voltando para casa com muita pressa. Mas esperar sem notícias é o Inferno."

Ela desabafou a ansiedade na Collins em uma série de cartas furiosas para Billy sobre as provas do novo livro, *Um pressentimento funesto*: "O correio comum trouxe um lote sem identificação. Cinco dias depois, veio uma entrega especial com preço parcial — manuscrito datilografado e metade de um lote marcado [...] ontem veio a outra metade, também entrega especial, com despesas totais [...]." "Talvez você devesse deixar claro que não se deve mudar a grafia do autor, a menos que esteja realmente escrito de modo incorreto. Se eu prefiro *phantasy* a *fantasy* (as duas palavras estão no dicionário), quero que continue assim. [...]." "Não quero frases alteradas para ficar mais gramaticalmente corretas quando fazem parte da conversa *falada* de alguém. Do contrário, a conversa de todos soaria exatamente igual e não como pessoas comuns que variam a forma de falar [...]."

No entanto, *Um pressentimento funesto* a agradou quando foi lançado, no fim de 1968. A trama foi outra que ela começou a pensar durante a viagem aos EUA. Era uma história com três ideias, sendo que uma delas, uma morte ocorrendo em uma casa de repouso para idosos, também entrou nos primeiros rascunhos de *Noite sem fim*. A segunda era o "tema foto": "Doutor Murray desconfia de certas mortes em Sunny Ridge. Sra. W teve foto apresentada a ela pouco antes — ela sempre fazia isso para uma vítima em potencial? Ela adicionava um barco à fotografia a cada vez? Assinava o nome da vítima embaixo?" O terceiro era o "tema do assassinato de criança": "Mãe de menina que teve filho ilegítimo e talvez o matou", "irmã da Bruxa Amigável — enfermeira infantil — confinada — ela costumava roubar crianças e sacrificá-las", "Lady Peel — estéril — fez aborto — assombrada por isso?". A Srta. Perry, uma "Bruxa Amigável" sinistra realmente apareceu em *Um pressentimento funesto*, bem como o tema do assassinato e substituição de criança. "Atrás da Lareira — outubro, 1967", Agatha escreveu firmemente em seu caderno, com a frase enganosamente simples, mas sinistra: "'Foi a sua pobre criança, não foi?' Não — eu me perguntei — O mesmo horário todos os dias. Atrás da lareira — exatamente às 11:10."

Os quatro dias que Agatha passou na Nova Inglaterra, em 1966, também renderam a próxima trama, a "ideia do testamento forjado". *A noite das bruxas*, romance escrito na primavera de 1969 no qual uma criança, que se gaba de ter visto um assassinato e é afogada em uma banheira quando saiu para procurar maçãs. A festa que dá nome ao livro parece uma celebração norte-americana de Halloween em vez de inglesa, embora o cenário de uma festa infantil já tivesse ocorrido a Agatha em outra ocasião. Ela era interessada na inocência infantil e em sua exploração, na habilidade das crianças em perceberem ou revelarem a verdade, como em *N ou M?*, e também na capacidade infantil para o mal, como em *A casa torta* e *Um passe de mágica*. Agatha sabia que a beleza delas pode ser enganadora, enquanto o fenômeno de gêmeos idênticos alimentava sua preocupação com disfarces, semelhanças e a natureza da identidade. *A noite das bruxas* se baseia em vários desses temas, reapresentando também a ideia de transformação da paisagem porque, como em *A extravagância do morto* e *Noite sem fim*, Agatha cria um personagem capaz de realizar uma visão de beleza caso receba dinheiro e oportunidade. Assim como *Um pressentimento funesto* e *A mulher diabólica*, *A noite das bruxas* é um livro confuso, especialmente porque Agatha procurou incluir ideias demais. Por esse motivo, é também uma obra extraordinária, como todos os seus trabalhos posteriores.

Em meados de 1969, Agatha estava sendo pesadamente bombardeada com pedidos para aparecer aqui, falar ali e contribuir com uma história, coluna ou frase inteligente acolá, em grande parte porque editores, jornalistas, produtores e promotores de vários tipos estavam se preparando antecipadamente para o 80º aniversário dela. Agatha não esperava ansiosamente esse ataque. "Imagino que você e eu precisaremos construir algo sobre a minha 'passagem para a maioridade'", escreveu com tristeza para Cork. "*Nada de televisão.* Definitivamente." Um produtor garantiu a ela que as técnicas da televisão eram outras, mas ela não mudou de opinião. "Uma idiossincrasia inteiramente pessoal", explicou. "Preciso admitir que *não* sou aficionada pela televisão. [...] Eu a acho *útil* — para corridas, notícias ocasionais, previsões do tempo enganosas (em comum com os jornais)! Mas para mim não é algo *prazeroso*." Ela acreditava que a antipatia talvez procedesse do fato de a televisão ser "possivelmente do tamanho errado para mim. Algumas vezes, *é isso* o que acontece. Ou vejo fotografias do tamanho de selos postais ou ampliadas até as proporções mais horrendas." Não só Agatha "achava difícil ter qualquer sensação de realidade ao assistir àquela caixa estática" como também não tinha apreço pelas entrevistas, declarando ter "uma sensação de que a pessoa gostaria de se desculpar pela presença como observadora quando os assuntos particulares e pessoais de alguém estão sendo questionados e sondados — geralmente sem qualquer pretexto de cortesia ou boas maneiras. [...]". Ela admitia ter gostado de alguns programas de televisão: "*The Forsyte Saga* — e a emoção de ver homens caminhando na lua ao vivo — e a agonia de temer que eles jamais voltassem." Contudo, ela não tinha o menor desejo de aparecer ou escrever para a televisão.

Apesar de tudo isso, ela ficou feliz com alguns aspectos do aniversário vindouro: a encomenda de uma fotografia para a National Portrait Gallery, na qual aparece com Max, e também os cavalos de porcelana que ganhou de presente do editor dinamarquês. Ela ficou extasiada com a decisão de Mathew de estabelecer a Fundação Agatha Christie para Crianças em 1969 e particularmente fascinada por outra empreitada, também promovida por Mathew. Max tinha sugerido que ela tivesse o retrato pintado e Mathew abordou Oskar Kokoschka para a tarefa. Embora não fizesse mais tantos retratos, Kokoschka concordou em pintar Agatha por ser um admirador de suas obras, e eles tiveram oito encontros de duas horas em Londres, nos quais consumiu meia garrafa de uísque em cada um. Pintor e modelo gostaram um do outro, especialmente por terem encontrado um inimigo em comum: o médico que fez um comentário definindo pessoas de 80 anos ou mais como inúteis, que deveriam ser misericordiosamente mortas. O retrato de Kokoschka é interessante. Mostra uma mulher muito velha, com quem Agatha gradualmente passou a se assemelhar. Como em outros retratos, as características da modelo se parecem com a do próprio Kokoschka, especialmente a forma quadrada da parte de trás da cabeça. Mas ele captou a aparência e a silhueta de Agatha, indicando, por exemplo, o hábito de bater os dedos (agora atingidos pela psoríase) nos braços da cadeira. "É muito assustador", foi a reação de Agatha quando Kokoschka permitiu que ela apreciasse o resultado. "De qualquer modo", disse ela a Cork, "eu me pareço com *alguém*." Majestosa, ela triunfava sobre Hollywood: "Ele era um grande admirador do meu *nariz* — tão grande e importante. Vejo todas as estrelas de cinema tendo os narizes *reduzidos* de tamanho. Contudo, eu me atenho a minha glória romana." Mallowans, Kokoschkas e Prichards celebraram com um almoço no Boodles e o pintor mandou um telegrama para Agatha, fazendo seus pedidos com antecedência: três arenques defumados e um copo de Guinness.

25

"... uma autora comum, trabalhadora e de sucesso..."

Em retrospecto, parece que Agatha estava no auge do sucesso internacional havia décadas, quando na verdade foi uma escalada longa e constante. Ela só virou a líder reconhecida entre os escritores de romances de mistério no início dos anos 1970, quando os editores britânicos e norte-americanos escolheram promover seus livros mais vigorosamente do que nunca. Ela mesma tinha confessado a Max, após a guerra, que deveria estar incluída entre os quatro autores mais eminentes de histórias de detetive no artigo que escreveu para a Rússia. Mesmo em 1961, contudo, os escritórios de Cork e Ober emitiram para a equipe uma lista de manuscritos de "Christie" que deveriam ser destruídos.

Os admiradores de Agatha teriam considerado isso um sacrilégio. Esses adoradores ficavam mais numerosos a cada dia, bem como as exigências por eles feitas. Desde os anos 1940 ela era inundada com pedidos de fotografias, ajuda financeira, livros que aparentemente eram impossíveis de encontrar em Malta, Japão, Brasil, Tchecoslováquia e Surrey, entre outros lugares. Boa parte dessa correspondência era interceptada pelos agentes, embora Agatha sempre tivesse interesse no que os admiradores tinham a dizer, especialmente se pudessem indicar falhas ou omissões. Ela respondia pessoalmente a algumas cartas, incluindo as mais jocosas. Uma que chamou a atenção foi uma diatribe em versos, obviamente feita por um louco, contra os males da vida em geral. Ela também foi enviada a vários chefes de Estado. Ela pôs notas no envelope com observações possivelmente úteis sobre o estado mental do escritor. Algumas das perguntas que ela recebia eram assustadoras. Da Nova Zelândia chegou um pedido de uma fotografia para ser colocada em uma sala especial contendo 307 cópias de suas obras encadernadas em couro de bezerro. Um condutor de trem das Antípodas queria saber como eram feitos os pagamentos das refeições no Expresso do Oriente, um francês pedia permissão para publicar trechos de *Os trabalhos de Hércules* em um livro sobre a Grã-Bretanha, com "A captura de Cérbero" ilustrando o funcionamento do metrô e "A corça da Arcádia" como estudo do hábito inglês de tomar chá. Além disso, um japonês especialista em computadores precisava de ajuda com a "biografia da Sra. Marple", e o gerente do estúdio cinematográfico Sverdlovsk queria uma lista de seus livros. Agatha, seus editores e agentes tinham dificuldade de contabilizar suas obras, agora traduzidas e publicadas em todo o mundo. Cork e Collins receberam o livro de Gordon Ramsey, basicamente, como uma ajuda para esclarecer dúvidas sobre a bibliografia dela.

Ela recebia inúmeras perguntas, não só de aspirantes a biógrafos como de pessoas associadas a ela. "Por que você escolheu uma velhinha encantadora como segunda detetive famosa?", perguntou um admirador de Margaret Rutherford. "Nenhum motivo em particular", respondeu Agatha com firmeza, pois ela dava pouca atenção a essas perguntas. Um questionário especialmente imponente veio de uma revista italiana, interessada "no caráter fenomenológico e social", além da natureza histórica e cultural "da participação da mulher na sociedade". Perguntada sobre a causa do papel cada vez mais ativo das mulheres, Agatha atribuiu "à tolice das mulheres em abandonar a posição de privilégio obtida após muitos séculos de civilização. As mulheres primitivas trabalhavam incessantemente. Nós parecemos determinadas a voltar a esse estado voluntariamente — ou estamos dando ouvidos à persuasão e, consequentemente, deixando de lado as alegrias do lazer, do pensamento criativo e do aperfeiçoamento das condições domésticas". Convidada a avaliar o quanto o progresso científico e tecnológico exigia a participação das mulheres, ela respondeu: "Devo dizer que consigo passar muito bem sem isso." As respostas "[...] correspondem à visão geral do seu país?", concluía o documento. Agatha escreveu uma frase curta e direta: "Provavelmente, não."

O volume de vendas, além do volume de correspondência, era outra medida de sucesso. Os números da Unesco, publicados em 1961, indicavam a vitalidade e constância das vendas de seus livros. Empresas de televisão e rádio, especialmente nos Estados Unidos, onde os números da audiência importavam muito, solicitavam incessantemente os direitos de exibir suas obras. *A ratoeira*, a peça em cartaz há mais tempo nos palcos britânicos, aumentou o interesse nas possibilidades dramáticas de seus livros, mesmo se eles nem sempre tivessem o apelo popular de suas outras peças. Os editores e agentes de Agatha reconheciam seu valor: mesmo os livros de capa dura vendiam entre 40 e 50 mil cópias nas primeiras semanas de publicação. O apreço era demonstrado pela extensão dos serviços que faziam para ela. O escritório de Ober procurava livros e gravuras publicados apenas nos Estados Unidos e "o melhor tipo de xarope de bordo" para ser enviado em pacotes de meio quilo a cada bimestre. "Essas tarefas, para Agatha, podem ser o próprio diabo", desculpou-se Cork para Dorothy Olding, mas, como Billy Collins disse a seus colegas durante uma saga particularmente complexa envolvendo consertos no carro dela: "Sei que essas tarefas são difíceis, mas Agatha Christie é uma autora muito excepcional." Ele era generoso com ingressos para Wimbledon e livros, fornecendo a Agatha obras da Collins para a escola primária local em Galmpton, vilarejo mais perto de Greenway, do qual ela se definia como "uma das administradoras". Além disso, todo Natal ele enviava para Agatha um pacote de livros escolhidos anualmente por ela.

Os arranjos contratuais continuavam simples. Não houve adiantamentos em royalties, mas a porcentagem sobre as vendas que ela recebia era alta. Em 1950, a Dodd, Mead destacou para Cork que Agatha, agora, excedia os royalties pagos a Bernard Shaw. Mesmo assim, as finanças eram erráticas e Agatha geralmente ficava sem dinheiro, pois embora as vendas fossem enormes, os impostos também eram. Além disso, a situação era tão complicada que, a maior parte de sua vida profissional, ela não sabia em que posição estava. Agatha estava acostumada à precariedade financeira. O colapso da empresa do pai, os anos frugais no início do primeiro casamento e o período difícil após a separação de Archie foram, todos, preocupantes. Em 1938, assim que ela começou a ganhar somas grandes e regulares com a escrita, houve outro golpe.

Agatha utilizava vários conselheiros profissionais para cuidar de seus negócios: um advogado, um contador e Edmund Cork, que cuidava de contratos e decidia quando era sensato transferir ganhos do exterior para a Grã-Bretanha após consultar o contador e Ober. O maior volume da renda de Agatha nos anos 1930 provinha dos Estados Unidos. Por ser "uma autora estrangeira não residente", parecia que ela não precisava pagar impostos norte-americanos sobre contratos negociados nos Estados Unidos. Tais ganhos poderiam ser taxados apenas na Grã-Bretanha, onde eram devidos. Contudo, em agosto de 1938, o Tribunal de Recursos dos Estados Unidos recebeu um caso entre o comissário da Receita Federal dos Estados Unidos e Rafael Sabatini, prolífico autor britânico e de sucesso, que residia em Londres, e decidiu que Sabatini deveria pagar impostos nos Estados Unidos. O surgimento desse caso levou as autoridades tributárias dos Estados Unidos a prestarem atenção aos negócios de Agatha, e Harold Ober a contratar o Sr. Reinheimer.

Se as autoridades tributárias aplicassem a mesma sentença de Sabatini a Agatha, ela claramente seria obrigada a pagar enormes somas de impostos adicionais. Quanto seria esse valor, ninguém poderia estimar. Os ganhos recebidos por ela nos Estados Unidos eram substanciais (a *Collier's*, por exemplo, havia pagado 27.500 dólares pelos direitos de publicar *O Natal de Poirot* em série), mas ninguém sabia dizer até que ponto era possível fazer essa cobrança retroativamente. Nesse caso, Reinheimer alegaria que o lapso de tempo entre o recebimento de tais quantias por parte de Agatha e a decisão das autoridades, junto com o fato de ela ter sido orientada por especialistas e tomado todas as medidas para preencher os requisitos conhecidos feitos pelas autoridades tributárias, certamente significavam que ela não deveria ser punida, e talvez limitassem o tamanho da conta a ser paga.

Desfazer essa situação complexa levou uma década. Muitos documentos foram descartados ou sumiram. A Dodd, Mead e a Ober Associates não guardavam muitos registros anteriores em seus escritórios caros de Manhattan. No lado londrino, poucos arquivos sobreviveram aos bombardeios e às sucessivas mudanças durante a guerra. À medida que os argumentos dos advogados se desenrolavam, documentos adicionais eram criados, confundindo ainda mais a questão, até também acabarem perdidos na distribuição entre escritórios em distritos tributários diferentes.

Durante os primeiros anos dessas discussões, o problema de Agatha era grave. Como já vimos, as autoridades norte-americanas retiveram os ganhos até a questão ser resolvida. Após 1940, a regulamentação para controle cambial dificultou a transferência até das menores quantias. Os problemas de Agatha eram mais graves porque ela precisava da renda norte-americana para pagar os impostos britânicos sobre ganhos acumulados: "Se conseguisse apenas acertar tudo *aqui*", escreveu ela a Cork em 1941, "eu poderia viver com pouco dinheiro e ficar mais tranquila." Os bancos britânicos não forneciam empréstimos, a menos que estivessem ligados ao esforço de guerra, e além dos direitos autorais, os únicos bens de Agatha eram imóveis, que na época eram praticamente impossíveis de vender. No início de 1948 foi feito um acordo, mas apenas para os anos entre 1930 e 1941. (A soma passava de 160 mil dólares.) Surgiram outras dúvidas em relação aos detalhes dos juros lançados pelas autoridades tributárias. Em seguida, foram mantidas conversas com as autoridades britânicas para saber se era preciso pagar impostos na Inglaterra sobre o dinheiro liberado. Embora os Estados Unidos e a Grã-Bretanha tivessem assinado um tratado de taxação dupla em 1948, Agatha ainda não tinha certeza da proporção de renda dos EUA que sobraria para ela, pois restava a conta para os anos entre 1941-1948. Essa dúvida parecia ter sido resolvida no fim de 1948, mas o acordo de Reinheimer foi desfeito por outra ação judicial nos Estados Unidos. O amigo e admirador de Agatha, P. G. Wodehouse, recebeu o mesmo tipo de julgamento de Rafael

Sabatini, sendo também estrangeiro não residente. Os advogados dele trataram da questão até exaurir todas as possibilidades de recurso. Em dezembro de 1948, o caso Wodehouse chegou à Suprema Corte dos Estados Unidos. Em meados de junho de 1949, eles mantiveram a decisão do julgamento de Sabatini. Os advogados de Wodehouse solicitaram nova audiência, mas a Suprema Corte se pronunciou apenas em outubro de 1949, negando o pedido. Wodehouse e Agatha pelo menos tinham noção da situação em que estavam. Além disso, havia grandes honorários de advogados e contadores a serem pagos.

Após o fim desse episódio, Agatha decidiu esquecê-lo. Ela notou, contudo, a grande diferença entre as somas que recebia por seu trabalho e a quantidade que efetivamente mantinha. Os impostos da Grã-Bretanha eram excepcionalmente altos. Em meados da década de 1950, boa parte dos ganhos de Agatha ia para as autoridades tributárias. "Onde *está* tudo?!!", escreveu ela para Cork, do Iraque, na primavera de 1954. Ele explicou que naquele período de 1953-1954, os impostos para um casal sem dependentes e com ganhos de 30 mil libras por ano seriam 25 mil libras, na alíquota mais alta. Ele fez a seguinte proposta: quando as negociações com os Estados Unidos forem encerrados — pois elas ainda se arrastavam —, os conselheiros poderão abrir uma empresa para a qual ela escreveria seus romances sob um contrato de prestação de serviços. Em vez de pagar impostos na alíquota de mais de 90%, como fazia na época, ela receberia uma renda da empresa, que pagaria impostos sobre os lucros na alíquota-padrão, sem sobretaxa. Se ações da empresa fossem vendidas, elas seriam ganho de capital, que não estava sujeito a impostos na época.

Desconfiada depois de tantos problemas, Agatha observou que Cork parecia estar "cada vez mais preso em uma teia jurídica!", acrescentando: "Espero que não termine em desastre." Preocupada em não fazer algo ilegal nem se esquivar das responsabilidades (ela se recusava a morar em um paraíso fiscal), Agatha pediu opiniões jurídicas. Devidamente informada e mais calma, ela concordou em abrir uma empresa. Enquanto isso, no final de 1954, as autoridades tributárias britânicas finalmente concordaram com os termos do acordo norte-americano. Em 1955 foi criada a Fundação Christie para Liquidação. Agatha deu aos integrantes 100 libras, que eles usaram para comprar 100 ações da empresa Agatha Christie Ltd, aberta simultaneamente. A Agatha Christie Ltd empregou Agatha em seguida. O salário inicial era aproximadamente comparável à renda líquida recebida por ela desde 1950. Isso começou no fim de 1955.

Dois anos depois, em janeiro de 1957, foi criada a Fundação Christie para Direitos Autorais, englobando os direitos autorais das obras terminadas por Agatha antes da criação da Agatha Christie Ltd. Agatha atribuiu a essa segunda fundação os direitos de um grande número de livros e contos, mantendo alguns para si, basicamente por motivos sentimentais. Os conselheiros de Agatha chamaram a atenção para a questão do imposto sobre heranças, que no caso dela poderia ser impossível resolver. Era inútil prever o valor dele, visto que dependeria das autoridades tributárias e havia um alarmante precedente no caso de Bernard Shaw. Após a morte dele, as autoridades tributárias valorizaram os direitos autorais das peças de maior sucesso escritas por ele e multiplicaram pelo número de suas obras, produzindo uma soma enorme. O pesadelo de Cork era que as autoridades tributárias valorizassem os direitos autorais de Agatha multiplicando a renda de *Testemunha de acusação* pelo total de histórias escritas por ela. Incluindo os direitos cinematográficos, esse valor poderia chegar a 20 milhões de libras ou mais. Definir a Fundação Christie para Direitos Autorais não só evitava essa possibilidade como também permitia que os integrantes distribuíssem somas de capital para beneficiários escolhidos. Era necessário o consentimento de Agatha para isso, e ela recusou. Embora não buscasse influenciar as distribuições, Agatha gostava quando os pensamentos dos integrantes da fundação coincidiam com os dela. Parentes e amigos que precisavam de ajuda recebiam valores de tempos em tempos, bem como várias organizações de caridade. Um dos desembolsos prediletos de Agatha era para a Harrison Homes, organização que fornecia acomodações para idosos que desejavam a independência, mas precisavam de um lugar seguro e barato para viver. Carlo e a irmã Mary falaram da Homes para Agatha, e ela ficou feliz quando o conselho da organização perguntou se poderiam batizar uma nova ala em sua homenagem.

Agatha interrogou seus conselheiros quando as fundações e a empresa foram criadas. Ela temia a preocupação e os custos do processo, e após a experiência norte-americana, não acreditava na permanência de tratados e legislações. Havia bons motivos para ser cínica: em 1957 ocorreu outra disputa jurídica, agora em relação aos impostos sobre os direitos autorais recebidos por Agatha. Essa briga com as autoridades tributárias dependia, em boa parte, da decisão em um caso envolvendo os inspetores tributários e os executores do espólio de Peter Cheyney (também autor de histórias de detetive), que morreu em 1951. Levou vários anos para o caso ser resolvido e ter as implicações devidamente esclarecidas.

Era como Jarndyce *v.* Jarndyce de novo. O acordo foi obtido apenas no fim de 1964. Cork e a família de Agatha concordaram que ela ficaria abalada com o valor da soma, entre 100 e 125 mil libras. Na primavera, eles decidiram recorrer para amenizar a situação e dar a notícia para Agatha. Anthony lembrou que ela iria querer saber se estaria sujeita a interrogatório e se a audiência seria divulgada na imprensa. Felizmente, a resposta para essas perguntas era não. A atitude de Agatha foi corajosa e sensata. Se houvesse tempo e disposição, ela lutaria e recorreria até a Câmara dos Lordes, representando a si mesma. Ela também sugeriu, de modo apenas parcialmente irônico, que a empresa deveria ceder os direitos autorais retidos para as autoridades tributárias fazerem o que bem entendessem. Deixando os conselheiros e as fundações resolverem o assunto, ela foi com Max para Talloires e para o lago de Annecy, prolongando as férias na Áustria e na Suíça enquanto ainda podiam fazê-lo. Em novembro de 1965, após mais incertezas, ela soube que havia perdido o recurso e, de alguma forma, precisaria arrecadar mais de 100 mil libras para pagar o acordo. "O Conselho Superior de Impostos fez o melhor, mas ADVOGADOS!!!", escreveu ela para Cork em janeiro. "Da próxima vez vamos falar com o Conselho Inferior de Impostos. O resultado, provavelmente, será o mesmo, e vai custar menos!" Para o Natal, Cork mandou a Agatha uma foto de Hércules. "Ela lembra os dias mais felizes", disse ela na carta de agradecimento, "quando estávamos subindo em vez de nos esborrachando no chão!"

Ao longo de 1966 e 1967, os problemas continuaram sem solução, graças às exigências rotineiras e confusas das autoridades tributárias. "Não consigo entender como alguém pode viver se recebe uma renda de 7 mil libras da empresa e precisa pagar sobretaxa de 5 mil libras sobre ela", perguntava-se, "além de três tipos diferentes de imposto de renda." Cork tentava desembaraçar a confusão de avisos enviados pelas autoridades tributárias, mas ela ainda estava perturbada. Em março Agatha pediu detalhes de todos os pagamentos de impostos: "Não sei o que ou *por que* estou pagando. E considero isso preocupante." Houve também mais honorários de alto valor pela consultoria jurídica. "Conversas, conversas, conversas. Objeções e nenhum bem sai disso. Advogados!"

Cork garantiu a Agatha que ela sempre teria o suficiente para viver. Não só a Agatha Christie Ltd era totalmente segura como desde 1966 negociações estavam sendo realizadas para fortalecer a empresa. A grande empresa pública Booker McConnell, conglomerado agrícola e industrial, desde 1964 era dona de 51% da Glidrose Productions, empresa detentora dos direitos para toda a obra de Ian Fleming, incluindo os livros de James Bond. No verão de 1968, uma subsidiária chamada Bookers Books adquiriu 51% da Agatha Christie Ltd (subsequentemente aumentada para 64%). A Glidrose foi transferida para a Bookers Books, e, na época, as empresas similares se uniram, a fim de criar uma promissora Divisão de Escritores. (Foi assim, incidentalmente, que a Booker McConnell decidiu estabelecer o Booker Prize para obras de ficção em 1972.) Em dezembro de 1968, a Bookers Books adquiriu metade da Fundação Christie para Direitos Autorais, e a outra metade em abril de 1972.

O problema de atender às solicitações especiais ainda não estava resolvido, mas um método acabou sendo desenvolvido para isso. A empresa principal Booker McConnell concordou em emprestar a soma necessária para Agatha. O empréstimo foi garantido pelos próprios direitos autorais dela. Esse arranjo era completamente separado dos realizados entre a Agatha Christie Ltd e a Booker

Books. A própria Agatha pagou juros totais sobre o empréstimo. Pelo menos ela estava limpa, embora endividada, mas essa condição lhe era familiar.

Com tudo isso, a atitude de Agatha era uma mistura de leveza e resignação. Anthony era um conforto, ao decifrar pacientemente os valores para ela. De vez em quando, ela entrava em pânico e escrevia cartas sofridas para Cork, ou sugeria esquemas loucos, como dar palestras nos Estados Unidos, ou, ainda, planejava algo com a *Collier's*. Na maior parte do tempo, contudo, ela fazia ideia do que estava acontecendo, brincava com a situação em que estava e repreendia Cork apenas por fornecer notícias insuficientes: "Seu hábito admirável de (como relógios de sol!) só registrar as horas (ou notícias) ensolaradas me faz desconfiar quando não ouço notícias!" Ela se preocupava se não soubesse mais ou menos em que pé estavam suas finanças. "Deve ter *alguma* informação [...]. E você não diz nada!!" As inesperadas demandas retroativas das autoridades tributárias a deixaram desconfiada. "Não me cause problemas por alguém ter sido 'esperto demais' em relação a algo", implorava ela, "isso me deixa nervosa!" Quando tudo foi finalmente resolvido e o cheque regular da Agatha Christie Ltd foi enviado com uma declaração formal, ela continuou atormentada: "Como vou saber de quem vem isso?", escreveu ela, infeliz, para Hughes Massie, lembrando encontros anteriores: "Se um fiscal de impostos perguntar [...], serei obrigada a dizer que não sei. Por anos tudo era compreendido com facilidade [...] agora, com tantos documentos Privados e Confidenciais, e nenhuma outra informação, parece que estou chantageando alguém que coloca dinheiro em minha conta sem dizer de quem é ou *por quê* [...]." Ela reconhecia que os conselheiros haviam procurado regularizar suas questões complicadas, brincava chamando a si mesma de "A Escrava Contratada" quando entregava um livro e estava feliz. Se pensasse que as decisões estavam sendo tomadas sem consulta — coletâneas reunidas sem o seu conhecimento ou "prefácios, elogios e tudo em que possam pensar", que passavam batidos graças à sua memória cada vez menos confiável —, ela ficava magoada. "Não acredito que você perceba o quanto eu me importo", ela disse a Cork em uma carta. "É um sofrimento ter vergonha de si mesma. Eu não sou apenas um cachorro de circo para todos vocês — sou a *escritora*."

Agatha admitia, e isso era reconhecido pela família e pelos conselheiros, que tudo não passava de "um desabafo", como ela dizia. A interminável discussão com as autoridades tributárias era frustrante, porque Agatha gostava de tudo claramente indicado, organizado e simplificado. Ela preferia deixar as contas em dia; na verdade, gostava de contabilidade. (Ela possuía uma conta na loja do vilarejo de Churston, na qual outros compravam em dinheiro.) Ela queria ser organizada, e com razão, após a bagunça que outros parecem ter feito em seus negócios.

Sua generosidade instintiva e seu senso de humor guiavam Agatha pelas dificuldades financeiras e ajudavam a relaxar, demonstrando apenas uma leve exasperação com histórias sobre "a vasta riqueza" que na verdade lhe faltava. Ela também era fatalista e, antes do casamento, confidenciou a Max o medo de ter assumido "uma visão muito objetiva da vida". Sensato, Max respondeu que se a inclinação dela era "ter uma visão impessoal", nas palavras dele, Agatha deveria parar de se preocupar e reconhecer os benefícios disso. Os que eram próximos dela acreditavam que, após o colapso do primeiro casamento, ao perceber que a vida podia ser "injusta", ela se resignou a qualquer fortuna e infortúnios que surgissem pelo caminho. Ela demonstrava certa apatia, uma autocrítica tranquila, que os poucos informados sobre suas conversas com psicanalistas no fim dos anos 1920 pensavam terem sido obtidas pela experiência. A propensão a tirar conclusões gerais de instâncias específicas, classificar e discernir padrões de comportamento, também lhe dava uma ideia de perspectiva e proporção. Max disse que Agatha "via tudo como uma criança". Há uma vantagem nisso.

Mais problemática era outra consequência do sucesso em larga escala: a invasão de privacidade. Houve tentativas de tirar fotos aéreas de Greenway, além de constantes pedidos para visitar a casa e o jardim. Rosalind e Anthony ajudavam a recusar esses pedidos, pois se mudaram para Greenway um ano após o casamento de Mathew, quando ele, Angela e a primeira bisneta de Agatha, Alexandra, ocuparam Pwllywrach. Rosalind e Anthony viviam em Ferry Cottage, nos fundos do jardim, perto da água, mas passavam boa parte do dia na casa principal, com Anthony cuidando do imóvel e Rosalind gerenciando tudo.

Ainda bem que Agatha tinha amigos e família para protegê-la, pois vários admiradores eram deveras inoportunos. Alguns não conseguiam entender a irritação dela com propostas particularmente idiotas. E sua recusa de ir a festas e assinar pilhas de livros em público confundia as pessoas. Agatha era inflexível. "Por que escritores deveriam *falar* sobre o que escrevem?", perguntou a Cork. Muitos não sabiam ou se recusavam a acreditar que ela era tímida. "NÃO nesta vida", respondeu a Cork quando a televisão francesa pediu que ela apresentasse um autorretrato no programa *Qui suis-je?* A secretária e amiga Stella Kirwan teve grande dificuldade para convencer o produtor do programa de televisão britânico *Esta é sua vida* de que Agatha ficaria horrorizada ao ser levada a um estúdio e subitamente ser confrontada com sua história pessoal. Embora ficasse menos nervosa com referências aos eventos de 1926, ela preferia que o assunto não fosse discutido, por ser particular. Referências traiçoeiras a isso a angustiavam, como aconteceu quando um editor norte-americano a convidou para terminar o esboço de Franklin Roosevelt de uma trama envolvendo um homem de sucesso que forjou o próprio desaparecimento. Agatha também continuava aborrecida com a revelação da identidade de Mary Westmacott. "Quem eu realmente desejava que soubesse eram meus amigos", ela disse a Cork, quando um colunista do *Sunday Times* contou a história. "Apegam-se a um assunto pessoal. Foi tudo levado pelas águas. [...]. A vontade de uma autora deveria ser respeitada."

Histórias idiotas na imprensa a magoavam, ainda mais quando estavam bizarramente em desacordo com os fatos. "Faço objeção a isso", Agatha escreveu a Cork de Bayreuth, onde viu uma revista alemã dizendo que o cachorro dela havia devorado um manuscrito recente e isso "tinha me levado a decidir não beber tantos uísques duplos com refrigerante no futuro". A revista *Woman's Own* foi alvo de reclamações quando divulgou uma de suas matérias como uma "entrevista rara" com "a mulher mais misteriosa do mundo". "É possível me encontrar, sim", Agatha advertiu Cork. "Estou no

Who's Who e posso ser achada facilmente pelo correio por meio de meus editores. O que eles sugerem que sou? Ladra de Bancos ou esposa de um Ladrão de Bancos? Sou uma autora comum, trabalhadora, e de sucesso — como qualquer outro escritor."

Agatha dava entrevistas apenas se Cork recomendasse ou, ainda mais raramente, caso fosse surpreendida por uma abordagem particularmente cuidadosa. "Um grupo positivo de jornalistas me recebeu em Amsterdã", disse ela a Cork em 1951 ao descrever uma viagem à Síria. "Como eles sabem esses assuntos! Fui entrevistada por três, tive uma 'conversa por rádio' com outro [...]. Não foi tão ruim, pois ajudou a passar o tempo — eu tinha quatro horas lá —, e após ter comido um filé enorme, não havia muito o que fazer!" "Um enorme buquê de rosas vermelhas" abriu o caminho para outro grupo, um ou dois anos depois: "Sussurrei roucamente para eles em francês — o francês deles também era um pouco rudimentar, então sabe-se lá o que eu realmente disse." A fotografia era igualmente indesejada. Para as celebrações do 60º aniversário, Agatha foi ao estúdio de Angus McBean, fotógrafo inteligente, simpático e moderno, com talento para a composição surrealista — não utilizada nesse caso. Ele a achou nervosa e difícil de retratar, mas tentou enfatizar o que havia de viçoso e dramático em sua aparência. Agatha não era mais fotogênica. O rosto, que agora revelava seu peso, era mais interessante em movimento do que em repouso. Ela ficou feliz com o resultado: "Ele tirou as rugas!", especialmente comparado com um álbum de fotos que Collins enviou após a festa. "Isto me entristece um bocado", confessou a Cork, "e aprofunda o complexo de inferioridade sobre minha aparência." Depois disso houve poucas fotografias além das tiradas pela família e amigos de Agatha, que geralmente são encantadoras. Agatha precisava ser vista de corpo inteiro, não apenas como uma cabeça e ombros imóveis, e ficava melhor com flores, cachorros ou Max. Ela ficou cada vez mais sensível. "Veja bem, Edmund, preciso suportar isso?", ela escreveu em 1953 ao receber uma fotografia particularmente desfavorável. "Perfeita para a ala de psicopatas, é o que eu diria [...] de agora em diante, fotografias estão FORA de questão. Não vejo por que devo ser continuamente humilhada e obrigada a sofrer. Até os correios vêm sendo idiotas e as entregaram em meu apartamento mesmo tendo sido endereçadas a você. Do contrário, ouso dizer, você nunca teria me deixado vê-la! Tristemente, encerro [...]." Após esse incidente, apenas fotografias de Walter Bird e Angus McBean foram usadas para fins publicitários. Cork fazia o melhor para evitar outras imagens. Algumas causaram mais angústia, especialmente um ensaio feito pela *Paris-Match* em 1955, acompanhando uma entrevista que Agatha deu a um jornalista apresentado por James Watts. Ela lamentou: "Edmund, é *terrível*!" Embora a fotografia tirada para a National Portrait Gallery fosse de seu agrado, ela havia pedido a Cork para comprar seus direitos, temendo vê-la reproduzida inesperadamente. No fim dos anos 1960, ela estava hipersensível: uma carta rascunhada, mas não enviada, reclamava com o editor de uma revista que publicava suas histórias sobre os outros conteúdos da página que anunciava a série, observando: "Ela é ocupada principalmente pela grande reprodução de uma mulher sentada à mesa com uma CARECA — eu a mostrei a seis pessoas diferentes [...] todos disseram 'careca, obviamente'. Você não acha que é um insulto gratuito a uma senhora de idade? Especialmente pelo fato de qualquer cabeleireiro poder confirmar que meu cabelo não é branco, mas grisalho, e cresce grosso e volumoso em toda a minha cabeça [...]. Devo mencionar", acrescentou ela, "que na página de frente para isto há um anúncio que começa com 'Se você tem *cabelo oleoso difícil de lidar* [...]' [...] A falta de respeito não poderia ir mais longe, não é mesmo?"

A obra de Agatha, basicamente, se autopromovia. Peter Saunders se esforçava para anunciar suas peças, criando uma sucessão de truques para *A ratoeira* em particular, mas os livros, basicamente, se vendiam sozinhos. Os anos 1970 forneceriam prova indiscutível disso. Do conforto de Winterbrook e Greenway, Agatha podia apreciar os frutos reais de seu sucesso: paz, privacidade, a companhia da família, amigos e cachorros, comidas e bebidas deliciosas, e livros. A leitura não diminuiu nem ficou menos variada: romances de Paul Gallico e Muriel Spark, Hammond Innes, Julian Symons, Norman Collins, H. E. Bates, Nancy Mitford e Gerald Durrell. "De arrepiar a espinha", como ela os chamava. Além de memórias e biografias de Frieda Lawrence, Thomas Cranmer, Ivan o Terrível, Teilhard de Chardin, *Shaw on Shakespeare, The Life of Christ,* um número enorme de histórias de detetive e enciclopédias sobre crimes, criminosos, resolução de crimes e fármacos. Ela pediu a Collins *Ice Station Zebra,* que "todos dizem ser muito bom", e não desanimou ao saber que o livro não falava de animais. Ela sempre voltava à literatura clássica de que tanto gostava. Durante a guerra, o painel *Brains Trust,* transmitido pelo rádio, pediu uma lista de grandes autores e Agatha e Max trocaram respostas para esse pedido. "*Preciso* adicionar Shaw", escreveu Agatha. "Não tenho certeza em relação a Kipling — é preciso esperar outros 20 anos para saber. E quanto a Masefield? Wells? Galsworthy?" Ela releu Dickens e Shakespeare e sempre tinha um livro de poemas à mão. De Wallingford e Swan Court ela fazia expedições discretas à ópera e ao teatro; *Rei Lear, Oliver,* Mozart em Salzburg, *How To Succeed in Business.* Ela adorava flores e comidas, pratos encorpados de vitela e ovos servidos no restaurante em Swan Court, que ela e Max às vezes apreciavam com Sybil Thorndike e o marido, seus vizinhos. Ameixas em conserva, cassis, framboesas e morangos no campo. Agatha tinha orgulho de seu apetite: *Convite para um homicídio* foi dedicado aos amigos em cuja casa ela provou pela primeira vez a "Morte Deliciosa", um bolo de chocolate extremamente sofisticado e, anos depois, ao provar um suflê de merengue fumegante com sabor aperfeiçoado pelo licor, ela observou: "Mas *esta* é uma Vida deliciosa."

26

"Penso que não demorará muito..."

Agatha chegou ao auge da fama em 1970, aos 80 anos de idade. E seria um ano árduo. Ela e Max não fugiram para o sol no início de 1969 e ela enfrentou um resfriado grave na primavera. Para reunir forças e fugir da umidade, eles passaram férias em Chipre em janeiro de 1970, e na Páscoa foram para a Áustria, pegar o ar da montanha, onde Agatha realizou o desejo de ver o Auto da Paixão em Oberammergau. Pelo resto da primavera ela tentou organizar o novo livro, *Passageiro para Frankfurt* ou "Frankfort", como ela escrevia.

Agatha começou a pensar na trama em 1963, pedindo a Collins para achar uma cópia de *The Royal Family of Bayreuth*, de Friedelinde Wagner, neta do compositor, que ela, Max e Mathew tinham conhecido em Bayreuth. Friedelinde os levou aos bastidores da Opera House e depois à casa de ópera Rei Ludwig da Bavária e contou anedotas sobre o avô e Hitler. Agatha pensou sobre tudo isso, encaixando suas ideias sobre conspiração mundial e espionagem. Ela também pediu a Collins *Contributions to European History* e a Cork uma lista de "moedas da Cortina de Ferro, de tamanhos e valores pequenos", além da origem da citação "por causa de um prego, perdeu-se o cavalo[...]". O rascunho tinha outro pensamento, que havia muito vinha sendo germinado, para um livro que começava em "um Lounge de Companhia Aérea" — um lugar que não é um lugar, projetado para chegadas, partidas, trocas. "Passageiros em trânsito" foi um dos títulos provisórios de Agatha para o desenvolvimento dessa ideia, ou "História do passageiro perdido". Essa trama ganhou o nome de *Passageiro para Frankfurt* em 1966, no caderno que Agatha usou em sua visita aos EUA: "Aeroporto. Renata. [...] Sir Neil no Gabinete de Guerra do M14. A obstinação dele aumenta. Coloca anúncio em. [...] Ideia de Hitler. Disfarçado em um asilo de loucos. Um de vários que acreditam ser Napoleão — ou Hitler — ou Mussolini. Um deles foi contrabandeado para fora. H tomou seu lugar. [...] Foi marcado na sola do pé — uma suástica. O filho. Nascido em 1945. Agora com 24. Na Argentina? EUA? Rudi, o Jovem Siegfried [...]."

Assim, Agatha começou a unir suas antigas obsessões: disfarces, pessoas que *realmente* são quem dizem ser, misturadas com impostores. Esconder pessoas no lugar óbvio (uma espécie de ideia da "carta roubada"), a ideia da conspiração internacional, o truque do anúncio de jornal. Tudo isso foi mesclado às preocupações contemporâneas populares: o verdadeiro destino de Hitler e sua comitiva, o refúgio procurado por ele, a possibilidade do retorno de Hitler quase reencarnado, como um filho. Ela juntou isso a outro tema, "o personagem da Sra. Boynton", outra mãe megalomaníaca e sádica: "Velha senhora Gräfin — em decadência, mas é uma mulher de poder — grandes riquezas — uma Bertha Krupp — herdeira de armamento[...]." O rascunho uniu uma série de fantasias, ideologias, fixações e lembranças, algumas evoluíram por meio de encontros com profetas excêntricos na Califórnia, outras, pelas leituras de Agatha. "Você acha que eu poderia ter essa série?", pediu ela a Billy Collins, após ler uma crítica das brochuras da editora Fontana chamada *Modern Masters*. "Eles me educariam para me deixar atualizada e ajudariam minha escrita. Alexandra *precisa* ter uma bisavó inteligente!! Se eles pudessem vir *aqui* — não em Greenway — eu poderia começar a estudar!! Sei que estou sempre pedindo 'Mais, Mais, Mais!'" Lá estava ela, mergulhando em Marcuse, Fanon e Chomsky. Agatha sempre se empolgou com a especulação intelectual e suas discussões com Max e a família em Greenway incluíam Freud e Jung, Moor e Wittegenstein, além de Dunne, sobre o tempo, e Jeans, sobre a Relatividade, anos antes. Agora ela tinha dificuldade para se concentrar e se sentia perturbada com algumas leituras, mais pelo fato de as informações serem divulgadas com eficácia e engolidas sem críticas. Não que isso fosse novidade. "Tendências e modas", o Sr. Robinson diz em *Passageiro para Frankfurt*, "vindo de novo e de novo, repetindo-se periodicamente, repetindo-se nos mesmos moldes. Um desejo de rebelião." Esse desejo não era repreensível em si, o que preocupava Agatha era a exploração disso, com os maus se aproveitando dos inocentes ou ingênuos. Uma longa anotação no rascunho para esse livro, marcada com "Formação", ilustrava sua atitude: "O idealismo pode surgir do antagonismo à injustiça e ao materialismo obtuso — e ser cada vez mais alimentado por um desejo de destruir [...] os que amam a violência apenas pela violência nunca ficarão adultos. Eles estão fixados em seu próprio desenvolvimento retardado."

Esse era o alfinete com o qual Agatha fixava seus pensamentos desarticulados. "Sugestões", ela escreveu em um caderno de anotações. "Citação ou Resumo dos Objetivos de Stalin (do livro de Svetlana?) [...] Regime africano — Nkrumah ou Congo? Argélia? Irlanda? Congo Belga? Revoltas italianas e atividades terroristas. Universidades americanas. Poder Negro etc." Suas anotações são fascinantes e comoventes. Em letras grandes, com algo da verve de meia-idade, mas frequentemente com a mão infantil que escreveu as "Confissões", ela colocava no papel seus pensamentos perturbados. *Passageiro para Frankfurt* estava cheio de fantasias, mas ecoava medos reais expressos pelos amigos de Agatha e pelas pessoas que ela encontrava em Londres, Oxford e Washington: diplomatas, jornalistas, políticos. No fim dos anos 1960 e início de 1970 havia relatos constantes de sequestros, terrorismo, jovens insatisfeitos, tráfico de drogas, guerras, golpes e revoluções. Agatha descreveu seu livro como uma extravagância e apenas os leitores mais crédulos e paranoicos o viram como mais do que isso. Era, contudo, adequado: um livro confuso, publicado em uma época na qual tudo parecia de cabeça para baixo, desde as visões sobre psicologia e o instinto humano até os eventos do mundo exterior. Além disso, o romance de Agatha proclamava o triunfo do comum sobre o exótico ou, mais precisamente, que pessoas sem glamour aparente poderiam mobilizar seus recursos um tanto excêntricos contra criminosos implacáveis e bem-equipados. Lady Matilda Cleckheaton, com perfume agradável, pele levemente rosada, enrugada e com toque de artrite; o descuidado e idiossincrático Stafford Nye; o vigoroso e imperturbável Horsham; o coronel Pikeway, autossuficiente e cansado, com o escritório tomado pela fumaça dos cigarros (como os de Max e Stephen Glanville); e o Sr. Robinson, homem comum e de gostos simples, mas um dos "grandes arranjadores de dinheiro" — esses eram os heróis arquetípicos de Agatha.

Quando o livro terminou, quase todos — Cork, Dorothy Olding, a família de Agatha — ficaram impressionados. Collins em particular temia que o livro fosse um desastre. Apenas Anthony gostou, mesmo achando o fim sentimental. Todos ficaram perplexos. No outono, as vendas dispararam na Grã-Bretanha, e quando a edição norte-americana foi lançada na primavera de 1971, foi uma sensação lá também. Agatha não só lidava com temas universais e atemporais como atingira um ponto sensível.

Passageiro para Frankfurt também aproveitou a publicidade em torno do aniversário de Agatha. "Se o livro for publicado no meu 80º aniversário", reconheceu para Cork, "algo [...] terá que ser feito, eu presumo. Mas eu sugiro — seja ágil! Nada de 'Perfis' longos e cansativos." Ela precisou apenas dar uma entrevista efusiva a Godfrey Winn, do *Daily Mail*, que, para deleite de todos, foi mordido por Bingo, sucessor de Treacle, que morreu de ataque epilético no início de 1969. Bingo era irremediavelmente neurótico. Rosalind o encontrou para Agatha, que insistiu em adquirir um Manchester terrier de um criador. Contudo, ele tinha sido tão assustado quando filhote que mordia quase todos que estavam à vista. As pernas de Max tinham diversas cicatrizes, um visitante após outro era mordido e havia incontáveis histórias do sucesso de Bingo em atacar quem passava por Winterbrook para atender ao telefone ou a campainha. Apenas Agatha era imune. Bingo adorava Agatha, dormia na cama com ela, que também o amava. Algumas vítimas acreditavam que isso era devido à lealdade do cão, protegendo vigorosamente a dona e sua privacidade em troca apenas de afeto.

Agatha passou o aniversário em Devon, em um verão de comemorações. Houve festas para amigos em All Souls e no Boodles e um banquete de família em Greenway:

> Piquenique no Brejo com cinco cães e um superjantar ontem à noite:
>
> > Vinagrete de abacate
> > Lagosta quente à la Crème
> > Sorvete de Amoras Silvestres e guloseima especial — meia xícara grande de creme para MIM enquanto os outros bebem Champanhe.

Depois, ela garantiu a Cork: "Ainda estou viva hoje!!!", e foi obrigada a incumbir Hughes Massie de lidar com os cumprimentos do exterior. As várias flores, telegramas e cartões fizeram Agatha se sentir "como uma Primeira Bailarina, bem vaidosa. Não sobrou modéstia alguma". Ela ficou particularmente feliz ao ganhar algo que surpreendentemente nunca teve: uma caneta de ouro, mandada por Cork: "Morte a quem pegá-la emprestada e não devolver." Por fim, houve uma festa na Collins, na qual "eu me diverti *imensamente*!!!", confessou ela, pedindo cópias das fotografias em que cortava um imenso bolo de chocolate, dela com Max e seu "editor bonitão!" e dos editores literários em um grupo ao seu redor, com "uma pequena tabela de nomes [...], pois seria interessante mantê-la com as lembranças do 80º aniversário". Também foi uma festa profissional: graças a uma ação habilidosa, *Passageiro para Frankfurt* foi anunciado como o 80º livro de Agatha em seu aniversário de 80 anos.

A lista de honrarias do Ano-novo de 1971 anunciava que Agatha era Dame Commander of the British Empire, sigla DBE (Dama Comandante do Império Britânico, em tradução livre). Foi sua última mudança de nome. Os amigos e vizinhos continuaram a chamá-la de Lady Mallowan, mas o novo estilo confundia os fãs norte-americanos ("Dama Christie?" era uma adivinhação engenhosa), que correram para comprar *Passageiro para Frankfurt* quando foi lançado em março. Agatha e Max viajaram a Paris por alguns dias em janeiro, mas ela achava cada vez mais difícil andar por aí. Mesmo assim, o novo livro foi entregue em maio: uma história da Miss Marple chamada *Nêmesis*. Era uma elaboração da "Ideia do National Trust", listada entre os "Projetos de outubro de 1966", quando Agatha refletiu sobre o que Miss Marple poderia descobrir em um passeio por jardins e casas de campo e como seriam os outros passageiros. ("Advogado? Médico e sua esposa? Uma moça esperta e estranha [...]?") *Nêmesis* foi iniciado em janeiro de 1971. É tocante ver que Agatha escreveu DBE na linha acima do título do caderno de anotações, como se estivesse murmurando um estímulo a si mesma. As anotações começam com: "Recapitulação. Morte do Sr. Rafiel no *Times*." Sr. Rafiel era o velho na cadeira de rodas ajudado por Miss Marple em *Um mistério no Caribe*; ele iria usá-la como Nêmesis, para garantir que a justiça fosse feita.

A ideia de retribuição sempre interessou a Agatha. A opinião variava, mas no geral ela acreditava que se as pessoas eram más por natureza ou escolheram o mal, não deveriam sair livres. O fato de certas regras e convenções básicas de comportamento terem sido quebradas — tirar a vida alheia sendo o caso mais extremo —, deveria ser reconhecido, segundo ela. Poucos assassinos de Agatha saem impunes, embora alguns morram antes de irem a julgamento. Levar os culpados à justiça também alivia os inocentes, acreditava ela, não só os que podem ter sido condenados por engano, como os afligidos por não saber com quem estava a culpa. A justiça restaura a ordem, fecha um círculo. Ela via suas histórias de detetive como peças moralistas, demonstrando que havia maldade no mundo, mas ela podia ser descoberta e o pecado, expiado.

Contudo, justiça não significa punição, vingança ou retribuição, e sim clareza. Agatha costumava deixar a punição para os deuses e pensava muito sobre isso. Ela gostaria de sentir que a questão era simples e, à medida que envelhecia, ficou mais convencida de que o crime deveria ser estritamente punido, as tentativas de "reabilitar" criminosos eram geralmente inúteis (embora nem todos os esforços fossem tão imbecis quanto os descritos em *Um passe de mágica*), a punição poderia impedir outros crimes e vários loucos perigosos estavam à solta por aí (opinião nada surpreendente considerando algumas cartas paranoicas que chegavam a ela, apesar da filtragem de Cork). No entanto, em meados dos anos 1950, ela deixou que personagens em *Butter in a Lordly Dish* questionassem se a pena capital permitia aos homens brincar de Deus e, possivelmente, cometer erros. De longe, a solução mais conveniente era deixar a retribuição para a providência, a natureza, o destino, algum poder divino ou às Erínias, a quem Agatha comparava os espíritos invocados nas cerimônias vodu após ter lido Ésquilo durante a guerra. Miss Marple não era uma personificação dessas Fúrias vingadoras, mas o instrumento de justiça escolhido pelo Sr. Rafiel para investigar um crime acontecido há muito tempo. Ele escolheu a pessoa ideal: astuta, sensata e sábia, para fazer o que os humanos fazem: distribuir justiça para outros seres humanos. É interessante que Miss Marple também representou a objetividade absoluta da justiça para um conjunto inesperado de leitores: os guerrilheiros Tupamaros que sequestraram o embaixador britânico Sir Geoffrey Jackson no Uruguai, em 1970. Não só Sir Geoffrey encontrou conforto nas obras de Agatha Christie durante o longo cativeiro, fixando-se em Miss Marple — e também Hercule Poirot — como portos seguros em um firmamento instável, como seus captores estavam interessados em discutir Miss Marple com ele, venerando-a da mesma forma que seu líder revolucionário.

Como várias histórias de detetive de Agatha, *Nêmesis* mistura o importante e o mundano. A planta que esconde o lugar no qual a vítima foi enterrada se parecia com as flores brancas — *Polygonum baldschuanicum* — emaranhadas sobre as ruínas de uma estufa em Winterbrook, "disfarçando uma vastidão de pecados", como descreveu Agatha com sentimento à amiga Lady le Rougetel. O motivo do crime, a paixão de uma mulher possessiva e vigorosa por uma jovem impressionável, era um tema tão forte quanto comum. (É bobagem sugerir que Agatha, subitamente, abordou assuntos mais ousados na extrema velhice, como alguns críticos fizeram, pois desde o começo seus livros exploravam relacionamentos afetivos complexos e incomuns, familiares a qualquer morador de vilarejo, que dirá na Chelsea dos anos 1970.)

Nêmesis tinha várias discrepâncias e esquisitices, mas, considerando a idade e a falta de firmeza cada vez maior de Agatha, não deu muito trabalho. Houve mais dificuldade com a peça enviada para Cork nas primeiras semanas de 1971, *This Mortal Coil*. Agatha fez anotações vagas para várias peças nessa época, incluindo *A ratoeira II*, uma ideia sobre uma "festa da ratoeira" com garçons contratados, que acabava com a vítima sendo envenenada, "em uma mistura da *Tragédia em três atos* com *Um brinde de cianureto*". *This Mortal Coil* era baseada em uma dessas ideias, "imposto sobre herança", e o primeiro esboço indicava os pensamentos que lhe passavam pela cabeça na época: "M envia dinheiro para o Ministro da Economia: 'Como você gasta a consciência?'" O próximo título da peça foi *Fiddle-De-Death* (trocadilho envolvendo uma expressão de impaciência e as palavras violinista e morte) e depois *Fiddlers Five* (Cinco violinistas, em tradução livre). Agatha tinha grande esperança na peça: "Vimos *Move Over Mrs. Markham* em Oxford semana passada", escreveu para Cork. "Max achou muito bobo. Boa plateia e muitas risadas. As pessoas *querem* ser animadas e estão cansadas do excesso de nudez." Ela foi a Paris, deixando Cork fazer seu trabalho. Peter Saunders recusou a peça, mas o ator e empresário James Grant Anderson a levou em turnê em junho. Não foi um sucesso.

Agatha, na época, estava confinada à cama. Ela sofreu uma queda em Winterbrook, lesionando o quadril, e no começo de junho, descobriu-se que estava quebrado. Ela foi operada no Nuffield Orthopaedic Hospital, em Oxford, voltando para casa pouco tempo depois, para convalescer. Billy mandava livros e Mathew e Angela, músicas em fitas cassete. Rosalind, Anthony e Max faziam de tudo para entretê-la, mas ela estava entediada e se divertia enviando cartas beligerantes para Billy sobre a capa proposta para *Nêmesis*, anexando recortes de críticas literárias que reclamavam das capas de outras editoras. No Natal ela já andava, embora achasse difícil caminhar em Londres, aonde foi brevemente a fim de tirar medidas para a estátua de cera no Madame Tussaud's (sendo tão prática quanto preocupada em não se separar de roupas de que gostava e ainda podia usar, Agatha cedeu um vestido *velho*). Houve também as compras de Natal: "Quase todo ano eu acho bastante divertido", disse ela a Cork. "Mas agora eu me canso e quero ir para casa." Contudo, ela descobriu a utilidade de comprar pelo correio, adquirindo um relógio de cuco, uma "caixa de ferramentas modernas" para o sobrinho, "um aparato de martelar para o bisneto" e uma "fonte perene para umedecer a sala de estar".

O inverno foi árduo, pois Winterbrook estava excessivamente dilapidada na época: "Muito vento e chuva, e sempre há água escorrendo ou pingando em algum lugar", escreveu Agatha para Angela. "A luz do Saguão queimou — então, é preciso enviar um SOS na segunda-feira para um encanador *e* um eletricista." O jardim estava malcuidado, a cozinha, escura e difícil para a Sra. Belson trabalhar. Max se preocupava com os custos de manter a casa e pagar as contas com as aposentadorias por idade dele e de Agatha. Eles compraram um Mercedes-Benz no fim de 1971 e ele temia o preço da manutenção. Agatha pediu a Cork para acalmá-lo mostrando o último livro de Miss Marple, *Cover Her Face* (publicado como *Um crime adormecido*). Ela continuou animada e nem a greve dos carvoeiros no início do ano a desanimou: "Meu nariz fica gelado às 4h30", contou a Cork. "Agora deixo um ovo perto dele nesse horário." Ela organizou uma viagem a Nice para conseguir um pouco de sol com Max, comprou ingressos para a ópera, viu a peça *Sleuth*, almoçou e jantou com amigos e surpreendeu outra octogenária com digestão delicada ao comer ossobuco e tomar sorvete de gengibre.

Ela também se recusava a admitir derrota em relação a *Fiddlers Five*. O diretor Allan Davis, que viu a peça em Brighton no outono anterior, fez sugestões para melhorá-la, e Agatha alterou o roteiro na primavera e no verão de 1972, amalgamando dois personagens e mudando o título para *Três violinistas*. Ela recusou algumas das ideias mais ousadas de Davis. "Não quero uma peça minha como uma daquelas em que todos cometem fraudes — ou em ambiente profundamente criminoso [...]. Suecos ou noruegueses ou dinamarqueses raramente parecem ingleses — e raramente falam com sotaque escandinavo. Minha cunhada é finlandesa [...]. Não vejo qualquer motivo para o ato do Garçom Espanhol — ele poderia perfeitamente ser um garçom inglês[...]." *Três violinistas* estreou em Guildford no começo de agosto, e Agatha estava presente. A peça ficou em cartaz por algumas semanas, mas não encontrou teatro em Londres. Isso talvez tenha sido bom, pois teria decepcionado os que se lembravam de *Testemunha de acusação* e ainda iam aos bandos ver *A ratoeira*. Mesmo assim, Agatha sentiu grande prazer com a apresentação, pois ainda estava encantada com o teatro. Tanto que o único grupo que ela concordou em presidir além do Detection Club, apesar de centenas de solicitações, foi a Sinodun Players, uma sociedade dramática amadora em Wallingford. Ela continuou a rascunhar anotações para peças até o fim da vida.

Naquele mesmo verão, Agatha entregou diligentemente o livro seguinte, *Os elefantes não esquecem*. "Sra. Oliver. Poirot", escreveu ela com clareza, pois a psoríase havia melhorado. "Um problema chega a P ou à Sra. O?" Outro velho amigo voltou nesse livro: o Sr. Goby, ubíquo fornecedor de informações, porém elusivo, que surgiu em *O mistério do trem azul* e voltou em *Depois do funeral* e *A terceira moça*. O Sr. Goby era uma espécie de "contínuo", garoto de recados, mas que buscava fatos. Como outros personagens dos romances de Agatha eram fornecedores de dinheiro, o Sr. Goby fornecia materiais que iam de dossiês a livros de referência. Ele providenciava os dados a partir dos quais Poirot produzia seu conhecimento e as ferramentas intelectuais para desmontar as conspirações. Em *Os elefantes não esquecem*, Agatha também usou alguns de seus temas favoritos: a longa sombra dos velhos pecados, a vergonha de um crime sem solução, crimes domésticos complicados ("Esposa mata marido? Marido mata esposa? Mulheres doentes matando crianças? Irmãs com ciúmes de cunhadas [...].") Agatha também escreveu em seu caderno: "Tudo há muito tempo atrás [...]. Todos terão esquecido. As pessoas não se esquecem de fatos ocorridos na infância. [...] é como os elefantes. Elefantes não esquecem." Então Agatha passeou pela própria infância e suas fixações: "Chama Poirot. Pergunta sobre Josephine (*A casa torta*)." Ideias surgiram e foram deixadas de lado: "Almoço para mulheres literatas. Sra. Oliver. Sra. Gorringe. Discussão entre elas. Uma criança pode cometer um crime; Hyde Park. Enfermeira com carrinho de bebê. Conversa sobre gás — para fazer o bebê dormir. [...]; Família Lizzie Borden — pai e mãe mortos — duas filhas — cunhada dedicada. [...]." Velhas fixações ressurgiam: "Garotos arrancam pernas de moscas, mas não fazem isso quando crescem. [...] O Sr. G diz que Professor de Genética ou Biologia e Jesuítas precisam pegar uma criança antes de 7 [...]." Como se previa, *Os elefantes não esquecem* também vagava a esmo. Mesmo assim era engenhoso, cheio de passagens diretas, e frequentemente muito engraçadas, sendo francas em relação à deterioração física dos velhos, e também carinhosas, ao mostrar a relação entre gerações. Foi o último romance escrito por Agatha antes de suas forças realmente declinarem.

Ela agora tentava colocar os assuntos literários em ordem, olhando alguns cadernos de anotações e tentando etiquetar páginas em que ideias para novas histórias de detetive surgiram pela primeira vez. O conteúdo era tão irregular que a tarefa não foi terminada. Em fevereiro de 1972 ela enviou a Cork "os poemas isolados que coletei. [...] Penso ser melhor transferi-los aos seus cuidados porque, aos 81 anos, é possível deixar este mundo a qualquer momento subitamente: ou como resultado de acidentes em nossas estradas, ataque cardíaco por fazer algo não recomendado — subir escadas correndo — ou por abrir a porta para um jovem de cabelos compridos que daria um golpe na cabeça de alguém apenas por diversão". Segundo ela, Cork poderia, "após chorar em meu funeral e se minha família concordar, apresentá-los ao mundo".

Três meses depois, ela mandou *Akhnaton* para ele: "Parece ser particularmente aplicável neste momento, se alguém estiver disposto a colocar dinheiro para encená-la — e sem dúvida seria uma produção cara — mas há tamanho furor sobre o Tutancâmon egípcio." Ela adicionou uma ou duas frases mencionando descobertas e especulações recentes como o destino de Nefertiti, mas no geral não considerava o texto inteiramente datado. "Gosto muito da peça", observou, "embora esteja bem-preparada para aceitar o fato de que ninguém a encenará. Se esse acabar sendo o caso, gostaria de publicá-la." Tanto os *Poemas* quanto *Akhnaton* foram lançados pela Collins em 1973, junto com uma história de detetive que Agatha teve dificuldade para escrever. "Estou tão cansada", disse ela à Sra. Thompson, que ajudava a cuidar de tudo em Greenway, "e estão esperando cada palavra que escrevo". Ela também se sentia responsável pela Agatha Christie Ltd, sentindo desnecessariamente que devia um livro por ano à empresa. "Anotações para novembro de 1972 e Planos", escreveu ela, rascunhando os primeiros capítulos como sempre fez. ("Ponto possível: a mulher errada morreu. [...] *Várias ideias* [...]. *Em seguida* fazer uma lista de possíveis personagens. [...].")

Tommy e Tuppence estavam entre os personagens com os quais ela brincou. O título do livro seguinte foi tirado de um poema de Flecker. Agatha anotou em um livro de tramas algumas linhas que soavam bem, embora o sentido delas não estivesse claro:

> Não passe por baixo, Ó Caravana, ou passe sem ser vista.
> Você ouviu
> O silêncio onde os pássaros estão mortos, mas algo canta como um pássaro??

Ela experimentou vários títulos: *Postern of Fate* (Portal do destino), *Doom's Caravan* (Caravana amaldiçoada, em tradução livre), *Fort of Fear* (Forte do medo, em tradução livre), e acabou escolhendo *Portal do destino*.

Agatha tinha cada vez mais dificuldade para se concentrar. Max disse a Rosalind que escrever esse livro quase a matou, e a própria Agatha estava inquieta. Ela pediu a Cork uma opinião sincera e ele sugeriu, diplomaticamente, que ela tivesse ajuda para editar. Max e a Sra. Honeybone, que datilografava para os Mallowans (e a quem Agatha dedicou *Nêmesis*), arrumou o texto, embora a família de Agatha, especialmente Rosalind, tenha ficado triste. Mas quando *Portal do destino* foi publicado na Grã-Bretanha, no fim de 1973, e nos EUA, no início de 1974, as críticas foram inesperadamente boas e as vendas também. Ele ficou rapidamente entre os mais vendidos e em fevereiro de 1974 estava em terceiro lugar na lista compilada pela edição europeia da revista *Time*.

Rosalind foi firme. Preocupada com Agatha, ela também foi a guardiã fiel da reputação literária da mãe e pediu a Collins para não pressionar por mais livros. Billy Collins concordou que a saúde de Agatha deveria ser protegida, embora tenha deixado as portas abertas ao dizer que, enquanto a mente estivesse ativa, "talvez pensar em tramas a ajude, e, definitivamente, não recusaríamos a ideia caso ela queira escrever outra história". Por ora, Collins concordou que o livro seguinte seria um volume de contos que haviam sido publicados apenas nos Estados Unidos ou em revistas.

Não houve novas histórias. Em outubro, Agatha teve um ataque cardíaco que a deixou frágil, embora tenha conseguido escrever um bilhete para Cork em um pedaço de papel: "Coração muito mais estável e médico me deixa levantar e descer dia sim, dia não por um breve período, mas, do contrário, ainda na cama. Entediante!!!" Ela leu muito, todos os livros de Mary Westmacott reeditados recentemente ("Penso que *Retrato inacabado* é um dos melhores, depois de *O conflito*"), um lote de romances, incluindo *Neve de primavera*, de Yukio Mishima, *Catholics*, de Brian Moore, e um pouco de não ficção: *Mysterious Britain* e *The World of Victoriana*. Ela também pediu a Cork para mandar um roteiro da *Autobiografia*: "Tenho tempo disponível e gostaria de lê-la por prazer." Ela brincava com as lembranças: "Cardápios do Dickens: Salmão (Martin Chuzzlewit) Cordeiro. Ervilhas. Batatas Jovens e Inocentes. Salada Fria. Pepino Fatiado. Carne de Pato Tenra. Uma torta." Ela fez anotações de "Passeios Sugeridos por AM na Ociosidade: Wickham (Elefantes?) Lugar Bonito. [...] Lambourne. Vista ao longo de toda a estrada e pontes. [...] Seven Barrows. [...] East Hagbourne — cabeças interessantes na Igreja [...]?" Todos os passeios pelas estradas e pelos Downs entre Oxford, o Tâmisa e Berkshire Downs. Alguns desses lugares entraram em uma lista de "Possibilidades e Ideias" também feita por ela. Uma dessas ideias era para um cenário de histórias de fantasmas, baseadas nos "cavalos brancos" cortados na grama dos planaltos em várias regiões da Inglaterra ("Talvez em uma festa com Cavalos Brancos na qual um Cavalo Fantasma pode aparecer subitamente [...]?") Em outra: "Jeremy — discute com amigos. Assassinos. Que diferença faria para o caráter de uma pessoa se ela tivesse matado alguém? 'Depende do motivo?' 'Não. *Sem motivo algum*. Sem razão. Apenas um experimento interessante.'" O objeto do crime — O próprio indivíduo. A pessoa seria a mesma — ou ficaria diferente? Para descobrir, seria preciso cometer homicídio — observando o tempo todo — os próprios sentimentos. Fazer anotações — Precisava de Uma Vítima. [...] E havia. "História de Culinária. Sobre Um Merengue? Torta inglesa. Espeto para Carnes [...]."

Nenhuma delas foi desenvolvida. Em dezembro, Agatha sofreu uma queda em Winterbrook e feriu gravemente a cabeça. Ela se sentou na cama vestindo a camisola de seda (todas as suas camisolas eram feitas por cegos) e com o cabelo repleto de sangue, uma imagem triste. Os medicamentos que ela tomava para o coração tiravam o apetite e a fizeram emagrecer. Frágil, ela continuava de bom humor, como na Síria e no Iraque, cambaleando para Wimbledon com Max e conseguindo ir ao jantar do prefeito. Em julho, Max a convenceu a ir à seção eleitoral para votar no referendo sobre a afiliação da Grã-Bretanha à Comunidade Europeia. A relutância não era devido ao esforço físico exigido pela empreitada, e sim à dúvida sobre a sua lealdade. Conservadora natural, que acreditava no progresso casual e sem controle rígido, ela desconfiava de esquemas políticos e burocráticos, como disse nas cartas escritas a Max nos anos 1940, "para deixar as pessoas felizes e seguras à força". Max, por outro lado, era um romântico na política. Em 1945 ele falou com Agatha sobre a nova era de ouro da Rússia, "como a da Grécia dos séculos XI a V", renomada "não apenas pela genialidade militar como também pela economia, organização e [...] imaginação". Além de Stálin, "talvez", e o agrônomo Michurin, "não conhecemos um russo como indivíduo. Trata-se de um gênio coletivo, animado pela crença intensa na base política, que para eles equivale a uma religião", escreveu, empolgado. Agatha não estava totalmente convencida na época, nem depois, como mostra *Passageiro para Frankfurt*. Agora ela reunia forças para discutir com Max sobre a Comunidade. Para ela, não passaria de uma união aduaneira e um paraíso regulatório, enquanto ele visualizava um Éden capaz de unificar histórias, culturas e intelectos. Corajosamente, Agatha concordou em experimentar e votou sim.

Ela também continuava a eterna discussão com Billy sobre capas, agora para o volume recente de contos editado pela Collins chamado *Os primeiros casos de Poirot*: "Ele era um homem *baixo*", protestou ela. "A parte inferior bem-vestida parece totalmente diferente dele e o representa com 1,80m de altura pelo menos. Não me lembro dele carregando uma bolsa pequena." Ela também ficou aborrecida com a escolha dos contos dessa coletânea, embora tenham sido explicitamente liberados por ela. Naquela época, a mente de Agatha estava confusa. Ela ainda esperava recuperar a velha sagacidade para escrever "uma série — histórias de fantasmas ou livro criado ao redor do Cavalo Branco de Uffington" que (em um golpe às novas leis locais) "estava situado em Berkshire e agora está sendo transferido com o resto de nós para Oxfordshire, causando uma sensação muito ruim ao bairro. [...]". Algum dia, "quando voltar a ser eu mesma", concluiu ela.

Frágil e muito envelhecida, Agatha ficou cada vez mais parecida com a criança que fora havia mais de 80 anos, como acontece com os muito idosos em alguns casos. Às vezes, ela ficava serena, tranquilamente sentada no almoço com os amigos, folheando calmamente um de seus livros. "Pare com isso, Agatha", disse Max uma vez, quando a flagrou em uma postura estranha. Em outros momentos, ela era excêntrica, declarando, por exemplo, que usaria todos os seus broches, dos maiores diamantes aos pequenos ornamentos enviados a ela por várias crianças. Agatha frequentemente era difícil, aborrecendo-se com as indignidades e a dependência causada por seu estado. Para horror da família e dos amigos, uma vez ela pegou a tesoura e cortou mechas do cabelo ralo do qual tinha tanto orgulho. Depois ela se acalmava, descansava ao sol no jardim, pedindo repetidamente um chapéu e ficando perplexa ao descobrir que já estava com um. Ela podia ser tão interessada e pensar rapidamente como sempre, como fez ao especular sobre o assassinato real de Charles Bravo e o suposto roubo de um bracelete de diamantes por um jogador de futebol britânico em visita à Colômbia no início dos anos 1960. Agora, ela cumprimentava o advogado com as palavras: "Eu me pergunto *o que* aconteceu ao Lorde Lucan?" De tempos em tempos ela ainda tinha ideias para tramas: ao visitar Agatha no fim da vida, uma velha amiga explicou que dava um brilho em seus decantadores lavando-os com o produto para limpeza de aparelhos dentários Steradent. Ela notou o quanto Agatha imediatamente guardou esse comentário como possível recurso para uma história. Um convidado pomposo foi imediatamente interrompido quando ela advertiu: "O que é essa bobagem de 'treinar' para o teatro?" Outra conversa grandiosa sobre o sentido da vida foi pontuada por ela perguntando: "*Precisa* haver um propósito?" Um colega de All Souls, falando sobre a vulgaridade das dálias, ficou surpreso ao ouvi-la murmurar: "Mas dálias pompom combinam muito bem com Dresden."

O declínio físico e mental é triste. A família de Agatha tentou protegê-la. Ela ainda via velhos amigos e, muito ocasionalmente, um peregrino. Um admirador que apareceu em Winterbrook foi Lorde Snowdon, enviado pelo *Sunday Times* para tirar fotografias e marcar o lançamento do filme *Assassinato no Expresso do Oriente*, produzido por Lorde Brabourne. Eram imagens interessantes e simpáticas, mas a família deixou claro que nenhuma seria publicada sem a aprovação explícita de Agatha. Ela ficou aborrecida quando as fotos apareceram sem autorização e ainda mais magoada quando a conversa desordenada com o convidado foi publicada como entrevista em uma revista australiana. Foi outro lembrete do abismo entre quem via pessoas como objetos a serem usados e os que preferem deixar os indivíduos decidirem se desejam viver e morrer.

Um dos poucos passeios de Agatha foi à estreia de *Assassinato no Expresso do Oriente*. Apesar da determinação para que uma de suas histórias favoritas não fosse transformada em filme, ela sucumbiu à bajulação de Lorde Mountbatten, tão persuasivo que a fez esquecer brevemente seu desencanto com o cinema e confiar sua história ao genro dele, John Brabourne. Agatha ficou impressionada com a riqueza da produção e considerou Albert Finney um Poirot convincente, apesar do bigode débil. Mesmo assim, ela não foi convertida. A última saída foi para a festa anual da peça *A ratoeira*.

Agatha agora exigia muitos cuidados. A cama em Wallingford foi levada para o térreo e Max, escrevendo as próprias memórias, trocou o santuário de sua biblioteca por uma cadeira desconfortável ao seu lado. Vizinhos e amigos ficavam com ela e uma enfermeira noturna foi contratada, mas Agatha ficou triste ao ser cuidada tão intimamente por uma relativa desconhecida e mais uma vez o trabalho de tomar conta dela ficou para Max e a família. Barbara Parker, que tinha cuidado tão eficientemente de tudo em Nimrud, assumia nos fins de semana, para dar um descanso a Max. Amigos também ficavam com Agatha. Delirante, ela falava sobre preparativos e jornadas envolvendo encontrar Max, viajar para Cambridge, pegar escadas para buscar baús e fazer as malas para "as crianças".

Agora ela se voltava para o memorial. Meses antes, ela havia endereçado um envelope a "Max ou Rosalind", acrescentando depois "ou Mathew". Dentro dele havia a instrução: "*Colocar em minha lápide*: O Sono após o Esforço, o Porto após Mares Tempestuosos. O Descanso após a Guerra, a Morte após a Vida, Agradam-me imensamente." Ela pediu que "Ária em ré da 3ª suíte orquestral de Bach tocasse em meu funeral, por favor. Além disso, Nimrud (*sic*) das Variações Enigma, de Elgar. Mathew organizará". Em outro envelope ela repetiu a citação de Spenser, adicionando uma frase dos Salmos: "Na Tua Presença há plenitude de Alegria." Com as palavras "gostaria dessas duas frases colocadas em minha Lápide. Agatha Mallowan".

Agatha realmente viveu mais que "o insuportável Poirot", pois em 1975 Rosalind decidiu que *Cai o pano* deveria ser publicado. Nele, Poirot volta a Styles e diz a Hastings: "Estou muito cansado — e o esforço me fatigou imensamente. Penso que não demorará muito [...]." Houve também uma nova edição de *Come, Tell Me How You Live*, publicada no outono de 1975.

Naquele inverno, Agatha pegou um resfriado. "Estou me juntando ao meu Criador", murmurou. E em 12 de janeiro, logo após o almoço, ela morreu, em Winterbrook. Max telefonou para o médico que cuidara dela por 20 anos, ouvindo-a falar de seus sonhos, preocupando-se com Treacle e sendo mordido por Bingo. Ele saiu de casa imediatamente, mas antes de chegar a Winterbrook, Max voltou a telefonar: "Ela se foi", e então disse à esposa do médico, que estranhou o pedido: "Não diga uma palavra." O aviso de Max foi sábio, pois a invasão começou poucas horas depois. A imprensa local, nacional e estrangeira apareceu em Wallingford e o telefone tocava sem parar. Max foi inundado por telegramas e cartas de familiares e amigos, que respondeu no mesmo dia, além de tributos oficiais e pedidos por vezes de mau gosto (uma empresa norte-americana queria vender uma "caneca de bigode" em homenagem a Hercule Poirot) ou bem-intencionados, mas idiotas (como "uma carta de um quase lunático que gostaria de lidar com todos os documentos de Agatha", Max disse a Cork).

Agatha foi enterrada com a aliança de casamento, conforme havia pedido, em Cholsey, a igrejinha perto de Winterbrook. A cerimônia foi particular, uma pequena reunião em um dia frio de janeiro para a família e alguns amigos próximos de Agatha. Em maio houve um memorial em St. Martin-in-the-Fields, com a música pedida por ela, o Salmo 23 e uma leitura de Tomás de Kempis, o livro que ela mantinha na cabeceira da cama. Billy Collins fez um discurso, mesmo não estando bem de saúde.

Alguns assuntos de Agatha foram resolvidos rapidamente. Havia pouco dinheiro para deixar, apenas pequenas heranças aqui e ali, e os tesouros que ela escolheu para os amigos logo foram embalados e despachados (embora um enorme baú de madrepérola "Damasco" e um busto Wedgwood de Mercúrio tenham sido mais difíceis de transportar para Edmund Cork). Um fundo para o qual os admiradores contribuíram foi dividido entre as Irmãzinhas dos Pobres e a Fundação Agatha Christie para Crianças, duas causas que ela apoiava muito. Outros memoriais levaram mais tempo. Houve dificuldade com a lápide, cujas letras foram entalhadas por um amigo dos tempos de arqueologia e enfeitadas com querubins por outro. A pedra era tão pesada que foi preciso um guindaste para erguê-la sobre o muro do cemitério. Ela pode ser vista, alta e brilhante, da linha de trem de Londres para Oxford, onde os trilhos passam por Cholsey.

O legado mais complexo de Agatha foi sua obra. *Um crime adormecido*, última história de Miss Marple, foi publicado em 1976. Billy talvez não tenha ficado surpreso ao receber uma carta de Rosalind reclamando por não ter recebido o layout proposto para a capa, pois agora cabia a Rosalind a tarefa de proteger a integridade das criações de Agatha e garantir que a Agatha Christie Ltd mantivesse uma distância saudável de propostas para jogos, histórias em quadrinhos, brinquedos, livros de culinária, sempre levando em conta quais teriam sido os desejos da mãe sobre a exploração do enorme número de direitos autorais em todos os mercados do mundo, em uma idade em que materiais literários eram procurados para filmes, programas de televisão, vendas pelo correio e clubes do livro, além de direitos para TV por assinatura e fitas de vídeo.

É difícil fazer mais do que uma avaliação rudimentar do volume total das vendas de Agatha, pois o cálculo é complicado, pelo fato de seus livros serem publicados em pelo menos 50 idiomas, em países com procedimentos diferentes para devoluções, quando o faziam. As estatísticas não são confiáveis e em geral estavam datadas. Uma indicação do sucesso dela é que, em 1980, a Unesco acreditava que 400 milhões de cópias de seus livros tenham sido vendidas em todo o mundo, desde a primeira edição de *O misterioso caso de Styles*. Também não é possível fornecer um valor preciso dos ganhos com sua obra, embora os registros da Agatha Christie Ltd, dona da vasta maioria de seus direitos autorais há vários anos, indiquem um movimento anual de mais de 1 milhão de libras nos anos 1980. As complexidades do espólio de Christie impossibilitam estabelecer a renda total de sua obra ou estimar tendências para ela. Contudo, os valores disponíveis mostram que a popularidade de sua obra continua a crescer.

Rosalind também recusou vários pedidos para escrever uma biografia oficial da mãe. Muitos biógrafos publicaram volumes por conta própria, dos emocionados aos maliciosos, de romances sensacionalistas a críticas literárias sérias. Como Agatha alegremente havia previsto, os esforços mais leves foram ofuscados pela *Autobiografia*, publicada em 1977, após muitos cortes e correções feitos por Philip Ziegler, da Collins, além de Rosalind e Anthony. Max (que, desolado, casou-se com Barbara Parker em setembro de 1977) examinou cuidadosamente as provas, mas a saúde dele estava fraca. Após uma operação no quadril artrítico em julho, ele teve outro ataque cardíaco e morreu, em agosto de 1978.

Os livros de Agatha duram porque são boas histórias, ainda que, algumas vezes, irremediavelmente improváveis. Uma vez fisgado, o leitor quer saber o que vai acontecer. Elas abordam mitos, fantasias e obsessões compartilhados por pessoas de todo tipo: jornadas, disputas, morte, sexo, dinheiro, assassinatos, conspirações, transformações, poder, o triunfo do simples sobre o complexo, a importância do mundano e também do cósmico. Elas constroem um padrão, atribuindo fatos e emoções ao lugar certo, enquanto problemas são resolvidos e a culpa e a inocência devidamente estabelecidas.

Esta última qualidade ajuda a entender por que a *Autobiografia* de Agatha é tão interessante. Trata-se de um livro encantador e fluente, com visão clara e pungente sobre a época e as circunstâncias nas quais ela viveu, além de ser engraçado em relação a ela mesma e outras pessoas. O livro *Come, Tell Me How You Live* dá muitas pistas em relação à vida e à natureza de Agatha, interessando aos admiradores insaciáveis dela e às pessoas que não gostam de histórias de detetives ou não estão nem aí para os mistérios por ela escritos. Alguns sentem que a *Autobiografia* não deixa mais nada a ser dito. Outros, decepcionados porque ela enfatiza a infância e ignora totalmente a fuga para Harrogate, acreditam que muito continua escondido.

Sim, há sempre mais a dizer, ao menos porque ninguém pode fazer uma avaliação equilibrada de si mesmo. A memória falha, especialmente em eventos da vida adulta. As recordações são invariavelmente coloridas. Uma pessoa que escreve uma autobiografia a aborda de duas formas, conscientemente ou não: pode ser a apresentação de si ao mundo ou a exploração de como a pessoa se transformou no que é, representando um processo de descoberta tanto para o escritor quanto para o leitor. Algumas autobiografias fazem as duas coisas, a de Agatha é uma delas. Até que ponto ela fornece um retrato "verdadeiro" de si e faz um relato justo de seu desenvolvimento é algo que cabe ao leitor julgar. Esta biografia, autorizada pela filha dela e baseada em documentos particulares de Agatha, pode ajudar nessa avaliação.

Com os conhecimentos que temos agora sobre Agatha, sua obra e suas origens, creio ser possível entender o objetivo da *Autobiografia*. Ela não foi escrita como tela nem para distrair a atenção de aspectos de sua vida que ela não queria discutir. Agatha descreveu suas experiências da melhor forma possível nos romances de Mary Westmacott e na narrativa e caracterização de suas histórias de detetive. Se alguns textos escritos por ela sobre si mesma são fantasiosos ou ilusórios, isso vale para todos nós quando falamos a nosso respeito. Agatha era boa em perceber padrões, astuta, sensata, pé no chão, afetuosa e seca. Em sua autobiografia ela quase conseguiu encaixar tudo, como fazia com pedaços dos marfins de Nimrud e potes de Max. Algumas peças ela não conseguiu encaixar, e outras, não podia enxergar, por estarem muito próximas. Talvez possamos percebê-la com mais clareza nesta biografia, como fazemos ao sacudir um caleidoscópio e olhar dentro dele. Ali, refletido e refratado em seus espelhos, está outro arranjo dos mesmos fragmentos.

Este livro foi composto na tipologia ITC Stone Serif Std,
em corpo 10,5/15, e impresso em papel off-white
no Sistema Cameron da Divisão Gráfica
da Distribuidora Record.